总主编 惠 中

小学语文教学设计

21世纪小学教师教育系列教材

●吴忠豪 丁 炜 主编

中国人民大学出版社
·北京·

编委会成员

（按姓氏笔画排列）

总序

教师是教育事业发展的基础，是提高教育质量、办好人民满意教育的关键。《国务院关于加强教师队伍建设的意见》明确提出，我国教师队伍建设的总体目标是：形成一支师德高尚、业务精湛、结构合理、充满活力的高素质专业化教师队伍。为了实现这一目标，国家加大了教师教育改革的推进力度。2011 年 10 月，教育部颁布了《关于大力推进教师教育课程改革的意见》和《教师教育课程标准（试行）》，对深入推进教师教育课程改革作出了总体部署。2012 年 2 月，教育部正式颁布《幼儿园教师专业标准（试行）》《小学教师专业标准（试行）》《中学教师专业标准（试行）》，将其作为教师培养、准入、培训、考核等工作的重要依据。与此同时，为了严把教师入口关，教育部制定了教师资格考试指导意见和考试标准，对国家教师资格考试制度进行改革。2018 年初，教育部又制定并颁发《师范类专业认证标准》，借鉴国际高等教育通用的专业认证方式，推进师范类专业建设与课程改革，以保证并提高我国教师教育培养质量。

教育部关于教师教育改革的一系列重大部署对我国教师教育发展将产生积极、深远的影响。其中，《教师专业标准（试行）》明确提出了对合格中小幼教师的专业要求，为促进中小幼教师的专业化发展、建设高素质的教师队伍提供了基本准则；《教师教育课程标准（试行）》则聚焦教师教育课程的改革，其所倡导的基本理念、基本标准和课程模块等，对中小幼教师教育的课程设置、教学内容和培养方式的改革提出了具体、明确的要求；教师资格考试制度改革实行国家统一的教师资格考试，包括笔试和面试，考试成绩合格者方能认定教师资格，这必然对中小幼教师培养产生较大的冲击；师范类专业认证的全面推进，则力图重塑高校师范类专业人才培养体系，建立贯穿教师培养全过程的质量保障机制……这一切，都要求教师教育机构、教师教育工作者和研究者关注教师教育改革的动态，研究和领会教师教育改革的精神，进一步推进教师教育的课程教学改革工作。

在我国近 1 800 万各级各类教师中，小学教师是人数最多、占比最高的一支队伍，小学教师队伍建设是我国教师教育发展的一个重要方面。20 世纪 90 年代以来，随着经济、社会和教育事业的发展，我国三级师范教育体系逐步向二级甚至一级师范教育体系过渡，小学教师培养也经历了由以中专学历为主体，到大学专科和本科学历占主导地位的迅速转型。据不完全统计，目前各类教师教育机构开设的本科小学教育专业有 200 多个，专科初等教育专业也有相当大的规模，形成了庞大的小学教师培养体系。小学教育专业是我国高等师范教育体系中一个全新的专业，经过多年的实践探索和理论研究，专业建设已取得许多重要成果。但毋庸讳言，其专业建设中依然存在着诸如培养模式不够清晰、课程设置不尽合理、课程内容简单照搬、培养方式变化不大等问题。特别值得指出的是，高等教育大众化带来的高等院校升格和结构调整，灵活、开放的教师教育体系构建带来的师范院校的重新定位和内部重组，小学教师培养迅速高学历化带来的培养模式变革，以及基础教育课程教学改革的不断深入推进，都迫切要求我们贯彻落实教育部教师教育改革的精神，创新教师教育课程理念，优化教师教育课程结构，改革课程教学内容，改进教学方法和手段，强化教育实践环节，提高小学教师的培养质量。

加强教学基本建设是专业建设的中心问题之一。课程是组织教学的基本单位，教材则是课程的载体，教材建设涉及教育理念的更新、教学内容的选择和教学方式的变革，加强小学教育专业的教材建设是保证小学教师培养质量的重要方面。高学历小学教师的培养模式、课程体系仍处于探索之中，《教师教育课程标准（试行）》的颁发必然导致小学教师培养课程的结构调整，加之国家教师资格考试制度改革和师范类专业认证的持续推进，特别是最近教育部颁发的《义务教育课程方案和课程标准（2022 年版）》，对小学阶段的课程教学改革进行重新部署，从而对小学教师培养提出了新的要求，这些都应该体现在小学教育专业的教材之中。有鉴于此，我们组织编写了这套“21 世纪小学教师教育系列教材”。

在这套教材的组织编写过程中，我们始终坚持并力图实现以下目标：

第一，根据教育部《关于大力推进教师教育课程改革的意见》《教师教育课程标准（试行）》的精神，按照小学教育专业培养模式改革和课程结构调整的要求，精心设计系列教材结构和具体编写项目。我们将本套教材设计为小学教师教育理论系列、小学教师学科教育系列和小学教师教育教学实践系列三个部分，分别针对小学教育专业师范生的教师教育理论课程的学习、主要任教学科专业基础课程的学习和小学教育教学实践能力提升三个方面。在具体教材项目选择方面，则注意与小学教育专业的课程改革相吻合，除了基本覆盖该专业传统基础课程之外，还设计了《小学教育基础》《小学生认知与学习》《小学数学思维方法》《儿童文学应用教程》《小学语文教学设计与案例分析》《小学数学教学设计与案例分析》《小学班队活动设计》《小学科学活动设计与指导》《小学综合实践活动设计与组织》《小学生心理健康与辅导》等教材，希望能够填补小学教育专业教材建设的一些空白。

第二，根据《小学教师专业标准（试行）》对小学教师的具体要求，参照《义务教育课程方案和课程标准（2022 年版）》的基本精神，坚持育人为本的基本理念，精心选择教材编写内容。教育生理和心理都处于迅速成长期的 6～12 岁儿童，要求小学教师具有良好的师德，要关爱小学生，尊重小学生人格，富有爱心、责任心、耐心和细心等，也要求小学教师具有综合的专业素养，具备合理的知识结构和多方面的专业能力。我们必须改变长期以来以学科知识体系为主线的教材内容组织方式，而应以小学教师的职业需要为前提，关注小学教育专业师范生培养实际，关注未来小学教师专业素养的养成，关注目前小学新课程改革和国家统编教材的发展方向，以及小学不同版本教材的内容差异，兼顾在职小学教师专业发展和培训的需要，选择合适的教学内容，形成具有自身特色的教材知识体系。

第三，根据国家教师资格考试制度改革的要求，突出实践取向和能力培养，将学科知识、教育理论与教育实践有机结合，以培养未来小学教师教书育人的实践能力。本套教材的编写十分注重从解决小学教育教学实践中的问题出发，其中教育理论知识学习以学生能理解和运用为目的，教育教学实践能力培养注重学生实践体验和反思的过程，同时兼顾国家教师资格考试相关内容与技能训练，以推动小学教师教育的教学方式和学习方式的变革。

第四，在教材的编写体例和内容呈现方式上，本套教材注意学习借鉴国内外相关高等教育教材的成功经验，根据不同的教材系列设计出更加灵活的编写体例，增加更多课堂和教育案例与相关知识专栏。写作语言风格活泼，避免简单的理论说教，以适合当代教育工作者阅读和学习的需要。

组织编写“21 世纪小学教师教育系列教材”是一项庞大的系统工程，此项工作得到了全国许多从事小学教师教育的兄弟院校领导的大力支持、中国人民大学出版社领导的直接关心和策划编辑的精心策划，更有赖于各分册主编和编写者的辛勤劳动，对此我们一并表示衷心感谢！

本人从事小学教师教育研究已有 20 年之久，也先后主持和参与了一些小学教师教育教材建设项目，在自己学术研究和职业生涯的最后阶段，我愿将多年从事小学教师教育研究的成果和经验，将自己参与教育部许多教师教育重大改革项目的思考和启示，运用于本套教材的编写过程中。希望通过各方的积极参与和共同努力，能够编写出反映教师教育改革与发展趋势的、具有特色的小学教师教育教材，为小学教育专业建设和小学教师专业发展尽绵薄之力。

是为序。

惠 中

2022 年 4 月 30 日于上海

前言

“小学语文教学设计”是依据2011年教育部颁发的《教师教育课程标准（试行）》设置的课程，也是“教师教育国家级精品资源共享课建设”目录中适合小学教育专业学习的指定建设课程。在精品共享课建设目录中属于小学语文课程教学类的课程共两门，另一门是“小学语文课程标准与教材研究”。2020年我们配合刚出齐的新版统编语文教材编写了《小学语文课程标准与教材研究》，2022年上半年又根据《义务教育语文课程标准（2022年版）》对《小学语文课程标准与教材研究》进行修订，推出了第二版，使这部教材与当下语文学科使用的课程标准与教材保持同步。同时，出版社又力邀我继续编写《小学语文教学设计》教材，以使我们团队编写的小学教育专业语文学科教材能够配套成龙，形成完整的系列。当时我考虑到新版统编语文教材刚刚出齐，新版语文课程标准已编写完成，一经通过审查即将颁发，而与新课程标准配套的小学语文课本尚未面世，在这样的背景下，仓促编写《小学语文教学设计》，时机显然不成熟。

2022年4月，《义务教育语文课程标准（2022年版）》正式出版，将培养学生语文核心素养作为语文课程的目标，提出新的语文课程理念，并且明确今后语文课程内容主要以学习任务群的方式组织与呈现，以学生进阶式的语文实践活动组织学习过程，完全打破了传统的以单篇课文教学为主的语文课程内容，改变了以语文知识和技能教学为目标的课堂教学方式。这是现代语文课程改革的一次重大突破，也是语文课程教学方式新的探索。据了解，与新课标配套的语文教材编写尚在酝酿之中，近几年继续使用2017年前后编写的统编教材基本定局，这个周期至少得三年甚至以上。因此，如何依托现行统编语文教材贯彻落实新课标精神，成为横亘在广大小学语文教师和各高等院校小学教育专业师生面前不可回避的难题。我和团队成员经过研究，认为在这种背景下编写《小学语文教学设计》，尽管困难重重，尽管出版以后使用寿命可能也不会太长，但却非常有必要，因为可以化解全国各高等院校小学教育专业师生的燃眉之急，并且为广大语文教师落实新课标精神提供参考。因此，我和出版社编辑几经磋商，在完成《小学语文课程标准与教材研究》第二版修订工作的同时，调整组织好编写队伍，于2022年初开始了《小学语文教学设计》的编写工作。经过半年的艰苦努力，终于在6月底完成了这部教材的编写工作。

这部教材严格依据《义务教育语文课程标准（2022年版）》编写，引用的全部是2017年以后教育部审定出版的统编小学语文教材。我们认真学习新版语文课程标准，对照新课标提出的课程理念，总结近年来语文课程改革最新研究成果，研究当下语文教师在实施新课标和使用统编教材中出现或即将出现的问题，以保持这部教材鲜明的时代特性，让这部教材内容能够与当下语文课程改革的进程基本保持一致，至少不会相去甚远。编写时我们坚持了以下几点指导思想：

第一，聚焦语文核心素养的培养。《义务教育语文课程标准（2022年版）》把语文核心素养界定为文化自信、语言运用、思维能力、审美创造四个方面，并对其内涵进行了具体的诠释，同时还进一步强调“核心素养的四个方面是一个整体”，语言运用是核心素养的基础。这是目前对语文核心素养最权威的解释。在今后相当长的一个时期内，提高学生的语文核心素养应该作为新时代语文课程目标，指导语文教师的教学设计。如何更好地实现语文学科的育人功能，将语文核心素养培养真正在课堂教学中落地，必然成为语文教学设计与教学改革实践研究的重点，也必然成为语文教师设计教学时必须思考的具体问题。

第二，直面当下语文课堂教学中存在的真问题。自统编语文教材推广使用以来，语文课堂中出现了一系列新概念、新变化，如双线组合单元、语文要素、单元整体设计、整本书阅读、群文阅读、策略单元、习作单元等；《义务教育语文课程标准（2022年版）》提出以学习任务群的方式呈现语文课程内容，以综合性语文实践活动组织教学过程。这些新的概念和改革思路，当然非常有利于提升学生的语文核心素养，但是却给语文教师包括即将入职的未来教师带来了巨大的挑战。为此，这部教材每一章的第一节专门编写了各领域教学设计中的关键问题，梳理了识字、写字，阅读，整本书阅读，口语交际，写话、习作等设计中教师必须关注的或普遍存在的问题，深入分析研究，提出应对的方法策略，以帮助语文教师深入认识语文课程改革中出现的这些真问题。这部教材我们尝试编写了第四章“整本书阅读教学设计”和第七章“单元学习任务设计”，这两章内容都是当下新教材和新课标使用过程中语文教师最关注的热点问题。尽管书中提出的观点或列举的一些课例还需在教学实践中不断检验并修改完善，但至少能够使未来教师在入职伊始对整本书阅读指导说出一二，对什么是语文学习任务群有所了解，甚至能够发表自己的见解。

第三，凸显课程的实践性特点。“小学语文教学设计”这门课程的最终目标是培养未来教师的教学设计能力，而教学设计能力不能只通过教师静态的理论知识传授而获得，学生必须通过亲身参与大量的教学设计实践获得并得以提高。可见，“小学语文教学设计”不是一门偏重于理论知识学习的课程，而是一门偏重于学生操作的实践性课程。我们在编写教材时非常强调凸显课程的实践性特点。从第二章到第七章，每章都分门别类地提供若干典型的教学设计案例，引导学生开展案例研读和讨论，采用案例教学方法让学生对语文教学各领域的教学设计有比较真切的感性认识；然后组织学生参照名师的教学设计，沉浸式地进行各领域教学设计的实践操练，让学生在实践中领会小学语文教学设计的原理，掌握教学设计的方法，以切实提高未来教师教学设计的能力。我们在“本课程学习建议”中特意强调，第二至七章的教学设计实践环节是每章的学习重点。教学中应督促学生独立或小组合作完成教学设计方案，课堂内保证小组交流讨论的时间，并且通过师生的分享点评，修改完善教学设计。希望这个环节能够对提高学生的教学设计能力发挥切切实实的作用。

第四，重视教材的实用性。为了让使用本教材的小学教育专业师生感到好用、实用、爱用，我们特意编写了课程的学习目标、学习建议、课时建议等；各个章节都编写了学习目标和学习建议。为了帮助学生更好地完成本课程的学习，提高学习效率，我们针对每一节的学习重点、难点，提供若干讨论与练习题，在每一章的最后都精心编制了作业题目。为了开阔学生的学术视野，提高未来教师把握语文教材的能力，我们还提供了拓展阅读的文献书目。如果执教教师能够督促学生认真完成这些练习题，并且静下心来研读部分文献资料，那么一定能大大提高这门课程的学习效率。

当下各高等院校小学教育专业文科方向的课程大多设置“小学语文课程标准与教材研究”“小学语文教学设计”两门，这两门课程在教学目标和内容上各有分工，又前后联系。前者偏重于课程标准与教材研究，为后者打基础、做准备；而后者是学生在修习前者的基础上学习的第二门专业课程，重在培养未来教师语文学科教学设计的实际能力，为学生入职以后从事小学语文学科教学工作奠定扎实的基础。因此，编写时我们注意处理好这两门课程的承接关系。有关语文课程性质任务、各学段教学目标以及语文教材内容解读等的研究主要是“小学语文课程标准与教材研究”的任务，本门课程的任务主要是依据新课标精神和教材的特点，研究成熟的教学设计，并且引导学生进行教学设计的实战操练。这样划分课程目标重点和教学内容，有利于衔接这两门课程的内容，避免重复，使这两门课程形成合力，成为培养未来教师语文教学专业能力的有机整体。

这部教材的编写者由高等院校长期从事小学语文课程与教学理论研究的教授和富有语文课程教学理论与实践研究的一线名师、名教研员组成。长期坚守小学语文课堂的特级教师李竹平和资深教研员魏玉梅的加盟，更为我们的教材编写队伍注入了新鲜血液。书中引用的不少阅读教学设计、整本书阅读教学设计、单元学习任务设计案例，是两位教师亲自设计并经过教学实践检验的，反映出两位名师对语文课程改革最前沿的思考，是他们最新的研究成果。这些鲜活的设计案例，不少可以作为语文教学设计的经典。

小学语文课程改革始终在路上，对“小学语文教学设计”这门专业课程的学习和研究也是永无止境的。我们希望与广大从事小学语文课程与教学研究的理论工作者和一线语文教师、教研员一道，为推进我国小学语文课程改革尽绵薄之力。

吴忠豪

2022 年 7 月 8 日于上海海湾

本课程学习目标

1. 熟悉《义务教育语文课程标准（2022年版）》提出的课程理念和精神，树立正确的课程观、教材观、学生观、教学观。

2. 掌握小学语文教学设计的基本理论，能正确认识识字、写字，阅读，整本书阅读，口语交际，写话、习作以及单元学习任务设计的关键问题。

3. 能初步运用小学语文教学设计的基本理论进行识字、写字，阅读，口语交际，写话、习作教学设计，具有初步的语文教学设计能力。

4. 认识整本书阅读在小学语文课程中的重要地位，知道整本书阅读指导的基本课型，小组合作尝试设计每个课型的学习任务和指导过程。

5. 了解单元学习任务的设计要点，小组合作尝试设计单元学习任务和学生学习活动过程。

本课程学习建议

1. 本书第一章概述小学语文教学设计的基本理论，介绍小学语文教学设计必须掌握的具体内容。建议学生课外通读《义务教育语文课程标准（2022年版）》，深入了解语文课程性质，深入领会新课程标准提出的课程理念，适当搜集优秀教学设计案例。课堂内以小组合作学习的方式，讨论对小学语文教学设计的关键问题的认识，并且在教师指导下进行全班交流分享或师生答疑。

2. 本书第二至第七章，逐章介绍了识字、写字，阅读，整本书阅读，口语交际，写话、习作，单元学习任务的教学设计。每章第一节都针对该板块教学设计提出若干关键问题，以引起学生的关注，找出解决问题的对策。每章的这部分内容主要由学生课前自学为主，课堂里可以由学生选择一些感兴趣的话题或疑问与老师、同学展开讨论，逐步形成对关键问题的正确认识。

3. 第二至第七章都结合各章设计内容，专门编写了教学设计评述，选择了一些比较典型的设计案例供学生研读。这些案例主要供学生课前自学，以熟悉并了解该领域教学设计的内容、方法、步骤和策略等，丰富学生的理论认识和感性经验。课堂中主要引导学生运用所学到的教学设计理论对这些案例进行评述，并且鼓励学生另外搜集优秀的案例进行对比分析。

4. 第二至第七章的最后一节，都结合各章设计内容精心编写了教学设计实践环节。这是每章的学习重点。本书提供的这些教学设计实践练习题都经编者反复斟酌和修改。教学中应督促学生独立或以小组合作形式完成教学设计方案，课堂内须留有一定的时间进行小组交流讨论，并通过师生的分享点评修改完善教学设计。学习这门课程的最终目标就是培养学生获得初步的语文教学设计能力，而这种能力只有让学生自己大量反复地设计教学才能获得。希望这个环节能够对提高学生的教学设计能力发挥切切实实的作用。

本课程课时建议

总课时：40～60 课时

各章课时分配

第一章　小学语文教学设计概述	4～6
第二章　识字、写字教学设计	6～10
第三章　阅读教学设计	8～12
第四章　整本书阅读教学设计	4～6
第五章　口语交际教学设计	4～6
第六章　写话、习作教学设计	8～12
第七章　单元学习任务设计	3～5
考试（机动）	3
总计	40～60

目 录

第一章

小学语文教学设计概述

本章学习目标

1. 了解小学语文教学设计的基本理论，知道小学语文教学设计的具体内容。

2. 能说出当下小学语文教学设计的价值取向，认识语文核心素养的内涵。

3. 知道如何科学合理规范地设计一篇课文的教学目标，并掌握教学目标的正确表述。

4. 认识小学语文教学过程设计的几种主要模式。

5. 认识常用的小学语文教学方法，知道如何选择合适的教学方法。

6. 知道教学媒体在语文课程教学中的重要作用。

本章学习建议

1. 本章第一节是学习重点。建议课前自学这节内容，结合阅读《义务教育语文课程标准（2022 年版）》“一、课程性质”和“二、课程理念”。然后以小组合作学习的方式，讨论自己对小学语文教学设计的关键问题的认识。

2. 本章第二、三、四、五节主要介绍小学语文教学设计的几个构成部分。以学生自学为主，在自学基础上提出问题，在课堂教学中进行师生答疑。

3. 建议课前分小组搜集优秀教学设计的典型案例。课堂内以小组合作学习的方式，对所选案例的教学目标、教学过程、教学方法以及教学媒体设计是否科学合理进行评述。然后在教师的指导下进行全班交流分享。

课时建议：4～6 课时。

什么是教学设计？教学设计是对教学目标、教学过程、学习方式、教学资源与环境、教学评价等方面的系统性决策活动，是对教学活动的系统性构想。教学价值与目标定位、教学主要变量与教学关系处理、教学程序与活动方式的预设，以及教学资源与环境、教学评价的规划等，是教学设计的核心内容。小学语文教学设计的发展历程始终围绕着语文课程改革的内生逻辑展开——从知识学习与人的发展关系，到教与学关系之间的互动逻辑，再到教学形式与学习活动的相适应，以及教学系统复杂性与教学设计有限性的内在矛盾。关注教—学—评一致、教学媒体技术融合、学科育人、学科实践以及深度学习等，成为小学语文教学设计发展的新趋势。

第一节　小学语文教学设计的关键问题

一、语文教学设计的价值取向

改革开放以来，小学语文学科教学设计经历了从“双基”到“三维目标”，再到以“学科核心素养”为导向的发展进程。回顾了解这 40 多年来语文教学设计的变化进程，对准确定位语文课程的价值取向有着十分重大的意义。

（一）强调语文基础知识和语文基本技能的价值取向

20 世纪八九十年代的语文教学设计，主要沿袭了“文革”之前语文课堂一直坚持的加强“双基”教学，主要表现为重视语文基础知识教学和语文基本技能训练。

1978 年，教育部颁发了《全日制十年制学校小学语文教学大纲（试行草案）》，全国范围内开始使用由人民教育出版社出版的全国通用小学语文课本，使全国小学语文教学有了统一的大纲、统一的教材。广大小学语文教师在课堂教学中，围绕着“加强基础、培养能力、发展智力”展开了深入的研究，认为掌握学习的方法规律，是提高学生学习能力的重要手段。语文教学要提高教学效率，必须转变观念，重视学生学习方法规律的研究。1978 年、1992 年人民教育出版社推出的全国通用五年制、六年制小学语文课本，依据当时的小学语文教学大纲分年级教学要求，在低年级强调以识字教学为重点，中高年级根据阅读和写作教学要求分解一个个训练项目，编写成读写例话，进行读写基本功训练。教材还有计划地编排了观察、思维等与语文能力有关的其他若干个基本功训练，发展学生的智力，培养学生的语文能力。传统语文教学重视教师的教，侧重于教法研究，忽视对学生学习方法的研究。这套教材在中高年级加强读写训练项目的科学性和计划性，使读写序列更清楚，坡度更加平缓，有利于培养学生的自学能力。由于广大教师狠抓“双基”，在短短几年中，语文教学质量迅速提高。

然而在实际的教学过程中，教师尊崇的是传统知识本位理念下知识掌握的教学目标，教师忠实于教材知识内容和教材知识逻辑，将基础知识和基本技能的习得作为教学设计与教学实施的价值取向和目标，主要采用的还是以接受学习为主的讲读教学法，进行以语文知识教学与学法指导为中心的教学活动设计，使语文课程的育人功能难以充分发挥，工具性与人文性统一的特点难以得到充分体现。

（二）从“双基”到“三维目标”，凸显语文学科的育人功能

2001年，教育部颁发了《全日制义务教育语文课程标准（实验稿）》（简称《实验稿》）。该课程标准对语文课程的性质重新进行了界定，强化了语文课程“人文性”特点，注重语文课程对学生情感态度价值观培养方面的价值意义。《义务教育语文课程标准（2011年版）》（简称“2011年版语文课程标准”）在《实验稿》的基础上进一步明晰了语文课程的性质特点，提出“语文课程是一门学习语言文字运用的综合性、实践性课程。义务教育阶段的语文课程，应使学生初步学会运用祖国语言文字进行交流沟通，吸收古今中外优秀文化，提高思想文化修养，促进自身精神成长”，特别重申：“工具性与人文性的统一，是语文课程的基本特点。”

“2011年版语文课程标准”还提出了语文课程的四个基本理念：（1）全面提高学生的语文素养。（2）正确把握语文教育的特点。（3）积极倡导自主、合作、探究的学习方式。（4）努力建设开放而有活力的语文课程。该课程标准首次提出了“语文素养”这一核心概念，并明确地将“全面提高学生的语文素养”置于四大基本理念之首。该课程标准还对语文素养做了比较具体的描述：“语文课程应激发和培育学生热爱祖国语文的思想感情，引导学生丰富语言积累，培养语感，发展思维，初步掌握学习语文的基本方法，养成良好的学习习惯，具有适应实际生活需要的识字写字能力、阅读能力、写作能力、口语交际能力……语文课程还应……使他们提高道德修养和审美情趣，逐步形成良好的个性和健全的人格。”

为更好落实语文课程的育人功能，这部课程标准还提出了“知识与能力、过程与方法、情感态度与价值观”三维目标，试图以三维目标剖析语文学科的知识结构与学生素养发展之间的关系，从“知识与能力、过程与方法、情感态度与价值观”三个维度实现语文课程的发展性目标。在语文教学设计的实践中，广大语文教师以三维目标替代了以往的“双基”教学目标，这使得语文教学思想和教学设计产生了深刻的变化。但在语文教师的教学设计实践中，如何切实实现这三个维度的目标，始终是个难题。有学者认为其根源在于“三维目标”没有指明三者各自的地位以及它们之间的结构和关系，导致语文教师在教学实践中依然试图用旧的教学图式理解新的课改理念，在教学设计中依然是“穿新鞋走老路”。其实，这在很大程度上源于应试教育的实践逻辑与素质教育的制度逻辑之间矛盾的尖锐性，从而衍生出一种“应付机制”的教学设计和教学实施①。

（三）强调语文核心素养的培养

2016年，《中国学生发展核心素养》演进报告发布。什么是语文核心素养？2022年最新颁布的《义务教育语文课程标准（2022年版）》（简称“2022年版语文课程标准”）把语文核心素养界定为文化自信、语言运用、思维能力、审美创造四个方面，并对其内涵进行了具体的诠释，同时还进一步强调“核心素养的四个方面是一个整体”。这是目前对语文

① 郭元祥，刘艳．我国教学设计发展20年：演进、逻辑与趋势．全球教育展望，2021（8）．

核心素养最权威的解释。

语文核心素养结合当下社会背景丰富了“人的全面发展”的含义，它的独特之处在于将“语文素养”进一步具体化。但“核心素养”不是对我们党的教育方针“培养全面发展的人”的超越，而是在党的教育方针指导下增加了时代成分。有学者认为，“我们现在需要做的事情不是弄出一种全新的课程方案、课程标准来重构我们的学校课程，我们所要做的事情是对既有课程方案进行完善和修正，而不是简单地推倒既有课程方案，用一种全新的课程方案来对既有课程方案进行否定。”①

因此，在今后相当长的一个时期内，提高学生的语文核心素养应该作为新时代语文课程目标，指导语文教师的教学设计。如何更好地实现语文学科的育人功能，将语文学科核心素养培养真正在课堂教学中落地，必然成为语文教学设计与教学改革实践研究的重点，也必然成为语文教师设计教学时必须研究和思考的具体问题。

二、回归语文课程实践性特点

新中国成立以来关于语文课程的性质一直围绕着“工具性”和“思想性（人文性）”展开争论。2001 年，《实验稿》对课程性质的表述是：“语文是最重要的交际工具，是人类文化的重要组成部分。”“工具性与人文性的统一，是语文课程的基本特点。”“2011 年版语文课程标准”对这门课程的性质做了这样的定义：“语文课程是一门学习语言文字运用的综合性、实践性课程。”这是国家在正式文件中第一次明确提出语文课程的“实践性”特点。

（一）“实践性”是学习语文课程的基本特征

由于众所周知的原因，长期以来语文工作者都会关注语文课程的“综合性”特点，特别重视发掘这门课程的德育功能，发挥语文课程的教化作用，而语文课程的“实践性”特点却一直没能得到应有的重视。尽管《实验稿》在理论上已经明确提出“实践性”特点，但在语文教学的实践中却没有真正得到重视，也没有真正落实到课堂教学中。其实原因很简单，语文课程“综合性”特点是这门课程固有的、显性的特点，无论教师主观上是否重视，“综合性”特点始终会客观存在。解放初期，小学语文课和小学常识课曾经合成一门学科，称混合教育；20 世纪末某省曾将语文课和思品课合为一门“政文”课程，这样的情况不可能在其他学科出现。而“实践性”特点并不是语文课程本身固有的特点，严格来说它是“学习”这门课程的特点，反映的是“学习”这门课程的规律。“实践性”特点是通过长期的教学实践、反复的观察和研究才能被人发现并总结出来的，在教学过程中也只能靠执教者的主观努力才能得以落实，因此容易被人忽视。这也是我国语文课程标准直到 2011 年才将“实践性”作为课程特点提出的重要原因。“2022 年版语文课程标准”再次强调语文课程的实践性特点，指出“语文课程应引导学生热爱国家通用语言文字，在真实的语言运用情境中，通过积极的语言实践，积累语言经验，体会语言文字的特点和运用规律，培养语言文字运用能力”。

① 郭元祥，刘艳．我国教学设计发展 20 年：演进、逻辑与趋势．全球教育展望，2021（8）．

（二）确立“实践”在语文课中的价值和地位

从学生学习语文的规律看，当下的语文课程更应该强调的是“实践性”的特点。因为无论是听说能力还是读写能力，都不可能只通过教师讲授学得，而必须通过学生自己的听说读写实践才能习得。学生在教师指导下的“学”当然很重要，但相比之下，“实践”对学生语文能力的形成更加重要。

长期以来语文课程一直没有循着“实践性”的特点来建构并实施。尽管语文教学工作者在理论上都能认识到“实践”在这门课程中的重要性，语文课要“精讲多练”，要“加强语言文字的训练”，要“以学生为主体”，把课堂教学时间还给学生，这些都是不同时期语文教师对语文课程实践性认识的不同表达，其目的就只有一个，即语文课要把时间还给学生，用来开展实践活动。然而，这么多年来，语文课并没有走出教师讲得多、学生实践少的怪圈。究其原因，一是现代语文教学面对的是学生读得懂的白话课文，于是就很自然地将隐含在语言文字背后的思想情感及语文知识作为教学的主要内容。20 世纪五六十年代抓语修逻文基础知识，七八十年代抓读写方法，进入 21 世纪以后重视人文教育。二是语文教育工作者受传统以教为主教育观念的影响，在理论上也没有真正认识这门课程“实践”的重要性，忽视了学生学习语文的基本规律，因此，语文课程的“实践性”特点一直难以体现。

当然，我们不能因此否定教师指导语文方法规律的必要性。重视方法规律的指导是现代语文教学的一大进步，然而必须警惕不能走进另一个误区：以为方法规律指导是语文课第一位的工作，课堂教学中将大量时间用于方法规律的指导，由此挤压了学生语文实践的时间和空间，这得不偿失。大量的语文运用规律其实是默会知识，只能在实践中自己去领会、把握，很难言传；而且学生在实践中获得的运用语文的方法规律才真正有用。当下亟须研究的是语文课到底应该教哪些必要、有用的知识或方法规律，切忌教师自以为是地把所谓的知识和方法教给学生。其实，小学生需要掌握的学习方法非常有限，如果每个学期重点教好一两个阅读方法或写作方法，循序渐进，反复操练，落到实处，最终形成习惯，那么语文课就发挥了它应有的作用了。有专家提出语文课要转向“以策略为导向的语文教学”，这句话固然不错，策略当然需要指导；但必须补充一句，要“以策略为导向，以实践为基础”，因为小学生学习语文，“实践”比“策略”更重要。

（三）以实践为主要方式展开语文教学设计

“2022 年版语文课程标准”重视培养学生的语文核心素养，提倡语文“任务群学习”，引导学生“在真实的语言运用情境中，通过积极的语言实践，积累语言经验，体会语言文字的特点和运用规律，培养语言文字运用能力”。新课标提出的课程理念，为体现语文课程的实践性特点提供了坚实的理论武器。当然，要广大教师在理论上认同语文课程的实践性特点并不难，难的是怎样以学生语文实践为主要方式设计教学，使实践性特点在教学实践中真正得到落实。

首先是引导学生大量读书。温儒敏教授说“读书是语文课的头等大事”①。学生的读

① 温儒敏．把培养阅读兴趣与习惯，当作语文教学头等大事．语文建设，2016（9）：4.

书习惯和熟练的阅读技能主要靠学生自身的大量阅读实践形成。按照苏霍姆林斯基的研究，学生需要经过2 000小时以上的默读训练，才能比较熟练地阅读。如果以义务教育九年时间计算，那么每天阅读时间不少于1小时。国外小学阅读课的教学方式就是学生自主阅读，每个学生的读物各不相同，教师根本无法讲解。国外流行的分级阅读，也是提倡每个孩子根据自己的阅读能力读不同级别的书籍。语文课必须保证学生有充分的读书和交流时间。读书兴趣是读出来的，读书习惯也是通过学生自身大量的阅读实践才会形成，教师的教育或指导只是外因，可以起促进作用，但不能替代学生读书。现在学生一般每周只有一节课的读书时间，甚至隔周才有一节课的读书时间，这与读书在语文课程中的重要地位严重不匹配。读书习惯形成必须有持续并连贯的读书时间保证，每天有固定的阅读时间，不能有空就读，没有空就不读，这不利于习惯的养成。养成读书习惯还需要有阅读量的累积，课程标准规定的小学阶段阅读145万字是保底阅读量，应该上不封顶。为此，必须对语文课程进行整合，大幅压缩低效的讲读课教学时间，留更多时间让学生自主读书；经常开展读书交流活动，营造班级读书氛围，利用班集体力量使那些不喜欢读书的孩子也能体会到读书的乐趣，养成读书习惯。读书习惯养成的关键年龄是12～15岁，所以，小学和初中语文课程对学生读书习惯的养成有重要作用。

其次是强化学生的表达实践。现代语文课程在设计上一直表现为“以阅读为重点”，语文课用于书面表达训练的时间仅1/4，这样的课程设计难以支持学生表达能力的提升。一直以来我们都认为阅读是基础，读得多自然就写得好。然而事实证明这个观点似是而非，阅读与写作虽然有内在联系，但读只是写的必要条件，不是充分条件，读得多未必能写得好，这一点应该达成共识。读和写是两种不同的语文技能，小学生学语文的重点是表达，难点也是表达，需要有更加充分的表达实践机会。考察一些教育发达国家的母语课程，表达和阅读时间大多平分秋色，且向表达倾斜。因此，实践性的语文课程构建应该平衡阅读和表达的时间分配，努力增加学生表达实践的机会。“书到用时方恨少”，学生通过表达实践，可以反过来认识到在阅读课文时积累大量词语句子的好处，认识到那些巧妙的表达方法的价值，从而使学生更加主动、积极地深入阅读。通过强化表达实践促进学生主动阅读，是提高阅读能力的有效途径或手段。

最后是重视语言经验的积累。语言运用是思维能力、文化自信、审美创造的基础。语言运用必须有两个基本要素：一个是必要的语言材料积累，语言材料越丰富，语言建构能力越强；就像造房子，砖头木头等建筑材料越多，房子就能造得越大越高。另一个是语言建构和运用的经验，通俗讲就是遣词造句、谋篇布局的经验。当下阅读学、写作学对篇章方面的知识研究比较深入，因此课堂上教师对谋篇布局学理知识讲授得比较具体；但是词语怎么用，词和词如何搭配，词和句怎么组织，句子和句子怎么连接，等等，这些很难从学理上讲清楚，因为建构语言主要是凭经验、凭感觉。学生写文章用词不当、词语搭配不好、句子有语病，究其原因就是缺乏语言运用经验。所以，语言经验决定一个人语言建构的质量，也影响语言运用的规范。语文是一门经验性课程，因此，积累语言经验是学习这门课程的基础，特别是小学阶段。怎样丰富学生的语言经验？第一是要多读多背。学生要吸收规范的课文语言，要形成语感，就必须反复读，读到滚瓜烂熟才能把课文语言转变成自己的语言，才能形成语感。第二是要培养学生主动积累有新鲜感的词语的意识或习惯。学习语言最好的办法不是老师规定学哪些词语哪些句子，而是让学生自己去发现文章里有积累价值的词句，寻找课文语言和自己语言的差异。如果小学阶段能形成稳定的主动积累的语言习惯，那么学生会终身受益。第三是要主动运用有新鲜感的词句。积累语言经验的最终目的是运用，只有会运用了，才意味着真正转化成了学生自己的语言。指导学生表达时主动运用课文高质量的语言，不仅可以提高学生的语言质量、丰富语言经验，还会对提高学生的语文素养起到直接的促进作用。

总而言之，语文课要把握好学生语文实践与教师方法指导之间的关系。与学生的语文实践相比较，方法规律的指导始终是第二位的，语文学习应该强调的是学生实践为重，方法指导为辅，而不能主次颠倒。如果循着“实践性”的思路展开教学设计，强化学生的表达实践，重视学生语言经验积累，真正确立“实践”在语文课中的价值和地位，那么语文课的教学效率一定会得到提高。

三、倡导自主、合作、探究的学习方式

《国家基础教育课程改革纲要（试行）》中指出，要“改变课程实施过于强调接受学习、死记硬背、机械训练的现状，倡导学生主动参与、乐于探究、勤于动手，培养学生搜集和处理信息的能力、获取新知识的能力、分析和解决问题的能力以及交流与合作的能力”。“2011 年版语文课程标准”结合学科特点，将“积极提倡自主、合作、探究的学习方式”作为课程改革的重要理念，明确提出：“必须根据学生身心发展和语文学习的特点，爱护学生的好奇心、求知欲，鼓励自主阅读、自由表达，充分激发他们的问题意识和进取精神，关注个体差异和不同的学习需求，积极倡导自主、合作、探究的学习方式。教学内容的确定，教学方法的选择，评价方式的设计，都应有助于这种学习方式的形成。”

随着新课改教学理念的变革与语文教学改革的不断深化，在从“双基”到“学科核心素养”的改革过程中，不少优秀教师逐步确立了以学生学习为中心的教学设计范式。教与学的主体地位发生了改变，教师成为学生学习环境的创设者与学习活动的指导者；教师通过教学媒体拓展学生的学习资源，并创建学习环境以促进学生主动学习；在课堂教学实践中打破了传统班级授课的教学组织形式，试图以小组合作的形式创建新的学习组织形式；教学内容成为学生的学习资源，学生在体验式的学习环境中通过探究式学习达成提升学科核心素养的目标。

（一）自主学习

自主学习是指学习主体有明确的学习目标，对学习内容和学习过程具有自觉的意识和反应的学习方式。自主学习包括以下三方面含义：

一是学习的主动性。主动性是自主学习的基本品质，主要表现为我要学，学习作为学生的一种内在需要。在传统教学中，学生往往处于被动学习的状态，学生不是自己要学，而是教师要学生学，家长逼孩子学，学生普遍处于一种“被逼”学习的状态，严重影响了

学生学习的主动性和积极性。当学生有了内在的学习动机和兴趣，整个学习过程就变成了一种享受、一种愉快的体验，而不再是一种负担。这样学生会越学越想学、越学越爱学。

二是学习的独立性。独立性是自主学习的灵魂。如果说主动性表现为我要学，那么独立性则表现为我能学。独立性是学生学习的一种重要品质。教师要充分尊重学生的独立性，正确引导学生发挥自己的独立性，从而培养学生独立学习和独立解决问题的能力。此外，主动学习还能提高学生的责任感。学生有了明确的学习目标，对学习的意义有了进一步的认识，就能对学习产生积极的态度，从而更加投入并努力去完成学习任务，增强学习的责任心。

三是自控性。培养学生对学习的自我意识和自我监控能力，是促进学生自主学习的重要因素。自主学习要求学生对为什么学习、能否学习、学习什么、如何学习等问题做自觉的意识和反应，学生在学习前，需要自己确定学习目标、制订学习计划、选择学习方法、做好学习准备；在学习中，要能够对自己的学习活动做自我观察、自我反思、自我调节；在学习后，需要对学习结果进行自我检查、自我总结、自我评价和自我补救。这样，就能极大增强学生学习的责任心和自控力。

（二）合作学习

合作学习是指学生在学习群体中为了完成共同的任务，有明确的责任分工的互助性学习。合作学习以合作学习小组为基本形式，利用教学中伙伴之间的互动促进学生的学习，以团体成绩为评价标准，促进学生共同达成教学目标。合作学习需要注意以下几个要点：

第一，培养学生的合作意识与合作能力。合作学习对长期习惯了听老师讲课的学生而言是一种新的学习方式。老师在第一次使用这种方法时，一定要注意给学生讲清楚这种方法的内涵以及如何使用这种方法，而不是概念化地提出自主、合作的方式。

第二，要对合作学习的内容进行筛选。虽然课程标准倡导合作学习，但并不是所有的学习内容都适合采取合作的形式。对于有些学生能够单独完成的学习内容，比如“学会课文中的生字、新词，有感情地朗读和背诵课文”等，就没有必要合作学习。一般来说，适合合作学习的内容有三种：一是复杂的学习内容；二是开放性的内容，即可以从不同的角度得出不同结论的内容；三是彼此相对独立，合起来又是个整体的内容。学生通过合作探讨，互相启发，发散思维，对问题的认识会更加全面、准确。

第三，把握合作学习的时机。一般来说，开展合作学习应当把握这样几个时机：一是在学习上遇到疑难问题，通过个人努力无法解决的时候；二是当学生的思维遇阻，需要相互启发的时候；三是当学生的意见出现较大分歧，需要共同探讨的时候；四是学习任务较复杂，需要分工合作才能完成的时候。

第四，合作学习要做到目标明确、责任到人。学习方式是为学习目的服务的，要清楚为什么要采取合作的方式，要达到什么目的，不是为了合作而合作。因此，每个合作小组要明确自己小组的目标，要求小组内部责任到人，避免出现有些同学积极参与、有些同学却无所事事的情况。

（三）探究式学习

探究式学习是指学生在教师的指导下，根据所获取的事实证据对所要探究的问题做出解释的学习方式。在这种学习方式中，教师不把现成的结论告诉学生，而是指导他们围绕问题做出各种假设、尝试，然后搜集、分析、整理资料，进而得出结论。例如，在学习“清”这个汉字时，教师首先把“清”“请”“情”“晴”等字集中在一起，让学生自己去探究这些字的特点，然后回忆一下自己的积累中还有哪些字具有这样的特点，并试着归纳出这些字的构字规律。

需要注意的是，语文教学中探究可分为课文内容和语文形式两个层面的探究。课文内容的探究主要是探究课文的思想情感内容等事实性知识，语文形式的探究主要是探究字词句篇和各种表达方式等知识与规律。从语文教学的主要任务看，语文教学中的探究应以后者为重。

需要说明的是，倡导自主、合作、探究的学习方式，并不意味着排斥接受式学习。接受式学习的最大价值在于学生不必从零开始学习，他们可以直接接受前人与他人的认识成果，从而加快个体的认识发展进程，这对于以接受间接经验为主的小学生来说，是一种非常简约、便捷的学习方式。而且接受式学习在培养孩子的倾听、思考习惯方面所发挥的作用也是别的学习方式所不能比的。当然，任何单一的学习方式都不能满足对学生全面素质培养的要求，因此，要提倡学习方式的多元化。

提倡自主、合作、探究的学习方式是否会弱化教师的作用？这是教学实践中必须解决的一个突出问题。从教学实际情况来看，确实存在因强调自主、合作、探究的学习方式而忽视教师主导作用的倾向。由于离开了教师的正确导向和有效指导，在很多情况下学生的学习很容易蜕变为一种脱离教学目标的随意学习，离开正确的学习轨道，从而严重降低教学效率，影响了学生的发展。

在积极提倡自主、合作、探究的学习方式的过程中，既要坚持发挥学生的主体作用，也不能放弃教师的主导作用，不能放任自流，不是学生想怎么学就怎么学。教师首先要非常明确地提出学习目标和要完成的学习任务，让学生明白自己该干什么；其次要引导学生围绕学习目标和任务，以自主、合作、探究的学习方式开展学习。在学习过程中，教师要密切关注学生的学习动向，当学生遇到疑难时，教师要给予适当的指点，引导学生化解疑惑；当学生有思路障碍时，教师要启发点拨他们拓宽思路，寻找合适的解决问题的路径；当学生陷入迷途无路可走时，教师要适当为学生铺路架桥，引导他们步入“柳暗花明又一村”的佳境。通过教师的适当引导、点拨，让学生经历一个由不知到知之、由知之较少到知之较多的学习过程。可见，学生自主、合作、探究的学习过程，其实质是一个强调以学生为主体的自主学习和教师指导引领相统一的过程，使学习过程真正成为学生主体性不断提升、发展和完善的过程。

【讨论与练习】

1. 什么是语文核心素养？为什么要将提高学生的语文核心素养作为语文教师教学设

计的指导思想？

2. 语文课为什么要强调“实践性”特点？“语文学习应该强调的是学生实践为重，方法指导为辅”，谈谈你对这个问题的认识。

第二节　小学语文教学目标设计

教学目标是对学生学习结果的预期，是聚焦课堂教学活动的指针，同时也是评价课堂教学效果的主要指标。语文课的教学目标可以有不同层次的划分，课程标准中规定了语文课的总目标和学段目标，语文教师应该依据课程标准制定出每个年级每个学期的具体教学目标，这项工作应该在每个学年或学期开始时完成。语文教师在进行日常的教学设计时，经常遇到的是设计一个单元和一篇课文的教学目标。每学期语文教材都有二十几篇课文，因此，语文教师至少有二十几次设计课文教学目标的机会。对新手教师而言，可以从一篇课文教学目标的设计开始学起，从下往上，逐步提高设计教学目标的能力。因此，这一节我们主要研究课文教学目标设计。

教师参考用书中一般都提供每篇课文的教学目标，这些教学目标当然有参考价值，但往往不能照抄照搬。因为参考用书是面向全国学生编写的，由于各地学生的学习程度有很大的差异，因而参考用书不一定适合不同地区、不同学校特别是自己所教班级学生的实际水平。因此，作为未来语文教师，必须深入学习教学目标设计的基本原理和规范，这样才能设计出更加适合本地区、本学校，特别是自己所教班级学生实际水平的教学目标。如何科学合理规范地设计一篇课文的教学目标呢？

一、正确处理课文内容理解和学习语言文字运用的关系

教师和学生在阅读课上面对的是一篇篇内容生动、情感丰富的课文，因此，不少教师习惯把理解课文思想内容当成课文教学的主要目标。其实，课文只是完成语文学习任务的载体，正如叶圣陶先生说的“课文只是例子”，阅读课的主要任务是利用课文指导学生学习阅读，学习写作，学习语言文字的运用。因此，语文教师在设计教学目标时，必须正确认识“课文内容理解”与“学习语言文字运用”这两项任务的关系，特别是要明确这篇课文在“学习语言文字运用”方面应该达成怎样的目标，凸显语文知识或语文技能学习方面的教学重点。这是由语文课程的性质、任务所决定的，也是语文教师专业职责的规定。

当下语文教师在解读文本时，对设计每篇课文的思想、情感教育方面的教学目标比较有把握，而对“学习语言文字运用”方面的教学目标如何确定则往往比较困惑，因为课文没有明确呈现出来，需要教师凭自己的经验发现并选择。一些教学经验比较丰富的教师可能找到符合学生学习需要的教学内容，明确教学目标；而那些缺少教学经验的特别是一些新入职的青年教师，就不一定能找到合适的教学内容，因而确定这方面的教学目标就比较困难，有些教师干脆将理解课文的思想内容当成教学的主要目标。这样就容易把语文课上

成思想品德课、历史课、科学课，造成语文课程性质的异化。

二、选择学习语言文字运用方面的教学目标

一般而言，可以从四个方面寻找依据：一是课程标准关于各学段的目标要求；二是每册教材各单元的教学重点项目，统编语文教材按照人文主题和语文要素两条主线组成单元，因此教师必须认真研读每个单元的语文要素，以此设计每篇课文的主要目标；三是课文特点以及课后的练习设计，课文练习往往传递了教材编写者的意图，是设计一篇课文学习语言文字运用教学目标的重要依据；四是班级学生的实际状况，由于不同地区不同班级的学生语文学习水平是有差异的，教师制定教学目标最主要的依据是班级学生的实际水平。所以，即使是同一学校同一年级的学生，不同班级教师对同一篇课文设计的教学目标也可以是不同的。

对照以上提出的四方面依据，怎样确定课文教学目标呢？我们以四年级上册的《西门豹治邺》一课的教学目标为例，试对下面两位教师设计的教学目标进行评述讨论。

【教学目标一】

1. 朗读课文，学会本课生字新词，知道古代西门豹治邺的故事，学习西门豹破除迷信、为民除害的精神。

2. 理解课文内容，能正确回答课后问题，复述这个故事。

3. 给课文分段概括段意，能联系上下文理解一些句子的意思。培养学生的分析能力和概括能力。

【教学重点】了解西门豹破除河伯娶媳妇迷信的经过。

【教学难点】培养学生分段、概括段意的能力。

本单元的语文要素是“了解故事情节，简要复述课文”，习作要素是“写一件事，能写出自己的感受”；课后练习要求“根据课文内容填空，并简要复述课文”。可见，这篇课文的教学重点是培养简要复述的能力。这位教师设计的教学目标 2 体现了单元语文要素，只是“复述这个故事”前应该加上“简要”一词，因为“复述”和“简要复述”是有区别的，目标中应该非常明确地提出这一点。教学目标 3“给课文分段概括段意”，尽管与“简要复述”有某些内在的联系，但单独列为一条，与教学目标 2 的“复述故事”并列，并作为教学难点来强调，显然冲淡了本单元语文要素，很容易造成教学重点的偏移。还应该关注的是，目标设计的教学重点落在“了解西门豹破除河伯娶媳妇迷信的经过”。理解西门豹破除迷信、为民除害的精神当然没错，但是将其作为“教学重点”就值得商榷了。这样在实际教学中很容易偏向课文思想内容理解，客观上会挤压学生学习简要复述的时间。其实，对西门豹思想精神的认识应该与课文朗读相结合，融于故事复述过程中，在学习语言文字运用过程中无痕渗透，无须单独列为教学重点特意强调。这反映了教师对语文课程性质任务的把握不够准确、全面，误将对语文课文思想内容的理解当作语文课的主要教学目标。类似的情况在语文教师制定教学目标时经常出现，必须高度警惕。语文课的专职任务

是学习语言文字运用，情感态度价值观的教育应该渗透在学习语言文字运用的过程中。这是语文教师必须坚守的基本教学观念。这堂课毫无疑问应该以本单元语文要素“简要复述课文”为重点教学目标，这样才符合教材的编写意图，并体现出语文课程的性质任务。

【教学目标二】

1. 正确认读本课 12 个生字，正确书写 15 个常用字。

2. 朗读课文，抓住重点段落中描写西门豹言行的句子，体会西门豹惩治巫婆和官绅、帮助老百姓破除迷信方法的巧妙。改编课文，表演这一片段。

3. 了解故事的起因、经过和结果，厘清故事的线索，简要复述课文。

【教学重点】简要复述课文。

相比之下，这位教师设计的教学目标既突出重点，也比较全面，符合教材编写意图。

(1) 生字、词语教学和正确流利地朗读课文，是每篇课文必须达成的基本教学目标，语文教师一般都不会忽略。相比【教学目标一】提出的“学会本课生字新词”，这位老师设计的“正确认读本课 12 个生字”和“正确书写 15 个常用字”教学目标，有利于检测出学生的目标达成度。

(2)【教学目标二】突出了本单元“简要复述课文”这一语文要素，并且明确将其作为教学重点。目标中“了解故事的起因、经过和结果，厘清故事的线索”，作为简要复述的前提和方法，其实也暗合了本单元“写一件事”这一习作要素，将课文故事复述与后面写一件事的习作练习有机地结合在一起，可见目标设计者的匠心。

(3) 通过朗读感受西门豹的精神品质，较好地处理了语文课程“情感态度价值观教育”和“学习语言文字运用”之间的关系，正确把握了语文课程的性质任务。

(4)【教学目标二】中还提出“改编课文，表演这一片段”的要求，似乎脱离了本单元的语文要素，属外加的扩展要求。尽管改编课文并演出课本剧学生会很感兴趣，但是将其作为教学目标提出会造成重点太多的问题。此外，改编课文并且表演，需要占用很多教学时间，而课堂教学时间十分有限，可能无法完成。如果将其作为课堂教学的延伸，安排在课外综合性学习活动中，也许更合适。

三、教学目标的正确表述

按照课程与教学理论，对教学目标的正确表述有着比较严格的规范：教学目标能清晰而明确地表述至少包含行为和内容两个方面要求，所用的行为动词必须能对行为的不同特征做出区分。教学目标是针对学生提出的，正确的表述一般包括三个要素，即行为表现、行为条件和行为程度。

1. 行为表现

行为表现指达到目标的具体行为表现。行为表现是目标中最基本的成分，不可或缺。教学目标的具体性、明确性主要取决于行为动词的可观察性和可操作性，所以应尽量避免使用诸如“知道”“理解”“掌握”等含义不易确切把握的词，一般要用行为动词来加以描述，如“写出”“列出”“认出”“辨别”“比较”“对比”“指明”“绘制”“解决”“背诵”等。

2. 行为条件

行为条件指影响学习者学习结果产生的有关情境或条件。对条件的表述大致有三种类型：一种是对使用辅助手段的说明，如能利用图书指南或说明书去读书；二是对时间限制的说明，如能在1分钟内认读20个汉字，1分钟就是所做的时间限制；三是对完成行为情景的说明，如在小组讨论时能发表自己的意见，课堂及小组讨论即是完成行为的情境。

3. 行为程度

行为程度指上述学习行为达到的最低评价标准。程度或标准一般可从行为的速度、正确性、质量等方面确定，如学习10个词语，能够用其中三个词语造句。

上述教学目标也被称为行为目标，这种行为目标的优点是非常清楚，避免了用传统方法表述目标时的含糊性。它的缺点是只强调了行为结果，而忽视了内在心理过程，因为语文教学目标中涉及学生内在能力和情感变化的结果很难量化。比如理解、欣赏、热爱、尊重等情感变化，很难细化为具体的动作行为；再如语文教学中的朗读、说话、表演等活动，其结果很难量化，只能从过程与方法方面加以描述。

根据以上的目标表述要求，我们来评述下面三位教师制定的《观潮》一课的教学目标。

【案例1】

认知目标：学习生字新词，了解钱塘江大潮“潮来时”的景象、特点，从而认识汹涌澎湃的钱塘江大潮是天下奇观。

情感目标：激发学生对钱塘江大潮乃至祖国的大好河山、锦绣风光的无比热爱。

技能目标：引导学生能深情地朗读课文，背诵课文3～4自然段。

教学重点：

理解并积累课文中生动、优美的语句，感受钱塘江大潮的汹涌澎湃、雄伟壮观。

教学难点：

使学生感受到钱塘江大潮的汹涌澎湃、雄伟壮观。

【案例2】

1. 认识生字“薄”“屹”“鼎”等。正确理解课后词语，并学习用“天下奇观”“人声鼎沸”等词语写几句话。

2. 能正确、有感情地朗读课文，背诵课文5小节。

3. 理解课文内容，感受钱塘江大潮的雄壮气势，从而更加热爱祖国的壮丽河山。

4. 继续学习并归纳课文的主要内容。

教学重点：

1. 继续学习并归纳课文的主要内容。

2. 正确、有感情地朗读课文，背诵课文5小节。

教学难点：归纳课文的主要内容。

【案例3】

1. 通过本课教学，使学生了解钱塘江大潮的雄伟、壮丽，激发学生对祖国壮美河山的热爱之情。

2. 按时间顺序给课文分段，正确概括段意。

3. 把学生带入情境中理解课文内容，展开想象，有感情地朗读课文。

4. 结合课文理解“横贯”“天下奇观”“人声鼎沸”“风号浪吼”“涨”等词语及比喻句。

5. 搜集有关钱塘潮的资料，了解大自然的神奇。

学习重难点：理解生字、新词和有感情地朗读课文，感受钱塘江大潮的壮观。

从教学目标的具体性、明确性及行为动词的可观察性和可操作性来看，案例2中的教学目标的表述比较符合要求，比如生字和词语教学，规定了要求认识的几个生字，词语教学区分出理解和运用两个层次，课后词语表中列出的词语都要求理解，还要求用“天下奇观”和“人声鼎沸”写几句话。表述目标时所运用的行为动词恰当，目标大都可以在教学中进行实际操作，并且可以具体观测到。案例3中词语教学目标表述比较具体，但是缺少生字教学目标。案例1中“学习生字新词”的目标表述，“学习”这一行为动词表达得比较模糊，到底是“认识”，还是“理解”，抑或是“运用”，无法区分，也难以检测，因此不符合教学目标的表述要求。

如果仅从目标表述的行为条件分析，案例3教学目标的表述比较关注给出明确的学习情境或条件，比如，理解词语是“结合课文理解”，有感情地朗读课文则要求“把学生带入情境中理解内容，展开想象”，给出了这两项学习活动的辅助手段；分段练习是“按时间顺序”，为分段指明了方向。案例2中的教学目标“继续学习并归纳课文的主要内容”，“继续学习”表明这一练习以前曾经做过，不是“第一次”。表述清楚学习的情境或条件，无论是学生学习还是教师教学，对目标的把握会更加明确。这说明教师在表述教学目标时要动脑筋，要字斟句酌。

当然，要把每一条教学目标都做到行为化和可检测是非常困难的，特别是思想情感方面的目标就很难做到量化。比如，上述目标中提到“激发学生对钱塘江大潮乃至祖国的大好河山、锦绣风光的无比热爱”，“感受钱塘江大潮的雄壮气势，从而更加热爱祖国的壮丽河山”等，思想感情是否“激发”，学生对祖国大好河山是否“更加热爱”，只能通过朗读间接地感觉或观察，很难量化。特别是“更加热爱”，通过本课教学能够加深热爱程度，但是这种程度根本就无法测量。其实，类似的表述在语文目标中常常可以看到。作为语文教师，应该努力追求教学目标表达的具体性、可测性，增强这方面的意识，但是也不能拘泥于某一种方法或某一种形式，而必须根据目标的层次、学习任务分析的结果、学生的特点等情况具体分析。教学目标表述做到简洁明了、容易把握，就可以了。

【讨论与练习】

1. 如何科学合理规范地设计一篇课文的教学目标？

2. 按照课程与教学理论，如何正确、规范地表述教学目标?

第三节　小学语文教学过程设计

教学过程是教学设计的主体部分，主要依据教学目标预设教学活动的环节及先后顺序，根据各环节的教学内容估计教学时间，力求设计出最优化的教学过程。内容不同，各学段学生的学习水平不同，以及教师的教学风格不同，所设计的教学过程都是不一样的。因此，教学过程设计具有个性化的特点，特别是教师的学科教学经验、知识结构、认知风格以及不同的教学观，都会对教学过程的设计产生深刻的影响。

这一节将介绍教学过程设计的几种主要模式。

一、围绕课文理解设计教学过程

在传统的语文教学过程中，许多教师是将课文思想内容理解当成主要教学目标，初读课文，理解课文内容；再是分段讲读，深入理解课文内容和思想情感，分析课文语言知识和表达方法；最后总结归纳，完整认识课文思想内容和写作特点。这就是比较典型的“从整体到部分再到整体”的三步教学设计过程。这样设计出来的教学过程主要是以理解课文内容为主线，语文课的大量时间分配在理解课文思想内容上，而语文知识写作特点的教学须服从课文特点，有什么教什么，因此往往呈碎片化状态。这样设计出来的语文课，很容易偏离语文课的性质特点，把语文课上成了思想品德课、历史课、常识课。

《挑山工》是作家冯骥才写的一篇叙事说理的散文。许多教师将认识课文隐含的哲理即理解“挑山工认定目标、坚持不懈、脚踏实地的精神”作为这一课的教学重点。请看下面的教学设计：

一、导入新课，预习检查。

回答：我心中的不解之谜是什么?

二、领悟挑山工说的意味深长的一段话，你从这段话中读出了什么样的道理。

1. 小组交流。

2. 全班交流。

3. 归纳挑山工话中说明的哲理。

三、用几句话说说你心目中的那个坚持不懈的挑山工。

1. 读挑山工说的这段话。

2. 用几句话来描述你心目中的那位挑山工。

3. 为课文中的插图题词，用挑山工的精神激励自己。

四、朗读小结，进一步体会挑山工坚持不懈的精神。

这个教学设计就是以理解课文包含的哲理为主线串起整堂课的教学过程的。尽管这位教师在各个教学环节设计中安排朗读说话写话等语文训练，但训练内容缺乏内在的逻辑联系，呈碎片化状态。整堂课学生印象最深的似乎是对挑山工坚持不懈精神的理解，但这只是课文表达的思想情感，并不是学习语言文字运用的目标。长期以来，语文课教学一直以理解课文思想内容为主要目标来设计教学过程，绝大部分教师对此习以为常，见怪不怪了。

其实“以理解课文思想内容”为主要目标的三段式教学过程设计，一般而言只适合一种语文要素，即“如何读懂一篇课文”的指导，而且教师最好聚焦“读懂课文思想内容的方法”设计教学过程，而不仅仅是“理解挑山工的精神”。引导学生学习读懂一篇课文可以分几个步骤，领会每个步骤应该做什么，应该如何操作。我们来研读下面这个教学过程设计。

一、导入新课，预习检查。

这篇课文的主人公是谁，主要写了他的什么事？

二、怎样读懂一篇课文。

阅读一篇课文，了解课文写了什么内容，这是阅读的第一步。高年级学生要真正读懂一篇课文，还必须进一步读懂作者写这篇文章的目的，也就是课文的中心思想。

1. 默读课文，思考课文中哪些语句表达了作者的写作目的，找出关键句子。

A. 挑山工说的那段话点明了作者的写作目的。

B. 课文结尾这句话也很关键：“这幅画一直挂在我的书桌前，因为我需要它。”

2. 小组讨论：从挑山工的这段话中看出作者想讲什么道理？

3. 比较、归纳出挑山工话中蕴含的哲理。（作者想说明的是挑山工做事的精神，不仅挑山工需要这样的精神，做好任何事情都需要这样的精神。所以归纳文章中心不能就事论事，不能就挑山工论挑山工，而要进行归纳、提炼，概括出一般的道理。）

4. 方法总结。

（1）读懂课文的主要内容。

（2）抓住关键词语，深入领会作者的写作目的。

（3）归纳文章的中心思想。

三、拓展阅读。

阅读冯骥才的《花的勇气》，尝试用学到的方法读懂这篇课文。

整个教学过程的设计，课文只是例子，教师通过这个例子着重指导的是一种阅读的方法，引导学生体会这种阅读方法才是这堂课的重点目标。这堂课是围绕这个目标来设计的：“读懂课文的主要内容——抓住关键词语，深入体会作者的写作目的——归纳文章的中心思想——拓展阅读，尝试用学到的方法归纳中心思想”。这样的教学过程设计使重点更加突出，目标更加清晰，效果更加明显。特别是最后“拓展阅读”这个环节，让学生尝试运用学到的方法再读一篇课文，不但能让学生更好地理解所学的阅读方法，而且能让学生在阅读实践中学会运用该方法，这是符合学生的认识规律的，能够极大地提高这堂课的教学效率。

二、围绕语文要素设计教学过程

统编教材的一大特点是双线组元，明确每个单元的语文要素，在中高年级语文教材的每个单元编写了单元语文知识或方法策略的教学重点。然而在实际教学中，不少教师对统编教材的这一特点认识模糊，并不是以语文要素为主要目标来设计教学过程的，而是按照原来习惯了的“初读课文—分段讲读—总结提升”流程设计教学过程。尽管在设计时也关注了语文要素的落实，但因为受理解课文思想内容这一目标的制约，不能按照教材提出的语文要素本身的学习规律进行教学。加上不敢舍弃文本解读时发现的一些自以为有价值的语文知识点或学习方法，导致教学内容过多，东一榔头西一棒槌，结果往往是教师教过了，但是学生仍不会运用这些方法。这样设计教学过程，其实是穿新鞋走老路，不利于学生语文学习方法的掌握，更不利于学生语文素养的提升。

其实无论是教学语文知识还是语文方法，都应该遵循从“认识”到“实践”这一认识规律设计教学过程。不能满足于“教过”，应该追求的是学生“学会”。统编教材明确给出单元语文要素，强调“一课一得”，为学生学会语文知识和方法策略提供了依据。因此，教师应该围绕语文要素展开教学设计。我们看下面这位教师设计的《夜间飞行的秘密》一课的教学过程。这个单元的语文要素是“阅读时尝试从不同角度去思考，提出自己的问题”。

第一板块：教学生字词语、理解课文内容。

第二板块：明确教学目标，练习从内容角度提出问题。

第三板块：学习从表达运用角度提出问题。

第四板块：结合短文练习从表达运用角度提问，将问题写下来，并进行交流。

第五板块：总结不同角度提出问题的方法。

“从不同角度提出问题”是四年级学生需要学会的一种重要的阅读策略，掌握这个策略能有效提高阅读质量。所以，教学这篇课文，不仅要求学生读懂蝙蝠和雷达的关系，而且要以课文为例，指导学生学会从不同角度提问，掌握提问的方法，并将学到的提问的方法运用到实际阅读中，这样才能真正把握住这篇课文的教学目标。这位老师在设计教学过程时，除第一板块教学生字词语、理解课文内容外，其余四个板块重点围绕这个语文要素精心设计，指导学生一步步学习从内容、写法角度提问。从不同角度提问，学生最难掌握的是针对文章的写法提问。因为小学生阅读时往往会习惯性地关注文章写了什么内容，很少关注文章的遣词造句和写作方法。而从语文学习的角度看，能有意识地关注文章在表达方面的特点，就能从课文中汲取更加丰富的语文营养。这是学生阅读的软肋，也是语文教师应该着力培养的一种阅读意识。这堂课老师把指导从写法角度提问作为教学重点，特别是第四板块利用课后短文再次训练学生自己提问的能力，让每个学生写出自己的问题，再指导交流，最后总结不同角度提问的方法。这样层层深入地指导，才能让学生真正学会提问的方法。

语文是一门实践性课程，学生的语文能力是在实践中形成的，因此，语文课堂教学必须保证学生有充分的实践练习时间。语文教师必须深刻地认识到：评价一堂语文课是否有效，主要不是看教师“教”了多少知识，而应该看学生学得如何。

三、板块式教学过程设计

这是特级教师薛法根提倡的一种阅读课教学过程设计方法。所谓“板块式教学过程设计”，就是将一堂课的教学过程设计成几个板块（组块），每一个板块聚焦一个目标展开教学，这个目标可以是检查预习情况，可以是理解课文思想内容，可以是研究课文的一种表达方式，可以是一次说话写话练习，等等。根据不同课文的特点灵活设计出不同的板块组合，这是薛法根老师课堂教学的一大特点。

“板块教学”是相对于常见的“直线型”课堂教学设计而言的，“直线型”教学设计就是围绕课文思想内容的理解，先是初步理解，然后逐段分析，最后总结提升。在“直线型”教学过程中，语文知识和语文方法是在解读文本的过程中随机插入的，往往是蜻蜓点水，浅尝辄止，因而所教的语文知识或方法往往呈碎片化状态，很难按照语文知识或语文方法本身的学习规律展开教学。

板块式教学过程设计的最大优点就是将教学目标分解为几个板块，每一个板块瞄准一个目标展开教学，比如《夜间飞行的秘密》这堂课的第一板块是教学生字词语、理解课文内容，第二板块是练习从内容角度提出问题，第三和第四板块指导练习从写法角度提出问题，最后总结提问的方法。每个板块教什么非常清楚，避免了什么都要教，结果却什么都没教好的尴尬，可以极大提高教学重点和课堂教学的有效性。

板块式教学过程设计的第二个优点是每个板块可以聚焦一个目标开展多层次、立体式的教学设计。比如指导学生从写法角度提问，教师可以从全篇课文各个段落中寻找写法上有特点的典型例子，可以用课后短文作为练习提问的材料，这样聚焦一个目标，灵活而有层次地对各板块进行组合设计，完全弥补了传统“直线型”教学设计受课文讲读逻辑顺序制约的缺陷，有利于将教学目标真正落到实处。在《夜间飞行的秘密》教学过程设计中，老师针对从写法角度提问先设计了两个板块，第三板块通过示范、指导，引导学生认识什么是从写法角度提问，可以从哪些具体的角度提问，比如词语、句子、标点以及有特点的写作方法等；第四板块引导学生进行练习，将提出的问题写下来，再交流点评，发现哪些问题有价值，哪些问题换种方法提问质量更高；最后进行总结。这样就摆脱了逐段讲读课文的束缚，放手大胆地按照“认识—实践—迁移运用”的认识规律设计教学过程。

板块式教学过程设计还有一个好处是使复杂的语文教学设计变得相对简单。每一板块的教学内容教师一目了然，当然更加容易把握。这样就能更进一步地降低语文教师教学设计和语文教学的复杂程度。

四、单元整体教学过程设计

单元整体教学是以语文核心素养培养为目标的，根据单元的人文主题和语文要素整合教学内容，创设真实的学习情境，以以学生语文实践活动为主的学习方式完成具体的学习任务，以可视化成果的形式呈现学业成就，有利于全面提升学生的语文核心素养。

与传统的语文教学设计相比，“单元整体教学”最大的贡献就是从根本上改变了一篇篇讲读课文这种常态化语文课程的教学形态，是具有革命性的新的语文课堂教学设计。近一个世纪以来，随着时代的变迁，尽管语文教材发生了巨大的变化，语文课教学内容和教学方式在不断改进，但是现代语文教材主要采用文选型方式编选，因此以教学单篇课文为主的课堂教学形态长期占据着语文课堂。这样的教学方式很容易把课文内容作为教学重点，造成语文课程性质的异化。语文教师都知道，课文只是学生学语文的例子，学生的语文能力是在实践中形成的，不是教师讲出来的。但是囿于旧的教学观念的巨大惯性，不讲课文的语文课该怎么上？这对广大语文教师而言是个难以化解的问题。

单元整体教学过程设计以单元为基本教学单位，瞄准学生语文核心素养的培养，结合单元的人文主题与语文要素确定单元教学任务，对整个单元的教学内容进行要素分解，系统安排以学生实践为主的学习方式，以过程性评价倒逼课堂教学方式变革，以期实现单元教学效益的最大化和学生发展的最优化。这样就从语文课结构上颠覆了传统的一篇篇讲读课文教学形态，使语文课教学面貌的根本改变成为可能。

怎样进行单元整体教学过程设计？

1. 准确定位单元教学目标

教学目标确定了该单元育人的根本任务，凸显了单元教学的核心价值，对整个单元的教学设计起导向作用。教学目标应贯穿该单元每一课的教学实践，落实到每一课的教学细节中。统编语文教材以人文主题和语文要素两条线索组织单元结构，遵循了语文教育的基本规律，尊重学生身心发展的特点，注重教学的层次和梯度，为学生语文素养的培养和提升奠定了坚实的基础，也为整体确定单元教学目标提供了依据。

统编语文教材从三年级开始每个单元编写单元导语，分人文主题和语文要素两部分表述，第一部分用一两句话点明单元人文主题，第二部分提示本单元的语文学习要素和学习任务。这样的编排使每个单元的学习目标清楚明了，方便教师正确把握。

2. 围绕目标任务设计单元教学过程

单元整体教学过程设计，要把整个单元的课文、口语交际、习作练习、语文园地以及整本书阅读等教学内容视作一个整体，然后将单元目标分解落实到各个环节，使单元教学过程的各个环节前后有联系，每个环节都成为完成单元整体目标的不可或缺的组成部分。这样的单元整体教学过程设计，使每个环节的教学目标都非常清晰，前后环节之间紧密联系，每个环节各司其职，最后形成合力，切实保证单元教学目标任务落到实处。

与单篇课文教学相比，单元整体教学过程设计至少有以下优点：

（1）目标明确，重点突出，避免了单篇课文教学中经常出现的“十万个为什么”式的无休止的提问，也不会出现东一榔头西一棒槌的零打碎敲教学语文知识的现象。

（2）密切了教学活动之间的联系。整个单元的几篇课文围绕一个目标渐进式开展教学活动，同时将单元的阅读教学与口语交际、学生习作进行整体设计，使读写结合、说写结合，共同发力，不仅能提高学生的阅读能力、写作能力和口语交际能力，也使学生在听说读写的实践中，对单元的语文要素有更加深刻的认识。

（3）围绕单元目标整体设计教学活动。教师有意识地以学生自读、小组合作学习、个人动笔实践、师生共同点评等设计教学活动，学生自主、合作、探究的学习方式容易得到体现。

（4）在语文实践活动中渗透情感态度价值观教育，正确把握住语文课程工具性与人文性统一的课程特点，其效果是单篇课文教学难以比肩的。

3. 依据教学目标设计评价工具和流程

评价工具和流程设计是单元整体设计的有机组成部分。在单元整体教学过程设计中，教师要事先设计出评价的内容、指标和方法手段，重视教学过程的形成性评价。

在教学工作开展前要进行前置性评价，通常需要设计前置性评价工具，对学生的学习水平进行评价分析，使教学设计更切合学生学习的需要。

在教学活动进行中要设计过程性评价，监控学生知识与技能的获得，根据学生的学习状况及时调整教学进度或教学方法，以提高学习的效率。

在单元教学结束时要进行总结性评价，考查学生单元教学目标达成的情况，以及学生对单元预期教学目标的掌握情况。

结合单元整体教学制作评价指标，对学生的学习状况进行过程性评价，是单元整体教学过程设计的重要环节，也是语文教师在教学设计过程中面对的难度最高的环节。

长期以来，语文教学除了单元测验或期中期末考试，在平时教学过程中很少对教学效果进行评价，大部分教师缺乏评价意识，更没有养成过程性评价的习惯。教师只管教，对学生是否学会则关注不够甚至基本不关注，这是造成语文教学效率长期低下的重要原因。语文教师应该借助单元整体设计这一契机，通过大量的实践，不断增强评价意识，提高自身设计评价工具的能力，从而提高语文课堂教学效率，促进自身的专业发展。

“2022年版语文课程标准”指出：“义务教育语文课程结构遵循学生身心发展规律和核心素养形成的内在逻辑，以生活为基础，以语文实践活动为主线，以学习主题为引领，以学习任务为载体，整合学习内容、情境、方法和资源等要素，设计语文学习任务群。”按照新课标的精神，今后的语文课程主要以学习任务群的方式呈现，按照语文学习任务确定学习主题，设计具有内在逻辑关联的语文实践活动。单元整体教学过程设计非常适合学习任务群教学形态。可以预见，单元整体教学过程设计必将成为今后很长一段时间语文课教学设计的主要形式。

第四节　小学语文教学方法设计

在语文教学实践中，每位教师都在自觉或不自觉地运用各种教学方法，有经验的教师都能大致说出语文教学中有哪些常用的教学方法，这堂课自己具体运用的是什么教学方法。但如果要给教学方法下个定义，可能会难倒大部分语文教师，包括很多语文名师。

一、教学方法的含义

什么是教学方法？对此即使是长期从事教学理论研究的国内外专家也众说纷纭，没有达成统一的认识：有的认为教学方法是工作方式，有的认为是办法手段，有的认为是操作程序步骤，还有的认为是师生活动。从专家定义中能够总结出教学方法的一些共同特点。

第一，强调教学方法与教学目的紧密相连，是为教学目标和教学任务服务的，具有鲜明的目的性和指向性，是实现教学目标、完成教学任务必不可少的工具或手段。

第二，教学方法是师生双方共同完成的教与学活动，既包括教师的教法，也包括学习者的学法。

第三，教师的教法与学习者的学法是相互作用、相互依存、相互影响的。有效的教学方法所取得的良好的教学效果，是教师的教法与学习者的学法合力作用的结果，而不是教法与学法的简单相加。

第四，对教学方法不能狭义地理解为教学的方式、手段、办法，还应该广义地包含教学活动的操作程序、步骤，以及活动开展方式、组织形式，等等。

二、语文教学常用的教学方法

语文教学方法指的是为了实现语文教学目标而采用的手段、方式、途径等，包括教师教的方法、学生学的方法，是教的方法与学的方法的有机结合。语文教学的方法是多种多样的，分类视角不同，方法也不同。为方便表述，我们分为以教师教为主导的教学方法、以学生学为主的教学方法和师生双方共同完成教学任务的教学方法三种类型，分别加以介绍。

（一）以教师教为主导的教学方法

1. 串讲法

“串”是联结、贯穿，“讲”是教师的讲解。串讲法就是教师按照课文的结构顺序，逐句、逐段地讲解学生不易理解的词语，并贯穿上下文、疏通语句文意的教学方法。串讲法是我国传统语文教育的教学方法，现在的文言文教学中仍经常采用这种方法。在现代语文教学中，对一些学生难以理解的词语比如专业术语，或者是事件发生的背景知识等，教师直接讲解比较奏效，也可以节约时间。串讲法主要是教师讲、学生听，容易形成“一言堂”的局面，不利于调动学生的学习积极性，因此，在现在的小学语文阅读教学中已经比较少见。但作为一种方法，串讲法自有其价值，对那些学生不容易领会的难点，该串讲的还是要串讲，不过要用简洁明了的语言，做到要言不烦。

2. 谈话法

谈话法就是用师生交谈或问答的方式来讲授课文的教学方法，由教师提出一些问题，启发学生积极思考，引导学生做出正确解答的教学方法。新中国成立初期，苏联专家发现我国语文教学多采用串讲法，因而大力倡导运用谈话法，扭转了我国语文教学中教师一讲到底的局面，提高了学生学习的积极性，增强了师生双方的情感交流。因此，谈话法在我国语文教学改革中曾发挥过积极的作用。当下在语文课堂内，谈话法也经常为教师所选用。但是，谈话法在推广过程中产生过一些负面影响，比如，所有新课讲授都采用谈话法，而不管学生对教材内容是否理解；还有对教师提出的问题学生不经思考就能回答，完全是为提问而提问，毫无启发意义；也有教师将谈话法片面理解成问答式教学，课堂内一问一答，虽然热闹，但是效率很低。应该看到，这些现象的出现，大多不是谈话法本身的缺点，而是由部分教师对谈话法理解片面或运用不当造成的。

采用谈话法必须注意：(1) 所提的问题要有一定的思考价值，且要契合学生的实际，难易适度；(2) 提问要有目的，要集中，不能太多、太琐碎而使学生机械作答，疲于应付，反而挤压了学生读书、思考、探究的时间；(3) 所提的问题要有层次，要避免出现只有少数优等生作答，而多数学生充当观众的不正常现象；(4) 问题不能仅仅指向文本的内容，还必须指向文本的语言形式，否则就背离了“学习母语”这一语文课独担之任。

(二) 以学生学为主的教学方法

1. 诵读

诵读包括朗读和背诵，是阅读教学中经常使用的最重要的教学方法。我们的老祖宗历来推崇多读多背，儿童 15 岁以前该读的书全部熟读成诵，提倡的是“书读百遍，其义自见”。朗读在学生语言的积累和发展和学生语感的形成方面发挥的作用，是其他任何方法都无法替代的。

“2022 年版语文课程标准”对朗读的基本要求是“正确、流利、有感情地朗读课文”。“正确”指读音准确、清楚、响亮、不错不漏；“流利”是指能按课文内容读出适当的节奏和速度，词句连贯，句逗分明；“有感情”是指在理解文章思想内容和作者表现情感的基础上，正确地运用停顿、重音、速度、语调、节奏等进行朗读。有感情是朗读训练的最高境界。

朗读最基本的功能是帮助学生读懂课文。学生通过朗读将文字符号迅速解码成意义理解，这是一种最基本的阅读技能，必须扎实训练，人人过关。因此，语文课读懂课文的环节一定要强调让学生通过朗读来读懂课文，提高学生解码书面文字的能力。教师在读懂课文环节要慎用其他教学手段，千万不能为追求课堂表面上的热闹，搞那些以讲代读、以演代读、以图代读等华而不实的形式。

“读懂”课文只是朗读的最低要求，“读熟”课文才是高一层次的追求。课文朗读达不到“烂熟于心，脱口而出”的程度，就难以实现书面语言的内化，难以积累语言经验，也不可能形成语感。“读熟”课文，只有靠学生自己反复朗读，因此教师除要切实保证课堂内学生大声朗读的时间外，还须鼓励并引导学生在课外花时间大声朗读课文，尽量做到每篇课文都能熟练地朗读，能够读得朗朗上口。对一些精彩的语段和语篇，在读熟的基础上尽可能背诵下来。

2. 默读

默读是一种重要的阅读方式。“2022 年版语文课程标准”提出中年段学生要“初步学会默读”。正确的默读方法是：不发声读，不动嘴唇；不用手指着读；还要边读边思考。小学生开始学习默读时，有人常常伴有小声读，嘴唇不停地动，这是借助读出的声音领会意思。这不要紧，不过要慢慢纠正。在训练学生默读时，还要引导学生做到眼到、心到、手到。眼到，就是要认清每一个字，不能一目十行，以免养成不求甚解的不良习惯。心到，就是集中注意力，一边读一边想，“能联系上下文，理解词句的意思，体会课文中关键词句表情达意的作用”。读了以后，“对课文中不理解的地方提出疑问”。手到，就是在默读时，边读边动笔。可以划出重点词句，或标出段中的层次，记下自己不懂的问题，提高默读的效果。

“2022年版语文课程标准”规定高年段学生“默读一般读物每分钟不少于300字”。默读时不能把注意力放在字词上，而要放在对内容的理解上，这样能提高默读的速度。默读时还要注意减少眼停的时间与次数，尽量不出现回视，逐步扩大扫视范围。读得快而又理解得深，才是高水平的默读。

3. 精读、略读和浏览

“2022年版语文课程标准”指出，要加强对阅读方法的指导，让学生逐步学会精读、略读和浏览。当今社会是一个信息社会，各种信息铺天盖地，因此，略读和浏览已经成为现代人适应社会的必备技能。小学语文教学注重精读，极少有略读和浏览的训练。这种现象必须改变。精读、略读和浏览一般都采用默读的方法，它们的区别在于默读的目的和要求有所不同。

精读主要评价学生对读物的综合理解能力，要求学生理解词句、把握文意、概括要点、探究内容、感受作品的思想情感、体会课文在表情达意方面的特点等，它从理解思想内容到体会表达形式等各方面都对学生提出了一定的要求。

略读是粗略的、不深究的读，从整体上把握材料，捕捉关键信息，粗知大意。“2022年版语文课程标准”规定从第二学段开始学习略读。现行语文教材中区分出精读课文和略读课文，略读课文必须按略读的要求去读，如果“求细”“求全”，反而影响学生略读能力的形成。

浏览是大略地看。浏览比较多地用于查找信息和消遣性阅读，如读报纸杂志、上网查找资料等。浏览一般采用扫描和跳读的方式。拿读报刊来说，浏览比较注意的是文章的标题和小标题、新闻的导语、总起句和过渡句、变化的字体、插图等，以从中获取需要的信息。读一本书，则注意书名、作者、前言、目录、参考文献等提示性信息，在发现自己需要的内容后再决定是要略读还是精读。

4. 复述

复述就是让学生在理解、熟读课文的基础上，按照一定的要求把课文内容重新表达出来。它不同于简单地、机械地背诵原文，也不是介绍课文大意。

复述分为详细复述、简要复述和创造性复述三大类。详细复述要尽量完整地保留课文的情节内容，可以直接引用课文语言进行复述，但可以做必要的调整。简要复述要根据要求截取主要观点、主要情节或内容，用自己的语言并结合课文内容加以表达。创造性复述要求依据课文内容，加上自己的想象。复述课文可以是全文复述，也可以是复述课文片段。

在当下语文课堂中，复述课文的练习被不少教师忽视，他们认为复述课文只是机械地重复课文内容，对提高学生的语文能力价值不大。其实这是对复述功能的误解。记忆心理学家认为，复述可以让一部分语言信息变成长时记忆。复述时如果加入了主观理解，更有利于延长记忆的保存时间。所以，和背诵相比，复述更有利于大脑的长时记忆。许多国家的母语教学非常重视复述，甚至将课文复述当作阅读教学过程中不可或缺的环节。所以，读完课文，一定要让学生复述课文内容。

有效的复述练习必须在理解并熟读课文的基础上进行。教师应该先让学生自己熟读课文，并且留出充分的时间让学生准备，以及和同桌进行交流，最后再全班抽查交流，这样才能保证每一个学生都有复述训练的机会。如果没有留出准备的时间，而是简单地抽一两个尖子学生复述了事，那么这样的复述练习往往是低效的，对大多数学生而言甚至是无效的。

5. 书面表达

语文教学中的书面练习是指教师根据课文的特点精心设计习题，让学生用书面表达的方法来理解文本内容，积累或运用文本语言，增加学生动笔练习的机会，提高学生的书面表达能力。这类练习突出了语文教学的实践性，有助于提高课堂教学的有效性。

语文教学中的书面练习方式形式多样，有填空、仿句造句、仿写、摘抄喜欢的词句段落等，尤其值得提倡的是结合课文内容设计的小练笔。比如四年级上册的《走月亮》一课，要求仿照第 6 自然段，写一写在月下的某个情景；《西门豹治邺》一课，要求学生根据西门豹实地调查情况写一封奏折向魏王汇报；等等。这样的动笔练习，可以让学生都参与进来，以练代讲，通过书面表达练习加深对课文内容的理解，有效提高学生的书面表达能力，体现了语文教学工具性与人文性的高度统一。

（三）师生双方共同完成教学任务的教学方法

1. 讲读法

1956 年的《小学语文教学大纲（草案）》明确提出“阅读教学的进行采取讲读法”，1963 年的《全日制小学语文教学大纲（草案）》对讲读法做了比较全面的解释：“讲读教学包括教师和学生两方面的活动，一方面是教师的讲解和指导，一方面是学生的诵读和练习”。“讲读教学一定要贯彻思想内容和语言文字不可分割的原则”，“讲读教学必须同学生的写作实践密切联系”。更强调“讲读”教学中学生的“诵读和练习”以及“写作实践”，这是对讲读法理解的一大进步。

讲读法作为阅读的一种基本方法，是语文教师在阅读课上用得最多的一种教学方法。有人把讲读法概括为 18 个字：“读是基础，议是关键，练是手段，讲是贯彻始终。”讲解只起引导、解惑、总结的作用，练习则是为了把学到的知识转化为技能，二者都是手段，学生读写能力的培养才是目的。

2. 品读法

所谓“品味”，指的是在理解的基础上，对作品的内容和形式做欣赏和评价，欣赏文章的佳妙之处或精彩所在，对文章思想内容的正确与否、语言表达形式的好与差做出判断。欣赏和评价需要比较高阶的思维能力，融合了学生的情感活动和认知活动。所以，“2022年版语文课程标准”提出阅读教学要培养学生感受、理解、欣赏和评价的能力，根据不同年龄学生的特点提出了不同的要求，第一学段提出“感受语言的优美”，第二学段提出“初步感受作品中生动的形象和优美的语言”，第三学段提出“初步领悟文章的基本表达方法”。品味文学作品，常常是“只可意会，不可言传”的。品味重在感悟，所以，课程标准的用词是“感受”“领悟”，整个小学三个学段对文章以品味、感受为主，第四学段才提出欣赏和评价的要求。因此，在品味文章的时候不宜过度拔高要求。

品读可以引导学生通过朗读来表现自己的感悟，如果要求学生用语言来表述自己的意会或感悟，往往会弄巧成拙。最常见的品读文章的方法是“比较”，有减词比较（先去掉句子中的限制性词语，再与原句比较）、添词比较、换词比较，还有变式比较（将句子换一种说法，再与原句进行比较）、前后比较（将课文中前后几个意义或结构接近的词语或句子进行对比），让学生领悟作者是如何准确、具体、生动地进行表达的。在品读过程中，教师应给予适当的点拨和引导，与学生平等地交流自己的阅读心得。教师不能无所作为，该讲的地方还是要讲，为学生的品读起示范作用。这种“讲”最好在学生欣赏和评价的基础上进行。

3. 讨论

讨论，即在教师的指导下，由全班或小组围绕某一个中心问题各抒己见，共同研讨，相互启发，集思广益地进行学习的一种方法。当下语文教学提倡自主、合作、探究的学习方式，语文教师经常在课堂中组织学生围绕问题展开讨论，这样可以从根本上改变以教师为中心的课堂教学方式，突出学生的主体地位，体现民主的教学思想。讨论的方式有：

（1）全班讨论。就是全班学生围绕某一问题进行讨论。集中讨论适用于一些带有普遍性的问题，如教学中的重点、难点问题。

（2）分组讨论。就是把全班学生分成几个组进行讨论。各组可以就同一个问题进行讨论，也可以就不同的但相互之间有联系的几个问题进行讨论。

（3）分组、集中式讨论。就是先分组进行讨论，然后全班集中就各组讨论的结果进行交流。

课堂讨论的问题必须要体现教学的重点、难点，既要有一定的难度，也要考虑学生的认知能力，并使学生感到有讨论的必要，以便调动学生的积极性。讨论的问题可以是教师预设，也可以是学生现场生成，把一些学生容易产生模糊认识的并与学习任务关系密切的问题交给学生讨论，让学生在讨论中相互启发，得出正确的结论。讨论以后必须对学生讨论的结果进行交流讲评，做必要的归纳、总结、纠正。既要肯定正确的，也要及时指出错误的，并让学生知道错在哪里。不能含糊其词、不置可否。

4. 任务驱动型的教学方法

任务驱动型的教学方法指教学时依据语文教学目标将学习内容转化为一种学习任务，并以完成这一任务为抓手，引导学生展开学习活动。这种教学方法非常适用于《2022年版语文课程标准》提倡的任务群学习，教师可以根据教材规定的任务群明确单元学习任务，在学习过程中将需要完成的任务分解出一个个子任务，带着学生分步落实。任务驱动型的教学方法更有利于调动学生的学习主动性和积极性，有利于全体学生深度参与学习全过程，是当下非常提倡的一种新的教学方法。

比如六年级上册第八单元是四篇和鲁迅有关的课文，单元语文要素为“借助相关资料，理解课文主要内容”。根据这个单元的语文要素和课文特点，设计一个真实的情境学习任务，完成一篇介绍鲁迅的专题文章，全班召开“我眼中的鲁迅先生”主题交流会。整个单元学习安排两周左右的教学时间，引导学生围绕这个学习任务自主学习课文，提出自己感兴趣的关于鲁迅的探究性问题；课外搜集相关资料，进行探究性、扩展性阅读；结合单元习作，以“你眼中的鲁迅先生”为主题，写读后感、研究报告、小论文、鲁迅小传、鲁迅印象等；最后全班召开主题交流会。以学习任务驱动的教学，可以让学生走近鲁迅先生，深入认识鲁迅这位伟大的思想家、文学家的精神世界。

任务驱动型的教学方法，非常适合中高年段语文“综合性学习”的单元教学。综合性学习单元的基本特点就是给出一个学习主题，在单元导语中，一般都有非常明确的“综合性学习任务”。这类单元教学，就应该以任务驱动型的教学方法展开设计。

以上所举的仅仅是最基本最常用的教学方法。语文教学方法是一个开放的系统，随着语文课程改革的不断深入，新的语文教学方法还会不断涌现。语文教师应该在继承的基础上不断探索，创新出更多适应语文教育规律的教学方法，以推动语文课程改革不断向前发展。

三、教学方法的选择

教无定法，贵在得法。任何一种语文教学方法都有优缺点，它可能有效地解决某些问题，却不能解决另外一些问题。因而，选择什么样的教学方法必须因课而异、因人而异、因文而异。并且，在课堂上一般不会是一种方法“独奏”，而应该是各种方法融合的“交响曲”，使不同方法实现优化配置和互补。那么，在教学设计时如何选择合适的教学方法呢？

（1）选择教学方法的主要依据是教学目标和任务。比如“学习生字词语，理解课文内容”这个目标，两位教师不约而同地选择了学生自学的方法。但是同样的教学目标，有时可以采用不同的教学方法。比如体会文章语言的生动表达，教学设计 1 选择的是教师主导下学生品读的方法，预设和指导都比较细致；教学设计 2 选择的是学生朗读体会和写观察日记时自己感悟的方法。两种教学方法各有所长，都有一定的道理。

（2）选择什么样的教学方法取决于教师不同的教学观念。教学设计 1 强调发挥教师的主导作用，因此选择以教师主导下的讲读方法和品读方法为先，再引导学生实践；教学设计 2 关注的是学生的实践活动，因此选择学生动笔写观察日记的方法，教师的指导作用在学生交流过程中发挥，体现的是先学后指导的思想。

（3）教学方法的选择必须遵循语文课程特点和学生语文学习的规律。语文既要发挥教师的主导作用，更要凸显语文课程的实践性特点。当下语文教学中教师讲得过多，学生学习实践不足，导致语文课高耗低效的局面一直难以扭转。为此，语文教师必须转变教学观念，将是否有利于学生语文实践作为选择教学方法的重要依据。

【讨论与练习】

1. 这一节列举的语文教学方法中哪些是你熟悉的，哪些是你不熟悉的？你还能列举出一两种其他的教学方法吗？

2. 在进行教学设计时如何选择合适的教学方法。

第五节　小学语文教学媒体设计

什么是教学媒体？有学者对其做了如下界定："教学媒体是为了实现教学目标，在教师教与学习者学之间携带并传递教学信息的工具。教学媒体能够储存、表达、传递、传播教学信息，教学过程中为人所选择、控制、操作、使用。"① 教学媒体一般包括硬件和软件两部分。硬件是指装备或设备机件，如幻灯机、电视机、投影机、计算机、电子黑板等；软件是指储存教学信息的载体，如教学内容、教学程序、教科书、图片等。有人认为以上这些都属于狭义的教学媒体，"广义的教学媒体还包括讲授、参观、实验和讨论在内"②。

在传统语文教学中，广大语文教师也经常使用教学媒体，如生字卡片、教学挂图、实物模型、幻灯片投影灯、录音带、录像带、电影片、照片等，只不过当时称为"教具"或"教学辅助工具"。随着现代科学技术的发展，计算机、多媒体课件、网络媒体等进入校园，教学辅助工具的品种和数量越来越多，在语文课程教学中的作用越来越重要，人们对教学辅助工具有了新的理解和认识，于是产生了更符合信息时代特征的"教学媒体"这样一个新名词。在当下新课程教学改革中，以计算机为核心的现代教学媒体，已逐步成为教学设计的基本要素之一，有机地融入了教学过程，在学生认知能力的提高和语文核心素养的提升方面发挥着越来越重要的作用。

在当下语文课堂教学中，教学媒体技术的使用大致可以分为三种模式：单机大屏幕教学模式、网络教学模式、单机大屏幕与网络相结合的教学模式。其中，单机大屏幕教学模式是语文教师采用最多的教学模式。因为在实际的课堂教学中可以由教师独立操作，能够运用多媒体教学课件进行教学，因此与当下语文课堂教学形态相适应。这一节我们主要介绍以计算机大屏幕为主的教学媒体在语文课堂教学中的设计应用。

在语文教学中运用设计教学媒体，应在依据教学目标、具体的教学内容，以及学习者的学习需求，并考虑整体教学环境的基础上进行。所使用的教学媒体形式应符合小学儿童

① 徐英俊，曲艺．教学设计：原理与技术．北京：教育科学出版社，2011：175.

② 张祖忻，朱纯，胡颂华．教学设计：基本原理与方法．上海：上海外语教育出版社，1992：199.

心理发展和认知特点，符合语文课程特定的教学任务，并与所处的教学环境和媒体设备条件相匹配。下面我们借语文课堂教学中运用教学媒体比较成功的案例，来讨论教学媒体在实际的语文课堂中的应用。

一、教学媒体在拼音、识字、写字教学中的运用

案例 1－1

《浅水洼里的小鱼》玩游戏，复习生字

1. 每个小组的桌子上都有一个浅水洼，从里边摸出一条小鱼，读出小鱼上写的生字，并进行组词，大家跟读两遍，这条小鱼就得救了。

2. 各小组玩“救小鱼”的游戏。小组同学轮流来摸，轮流领读，看哪个小组最先把小鱼全部救出来。

3. 全班合作，把救出来的小鱼送回大海。一起抢答！

（教师投影多媒体课件，陆续闪示带有生字的小鱼，学生抢读生字，读对就把小鱼“送回大海”）

4. 在我们的努力下，小鱼们在大海里自由自在地游着，多快乐！

教师设计了两种媒体教学方式，通过救小鱼的游戏帮助学生复习生字。第一种是有生字的小鱼图片，比较适合小组合作复习生字；第二种是有声有色会动的多媒体课件，用大屏幕投影，把一条条小鱼放进水里，这样的动态情境更有利于激发学生的学习兴趣，还能帮助学生树立“保护动物，珍惜生命”的意识。媒体设计精心而巧妙，较好地体现了语文教学工具性与人文性统一的特点。

案例 1－2

识字教材，认识各种庄稼

识字教材《庄稼》里有九种庄稼，分别是：小麦、玉米、高粱、谷子、大豆等。

对生在长在城市里的一年级孩子来说，学这一课不仅要认识生字，还要认识自己不熟悉的各种庄稼，这对城市孩子来讲是一大难点。怎么办？老师找到一部展现庄稼生长过程的电视纪录片，分别介绍了以上九种庄稼的生长过程，帮助学生解决了认识事物的难题。同学们看了视频后兴致极高地描绘道：春天，庄稼苗绿油油一片；夏天小麦成熟了，田野一片金黄；秋天，沉甸甸的谷穗压弯了腰，大豆苗上结满了黄澄澄圆鼓鼓的豆荚；冬天打谷场上粮堆如山—— 这堂课运用视频，以生动直观的形式，不仅帮助学生认识生字，增长了对庄稼的认知，还提供了口语表达机会。

案例 1－3

一年级写字指导，学会正确的写字姿势

师：小朋友，要想写好字，必须掌握正确的写字姿势和握笔姿势。谁还记得“我爱语文”里提到的“三个一”？

生：一拳，一尺、一寸。

（用课件打出正确的写字姿势的画面）

师：大家一起做一做、比一比，看谁的写字姿势最标准。

小学生能够将正确写字姿势的“三个一”背得滚瓜烂熟，但写字姿势仍不正确的学生却大有人在，能说出和能做到不是一回事。这位教师很懂得小学生的心理特点，用非常具有真实感的媒体画面打出正确的写字姿势，再让学生对照着做一做、比一比，这样学生更容易接受。这样的媒体设计简单而有效。

二、教学媒体在阅读教学中的运用

案例 1－4

《小兔和枫树的对话》，绿色的枫叶为什么会变红？

片段一：教学“小兔和枫树的对话”这一内容时，用纸做红枫叶模型直观形象地演示了“飘下来”，指导学生用词要准确。

片段二：引出小兔提出的问题：枫叶在秋天为什么会变红？

师：出示词卡“叶绿素”（绿色字体）、“花青素”（红色字体）。提示学生有了叶绿素，枫树的叶子是绿色的；叶绿素被破坏，产生了花青素，枫叶就变成红色。请同学观察投影片。

播放教师制作的枫叶由绿变红的复合投影片。

在这篇课文的教学中，学生学习的难点是春天枫叶是绿色的，到了秋天为什么会变红？这样的视频非常难找。于是，教师选择了词卡、模型、实物、投影片（其中两框是静片，一框是复合片）等多种媒体，创造性地将这些传统媒体与电教媒体有机地组合起来，非常形象直观地将枫叶变红的道理展现出来，使学生的视觉、触觉、听觉都被调动了起来，对学生突破难点起了很大的作用，体现出多媒体综合运用在课堂教学中的优势。

案例 1－5

古诗教学《示儿》

片段一：

师：我们看一下陆游的介绍，请一位同学读给大家听。

（大屏幕打出陆游头像和生平介绍资料。）

生：陆游（1125—1210），汉族，南宋文学家、史学家、爱国诗人。陆游生逢北宋灭亡之际，一生笔耕不辍，其诗词文具有很高的成就，尤以饱含爱国热情的诗词对后世影响深远。

片段二：

师：陆游就是这样的一个爱国诗人，临终前他不为自己而感到悲伤，他悲伤的是国家。咱们来看一看这段资料。（大屏幕出示资料）

30 岁时，陆游步入仕途，得皇帝宋孝宗赏识，赐为进士。

40岁时，因为陆游性格太直，数次惹怒孝宗，最终被罢免所有官职。

44岁时，陆游重新被启用，先后从军、从政，但不论担任什么职务，始终不忘北伐。

54岁时，陆游被弹劾辞官。

61岁时，陆游再次被启用，痴心不改的他依然不忘北伐收复中原。

65岁时，陆游再次被以“喜论恢复”“不合时宜”为由罢官。

77岁时，陆游被朝廷安排主持修史。

79岁时，陆游完成修史后正式退休返乡，但依然念念不忘北伐，给辛弃疾写诗勉励他早日实现复国大计。

师：大家看了这些资料，有什么发现？

生：陆游一生都在操心一件事，就是北伐，就是实现复国大计。

生：从30岁到79岁，近50年的时间里，他都想着收复中原。

生：这段资料里面写了陆游先后四次被罢官，但他始终不忘为北伐而努力。

师：是啊，这就是陆游，一生都想着收复中原、完成复国大计的陆游，临终前，依然没能看到中原收复，他一定会很伤悲。让我们再读诗句——

生齐：但悲不见九州同。

链接诗文：“王师北定中原日，家祭无忘告乃翁。”

师：这里的“王师”，就是指——

生：南宋朝廷的军队。

这堂课老师用投影出示了两段介绍陆游生平的资料，帮助学生认识这位南宋伟大诗人的生平事迹，理解陆游的爱国情怀。资料选择和组织得非常精心，化解了学生理解古诗的难点，使学生对诗人忧国忧民的思想感情有了更加深入的理解。

案例1-6

阅读教学《观潮》

片段一：观看录像，感受情景。

师：学得真不错，你们对钱塘江大潮一定很感兴趣吧？有没有看过？

生（遗憾地摇摇头）：没看过。

师：别遗憾，我把这大潮给录下来了，我们一块来看看画面，听听声音，感受一下这个天下奇观。

（学生看钱塘江潮录像，不时发出惊叹声）

突破重点，指导朗读。

师：刚才录像里潮水的景象，咱们课文里也有，在哪儿呀？

生：课文第3、4自然段。

（学生朗读课文）

师：画出课文中你喜欢的句子。

（边交流边用投影打出，引导学生朗读）

片段二：下面我们再来看钱塘江潮的视频，用上课文中你喜欢的语句，来做一个配音练习。看谁本领大，介绍得更吸引人。

（学生自己准备，再全班交流，点评）

师：听老师读这段话（出示），能听清作者是用哪些词语把这四处的描写给联结起来的。待会儿，请你把听到的词语写下来。

这堂课设计了1分多钟的视频录像，在课堂里播放了两次。第一次让学生感受钱塘江潮的壮观，然后带着情感朗读课文，要求画出喜欢的句子，朗读时体会作者的语言表达；接着让学生第二次观看录像，要求学生为录像配音，引导学生在表达实践中运用课文中高质量的语言，促进学生语言经验的积累。这样的媒体设计对提高教学效率起到了实实在在的作用。

三、教学媒体在口语交际教学中的运用

案例1-7

一年级口语交际课，用多大的声音

指导学生理解在不同的场合要用不同的声音说话。接下来老师设计了以下教学媒体。

1. 创设情境，启发思考。

在大屏幕上呈现多种不同的场景：餐厅、走廊、演讲现场等，并配上相关的说话内容。

场景一：餐厅。

配字：老师，我可以加汤吗？

提示：引导学生关注餐厅里“小声说话”嘴唇口型标志，启发学生认识在餐厅应小声说话，不应大声喧哗。

场景二：走廊。

配字：我们要慢慢地走，不要跑。

提示：引导学生联系生活，回忆自己平时是如何在走廊上说话、走路的。让学生意识到，不应该在走廊喧哗，更不应该追逐打闹。

场景三：演讲现场。

配字：我今天要朗诵的题目是……

提示：引导学生回想自己以前比赛的经历，体会到在舞台上表演或比赛，应大声说话，勇敢地表现自己。

2. 自主选择，模拟表演。

（1）学生在以上三个场景中自主选择，进行表演。

（2）分小组根据自己选择的场景，进行情境表演。

3. 教师小结。

教师采用多媒体投影方式，链接学生熟悉的生活场景，指导学生沉浸式体验怎样说

话。这样的媒体应用生动活泼，现场感强，能很好地激发学生的表达愿望。

案例1-8

口语交际课介绍《机器人》

这堂课要求学生从形状、构造、功能、发展等方面介绍机器人。老师要求学生事先查找资料，做好课前准备。

教师在电化教室上课，准备好现场录音设备。做到将每个学生发言都即时录音。

1. 上课时先要求分组交流学生搜集到的机器人资料。
2. 个人准备介绍机器人。
3. 小组内交流，对同学的介绍进行相互评价。
4. 选择有代表性的发言，组织全班交流，并现场录音。
5. 当场回放，组织学生进行评价。

这堂课媒体设计的出彩之处是教师当场录音，组织学生根据录音对学生的口语表达进行评价。在评价交流过程中，引导学生发现同学们准确生动、流利又富有表情的发言，同时也指出同学们发言中的不足，提出改进的建议。通过伙伴之间的交流评价，最容易使学生发现自己在口头表达能力方面的不足和需要改进之处。这样的媒体设计简单有效，教师只要掌握录放功能就能这样上课，事先不必做太多的准备，还能使学校里的多功能教室充分发挥作用，真是一举多得！

四、教学媒体在习作教学中的运用

案例1-9

习作指导《一次拔河比赛》

虽然多数学生参加过拔河比赛，但小学生观察得往往不够仔细，加上活动时受到所处位置的局限，大多数学生不能够观察到比赛的全部场景，也不会关注场面中的许多细节。因此，作文时往往只会笼统叙述，而写不具体。教师有意识地将拔河比赛的场面现场录制下来，在习作课上指导学生观看，特别是将一些重点场面用特写镜头定格，将各种人物的动作、表情、神态都给学生重现，指导学生多次观察。这样就极大丰富了学生的写作材料，很容易把比赛的场面，特别是重点人物在拔河时的表现写具体了。这样的媒体运用，相比教师事先空喊口号，提醒学生细致观察，效果不知要好多少倍。通过观察与写作，学生对怎样仔细观察也有了更多的体会。

这样应用教学媒体，不仅帮助学生解决了材料问题，而且让学生深切体会到怎样仔细观察一次拔河比赛。这样的媒体设计效果，其他方法手段很难实现。

案例1-10

习作指导《春天到了》

教师事先搜集资料，剪辑制作春天的录像：春天冰雪融化、杨柳泛青、草木发芽、河水荡漾、鸭鹅戏水，再现美丽的春景画面，并配以优美的音乐与和谐的画外音，形成一幅幅色彩明快、内容生动的春景图。

上课时出示习作题目《春天到了》。

师：这篇文章可以写春天的哪些景物呢？请大家观看录像。

（播放录像）

师：你准备写春天的哪些景物？

（学生交流）

师：为什么这些景物能够打动你？请大家再次观看录像。（再次播放录像）

（交流后学生习作）

中年段学生对观察的理解还是模糊的、笼统的。《春天到了》这篇习作，可以写的材料范围很广，学生很难选择到合适的重点景物，学生能感觉春天非常美好，但往往说不清楚，无从写起，也写不具体。教师制作的这个录像，既可以指导学生选择自己喜欢的材料，又能指导学生对这些材料做深入细致的观察。学生欣赏着音乐，观看着画面，沉浸在春天美好的情景之中，入境而动情，情动而辞发，激起喜爱春天的情感，产生强烈的写作欲望。利用多媒体创设的写作情景，还能提高学生的生活感受力，激发学生对大自然的喜爱之情，从而有效提升学生的语文核心素养。

以上列举的是语文课上运用教学媒体比较成功的案例。教学媒体，从本质上来说只能是一种资源、一种教学辅助工具。教学媒体用或不用、用多少、怎么用，永远要服从实际教学的需要。不同的语文课件，使用的方式可能会不同；即使是同一个课件，不同的教师也可能会有不同的用法；即使是同一个人使用同一个课件，在不同的时间、地点、面对不同的学生时，用法也可能会不同。一堂课能否成功，关键在于语文教师。只有对语文教育本质有深刻的理解、对现代教学技术发展始终热情关注的语文教师，才能创造性地设计出最适合语文课教学和学生发展的教学媒体。

【讨论与练习】

1. 以上列举的几个比较成功的运用教学媒体的案例，你比较欣赏哪一种或哪几种？说说你的理由。

2. 试举出一两个运用教学媒体比较成功的案例，并和同学分享。

第二章

识字、写字教学设计

本章学习目标

1. 认识汉语拼音与汉字的关系，初步掌握汉语拼音教学的内容和方法。

2. 认识识字教学设计的基本理论，初步掌握识字教学设计的步骤、策略和方法。

3. 认识写字教学设计的基本理论，初步掌握写字教学设计的内容和方法。

4. 能依据教学设计的基本理论，合理评价汉语拼音、识字和写字教学案例。

5. 能依据教材特点和学生情况，合理设计汉语拼音、识字和写字教学案例。

本章学习建议

1. 本章第一节是学习重点。建议课前自学这节内容，结合阅读“2022年版语文课程标准”的相关内容，再选择感兴趣的话题与老师、同学开展讨论，逐步形成对识字、写字教学设计关键问题的正确认识。

2. 本章第二、三节是汉语拼音、识字和写字教学设计评述。以自学为主，要注意运用第一节所学的理论来分析和评点案例。

3. 本章第四节是拼音、识字、写字教学设计实践。学生应先独立设计教学方案，再进行小组交流讨论，最后修改和完善教学设计。

课时建议：6～10课时。

第一节 识字、写字教学设计的关键问题

一、如何认识学拼音与识汉字的关系

汉语拼音是识字的重要工具。汉字是表意文字，字形和字义联系紧密，字音是约定俗成的。借助汉语拼音，学生就能准确拼读字音，并建立字音、字形、字义之间的关联，认识汉字进而学会运用。所以，汉语拼音是小学语文教学的重要内容，被归入“识字与写字”教学领域。“2011 年版语文课程标准”第一学段“目标与内容”中明确规定：“学会汉语拼音。能读准声母、韵母、声调和整体认读音节。能准确地拼读音节，正确书写声母、韵母和音节。认识大写字母，熟记《汉语拼音字母表》。”“能借助汉语拼音认读汉字，学会用音序检字法和部首检字法查字典。”学生一旦掌握了汉语拼音工具，学会使用音序检字法查字典，就能实现自主识字，提高识字效率，并促进提前阅读。

汉语拼音并非识字的唯一工具。很多学龄前儿童没有学过汉语拼音，却已经认识几百个甚至上千个汉字，他们是如何识字的？——主要依靠父母、亲友的口耳相传，在阅读和生活中积累汉字。可见，儿童识字有多种途径，汉语拼音并非识字的唯一工具。正是基于上述认识，统编小学语文教科书一年级上册在学习汉语拼音之前，先编排了一个识字单元，让学生通过看图识字、韵语识字、听读识字等方式认识 40 个日常使用的高频字，体会语文学习的意义感和成就感。另外，教科书在一年级上册、下册和二年级上册都编排了几篇不注音课文，让学生尝试借助上下文语境、生活经验、课文插图等猜读识字；一、二年级的语文园地中编排“识字加油站”栏目，鼓励学生在日常生活情境中主动识字。总之，引导学生用多种路径识字，能加快学生的识字进度，减轻课堂识字负担。

识字帮助学习汉语拼音。一方面，汉语拼音是识字的重要工具；另一方面，识字也能帮助学习汉语拼音。汉语拼音是抽象的表音符号，对于初入学的儿童来说是学习的难点。教学中可以利用认识的汉字来帮助学生读准声母、韵母、声调和掌握拼读方法。例如，教学单韵母 ɑ 时，让学生先发“他”的音，再拖长声音，保持口形不变，这就是 ɑ 的读音；同样，教学单韵母 o 和 e 时，先发“我”“禾”的音，再拖长声音，保持口形不变，这就是 o 和 e 的读音。z c s 和 zh ch sh 的辨读是声母教学的难点，可以借助学过的“三、四、山、十”，让学生感受发“三、四”时，舌头是平伸的，舌尖抵住齿背，发“山、十”时，舌头是卷起来的，舌尖抵住硬腭前端。借助汉字还能帮助拼读音节。如拼读 m-ù-mù 时，出示“目”；拼读 h-uǒ-huǒ 时，出示“火”；拼读 sh-ān-shān 时，出示“山”。学生已经认识这些汉字，在拼读音节时就会自然而然地联系这些字的读音，将音节

正确地拼读出来。

二、识字教学是遵循汉字字理还是遵循认知心理

字理识字提升识字能力。象形、指事、会意、形声是汉字的主要造字方法，了解汉字的造字方法、造字规律能够显著提升识字效率。比如，学了“首”字（表示人头）并懂得“首”作形旁时变写为“页”，那么，在学到“顾”“颈”“项”“颜”“顶”“须”等字时，就能自然地将它们与“人头”联系起来理解。学了“火”字并懂得“火”作偏旁时变写为“四点底”，那么，在学到“热”“烈”“煎”“熬”“蒸”“煮”“照”等字时，就能自觉地用“火”去析解它们的形义。《古对今》中有四个带“日”字符的生字“暑、朝、晨、暮”，依据字理就能将这四个字系起来，形成字族，方便识记。一年中最热的时候叫“暑”；“辰”是指星星，星星还没落下、太阳已经升起的时候就叫“晨”；“朝”是指太阳从草丛中升起，而残月还没消失，所以，早晨也称“朝”，早上的太阳叫“朝阳”，早上天边的云霞叫“朝霞”；“暮”的两个“日”字都藏在草丛中，指的是太阳下山，夜幕降临。字理识字还能帮助学生辨析形近字，避免错别字的发生。比如，学生写“兔”字容易漏写最后一点，教师可以出示“兔”的象形字，让学生观察、比较象形字和楷书，学生就会发现“兔”字上面的“斜刀头”是兔子的耳朵，最后一点是兔子的短尾巴，再念一念顺口溜，“兔子的尾巴短，藏在身后边”，学生就记住了“兔”的书写要领，出错的概率就会大幅降低。

字理识字传承汉字文化。汉字是中国的第五大发明，汉字的表意象形彰显了汉民族意象思维的杰出智慧和近乎天才般的联想、想象能力，汉字的图画性构形和音乐性听感，昭示出汉民族的审美理念与审美情趣。所以，汉字从来就不是纯粹的符号工具，而是汉民族历史文化的表征和载体。依据字理开展识字教学，能够帮助学生透过文字了解背后的文化，感受传统文化的魅力，树立民族文化的自信。《天地人》是一年级第一篇识字课文，一位教师这样教学“人”字：先出示象形文字图片，让学生说一说图片中的人在干什么（学生纷纷猜测图片中的人在种田、除草）；再侧身模仿古人作揖，让学生看动作联想字义，知道古人见面时彼此要鞠躬致礼，并告诉学生，古人认为做人要懂礼仪、会劳动，所以造出了“人”字；最后，展示“人”的字形演变过程。上述教学，使学生不仅认识了“人”字，更体会到生而为人的责任感和自豪感，感受到汉字文化的博大精深。

识字教学须遵循儿童的认知心理。字理识字是识字教学的重要方法，但是，字理识字必须遵循儿童的心理特点和认知规律，不能为用而用，更不能将本来简简单单的识字过程变得学理化、抽象化、复杂化。低年级儿童抽象思维能力差，形象思维占明显优势，因此，识字教学要联系他们的生活经验，尽可能运用形象直观的教学手段，如实物、模型、图画、课件、表演等，采用口诀、字谜、故事、游戏等儿童喜闻乐见的形式，激发他们的识字兴趣，使枯燥的识字成为快乐的享受。例如，在学习一组带有“门”的生字时，学生编了一个有趣的故事：“门”在家做了一桌子美食来招待亲戚。“们、闪、问、闯、闻”早早地赶来了，他们看着满桌子的美味，为了能多吃一点吵开

了。“我带着一张嘴来，就为吃这一顿，我得多吃一点。”“问”第一个嚷道。“闻”不服气了：“谁这样规定的？再说了嘴巴只有一张，我可是带着耳朵来的，从数量上，我得吃你两个那么多。”“要是这样说，我才应该多吃一点，我可是带着整个一个人来的。”“们”一边说着一边扯了扯身边的随从。“闪”红着脸说：“我也是两个人，为了肚子里的小宝宝，等会儿我也不客气了。”来晚的“闯”跳下马进到屋里，看见他的弟兄们吵个不停，也没有人来招呼他，只好坐下来先填饱自己的肚子了。这个故事巧妙地将一组字串入意义情境，并借助联想将字形和字义关联起来，既富有儿童情趣、生活情趣，又能提升识字的整体效应。

三、识字教学倡导整体认记生字还是笔画部件分析识字

认写要求不同，区别对待。为解决识字与阅读的矛盾，使低年级儿童提前阅读，新课程和新教材在识字教学方面采取了“多认少写”“识写分流”的策略，明确区分“会认”和“会写”的不同要求。教师要准确把握两类字的不同要求：要求会认的字，只要求认识——在本课认识，放到其他语言环境中也认识，不抄，不默，不考；要求会写的字，要能读准字音，识记字形，写得正确、端正，大体了解意思，并在口头和书面语言中练习运用。在教学实践中，对两类字也应区别对待：要求“会认”的字，要注意引导儿童从整体上认记，不要做烦琐的字形分析；要求“会写”的字，要让儿童认真分析字形，观察笔画、部件在田字格里的布局，还要结合语言环境和生活经验理解字的意思，并尝试在口头和书面表达中运用。

学段特征不同，区别对待。整体识记是低年级儿童识字的基本规律。一个个汉字在儿童眼中，就像是一幅幅画，他们往往凭借整体感知、整体把握快速识字。初始阶段的识字教学要顺应儿童的识字规律，通过看图、联想、活动等方式，让儿童与生字多次见面，从整体上把握字形，不要花大量的时间做枯燥的字形分析，这会使儿童失去识字的兴趣。随着学段的升高，儿童的识字量不断增加，教师就要引导儿童运用学过的笔画部件分析字形和识记生字，发展自主识字的能力，提升儿童的观察能力和抽象思维能力。

字形结构不同，区别对待。不同的汉字可以采用不同的识字方法。譬如，如果新学的汉字中某一部分是已经学过的独体字，就可以指导儿童运用“熟字加偏旁”或“熟字换偏旁”的方法来识记；如果新学的汉字是已经学过的合体字的一部分，就可以让儿童用“熟字减偏旁”的方法来识记。总之，识字教学应视具体情况区别对待，避免“一刀切”地对每个生字都进行字形分析，尤其要避免对生字中某些不认识的部件、字形复杂的部分进行烦琐的分析。

四、低年级阅读课，宜集中识字还是分散识字

集中识字、分散识字各有利弊。集中识字和分散识字是低年级阅读课中识字教学的两种主要方式。集中识字是指在学生初读课文以后先集中进行识字教学，解决生字的音形

义，再进入课文阅读。分散识字是指将生字的学习与课文的阅读相结合，边读课文边识生字。集中识字遵循音形义统一的识字原则，让学生在一段时间内能够集中注意力完成识字任务，提高识字速度，为课文阅读扫清障碍；但是，集中识字容易使生字、词语的学习脱离课文语境，不利于学生理解字义、词义，并且，短时间内要求大量识字对于识字能力较弱的学生而言无疑是有难度的。分散识字有利于学生在课文语境中识记字形、理解字义，符合“字不离词、词不离句、句不离段、段不离篇”的语文教学原则，丰富的教学内容和多样的教学形式能让学生学得更有趣、更生动；但是，随课文分散识字也会导致教学内容的支离破碎，进而影响教学整体成效。

分类处理，组合识字。集中识字和分散识字有不同的适用情境。一般来说，生字数量较多的课文，集中识字有助于学生读通、读顺课文；生字数量不多的课文，就可以随课文阅读分散识字。一些常用字词、专有名词，脱离语境不影响意义理解，就可以集中教学；一些课文中的关键词语、核心词语，必须联系上下文才能深入理解，就应当在课文阅读中相机教学。在研读教材的基础上，对生字进行分类处理，将集中识字和分散识字组合使用，是一种既可行又有效的教学策略。例如，二年级上册《黄山奇石》有 16 个要求认识的生字，其中，“闻、名、景、区、省、部、秀、尤、其”都出现在课文第 1 自然段，教师可以借助黄山风景区地图先集中教学这些生字，再结合阅读理解语境重点指导“仙、巨、位、都、著、形、状”等生字。“集中＋分散”的组合识字，既避免了识字教学的冗长拖沓，又实现了阅读和识字的相互促进。

融合阅读，分步识字。低年级阅读课中的识字，还可以采用“音义先行，字形后教”的分步识字策略。具体来说，包括三个步骤：第一步，初读课文阶段，借助拼音和查字典重点解决字音，读准字音，初认字形；第二步，精读课文阶段，结合课文内容重点理解字义，再认字形；第三步，总结写练阶段，着重辨析字形，指导书写。以一年级下册《树和喜鹊》中“孤单”的教学为例：“孤单”是本课要认识的两个生字，也是关系到课文内容理解的重点词语，其中，“单”还要求会写。初读课文阶段，让学生借助拼音读准字音，初步建立字音和字形的联系。精读课文阶段，重点在结合字形和联系上下文，帮助学生理解词语的意思。“孤”，左边的“子”指幼儿，右边的“瓜”表示单独、突兀的样子，“孤”表示单独无伴的孩子，通常指丧父、丧母或父母俱亡的孩子。“单”，是指独一的、独个的、一个的。所以，“孤单”是孤独、寂寞的意思。再结合课文语境：“从前，这里只有一棵树，树上只有一个鸟窝，鸟窝里只有一只喜鹊。树很孤单，喜鹊也很孤单。”让学生朗读课文，想象“一棵树”“一个鸟窝”“一只喜鹊”所组成的画面，学生就能深切地理解“孤单”的情感意义。书写阶段，教师范写，学生练写，把“单”字写正确、写端正、写美观。如上，识字过程融合阅读过程，分阶段突破识字重点，既符合识字规律，又促进阅读理解。

五、如何有层次地、多形式地复现和巩固识字

复现符合识字规律。“认字如认人。一回生二回熟，多次见面就成了好朋友。”让生字

反复出现，即复现，是识字最主要的方法和路径。统编教材低年级许多课文中都重复出现要求学习的字词，这样的编排为复现识字提供了可能和便利。如《江南》一课要求认识的生字“江”“南”在课文中出现两次，“莲”字出现七次，“鱼”字出现五次；《影子》一课要求认读的“影”字出现六次；《比尾巴》中生字“尾”“巴”先后出现十二次。教师要充分利用教材资源，组织学生运用多种形式诵读课文，如自由读、齐读、指名读、小组读、开小火车读、男女生读、分组读、分角色读、表演读、比赛读等，在诵读的过程中与生字反复见面，达到“渐碰渐熟”。教师还要注意创设各种语境，或借助直观图片，或联系实际生活，或开展口语交际，让学生在反复认读和拓展运用的过程中有效识字。以《天地人》的教学为例：学习“天”，可以让学生看一看图片中的天气变化，读一读相应的词语“晴天”“阴天”“雨天”。学习“地”，可以出示图片，让学生认认“草地”，找找“沙地”，看看“田地”，辨辨“山地”。学习“你、我、他”，可以将识字与认识新朋友结合。第一步，师生谈话交流，再现交友场景，初步认识生字。“你叫什么名字?”（出示字牌：你）“他是你的同桌。他叫什么名字?”（出示字牌：他）“我是你们的老师，我叫××。”（出示字牌：我）第二步，三人小组情景演绎，选用字牌交友说话，在情境中运用生字。“我是××，特别喜欢踢足球，你呢?”“我叫××，我也喜欢踢足球。他是我的好朋友，是踢球高手!”第三步，听唱儿歌《你我他》，屏幕中出现歌词，学生尝试跟唱，在歌曲语境中巩固识记“你、我、他”。

有序安排复现过程。复现过程应遵循认知规律，由易到难，循序渐进，梯度安排。在低年级阅读课中，复现识字通常安排以下几个环节：先读读课文，圈圈认认生字；接着，读读带生字的句子和词语；然后，单独抽出生字，借助拼音认一认，去掉拼音认一认，打乱顺序认一认；最后，读一读含有本课生字的其他词语、句子、儿歌、短文等。这样，由课文语境到拓展语境，由篇章、段落、词句到单个的生字，学生与生字反复见面，最终达到巩固识字的效果。

多种形式巩固识字。在“多认少写”“认写分开”的前提下，如何巩固所认的字成为识字教学的难点。巩固识字的有效方法：一是归类。在一篇课文中，少则七八个生字，多则十几个生字，可以让学生想办法把这些字归归类、分分组。比如，在要认的生字中有几个字的结构是一样的，可以把它们归为一类，指导学生记忆；有几个字的偏旁是一样的，可以把它们归为一类，借助偏旁表意功能帮助识记；有同音字或形近字，可以把它们放在一起，通过比较进行记忆等。归类是提高识字效率的有效途径。二是游戏。低年级儿童的课堂专注时间比较短，形式多样、活泼有趣的游戏能保持学生的学习注意。一位教师在教学第一单元识字课文之后，设计了“生字闯关游戏”。第一关，黑板上出现阿拉伯数字，让学生把对应的汉字贴在下面；第二关，对照简笔画让学生贴汉字，如“花、虫、云、雨”；第三关，让学生将甲骨文和汉字配对，如“日、山、火、水”。在游戏中巩固生字，既有趣又有效。三是阅读。阅读是巩固识字最重要的方法。在阅读中，学过的生字在各种语境中复现，音形义的联系得以强化，字义的内涵不断丰富，所以，要鼓励学生大量阅读，在阅读中自主识字并巩固识字。

六、写字指导如何依据字形特点，体现学段差异

循序渐进，区别指导。统编写字教材大体按照由易到难、由简到繁、由独体到合体的顺序编排。在一年级起步阶段，就要加强写字指导，为学生打好写字基础。教师要指导汉字的基本笔画、笔顺规则、间架结构，一笔一笔地教，确保学生把每个笔画写正确、写规范、写到位。一年级下册，写字教材中合体字的数量明显增加。写字指导不能再一笔一笔地教，而要一部分一部分地教，重点关注部件、偏旁的变化。如“足”字做偏旁，撇和捺变成竖和提；“木”字做偏旁，捺变成点。中年级，每篇课文中写字的数量明显增加，不能再一个一个地教，而要一组一组地教。教师可以按照字形结构，如左右结构、上下结构、半包围结构等，将要写的生字分组指导。高年级，学生的识字、写字能力快速提升，识字、写字已经不是语文教学的重点，所以，教师只需要针对个别难写字、易错字进行指导，突破书写难点。另外，随着学段的升高，教师还要注意引导学生观察、分析字形，逐步培养学生“读字”“评字”的能力。在指导写字时，不妨问一问学生：“写好这个字的关键在哪里?”在评改书写时，让学生来评一评同学写的字。学生一旦具备了“读字”和“评字”能力，书写质量就会有明显的提升。

发现规律，重点突破。在写字教学中，教师要有归类意识，由指导一个字到指导一类字，帮助学生系统掌握一类字的书写要领，实现举一反三，触类旁通。如《动物儿歌》中的生字“迷、造、运”都是“走之”旁，教师可以借此启发学生发现“走之”的书写规律；《大象的耳朵》中的生字“扇、痛、遇”都是半包围结构，教师可以引导学生发现半包围结构的书写规律；教学《一分钟》中的生字“丁”“坐”时，要让学生观察发现两个字都有关键笔画在竖中线上；教学《树和喜鹊》中的生字“招”“呼”时，要让学生比较发现两个字都有部件“口”，但是“口”的位置不同，书写的大小和宽窄也就不同。在观察比较中发现规律，能够让写字教学事半功倍。写字指导还要特别关注细节，书写的关键笔画、学生易错的部件都要重点提示。例如，一年级学生写《比尾巴》中的生字“巴”，常常把竖弯钩的“弯”写得偏短，与横折齐平。一位教师结合课文内容，启发学生思考：“尾巴”的“巴”字有一条引以为傲的长尾巴，这条长长的尾巴就是竖弯钩，汉字王国的国民都夸“巴”的长尾巴好看极了。要是把长尾巴变短了，变成短尾巴，那“巴”字还好看吗? 接着，教师在黑板上书写短尾巴的“巴”和长尾巴的“巴”，学生一经比较就发现长尾巴的“巴”更好看。在后来的书写中，学生就能把“巴”字写得规范又美观。

【讨论与练习】

1. 汉语拼音与识字的关系是怎样的，如何理解“识字教学既要借助拼音，又要适时摆脱拼音”?

2. 结合自己的识字经验，交流提高识字教学效果的策略和方法。

第二节 汉语拼音教学设计评述

一、声母教学设计评述

案例 2-1

《b p m f》教学设计片段①

一、温故知新，趣味导入（略）

二、观察插图，识音记形

（一）看图说话

（出示情境图）第一站，我们来到了郊外。看，一位爷爷带着小孙子去爬山，你还看见了什么？（先指明看图说话，再由教师说完整的图意。）

【提示】从教材的情境图入手，看图说话，培养学生的观察能力和口头表达能力。

（二）指导读音

1. 认识声母 b 的音

（1）讲解 b 的发音要领。

小孙子听“播音”的“播”和声母“b”的读音一样，发 b 时双唇闭合，把气憋住，再突然打开，让气流冲出来，要读得轻而短。

（2）（播放 b 的发音视频）学生观察发音口形，并跟读 b b b。

（3）唱儿歌练发音：播音播音 b b b。

【提示】从情境图引出 b 的读音，教师讲解 b 的发音要领，学生观看发音视频并反复练读，教学步骤清晰、合理。

2. 认识声母 p 的音

（1）讲解 p 的发音要领。

“山坡”的“坡”和声母“p”的读音一样，发 p 时双唇闭合，把气憋住，再突然打开，让气流冲出来，也要读得轻而短。

（2）（播放 p 的发音视频）学生观察发音口形，并跟读 p p p。

（3）唱儿歌练发音：山坡山坡 p p p。

3. 比较 b 和 p 的发音

（1）b 和 p 的发音有什么不同呢？（播放小实验：教师拿着薄纸放在嘴前读 b 和 p。）注意观察，你有什么发现？（发 b 时纸条没有动，发 p 时纸条动起来。）也就是说，发 p 的气流要比 b 的气流强。

（2）请学生把自己的手掌心对着嘴巴，读读 b 和 p，感受气流的强弱。

---

① 祁桂嫦．《b p m f》教学设计．小学语文教学，2020（Z2）：23-24.

【提示】区别 b 和 p 的发音是教学难点。通过播放实验视频和设计体验活动，帮助学生辨析发音特点，突破教学难点。

4. 认识声母 m 的音

（1）讲解 m 的发音要领。

“用手摸”的“摸”和声母“m”的读音一样，发 m 时，先把双唇闭紧，舌后缩，气流从鼻腔出来，然后张开嘴，声带颤动，要读得轻短一点儿。

（2）（播放 m 的发音视频）学生观察发音口形，并跟读 m m m。

（3）唱儿歌练发音：用手摸着 m m m。

5. 认识声母 f 的音

（1）讲解 f 的发音要领。

爷爷扶着拐杖，“扶着”的“扶”，它的声母就是“f”。发 f 时，上齿一定要接触下唇，声音通过摩擦发出，同样要读得轻短一点儿。

（2）（播放 f 的发音视频）学生观察发音口形，并跟读 f f f。

（3）唱儿歌练发音：扶着拐杖 f f f。

6. 强化 b p m f 的读音

师生一起拍手，加动作念儿歌。（播放音乐操：播音播音 b b b，山坡山坡 p p p，用手摸着 m m m，扶着拐杖 f f f。）

【提示】低年级儿童注意力保持时间比较短，在课中安排音乐操，既能让儿童适当放松，又能巩固声母发音。

（三）识记字形

1. 借助插图记字母

仔细看图，声母 b p m f 像图中的什么？（b 像小孙子手上的收音机，p 像 T 恤衫上的白色字母，m 像两扇山洞门，f 像爷爷手中的拐杖。）

2. 联系生活记字母

在日常生活中，这四个声母还像什么呢？（如：b 像数字 6，像口哨；p 像旗子，像气球；m 像两扇小门，像麦当劳标志；f 像拐杖，像伞柄。）

3. 编成儿歌记字形

像个 6 字 b b b，一个哨子 b b b。一面旗子 p p p，像个气球 p p p。两个门洞 m m m，像麦当劳标志 m m m。一根拐杖 f f f，伞柄朝上 f f f。

4. 做手指操记字形

小手做运动——“摆一摆”，用我们的手指摆出 b p m f 的形状。

【提示】借助插图、儿歌、活动等手段，让学生看一看、想一想、说一说、摆一摆，在丰富多样的学习活动中识记声母的字形。

三、指导书写，培养习惯

坐上小火车，我们来到“拼音书法屋”，书法家爷爷请我们写一写声母 b p m f。

（一）指导书写

（1）仔细观察，b p m f 分别在四线格中的什么位置？

（2）比较 b 和 p，你发现它们有什么不同？（b 写在上格和中格，p 写在中格和下格；b 的一竖朝上，p 的一竖朝下。）

（3）（课件演示 b p m f 的笔顺）教师示范读一次，师生一起书空 b p m f。

b 占上格和中格，一笔竖，二笔右半圆，两笔写成。

p 占中格和下格，一笔竖，二笔右半圆，两笔写成。

m 占中格，一笔竖，二笔左弯竖，三笔左弯竖，三笔写成，注意两个门洞要一样大。

f 占上格和中格，一笔右弯竖，二笔横，两笔写成。注意横稍短，写在比第二条线略低点的位置。

（出示书写规则）还要注意四线格的书写规则：上格不顶天，下格不着地，中格写饱满。

【提示】先让学生观察 b p m f 在四线格中的位置，比较形近字母 b p 的书写区别，培养学生独立观察、分析字形的能力；再用课件和儿歌演示并总结 b p m f 的书写笔顺和书写要领，确保学生能正确、规范地书写。

（二）明确要求

唱一唱《写字歌》，明确写字要求。（出示《写字歌》：写字啦，写字啦，轻轻移动小凳子，头抬起来腰挺直，双脚并拢平放地，轻轻拿起我的笔。）请按笔顺在书本上描红一个，书写一个，争当"小小书法家"。

（三）书写评价

出示学生的作品，师生共同评价：位置全对了，奖励一朵"正确花"。写得干净，奖励一朵"清洁花"。上不顶天，下不着地，中格写满，奖励一朵"美观花"。

【提示】书写有明确的评价标准，有助于学生把字母写正确、写干净、写美观。

【评述】

1. 利用情境图建立形音联系，提高学生的综合素养

依据低年级儿童的认知特点和拼音学习的特殊需要，统编汉语拼音教材每课都编排了整合的情境图。这些情境图中隐藏着本课所学声母或韵母的信息，多数图既示音又示形，并且，整合的情境图和以往教材中与声母或韵母一一对应的单图相比，最大的区别在于内容的丰富性和整体的情境性，通过故事情境唤起学生的生活经验，将口语表达和拼音学习有机结合。

《b p m f》一课，教材安排了如下情境图：爷爷带着小孙子爬山，山坡的"坡"表示"p"的读音。爷爷拄着拐杖，拐杖的样子像"f"；小孙子拿着收音机听广播，收音机的样子像"b"，广播的"播"表示"b"的读音，小孙子穿的 T 恤上还印着"p"。山下，小男孩和小女孩在捉迷藏，小男孩蒙着眼睛用手摸，"摸"表示"m"的读音，小女孩躲在洞口，洞口就像两扇小门"m"。案例中，教师先后三次运用情境图：一是利用情境图创设故事情境，让学生说一说图画的主要内容，既激发了儿童的学习兴趣，又培养了学生的观

察能力、思维能力和口语表达能力。二是借助情境图，引出“b p m f”的读音，并结合图画内容创编口诀：“播音播音 b b b，山坡山坡 p p p，用手摸着 m m m，扶着拐杖 f f f.”三是让学生借助图画记忆“b p m f”的字形，练习“b p m f”的书写。

2. 指导方法，读准字音

读准音，是声母教学的重点。本课所学的四个声母中，“b p m”是双唇音，“f”是唇齿音。教师先简要讲解声母的发音要领，如 b，发音时双唇闭合，把气憋住，再突然打开，让气流冲出来，相比音节“播”，声母“b”要读得轻而短。再播放“b”的发音视频，让学生观察发音口形，并跟读、练读。最后，比较辨别“b”“p”的发音，通过实验演示和体验活动，让学生感受到“b”发音时不送气而“p”发音时送气的细微差别。必要的发音方法指导和大量的发音练习，是拼音教学的重要内容，也是突破教学重点的有效路径。

3. 运用联想，识记字形

对于擅长形象思维的儿童来说，汉语拼音是意义缺失的符号，难认难记。只有将抽象的拼音字母和具体的事物联系起来，拼音字母才能变得有意义，拼音教学才能变得有温度、有情趣。联想就是解决上述问题的关键。案例中，教师多次启发学生借助联想来识记字形。首先，让学生观察情境图，运用类比联想将画中的事物和声母的字形一一对应，如 b 像小孙子手上的收音机，p 像 T 恤衫上的白色字母，m 像两扇山洞门，f 像爷爷手中的拐杖。其次，让学生展开自由联想，将日常生活中的事物和声母的字形进行比照，如 b 像数字 6，像口哨；p 像旗子，像气球；m 像两扇小门，像麦当劳标志；f 像拐杖，像伞柄。最后，借助动作联想，让学生用手指摆一摆“b p m f”的形状，在活动中加深记忆。多样化的联想，不仅能帮助学生识记抽象的拼音字母，而且能发展学生的思维力、想象力和创造力。

二、韵母和整体认读音节教学设计评述

案例 2－2

《i u ü y w》教学设计①

教学目标

（1）正确认读单韵母 i、u、ü 和声母 y、w，读准音，认清形，能正确书写。

（2）正确认读、整体认读音节 yi、wu、yu，知道 y 和 ü 在一起组成音节时 ü 上两点要省略的拼写规则。

（3）正确认读 i、u、ü、yi、wu、yu 的四声。

教学过程

活动一：在儿歌情境中认读与书写 i、u、ü、y、w

（1）小朋友，欢迎来到奇妙的拼音王国！今天，我们将继续汉语拼音的快乐学习之旅，认识三位新的单韵母朋友 i、u、ü 和两位声母朋友 y、w（板书课题）。坐上小火车，

① 熊莺．《i u ü y w》教学设计．小学语文教学，2020（Z2）：21－22.

我们出发啦！

1）出示课本情境图：窗外的景色多美呀！我看见乌龟在小河里开心地游来游去。你看见了什么？（看图说话）

2）编儿歌：红色屋顶真美丽，草儿青青树儿绿。妈妈洗衣我喂鱼，乌鸦和我是邻居。

【提示】运用整合的情境图，营造富有童趣的学习氛围，将拼音学习和儿童生活关联起来，将拼音学习和说话训练结合起来。

（2）在这美好的画面里，藏着单韵母 i、u、ü，你找到了吗？

1）学生看图说话，识记字母形状。

2）编儿歌：衣服衣服 i i i，乌龟乌龟 u u u，小鱼小鱼 ü ü ü。

（3）“衣、乌、鱼”的读音，能帮助我们记住 i、u、ü 的发音。

1）教师示范发音，学生观察口形，模仿发音。

2）编儿歌：牙齿对齐 i i i，嘴巴突出 u u u，嘴吹口哨 ü ü ü。

（4）单韵母 i 叫小 i，她的妈妈叫大 y。单韵母 u 叫小 u，他的妈妈叫大 w。大 y、大 w 是声母，读的时候要比小 i、小 u 轻短些。

1）大 y、大 w 也藏在了图画里，请你找一找。

2）编儿歌：大 y 大 y 像树杈，大 w 大 w 像屋顶。

【提示】利用情境图学习字母发音和识记字母形状，再结合教师示范发音、学生跟读模仿以及诵读儿歌，用多样化的教学方法能确保达成教学目标。

（5）单韵母 i、u、ü 和声母 y、w 住进了四线格。

1）教师范写，学生书空，观察 i、u、ü、y、w 的占格与笔顺。

2）翻开课本第 23 页，找到四线格，按笔顺把 i、u、ü、y、w 描红一个，书写一个。注意书写的姿势：眼离桌面一尺，胸离桌边一拳，手离笔尖一寸。（练习书写，个别辅导。）

3）小伙伴写得怎么样？请你评一评。（相机奖励“正确花”“清洁花”“美观花”）

【提示】书写指导过程清晰，扎实有效。

活动二：在故事情境中认读 yi、wu、yu，了解 i、ü 标调规则和 ü 上两点省写规则

（1）小朋友把字母写得工工整整，拼音国王真高兴！他要给你们讲故事，认真聆听、积极思考的孩子，将担任故事小助手。

1）i、u、ü 和 ɑ、o、e 一样，也有四顶声调帽子。（学生把声调卡片按四声顺序排列）

2）小 i 是个爱美的小姑娘，头上扎着蝴蝶结。她戴上帽子，蝴蝶结就被遮住了。（学生把声调卡片放在 i 上面，擦掉 i 上的点。）

3）小 ü 是个爱哭的小娃娃，上面两点是他的眼泪。他戴上帽子，却不肯擦掉眼泪。（学生把声调卡片放在 ü 上面）

4）小 u 为小 i 和小 ü 编了一首《戴帽歌》，他拍着手唱了起来：“小 i 戴上帽，一点要去掉。小 ü 戴上帽，两点不去掉。”

（2）知道了 i 和 ü 的标调规则，我们给 i、u、ü 戴上四声帽。（练习标调）

【提示】i、ü 的标调规则不同于之前所学的 a、o、e 的标调规则，是标调教学的难点。有趣的故事和简短的儿歌，能够帮助学生轻松掌握 i、ü 的标调规则，突破教学难点。

（3）帽子全都戴对了，拼音国王竖起了大拇指。他乐呵呵地把故事接着往下讲。

1）有一天，小 i、小 u、小 ü 想去公园里玩，可他们年纪太小，又不认识路，怎么办呢？（学生找出卡片 i、u、ü）

2）大 y 妈妈对小 i 说："小 i 小 i，我带你去。"大 y 小 i 走在一起，变成了音节 yi。（学生找出卡片 y，放在 i 前面。）

3）大 w 妈妈对小 u 说："小 u 小 u，我带你去。"大 w 小 u 走在一起，变成了音节 wu。（学生找出卡片 w，放在 u 前面。）

4）小 ü 的爸爸妈妈不在家，没人带他，他急得大哭起来。大 y 妈妈听见了，连忙跑过来说："小 ü 小 ü 别哭了，擦掉眼泪，我带你去。"于是，小 ü 擦掉两滴眼泪，笑嘻嘻地拉住了大 y 的手。大 y 小 ü 走在一起，变成了音节 yu。（学生把卡片 y 放在 ü 前面，擦掉 ü 上的两点。）

5）他们走在路上，高兴地唱起了歌："小 ü 跟着大 y 走，去掉两点还读 ü。"

（4）yi、wu、yu 是整体认读音节，可以直接用来给汉字注音，不用拼读，应整体认读，要读得响亮。（练习认读）

（5）比较：y—i→yi、w—u→wu、y—ü→yu。练读：声母 y，韵母 i，音节 yi；声母 w，韵母 u，音节 wu；声母 y，韵母 ü，音节 yu。（听音取卡）

【提示】区分单韵母 i、u、ü，声母 y、w 和整体认读音节 yi、wu、yu 是本课教学难点。教师借助故事情境讲解 i、u、ü 与 yi、wu、yu 的区别，并设计比较、练读、游戏等活动进行强化，形象化的解释和针对性的练习符合儿童认知心理，体现了拼音学习的基本规律。

活动三：在游戏情境中认读 i、u、ü、yi、wu、yu 的四声

（1）读准了整体认读音节 yi、wu、yu，拼音国王奖励大家玩游戏。

1）花儿朵朵开。（按照顺序认读 i、u、ü 的四声）

2）苹果落下来。（按照顺序认读 yi、wu、yu 的四声）

3）火车轰隆隆。（打乱顺序认读 i、u、ü、yi、wu、yu 的四声）

4）小组争字卡。（借助拼音，认读本册语文书识字表中音节是 yi、wu、yu 的生字：一、五、雨、语、鱼、无、午、以、衣、乌、医。）

【提示】有趣的游戏名称和进阶的游戏过程，让学生轻松愉快地巩固所学内容。

（2）看来，拼音是个好帮手，用它识字很轻松。

活动四：在生活情境中寻找 yi、wu、yu 的音节

（1）听到夸奖，整体认读音节 yi、wu、yu 真高兴！他们快乐地玩起了捉迷藏。

1）yi、wu、yu 藏进了小弟弟的儿歌里。我找到了第一行的 wū，你找到了谁？（出示注音儿歌：乌云飞，下雨啦，阿姨下班回不了家。来了一个小娃娃，他把雨衣送给她。）

2）yi、wu、yu 藏进了小朋友的名字里。吴小萌的名字里藏着 wu，张天宇的名字里藏着 yu，你还发现他们藏在了谁的名字里？

3）yi、wu、yu 藏进了生活百宝箱里。yī，一年级，我是一年级的小学生。你能像我一样，用音节 yi、wu、yu 组词、说句子吗？

4）yi、wu、yu 藏进了小学生的课外书里。谁来读一读课外书的名字？（出示儿童读物：《落叶跳舞》《你好，安东医生》《一条聪明的鱼》）

【提示】整体认读音节 yi、wu、yu 藏在儿歌里，藏在姓名里，藏在句子里，藏在书本里，寻找它们的过程是识字、说话、阅读的过程，也是语文学习联结儿童生活的过程。

（2）整体认读音节 yi、wu、yu 很爱捉迷藏，他们藏进了我们的名字里，藏进了欢乐的歌曲里，藏进了有趣的故事里……生活中的每一个角落都能找到他们的身影。

（3）放学后，请你和爸爸妈妈一起找一找身边的整体认读音节 yi、wu、yu。

【评述】

1. 在儿歌诵读中，掌握拼音读写要领

儿歌因通俗浅显、朗朗上口而为儿童所喜爱。在拼音教学中，诵读儿歌是简单又有效的教学手段。以“《i u ü y w》教学设计”为例，教师依据本课教学内容创编了一系列儿歌。其中，有提示字母发音和强调发音口形的儿歌，“衣服 i i i，乌龟乌龟 u u u，小鱼小鱼 ü ü ü”，“牙齿对齐 i i i，嘴巴突出 u u u，嘴吹口哨 ü ü ü”；有提示字母形状的儿歌，“大 y 大 y 像树杈，大 w 大 w 像屋顶”；有提示标调规则的儿歌，“小 i 戴上帽，一点要去掉。小 ü 戴上帽，两点不去掉”；还有强调特殊的拼写规则的儿歌，“小 ü 跟着大 y 走，去掉两点还读 ü”。学生在诵读儿歌的过程中，自然而然将学习要领记在脑海里，用在拼音读写中。

2. 在故事和游戏中，体验拼音教学情趣

如何让枯燥的拼音教学变得富有情趣？如何让一年级儿童喜欢学习拼音？讲故事和做游戏无疑是最佳方案。“小朋友，欢迎来到奇妙的拼音王国！”课堂伊始，教师就创设了有趣的故事情境，激发儿童的学习兴趣。课中，教师假借拼音国王为大家讲故事来展开重点内容的教学。“小 i 是个爱美的小姑娘，头上扎着蝴蝶结。她戴上帽子，蝴蝶结就被遮住了。”“小 ü 是个爱哭的小娃娃，上面两点是他的眼泪。他戴上帽子，却不肯擦掉眼泪。”有趣的故事、形象的比喻，让学生很容易就记住了“i 上标调要去点，ü 上标调不去点”的标调规则。“去公园游玩的路上，大 y 妈妈带小 i 变成音节 yi，大 w 妈妈带小 u 变成音节 wu，小 ü 擦掉眼泪跟在大 y 后面，变成音节 yu。”本来易混淆的韵母 i、u、ü，声母 y、w 和整体认读音节 yi、wu、yu，在故事情境中成为不同的角色，学生就能正确辨别，学习难点也就迎刃而解。“2011 年版语文课程标准”在“实施建议”中指出：“汉语拼音教学要尽可能有趣味性，宜多采用活动和游戏的形式。”案例中，教师设计了“花儿朵朵开”“苹果落下来”“火车轰隆隆”“小组争字卡”等形式多样的游戏活动，让学生在快乐的游戏中巩固 i、u、ü、yi、wu、yu 的四声，体现了快乐学习、轻负高质的教学理念。

3. 在生活情境中，感受拼音学习意义

学习拼音不是目的，借助拼音识字、阅读才是教学的根本追求。对于低年级儿童来说，只有意识到拼音能够帮助识字、阅读，发现拼音就存在于日常生活中，才能焕发起学习热情，更主动地投入拼音学习。为此，教学案例设计了“活动四：在生活情境中寻找 yi、wu、yu 的音节”。让小朋友从儿歌里、从班级同学的名字里、从平常说的话语里、从认识的字里、从课外阅读的书里发现整体认读音节 yi、wu、yu，不仅能够让学生感受到拼音学习的意义，还能实现由拼音向识字和阅读延展，由文本向生活延展，由课内向课外延展，真正体现大语文教育观。

三、拼读教学设计评述

案例 2-3

《b p m f》教学设计片段①

一、拼读音节，领悟方法

（一）情境导入

声母 b p m f 喜欢跟韵母交朋友，它们在一起会变成音节。音节怎么拼出来呢？坐上小火车，我们准备到“拼音演播室”学习拼读音节。

（二）初识“两拼音”

（1）看，一位小姑娘推来了一个拼音朋友，它是谁？（b）另一位小姑娘也推来了一位拼音朋友，它是谁？（ɑ）她们把两个字母碰到一起，变成了一个两拼音节 bɑ，听老师读一读，请大家也试着读一读。

（2）小结“两拼音”的拼读方法：声母轻短韵母重，两音相连猛一碰。

（三）拼读“两拼音”

（1）观察书上的 4 幅图，说说每幅图画了什么，再借助图片拼读音节。

bā：图上画着谁？它手里拿着的数字是几？

bá：小兔在干什么？齐唱歌曲《拔萝卜》，在唱歌中反复练读 bá 的音节。

bǎ：谁在射靶呢？重点读好第三声。

bà：图上画着什么？用 bà 组词和说句子。

把“bɑ”的四声音节贴在黑板上，听音取下音节，再听音把音节贴在板书上。

（2）拼读 b p m f 和单韵母组成的音节。

1）[出示第一组音节和图片：bǎ（火把图）、bō（菠萝图）、bǐ（毛笔图）、bù（花布图）]。学生自由拼读，并给音节组词，指名领读，全班齐读。

2）[出示第二组音节和图片：pá（爬行图）、pò（打破图）、pí（果皮图）、pǔ（花圃图）] 四人小组练习拼读，并给音节组词，请四人小组上台汇报读，齐读。

3）（出示第三组音节：mǎ、mō、mǐ、mù）玩“放气球”的游戏：学生拼读音节，并用音节组词。读对了，气球就会徐徐上升。

4）（出示第四组音节：fā、fó、fǔ）玩“摘苹果”的游戏：学生拼读音节，并用音节

① 祁桂嫦．《b p m f》教学设计．小学语文教学，2020（Z2）：23－24.

组词。读对了，苹果就会落到盘子中。

（四）巩固“两拼音”

（1）（出示15个带声调的音节）男女生进行拼读音节比赛，要读准音节的声调，读对了得一朵红花。

（2）（出示图片和音节词：mù mǎ、yī fu、pù bù、yǔ yī）分小组拼读音节词，并尝试用音节词说一句话。

二、借助音节，认识字词（略）

三、作业练习，加强巩固（略）

【评述】

1. 方法指导，让学生学会拼读

《b p m f》一课，是学生第一次学习音节拼读。如何把声母和带调韵母拼在一起，形成一个音节，对初学儿童来说是一个难点。案例中，教师借助课文插图，直观演示声母b和单韵母a碰在一起变成两拼音节ba，伴之以示范拼读，使学生从视觉和听觉两方面感知音节拼读的过程；接着，教师带读，学生跟读，让学生从动觉上体验音节拼读时口形变化的过程；最后，教师总结“两拼音”的拼读要领，“声母轻短韵母重，两音相连猛一碰”。方法指导具有针对性，感官体验多样化，帮助初学儿童学会音节拼读。

2. 多样训练，让学生熟练拼读

拼读是拼音教学的重要内容。学生学会熟练拼读，才能借助拼音主动识字和提前阅读。从学会拼读到能熟练拼读，没有捷径，唯有大量练习，熟能生巧。案例中，教师就安排了多形式的、有梯度的拼读练习。一是借助图片拼读音节。对于初学拼音的儿童来说，画中的事物是熟悉的，而拼音音节是陌生的，先观察图片，从图片中的事物引出拼音音节，再借助事物名称拼读音节，完全符合从具体到抽象的教学原理。如从图片中的数字“8”引出音节“bā”，再借助音节“bā”练习拼读“b—ā—bā”；从图片中的“小兔拔萝卜”引出音节“bá”，再借助音节“bá”练习拼读“b—á—bá”。二是在游戏中练习拼读。除了自由拼读、指名领读、全班齐读、小组练读等各种拼读练习，教师还设计了“放气球”“摘苹果”的游戏，让学生在玩乐中练习拼读。三是在比赛中巩固拼读。课堂教学的后程，教师组织男女生进行拼读音节比赛，让学生在比赛中巩固练习，做到准确拼读和熟练拼读。

3. 组词说话，让学生运用拼读

拼读是拼音学习走向生活应用的桥梁，也是帮助学生积累词汇、句式和发展语言经验的契机。案例片段较好地体现了上述理念。在拼读b p m f和单韵母组成的音节时，教师不仅出示相应的图片，如bǎ（火把图）、bō（菠萝图）、bǐ（毛笔图）、bù（花布图），还要求学生给音节组词；在玩“放气球”和“摘苹果”的游戏时，也要求学生拼读音节并用音节组词；在拼读音节词语“mù mǎ、yī fu、pù bù、yǔ yī”时，要求学生用音节词语说一句话。以上的图片和音节词语都是常见的事物，组词和说话也是为体现音节拼读的生活应用，并且，在看图说话、组词造句的过程中，学生的语言和思维也获得了综合发展。

【讨论与练习】

1. 如何利用教材中的情境图指导学生学习汉语拼音？请结合案例做具体说明。

2. 拼读是汉语拼音教学的重点和难点，可以采用哪些方法帮助学生学会拼读和熟练拼读？

第三节　识字、写字教学设计评述

一、识字课文教学设计评述

案例 2-4

二年级下册《中国美食》（第一课时）教学设计①

一、教学目标

（1）通过归类区分、联系生活，认识"菠、茄、蘑、菇"4个字；通过观察结构、教师范写，学会写"烧、烤"2个字。

（2）通过联系旧知、查字典、看微课、游戏活动等形式，认识"煎、烤、煮、爆、炖"，掌握火字旁和四点底之间的关系，了解不同烹饪方法之间的区别。

（3）结合烹饪方式，让学生了解中国的美食文化。

二、教学过程

（一）生活情境导入，激起做美食的欲望

（1）闲聊美食，唤醒生活经验。

（2）品鉴厨艺，激发尝试欲望。

视频展示学生的厨艺，回忆做菜时的心情，激发再次尝试做菜的欲望。

（3）布置任务，置身真实情境。

小朋友的厨艺不仅让老师佩服，还引起了学校大厨（出示大家熟知的厨师的照片）的注意，今天，他们想请大家帮帮忙！（播放音频：小朋友们，大家好！这几天学校来了很多客人老师，他们要在学校用餐，听说咱们班每位小朋友都是做饭小能手，我想邀请大家一起来做中国美食，你们愿意吗?）

（4）板贴课题，齐读课题。

【提示】以情境为链，是游戏教学的一大特点。本课的情境创设来自生活，源自社会，从学生喜欢吃的美食入手，回顾班级课外实践活动——做菜，唤起学生对吃美食、做美食的浓厚兴趣，进而创设帮助学校食堂大厨做菜的情境。这样的情境创设，既贴合学生的生活实际，又激发了学生对美食王国的好奇心、探知欲，为识字教学顺利开展做好铺垫。

① 案例编者为杭州市新华实验小学汪抒怡老师，杭州市拱墅区教育研究院金晓芳老师指导。

（二）了解菜品，购买食材中识字

（1）一读美食，读准字音。

（2）二读美食，了解分类：左边的是菜肴，右边的是主食。

（3）三读美食之菜肴，圈画食材。

1）同桌合作读菜肴，用横线画出其中的食材。

2）说一说找到的食材，读准“豆腐、蘑菇”的轻声，掌握“腐、菇”的本音。

3）形成食材清单，去拼音读。

（4）走进“菜场”，分区域“买菜”。

1）情境引入，进入“菜场”。

2）食材分类，了解区域（蔬菜区、豆制品区、水产区、家禽区等）。

3）“购买”蔬菜，认识生字。

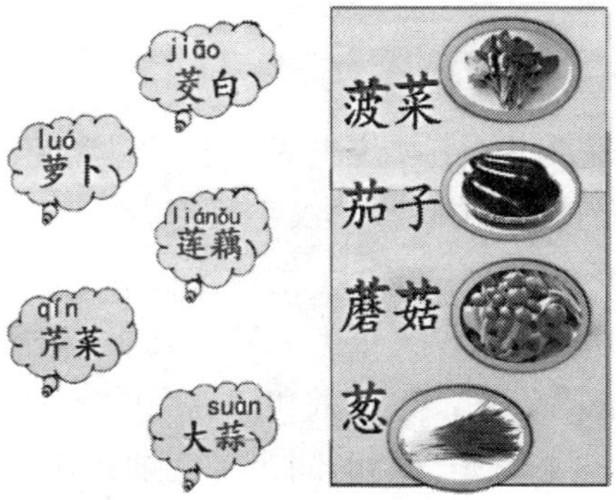

引导学生观察发现“菠、菜、茄、蘑、菇、葱”都带有“艹”，都是草本植物。

加深对形声字的理解：这些字的读音都和字的下半部分有关，比如蘑菇，去掉草字头，它们还读 mó、gū。

拓展识字：茭、萝、莲、藕、芹、蒜。

4）“购买”家禽、水产和豆腐，配齐食材；留心观察，生活中处处都有小知识。

【提示】本环节的活动从买菜清单切入，引导学生了解食材，读准字音，初识菜名，并让学生在“买菜”的游戏活动中识记生字。在“买菜”过程中，采用分区域买菜的方式，初步让学生对蔬菜、家禽、水产和豆制品有所了解，分类识字，重点识记草字头的字。在认识草字头的字时，重在揭示形声字构字的规律，并拓展到菜场中其他带有草字头的字，拓宽学生的识字面，让学生在发展思维的同时学习生字。

（三）学习做菜，烹饪方法中识字

（1）凉菜先行，动手操作中了解烹饪方法。

1）合作做菜，体会乐趣：先了解“凉拌菠菜”的制作步骤，再拿出事先加好调料的菠菜，几名学生轮流拌菠菜，体会做菜的乐趣。

2）板书菜名，读好菜名：上菜要有一点仪式感，我们一起说：凉拌菠菜，上桌喽！

3）回顾菜品，明确做法：这道菜名中就藏着这道菜的做法！（拌）

（2）小组合作，寻找其他菜品中的烹饪方法。

1）找烹饪方法：这些菜是用什么方法做的呢？自己去读一读、圈一圈，和同桌说一说。

2）小组交流。

3）全班反馈，聚焦烹饪方法：煎、烧、烤、煮、爆、炖。

（3）归类识字，探寻烹饪方法中隐藏的汉字秘密。

1）用各种形式朗读烹饪方法。

2）说一说发现（可以分成两组：火字旁和四点底）。

3）了解火字旁和四点底的关系：火字旁和四点底的字都和火有关。【出示：黑】下面代表火焰，上面是个烟囱，意思就是火烧时间久了把烟囱熏得漆黑。把火写在下面，就是四点底。

过渡：这些烹饪方法虽然都要用上火，但是火的大小和用法可不一样。

4）借助字典，了解“煎”和“烤”的区别。

说说两者的区别。

（出示：“煎”和“烤”在字典中的含义）明确“煎”的意思是“把食物放在少量热油里弄熟”，“烤”的意思是“把东西放在火的周围使干或使熟”。

看动画，表演做“香煎豆腐”“烤鸭”。

上菜仪式：香煎豆腐（烤鸭），上桌喽！

5）借助微课，了解“煮”“炖”“爆”“烧”。

播放微课：小朋友们，让我们一起来看看这些烹饪方法。先来看看烧和爆，烧是把食物加热后使它变色，常见为深红色或枣红色；而爆是指把食物放进锅中的沸油里，大火加热，制作时间短。烧的火没有爆那么大，时间会相对长一点。再来看煮和炖，煮是把东西放在有水的锅里加热，使它变熟；而炖是把东西放在陶器或者瓷器中，小火慢慢加热，使食物变烂，时间比较久。煮和炖都需要水，但是煮的时间短，炖的时间长，小朋友们，你们明白了吗？

自由做菜，练习说话：一起来做菜，可以这样做，说给同桌听一听！【出示：我用__________（烹饪方法）来做__________（食材），__________（菜名）。】

上菜仪式。

（4）再读菜名，巩固记忆烹饪方法中的生字。

【提示】本环节是本节课的重点环节，要落实好边认识各种烹饪方法边认字的任务。教师创设了一个个小游戏，串成识字的“项链”。先从一道“凉拌菠菜”导入，让学生自己动手操作，体会烹饪的乐趣，拉近课堂与生活的距离。再由“拌”这个形声字引出各个菜品的烹饪方法“煎、煮、炖、爆、烧、烤”，并集中识字。再让学生关注火字旁和四点底的关系，通过微课等方式了解火字旁“炖、爆、烧、烤”和四点底“煎、煮”的区别。上菜的仪式感富有游戏的趣味，也让学生从中体味到识字的成就感，学生在轻松愉快的氛围中了解了各种烹饪方法，认识了各个生字。一句句上菜的口令，看似简单，却时时复现生字，激发了学生识字的兴趣和愿望，把趣味识字贯穿识字全过程。

（四）参观厨房，游戏中巩固识字

（1）播放画外音，情境延续。

（2）厨房探秘，在游戏中巩固识字。

游戏一：“我出你找”

1）拿出“美食词语卡片”，读一个在桌上摆一张。

2）播放小视频，学生找到对应的烹饪方法，拿出词语，并重复三遍，巩固识记生字。

游戏二：“石头剪刀布，同桌来做菜”

1）播放微课，了解游戏规则。（游戏规则：用卡片玩游戏，一生拿食材卡片，一生拿烹饪方法卡片。第一步，石头剪刀布，赢的人先出。第二步，输的同学根据对方所出卡片，选择自己应出的卡片。第三步，用两人所出卡片合成一道菜，并一起叫出菜名。）

2）自由玩游戏。

3）上台展示与同桌合作的拿手菜。

（3）总结：有一些食材可以用各种烹饪方法，有一些却只能用特定的烹饪方法。下课再请教学校大厨，你能品尝到更多的美食哦！

【提示】这个环节设计了两个大游戏，“对应小视频，巩固烹饪方法”和“石头剪刀布，同桌来做菜”，达到巩固识字的效果。参观厨房，延续了帮助大厨做菜的情境。这些带有烹饪方法的生字从感知、认识到区别，再到运用，在游戏中都得到了体现，整个识字情境饱满，游戏串联充分。学生边参观边用卡片的形式出示烹饪方法，让字形、字音、字义三者有机联系，饶有趣味。学生合作“做菜”，在自己喜欢的“石头剪刀布”游戏中运用生字，游戏与识字和谐相融，真正体现出游戏教学的真谛。

（五）指导书写，自主评价（略）

【评述】

1. 归类识字，发现汉字规律

识字课文常常依据汉字类别编排，体现识字规律。《中国美食》围绕“美食”主题组构词串，让学生在看图片、识汉字的同时了解各地美食。教师准确地把握了识字课文的编排特点，将本课的生字分为两类集中教学。一类是有关食材的生字，如菠菜、豆腐、茄子、鸭、葱、小鸡、蘑菇。在情境问题的启发下，学生先将这些食材分成三类，发现“菠菜、茄子、葱、蘑菇”都和草本植物有关，所以有相同的部首“草字头”，并且，这些字的读音都和字的某一部件的读音相同或相近，利用这一规律，学生又认识了“茭、萝、莲、藕、芹、蒜”等生字。另一类是有关烹饪方法的生字，如煎、烧、烤、煮、爆、炖。学生依据偏旁的不同将这些生字分成两类，通过比较发现有“火字旁”或“四点底”的生字都和火有关。可见，归类识字能够凸显汉字规律，有助于学生掌握识字方法，发展识字能力，同时还可以提升识字教学效率。

2. 游戏识字，感受学习快乐

在游戏中识字，是本课例的显著特征。教学伊始，教师播放视频展示学生的厨艺，创设帮助学校大厨做菜招待客人的情境，唤起学生了解美食、学习做菜的兴趣。课中，以买菜和做菜的游戏贯穿，有机结合归类识字。从“了解菜品，购买食材中识字”和“学习做菜，烹饪方法中识字”两个标题就能发现，学生始终在游戏情境中识字。其间，动手做“凉拌菠菜”，富有仪式感的“上菜”，以及音频、视频的播放更增添了学习过程中的游戏色彩。巩固识字环节，安排“我出你找”和“石头剪刀布，同桌来做菜”两个游戏，明确的规则和全员参与确保了游戏的顺利开展，让学生在玩游戏的过程中复现巩固所学的生字。总之，本课例将游戏与识字巧妙融合，体现出游戏教学的精髓，使学生具身体验识字的快乐和语文学习的快乐。

3. 生活识字，传承民族文化

汉字是音形义的统一体，体现了汉民族特有的思维方式、价值观念和审美理想。识字教学不仅要让学生认识 3 000 个左右的常用汉字，为阅读和写作奠定基础，还要让学生了解并热爱灿烂的汉字文化和厚重的民族文化。本课例就很好地实现了上述目标。在归类识字中，学生发现形声字的构字规律，感受表意文字的独特魅力；在比较识字中，学生理解了“煎”“烤”“爆”“烧”“煮”“炖”的区别，体会到汉语词汇的丰富，还了解了各种烹饪方法，感受到了中华美食文化的博大精深。识字与生活水乳交融，在识字过程中认识事物，理解和传承文化，是本课例的又一特色。

二、阅读中识字教学设计评述

案例 2－5

一年级下册《怎么都快乐》（第一课时）教学设计①

一、教学目标

（1）根据汉字的组字规律，联系学生生活，认识“怎、读”等 12 个生字；结合语境，读准多音字“得”；会写“玩”“讲”“许” 3 个字。

（2）联系上下文，理解“独自”“怎么”，联系生活经历，积累“跳绳、讲故事、打排

① 余琴．亲历阅读 体验快乐：统编教材一年级下册《怎么都快乐》第一课时教学设计及评析．教学月刊·小学版（语文），2018（5）：27－30.

球”等与课余爱好有关的动宾词组。

（3）能提取关键信息，厘清儿童诗的主要内容，初步了解省略号的作用。

（4）能正确、流利地朗读课文，感受儿童诗的节奏美，体会和不同人数的人玩的快乐。

二、教学过程

（一）揭示课题，整体感知

（1）揭示课题，学习生字“怎”。根据南方人的发音特点，重点指导读准“怎”，指导学生利用熟字记住“怎”。

（2）朗读课题，激发阅读期待。读好课题，注意“么”的轻声。引导学生联系生活说说什么时候感到很快乐。（板书：快乐）

（3）教师范读，厘清诗歌脉络。引导学生边听边思考：从文中哪些句子看出“怎么都快乐”？在文中找到依据，并读一读。

1）根据学生的反馈，出现下列句子：

一个人玩，很好！
两个人玩，很好！
三个人玩，很好！
四个人玩，很好！
五个人玩，很好！
许多人玩，更好！

2）师生合作朗读句子。教师读一行，学生接下一行，轮流反复。

3）教师总结：总之，怎么玩都快乐！（板书：怎么都）

（4）学生自由读课文，读准确。朗读要求：大声读课文，读准确，读通顺。

（5）反馈自读情况，重点指导：

讲故事得有人听/才行，你讲我听，我讲你听。

讲故事多个人听/更有劲，你讲我们听，我讲你们听。

1）多音字“得”。

2）读好长句子，借助“/”注意换气，把长句子读通顺。

【提示】针对南方人的发音特点和学生自读反馈的问题，教师重点指导生字“怎”、多音字“得”的发音和两个长句子的朗读，帮助学生读准课题，读通课文，厘清诗歌脉络。

（二）游戏识字，学习词组

（1）（出示词语）学生两人合作读词语，注意读准字音。不会读的词语，相互问一问，在书上找一找，借助拼音读一读。

1）拔河　打排球　打篮球　打羽毛球

2）讲故事　下象棋　搭积木　坐跷跷板　玩老鹰捉小鸡

3）跳绳　踢毽子　踢足球　用纸折船折马　看书　画画

（2）分组读词语，初步感知动宾词组。

1）教师阐述词语分组原因。根据课前调查，第一组是学生认为最陌生的词语，第二组是学生认为最喜欢的活动，第三组是学生经常做的活动。

2）采用不同的方式学习并朗读。

第一组词：请学生借助视频了解活动内容，根据视频演示的内容，学习生字“排”“篮”“球”，说说用什么办法记住它们。通过观看象形字演变历史认识生字“羽”（出示：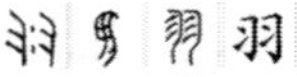）。

第二组词：由教师读词组中的动词部分，学生读后半部分。

第三组词：师生合作读词语，边读边做动作，体会动宾词组的特点。

（3）按要求，分小节通读课文。以上三组中的游戏有的是一个人玩的，有的是两个人玩的，还有的是三个人或很多人玩的。学生喜欢哪一类游戏，就读对应的小节。

【提示】理解并积累“跳绳、讲故事、打排球”等与课余爱好有关的动宾词组是本课重要的教学目标。基于课前调查，教师将课文中的动宾词组分成三组，重点指导学生普遍感到陌生的第一组词语，并运用多样化的方法、多形式的朗读和多样态的合作，使学生能够读准动宾词组，理解动宾词组的意思，体会动宾词组的结构特点，为下一阶段拓展和运用动宾词组打下坚实的基础。

（三）感受诗歌，体会快乐

● 学习第一小节

（1）朗读第一小节，想一想：你一个人玩过什么？学生自由说，教师随机出示班中学生一个人玩的照片。

（2）联系生活经验，学习“独自”。第一小节中，有一个词语就是表示“一个人”的意思，请找出来。（出示词语卡片：独自）“独”表示单独一个的意思，是本课的生字，用什么好方法记住它？

（3）理解省略号的作用。

1）朗读第一小节，引导学生联系生活回忆：除了折船、折马，小朋友还折过什么？（教师随机出示对应思维导图）

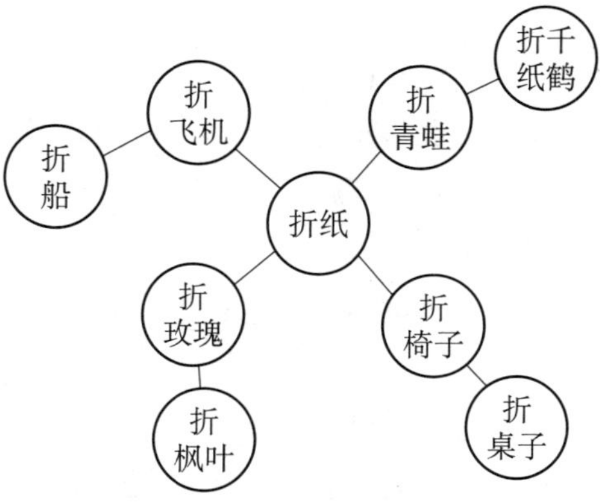

用纸还可以折很多东西，所以用上省略号。

2）找一找这一小节中，哪里还有省略号？体会一个人还可以玩更多的游戏。

①最后一句的省略号表示一个人还可以做什么？

②随机学习“跳绳”。出示平时跳绳用的绳子，请学生看看它是用什么做的，从而明白“绳”为什么是“绞丝旁”。请班里的跳绳高手跳一跳，让学生明白为什么“跳”是“足字旁”。

（4）师生合作读，感受一个人玩的快乐。

1）请一名学生读第一小节。

（播放音乐）引导全体学生听音乐，在理解词语“听音乐”的基础上，创设一个人玩的情境，唤起学生一个人听音乐的情感体验。指名朗读第一小节。

2）师生合作读第一小节。

【提示】学习是关联已有经验并建构新经验的过程，这里的经验包括学习经验和生活经验。第一小节的教学设计就遵循了学习的基本原理。无论是指导学生理解词语的意思、省略号的作用，还是引导学生体验一个人玩的快乐，教师都注意唤起并运用学生的生活经验，包括活动经验、情感经验、审美经验等，让学生实现意义的自主建构，促进学习的真实发生。其中，思维导图的设计也很巧妙。这张导图，既能帮助学生回忆活动经历，拓展思路，积累动宾词组，还内隐分类意识，促进了学生逻辑思维能力的发展。

● **学习第二小节**

（1）合作朗读，体会快乐。引导同桌学生运用自己喜欢的方式合作读第二小节，注意合作的方式，读出两人玩的快乐。提出合作要求：先一个人读读第二小节；再两个小伙伴商量分工；最后两人合作读一读第二小节。

（2）教师巡回指导，及时拍摄学生合作的场景上传展示。随机点拨：有的小组能够做到每个人都按自己的节奏朗读，有的小组能根据平时两个人玩耍的状况进行分工朗读。

（3）学生合作朗读展示，体会两人玩的快乐。请学生上台表演合作朗读。

1）指导读准确第二小节。在语境中再次巩固多音字“得”。

2）通过词语连读，指导学生流利朗读。随机学习生字“讲”，根据学生的表演，引导他们知道“讲故事”要用语言，所以“讲”是“言字旁”。

3）根据小组不同的分工，指导学生有感情地朗读。

①小组成员之间你读一行，我读一行。教师指导学生根据“!”体会两个人玩的快乐，通过“……”想象两个人可以做的游戏。

②小组成员一人读前半句，一人读后半句。教师指导学生富有节奏感地朗读“下象棋”“打羽毛球”“坐跷跷板”。

③小组成员中一人朗读，一人表演。教师引导学生读好句子“你讲我听，我讲你听”，感受同伴一起玩游戏的快乐。

（4）出示句子：一个人玩，很好！两个人玩，很好！三个人玩，很好！许多人玩，更好！怎么玩都好！

小结：今天大家一起学习了课文第一、二小节，感受“一个人玩，很好！两个人玩，很好！”下节课，我们将继续感受“三个人玩，很好！”“许多人玩，更好！”

【提示】合作化的朗读形式和结构化的朗读指导，是这一教学片段的鲜明特色。第二小节围绕“两个人玩，很好”的主题，列举了“讲故事、下象棋、打羽毛球、坐跷跷板”等各种游戏。同桌合作朗读，体验两个人玩的快乐，这样的学习方式特别适合第二小节。教师设计了多形式、有梯度的朗读指导，通过在语境中巩固多音字、指导词语连读等多种方法，使学生从读正确到读流畅，最终实现有感情地朗读，指导过程清晰，指导效果明显。

（四）书写指导，举一反三（略）

【评述】

1. 分类处理，组合识字

阅读中识字采用集中识字还是分散识字，这是一个两难的问题。依据文本特点和学情基础，教师选择了集中识字和分散识字相结合的方法。“揭示课题，整体感知”阶段，读准易错字“怎”和多音字“得”，为通读课文扫清障碍。“游戏识字，学习词组”阶段，学习一系列动宾词组。这一阶段采用集中识字，是因为这些词语都是与课余爱好有关的常用词语，与学生的日常生活息息相关，脱离课文语境不影响词语的理解。此外，这些词语又被分成三组，第一组是学生觉得陌生的词语，第二组是学生最喜欢的活动，第三组是学生经常做的活动，词语的分组便于针对性地、差异化地教学，进一步提升集中识字的成效。“感受诗歌，体会快乐”阶段，认读并理解“独自”和巩固多音字“得”。“独自”是第一小节的关键词语，结合上下文有助于理解词义，同样，联系语境也能帮助确定多音字的读音。综上，集中识字和分散识字综合使用，充分发挥了两种识字方法的优势，使低年级学生既学会生字，又读好课文。

2. 多样方法，差异识字

《怎么都快乐》这首儿童诗中要求认识的生字有13个，针对不同的生字，教师采取了差异化的教学。譬如，根据南方人的发音特点，重点指导“怎么”的读音；在朗读长句子时，指导多音字“得”的读音；学习诗歌第一小节，指导学生在语境中理解“独自”这个比较抽象的词语。学前调查显示，大多数学生对“打排球、打篮球、打羽毛球”这些活动感到陌生，教师就在课堂上播放相关视频，并根据视频演示的内容教学生字“排”“篮”“球”；“跳绳”“讲故事”是学生喜欢的活动和经常做的游戏，教学重点就放在认记字形上。针对不同的生字，教师还运用了多样化的教学方法。譬如，利用象形字的演变历史识记“羽”，出示跳绳识记“绞丝旁”，结合表演识记“跳”“讲”等。差异化、多样化的教学，提高了识字教学效率，让识字过程变得生动又有趣。

3. 融合阅读，复现识字

依据“2011年版语文课程标准”对第一学段阅读教学提出的目标与内容，识字写字、学习朗读、理解词句、形成初步阅读能力、积累语言是低年级阅读教学的基本内容。如何将这些内容巧妙融入阅读教学，考验着语文教师的智慧。整堂课以朗读为本，以多种形式的朗读整合丰富的教学内容。“揭示课题，整体感知”阶段，教师范读，厘清诗歌脉络；

学生自读，读通读顺课文。“游戏识字，学习词组”阶段，师生合作读词语，边读词语边做动作，体会动宾词组特点，理解和积累词语。“感受诗歌，体会快乐”阶段，师生合作朗读，同桌合作朗读，小组表演朗读，在朗读过程中复现识字，体悟课文情感，积累和发展语言。

三、写字教学设计评述

案例 2-6

一年级上册《金木水火土》写字教学设计①

教学过程：

（1）师讲解田字格。

（出示田字格及儿歌）
田字格，四方方，
写好汉字它来帮。
左上格、右上格，
左下格、右下格，
横中线、竖中线，
各个方位记心间。

（2）师讲解笔画横。

我们的汉字，又叫方块字，讲究的是方方正正，横平竖直。就像我们中国人做人，也要堂堂正正，而不是歪歪斜斜。

我们要学的“一、二、三”中的笔画，就是“横”。我们学习的“上”字中的笔画不仅有“横”，还有“竖”。

（3）师示范写笔画。

1）师示范写横：从左到右，起笔时稍重，收笔时向右稍顿一下。

2）师示范写竖：从上往下，起笔时稍轻，收笔时从重到轻。

（设计意图：中国的汉字是一种文化，也是一种气节。在学习汉字之始，要激发学生对祖国汉字文化的敬畏心，认认真真写好每一个笔画、每一个汉字。写得规范，在田字格里合适摆放，以后才可做到心中有田字格。）

（4）学写汉字“一、二、三、上”。

1）师提醒注意写字的姿势。

身正、肩平、臂开、足安。

2）共同练写，总结规律。

“一、二、三”的笔顺规律是：从上到下。

① 李文．《金木水火土》教学设计．小学语文教学，2020（Z2）：13-14.

“上”的笔顺是：竖、横、横。

四个字都写在田字格的正中间。

（5）生安静练写生字。

（设计意图：语文课堂上要给学生足够的写字时间，让他们静下心来练写，在练写中发现问题，及时纠正。）

（6）写后评价。

生生互评，教师评价。

（设计意图：在实际教学中，我们会发现学生的评价要么是发现不了问题，要么是评价很苛刻。所以，在以学生评价为主的评价过程中，教师要适时给予他们更多的鼓励。教师的真诚鼓励及建议，会让学生的表现更优秀。）

【评述】

1. 扎实有序指导写字

《金木水火土》是统编语文教材一年级上册第一单元中的第二篇课文，也是小学生入学以后第一次学习写字。本课的写字教学目标：认识田字格，会写笔画横、竖和“一、二、三、上”四个生字。对初学写字的儿童来说，达成教学目标是有难度的。为此，教师做了全面细致的写字指导。先用儿歌帮助学生认识田字格，再讲解并示范笔画横、竖的书写要领；然后，指导练写“一、二、三、上”，总结“从上到下”的笔顺规则和生字摆放在田字格正中间的书写规范；最后，留出充足的时间让学生当堂练写，并组织生生互评和教师评价。以上写字指导步骤清晰，环环相扣，层层推进，体现了写字教学的基本规律。

2. 注重培养写字习惯

初学写字阶段，掌握基本的笔顺规则和书写要领固然重要，但形成正确的书写姿势，养成认真写字的态度和习惯却是更重要的。课例就体现了教师对良好的写字习惯养成的重视。写字前，教师谆谆告诫，汉字书写要方方正正，横平竖直，就像做人也要堂堂正正，光明磊落。这段话听起来有些啰唆，实则蕴含了写字的文化和做人的道理。写字时，教师一笔一画认真示范，提醒学生保持“身正、肩平、臂开、足安”的写字姿势，并留出足够的练习时间，让学生能够静下心来认真写字。写字习惯的养成靠持之以恒，教师要加强指导，不断提醒，更要榜样引领，以身示范。

案例 2－7

一年级下册《怎么都快乐》写字教学设计①

教学过程：

（1）朗读句子，书写“玩”字。指导学生朗读上一环节出示的句子，聚焦生字“玩”。它是本课时要学习书写的第一个汉字。请学生说说用什么办法记住“玩”字。

（2）利用部件拼字，探究左右结构汉字的穿插特点。引导学生观察“玩”在田字格中的位置，让每个学生在田字格模板中用“王字旁”“元”拼“玩”，比比谁拼的字与教材中

① 余琴．亲历阅读 体验快乐：统编教材一年级下册《怎么都快乐》第一课时教学设计及评析．教学月刊·小学版（语文），2018（5）：27－30.

的范字“玩”相像。（教师巡回指导，将每个学生拼的“玩”字拍下来）请学生观察同学的字拼得怎么样。

（3）运用拍照同屏功能，体会“穿插”的要点。教师将部分学生的作品呈现在大屏幕上，请学生说说谁拼的最像范字，并说出理由。根据学生的点评，相机明确要写好汉字关键在于“王字旁”和“元”要近一点，其中“王字旁”的提尽量靠近中心点，“元”的撇写在“王字旁”的下面。

（4）学生尝试书写“玩”字。教师巡回指导，提醒写字姿势和写字的节奏。

（5）通过白板反馈学生的作业，分星级评价书写情况。

出示评价单。一星级：写字姿势端正；二星级：汉字书写正确；三星级：汉字写在田字格中间；四星级：“王字旁”和“元”左右穿插，相互融合。

教师将学生写字的照片和学生的作品一同投射到大屏幕上，请学生根据星级评价表进行评价。

（6）举一反三，自主练写。请学生根据评价内容再次书写两个“玩”字，注意要一个比一个写得好。根据以上书写规律，仔细观察“讲、许”穿插的特点，尝试书写。

【评述】

1. 发现规律，指导写一类字

与一年级上册要写的字大多是独体字不同，一年级下册写字教材中出现了大量合体字。本课要写的三个生字“玩、讲、许”都是左右结构，写好这三个字的关键在于左右部件的穿插。课例中，教师运用了举一反三的教学策略。“举一”阶段，教师细致指导“玩”的书写。先引导学生观察“玩”在田字格中的位置，再利用部件拼字游戏探究发现穿插的书写要领，然后，通过学生练写、白板反馈以及星级评价落实书写要领。“反三”阶段，学生运用左右穿插的书写规律，仔细观察和自主练写生字“讲、许”。写字指导由“一个一个教”走向“一类一类教”，符合学生的认知发展规律，有助于提升学生的写字能力。

2. 运用技术，突破写字难点

理解左右结构汉字的穿插规律对一年级学生而言是有难度的，而现代信息技术手段的运用能够帮助学生突破学习难点。课例中，教师先让学生在田字格模板中用“王字旁”“元”拼“玩”，再运用拍照同屏功能将学生的作品呈现在大屏幕上，直观的演示和鲜明的对比让学生明白了何谓穿插以及如何穿插。书写反馈环节，教师不仅出示明确的评价标准，并且将学生写字的照片和作品投射到大屏幕上，方便学生发现同学书写中的优点和存在的问题。可见，技术手段的运用，能让写字指导和评价更直观、更精准、更有效。

【讨论与练习】

1. 在低年级课文教学中，如何处理好识字和阅读的关系？如何体现“分类处理，组合识字”原则？请结合案例做具体说明。

2. 在识字教学中，可以设计哪些游戏和活动来帮助学生巩固识字？

第四节 拼音、识字、写字教学设计实践

一、汉语拼音教学设计实践

教材：统编小学语文一年级上册《ai ei ui》。

1. 教材特点分析

本课教材由拼音、识字和儿歌组成。其中，拼音教材包括四个部分：第一部分是三个复韵母“ai ei ui”，配有一幅整合的情境图。放学了，孩子们一个挨着一个，围坐在一位白头发、戴眼镜、围着红围巾的奶奶身边，听奶奶讲故事。小圆桌上放着一杯水。其中，“挨、奶、白、戴”提示 ai 的音，“杯”提示 ei 的音，“围、水”提示“ui”的音。第二部分是复韵母“ai ei ui”的四声。第三部分是由“ai ei ui”组成的 21 个音节的拼读，包括两拼音节和三拼音节。第四部分是要求书写的音节词语“pái duì”。

2. 教学重点把握

本课是第一次学习复韵母。与单韵母发音时口形保持不变不同，复韵母发音有一个口形变化的过程。读复韵母时，口形的变化要自然、准确、流畅，不能读成两个元音，这是本课教学的难点。复韵母由两个单韵母组成，所以，复韵母的标调规则也是新的教学内容。另外，本课还是学生初次学写音节词语，将音节词语写得规范、紧凑、匀称，也是重要的教学目标。综上，分析汉语拼音教材时，要特别注意前后勾连，发现每课教材中初次出现的学习内容，精准确定教学重点和难点。

3. 教学策略提点

（1）利用情境图，学习复韵母发音。

复韵母发音的教学要充分利用整合的情境图。要让学生仔细观察图画，并用完整的句子说一说图画的主要内容。在学生说到“挨、奶、白、戴、杯、水、围”等音节的时候，相机出示“ai ei ui”。图中还有许多细节提示三个复韵母的发音，如女“孩”和男“孩”都是“黑”色的头发，有的“背”着书包，有的“戴”着红领巾，有的穿着“灰”色的衣服。可以通过提问引导学生更细致地观察图画，说出更多与“ai ei ui”相关的音节。

（2）对比和示范，掌握发音要领。

了解复韵母的发音特点，读准“ai ei ui”，是本课的教学难点。可以让学生比较复韵母和学过的单韵母，发现复韵母由两个单韵母组成，读的时候口形要从前面那个字母滑动到后面那个字母，口形的变化要自然、流畅；教师还要加强示范，让学生边听范读边观察教师的口形，在此基础上，学生反复练读，教师相机正音，就能突破教学难点。

（3）诵读儿歌，记忆标调规则。

学生学过了单韵母的四声认读，所以，复韵母的四声认读对他们而言并不困难。但

是，复韵母的四声标调是全新的学习内容。教师可以借助儿歌帮助学生记忆标调规则。比如："有 ɑ 在，给 ɑ 戴，ɑ 不在，o、e 戴。要是 i、u 一起来，谁在后面给谁戴。"儿歌用戴帽来喻指标调，使学生在轻松、快乐的诵读中记住复杂的标调规则。

（4）组词和说话，巩固四声与拼读。

除了利用课本上的情境图来学习复韵母的发音，还可以让学生组词、说话来巩固复韵母的四声和练习拼读。比如，学习 ɑi 的四声，可以让学生看一看图片，跟老师念一念句子。"āi，我挨着你，你挨着我。ái，冬天来了，到处都是皑皑的白雪。ǎi，哥哥高，妹妹矮。ài，我爱爸爸，我爱妈妈。"学习 ɑi 的拼读，可以让学生先拼一拼音节，再组一组词语。"g→āi→gāi，应该。t→ái→tái，抬头。g→u→ǎi→guǎi，拐杖。k→u→ài→kuài，快乐。"组词和说话不仅有助于认读字母和拼读音节，而且有助于学生积累词汇和发展语言。

（5）提醒要点，规范书写音节。

本课是初次要求学生在四线格中写音节词，教师要进行示范，并强调两个书写要点：第一，复韵母是由两个单韵母组成的，两个字母在书写的时候要靠近一些，和声母组成音节要写得紧凑、匀称，形成一个整体，音节和音节之间要留有空白。第二，书写的时候，要按顺序在四线格中写完所有的字母再标调，不要看一个字母写一个字母，而要看一个音节写一个音节，提高书写的速度，养成书写的好习惯。

二、识字教学设计实践

教材：统编小学语文一年级下册《动物儿歌》。

1. 教材特点分析

《动物儿歌》是一首充满童趣的儿歌，介绍了六种小动物的生活习性，儿歌下面还有一幅生动有趣的彩图，展现了小动物们日常生活的快乐画面。本课是识字课文，要求学生认识 12 个生字，这些生字可以分为两类：一类是小动物的名字，如"蜻蜓、蚂蚁、蜘蛛"。这些生字都是形声字，左边的"虫字旁"表意，右边的部件表示读音。另一类是小动物的活动，如"（捉）迷藏、造（宫殿）、（运）食粮、（结）网"。这些活动在彩图中都有体现，"捉迷藏"还是儿童非常熟悉的游戏。儿歌由六个短句组成，每一句的结构相同，都是"谁在哪里干什么"。统一的句式和尾字的押韵让儿歌读起来有节奏感、韵律感，有助于学生掌握基本句式，培养语感。

2. 教学重点把握

识字课文的教学重点自然是识字。学生不仅要认识"蜻蜓、蚂蚁、蜘蛛"，更要发现形声字的构字规律，并尝试运用规律拓展识字，提升识字能力。"迷、藏、造、食、粮、网"这六个生字中，有的字音难读准，有的字形复杂，有的字义难理解，要用多样化的方法有重点地进行教学。另外，这篇识字课文还体现了传统的韵语识字的特点，要让学生反复诵读儿歌，在诵读过程中复现识字、积累句式、培养语感。

3．教学策略提点

（1）归类识字，发现形声字规律。

《动物儿歌》中出现了六种小动物，分别是“蜻蜓、蝴蝶、蚯蚓、蚂蚁、蝌蚪、蜘蛛”，这些生字有相似性，都是左形右声的形声字。如何帮助学生发现其中的规律，实现自主识字？归类识字是一条捷径。可以让学生读一读儿歌，找一找、圈一圈小动物的名字，再把这些小动物的名字集中出示在黑板或课件上，让学生比一比、想一想它们有什么共同的特点；在学生发现形声字规律的基础上，还可以问一问学生，“你还认识哪些名字也是形声字的小动物”，顺着学生的回答，教师相机出示词语并带领集体认读，如“青蛙、蟑螂、螳螂、蝙蝠”等词语。如此，学生不仅认识了课文中的六个词语，还拓展认识了生活中的其他词语，更重要的是掌握了识字规律，提升了识字能力。

（2）多种方法，识记字形和理解词语。

本课要认识的生字有 12 个，教学中要注意区别对待，运用多种方法，突破音形义难点。字音教学，要注意指导学生读准平舌音“藏、造”，翘舌音“食、蜘、蛛”，后鼻音“蜻、蜓”。字形教学，以整体识记为主，但也要根据字形特点渗透识字方法。如“网”是象形字，可以借助字形演变图来形象识记；“迷”和“造”可以用熟字加偏旁的方法识记；“食”和“粮”可以通过比较发现共同的部件“良”加上不同的偏旁组成不同的字。词语教学，要注意结合课文插图，联系学生的生活经验。如通过回忆玩过的游戏来理解“捉迷藏”，通过看图片、做动作理解“展翅飞”，通过调换词序理解“食粮”。教师还要组织学生交流识字方法，使学生体验到识字带来的成就感。

（3）合作朗读，积累和运用句式。

这篇识字课文句式整齐，二、四、六句押韵，读起来朗朗上口，节奏明快。教师要带领学生用多种形式合作朗读。在朗读形式上，可以一人一句轮读，一问一答对读，也可以边拍手边读，边读边做动作；在合作方式上，可以同桌合作读，小组合作读，也可以师生合作读，男女生合作读。如教师问：“蜻蜓半空做什么？”学生答：“蜻蜓半空展翅飞。”还可以调整儿歌的句式。如教师问：“半空蜻蜓做什么？”学生答：“半空蜻蜓展翅飞。”在多样化的、有情趣的朗读过程中，学生了解了小动物的生活习性，积累了“谁在哪里干什么”“在哪里谁干什么”的句式，发展了语言表达能力。学习能力较强的学生，还可以模仿课文的句式续编《动物儿歌》。

三、写字教学设计实践

教材：统编小学语文一年级下册《春夏秋冬》。

1．教材特点分析

《春夏秋冬》是一年级下册第一篇识字课文，写字教学内容包括学写笔画“横斜钩”、偏旁“雨字头”“草字头”和生字“春、风、花、入、冬、雪、飞”。7 个生字中，“春、花、冬、雪”是上下结构，“风”是半包围结构，“入、飞”是独体字。

2. 教学重点把握

研读本课写字教材，可以发现三个教学重点：一是笔画“横斜钩”的书写要领，二是偏旁“雨字头”的书写要领，三是“春、冬”上包下的书写要领。

3. 教学策略提点

（1）分类指导，突出重点。

基于本课生字特点，要分类开展写字指导。“春、冬”归为一类，它们都是上下结构，写好这两个字的关键在于撇、捺要舒展，以上包下。“春”，三横要注意长短的变化，最后一横稍长；“冬”，折文要上小下大，下面两个点要写在一条直线上。“风、飞”归为一类，它们都有笔画“横斜钩”，这是书写的难点。“横斜钩”区别于学过的“横折弯钩”，可以结合滑梯的形状，教给学生书写要点：横稍平，斜要缓，滑到下面往上勾。分类指导，便于学生在比较中发现写字规律，也有利于聚焦并突破教学重点、难点，提高写字教学效率。

（2）加强示范，写评结合。

低年级的写字指导中，教师的范写必不可少。“雪”是本课要写的生字中笔画数最多的生字，也是最难写的生字。教师必须进行示范。先指导“雨字头”的书写要领，强调“雨字头”不同于“雨”，第二笔是点，第三笔是横钩，还可以用红笔将这两个笔画进行标识；再强调“雪”的上下两部分要“上宽下窄”，横钩的横要写得长一些，下半部分要位于“雨字头”中间。教师范写后要给学生留出足够的练写时间，还要注意反馈和讲评，切实提高学生的写字质量。

【讨论与练习】

从以上三个教材中任选一个，独立设计完整的教学方案，并在小组内进行交流讨论，修改和完善教学设计。

第三章

阅读教学设计

本章学习目标

1. 知道统编教材双线组元的编写特点。
2. 知道学段目标与单元语文要素之间的关系。
3. 能依据单元人文主题和语文要素合理确定课文的学习目标。
4. 认识不同文体课文的学习目标和内容，初步掌握阅读教学设计的方法。
5. 能初步依据单元学习目标优化作业设计。

本章学习建议

1. 学习本章前，认真阅读“2022年版语文课程标准”中的课程总目标以及各学段的要求，尤其要关注各学段“阅读与鉴赏”部分的要求。以小组合作学习的方式，讨论对本章第一节小学语文阅读教学设计的关键问题的认识。

2. 本章的第二节主要介绍小学语文教材中常见的几种文体特点以及教学策略，建议以学生自学为主，在自学的基础上提出问题，在课堂教学中进行师生答疑。

3. 本章的第三节要求学生根据所给的材料撰写完整的教学设计。建议学生在独立完成教学设计的基础上，以小组交流研讨的方式，对所设计的教学目标、教学重点、教学过程、作业、板书以及教学媒体等是否科学、合理进行讨论并修改完善，然后在教师的指导下进行全班交流分享。

课时建议：8～12课时。

语文课程可以分为五个学习领域，即识字与写字、阅读、写话与习作、口语交际和综合性学习。其中，阅读是小学语文课程中最重要的学习板块。

第一节　阅读教学设计的关键问题

一、单元学习重点如何在单课目标设计中落实

统编小学语文教材采用双线，按单元组织课程内容。所谓“双线”，是指人文主题和单元学习重点（也称单元语文要素）。每册教材 8 个单元，每个单元在导语页上提示了该单元的人文主题和单元语文要素。

什么是语文要素呢？语文要素是指必备的语文知识、基本的语文能力、适当的学习方法（策略）和良好的学习习惯。这些内容分成若干个知识和能力训练点，由浅入深、由易到难，按照一定的顺序分布排列在各册教材中。教材主编温儒敏先生认为，这一个个知识和能力的训练点，就叫作“语文要素”，它们是语文素养的各种基本“因素”①。

单元语文要素主要包含阅读要素和表达要素，如三年级上册第一单元“学校生活”的语文要素为：①阅读时，关注有新鲜感的词语和句子；②体会习作的乐趣。前者为阅读要素，后者为表达要素。统编小学语文教材 3～6 年级共有 68 个阅读要素和 63 个表达要素。

（一）单元语文要素是课程学段要求的细化

对照“2022 年版语文课程标准”，我们可以发现单元语文要素是对课程标准学段要求的分解和细化，指向课程标准学段要求的达成。

例如，“2022 年版语文课程标准”在中年段（3～4 年级）阅读与鉴赏中提出“能初步把握文章的主要内容，体会文章表达的思想感情”；高年段（5～6 年级）提出“在阅读中了解文章的表达顺序，体会作者的思想感情，初步领悟文章的基本表达方法”。语文教材中与之相关的语文要素分别有：①三年级下册第八单元：了解故事的主要内容，复述故事；②四年级上册第四单元：了解故事的起因、经过、结果，学习把握文章的主要内容；③四年级上册第七单元：关注主要人物和事件，学习把握文章的主要内容；④四年级下册第一单元：抓住关键语句，初步体会课文表达的思想感情；⑤四年级下册第六单元：学习怎样把握长文章的主要内容；⑥五年级上册第一单元：初步了解课文借助具体事物抒发感情的方法；⑦五年级上册第三单元：了解课文内容，创造性地复述故事；⑧五年级上册第四单元：结合资料，体会课文表达的思想感情；⑨五年级上册第六单元：体会作者描写的场景、细节中蕴含的感情；⑩五年级上册第八单元：根据要求梳理信息，把握内容要点；⑪五年级下册第一单元：体会课文表达的思想感情；⑫六年级上册第五单元：体会文章是怎样围绕中心意思来写的；⑬六年级下册第三单元：体会文章是怎样表达情感的。由此可见，3～6 年级共有 13 次机会，重点学习如何把握文章的主要内容、如何体会文章所表达

① 吴忠豪．统编教材中年段语文要素解读．语文建设，2021（6）：51.

的思想感情以及作者是如何表达的。

（二）单课教学目标是单元语文要素的细化

统编小学语文教材围绕单元人文主题，紧扣单元语文要素，每个单元①安排了导语、2～3篇精读课文、1篇略读课文、一个语文园地以及口语交际、习作、快乐读书吧等，这些内容有机整合，构成了相对完整、闭合的单元学习系统。其中“导语”点明单元学习的重点目标和主要任务；“课文”主要是落实语文要素，贯穿学习方法的指导，精读课文重在学，略读课文重在习；语文园地中的“交流平台”承担着梳理总结、进一步提炼学习方法的重任；而口语交际、习作以及语文园地中的“词句段运用”则聚焦于单元重点目标的实践与运用。

我们以三年级上册第一单元为例，该单元的人文主题是“校园生活”，单元语文要素是：阅读时，关注有新鲜感的词语和句子；体会习作的乐趣。解读单元教材内容可见，《大青树下的小学》是本单元的第一篇精读课文，起到落实要素、指导方法的作用，让学生通过读文画出有新鲜感的词句并体会感受，为后续学习做准备。同样是精读课文的《花的学校》在学习第1课的基础上，继续通过阅读美文找出有新鲜感的词句，并能注意文中把事物当作人来写的表达方式，积累并仿写文章中有新鲜感的句子，起到学习积累迁移的作用。略读课文《不懂就要问》在前两课关注并积累有新鲜感词句的基础上，让学生实践运用，既提示学生自主学习有新鲜感的词句，又提倡在相互交流中提高认识。

本单元“语文园地”中的“交流平台”提示学生，在阅读时遇到一些有新鲜感的词句，可以多读几遍，抄写下来，旨在培养学生积累有新鲜感词句的意识并愿意和小伙伴交流分享，希望学生能够多读多写多记，以后习作时能加以运用。

口语交际《我的暑假生活》是根据“关注新鲜感词句”这一内容而安排的，交际题目符合学生的实际生活，极易引发学生积极参与口语交际的兴趣。引导学生根据“小贴士”来选择既有新鲜感又能让别人感兴趣的见闻，并条理清晰地进行交流。

习作《猜猜他是谁》也符合单元语文要素——体会习作的乐趣。由于本单元是三年级上册的第一个单元，这意味着学生要从写话练习过渡到习作训练。习作前，引导学生选择熟悉的同学，注意观察其外貌特点，关注其性格特点、兴趣爱好、特长和行为举止特点等，为习作做好充分的准备。鼓励学生抓住人物外貌、性格、兴趣爱好、行为举止等方面的特点来写，这样才能让人猜准写的是谁。写后用“猜一猜”的游戏形式让学生体会到写作的乐趣。

通过解读，我们能够发现这个单元的每一项学习内容都紧扣单元语文要素，目标指向十分清晰且集中。

（三）如何依据单元语文要素制定教学目标

教学目标是教学活动的指导，所有教学活动都应该围绕教学目标有效展开。语文课程

① 这里的“单元”是指一般单元，不包含阅读策略单元、习作单元、综合性学习单元等特殊单元。

标准是一切教学活动的指导思想和纲领性文件。根据“2022年版语文课程标准”第二学段3～4年级的学段目标，结合教材的特点和三年级学生的认知水平，梳理出三年级语文学期目标，从识字与写字、阅读、口语交际和习作等方面入手，制定单元目标。

三年级上册第一单元教学目标：

1. 能认识25个生字，读准3个多音字，会写26个字，会写34个词语。

2. 能正确、流利地朗读课文，能边读边想象画面。

3. 能关注课文中自己平时从不使用的陌生的词语和不熟悉的句子的写法，发现有新鲜感的词句。★

4. 在理解句子意思的基础上，选择典型结构的段落，理解自然段的意思。

5. 能默读课文《不懂就要问》，初步了解略读课文的基本学习要求，了解课文的主要内容，说出自己的看法。

6. 能关注有新鲜感的词句并与同学交流，借鉴课文的表达仿说或仿写。★

本单元的语文要素是“阅读时，关注有新鲜感的词语和句子”，目标3和目标6都指向本单元的语文要素，在阅读教学中需重点凸显。如何关注有新鲜感的词句，需要教师在课堂中有的放矢地引导，在教学中依托文本语言文字，归纳梳理方法，既拓宽学生的阅读思维，还要授之以关注和积累新鲜感词句的方法。本单元的三篇课文有共同的特点：内容都涉及学校、课堂、学习等内容，但与学生日常生活的所见所闻不同，具有新鲜感；表达方式也新颖活泼，不落俗套。因此，我们把目标3“能关注课文中自己平时从不使用的陌生的词语和不熟悉的句子的写法，发现有新鲜感的词句”和目标6“能关注有新鲜感的词句并与同学交流，借鉴课文的表达仿说或仿写”定位为重点目标，希望学生通过细读课文、画出有新鲜感的词句、关注课文把事物拟人化的表达方式、自主学习并互相交流理解、将课内阅读再迁移至课外阅读与运用等一系列学习活动，形成一段富有新鲜感的学习经历。进入第二学段，阅读教学的重点从句子逐步过渡到段落学习。这个学段目标需要有意识地贯穿教学的始终，从理解句子意思，逐步到了解句与句之间的关系，读懂自然段的意思。对于刚刚进入第二学段的学生，需要在老师的指导下逐步学习，慢慢经历。

二、如何依据单元教学目标优化作业设计

作业是课程的重要组成部分，也是实现课程目标的重要因素之一，是联结课程实施与课程评价的中间环节。小学语文作业是语文教师依据一定目的布置的学习任务，是课堂教学的延伸和拓展，是学生练习和巩固所学语文知识，提高听说读写能力，掌握学习策略，进而形成学科思维方法的重要保证，是教师诊断和反馈学生的学习情况并与学生家长进行沟通的途径之一。如何优化语文作业设计与实施，达到减负增效的目的呢？

（一）立足单元整体

“单元教学设计”是指以一个单元为整体，开展系统化、科学化的单元教学活动设计。

具体包括在单元教材解读的基础上，依据学生的实际情况，确立单元教学目标，设计单元学习活动和单元作业，进行单元评价，同时提供单元学习的配套资源。

单元教学目标的确定与单元教学过程的设计应体现“人文主题”与“语文要素”的有机联系；应基于单元视域进行单课的教学设计和实施，以形成有重点的、连贯的教学活动序列。在单元教学中，第一，要精准解读单元语文要素，以明确单元学习的主要任务；第二，要以单元学习任务为导向，建立起单元文本之间的联系，确定恰当的、行之有效的阅读与表达策略；第三，确定完成任务的步骤或程序，并通过反复的、循序渐进的练习进行巩固，逐步内化为阅读与表达的能力。

（二）制定单元作业目标

依据单元教学目标设计单元作业目标。以五年级上册第八单元作业设计为例，根据课程标准和学期教学目标，我们设计了单元教学目标。

1. 能自主识记“耻、诲”等30个生字；读准“识、传”等6个多音字的字音；会写“耻、诲”等26个生字；会写“舅父、津津有味”等18个词语；用合适的方法理解“别出心裁、呕心沥血”等词语的意思。
2. 能借助注释，解释文言文的大意。
3. 正确、流利地朗读课文，背诵指定的文言文。
4. 默读课文，根据要求梳理信息，把握文章的内容要点。
5. 能够运用分条讲述等方法将原因说清楚；听话人能抓住重点。
6. 推荐一本书，能够运用分段表述等方法将理由写具体。

上述单元教学目标中，1～3条为单元一般目标，4～6条为紧扣单元语文要素的重点目标。6条目标关注了学生语文学习的基础要求和认知水平的发展，凸显了单元教学的重点。

根据单元教学目标，整体制定如下单元作业目标：

1. 读准字音。
2. 会写本单元指定的字词。
3. 解释词语在语境中的意思。
4. 正确、流利地朗读课文。
5. 背诵本单元的文言文。
6. 说出文言文课文的大意。
7. 默读课文，梳理作者的读书经历。（预习作业）
8. 阅读教师推荐的书籍，根据要求梳理相关信息。（长周期作业）
9. 选择一位同学，向他（她）介绍自己喜欢的一个人物，说清楚喜欢的理由。（口头作业）
10. 写一篇300字左右的文章来推荐一本好书，分段表述推荐的理由，把重要的理由写清楚、写具体。

上述单元作业目标中，1～6条为常规作业目标，7～10条为紧扣单元语文要素的重点作业目标。

（三）优化作业设计

小学语文作业是课堂教学的延伸和拓展，在作业设计和实施的过程中应努力做到提高学生的学习兴趣，提升学生的思维品质，促进学生的自主学习，丰富学生的学习经历。优化作业设计与实施尤为重要。仍以五年级上册第八单元的作业设计为例。

根据单元作业目标，我们可以设计单元常规作业，例如：

（1）根据作业目标1、5、6：在语境中读准字音，正确朗读背诵课文，概括文言文的大意，可以设计圈出加点字的正确读音、圈出一组词语中的错别字、基于对文言文中句子的理解选择正确的解释等作业内容。

（2）根据作业目标2、3：会写本单元指定的字词，解释词语在语境中的意思，可以设计以下作业内容：根据课文内容填空，分别写出“读书好”“读好书”“多读书”的意思；将“囫囵吞枣”“黯然神伤”“津津有味”“欢欣愉悦”填入指定的语段中。

根据单元重点作业目标，可以设计单元重点作业。例如：第26课《忆读书》课前预习可以让学生做个连线练习，如图3-1所示①。

二、将书名与相关的信息连一连。

《三国演义》	主要人物有贾宝玉、林黛玉等
《水浒传》	主要人物有关羽、诸葛亮等
《红楼梦》	主要人物有林冲、武松、鲁智深等
《西游记》	写武王伐纣的故事，主要人物有姜子牙等
《荡寇志》	中国古代第一部浪漫主义章回体长篇神魔小说
《封神榜》	有雷部三十六将

图3-1　五年级上册第26课《忆读书》预习题

根据单元作业重点目标7：默读课文，梳理作者的读书经历，可设计按照要求梳理信息的练习，如图3-2所示②：

（3）根据单元重点作业目标8：阅读教师推荐的书籍，根据要求梳理相关信息（长周期作业），设计了整本书阅读的作业任务。一是该作业符合统编教材编写理念——课外阅读课程化，中高年级“快乐读书吧”中，以“推荐核心书目”“提供更多选择空间”“小贴士”这样的编排体例，将课外阅读纳入课程体系。在后续的学习中，引导学生自主地开展整本书的阅读实践，有助于养成读书习惯、培养读书兴趣。二是紧扣本单元人文主题——

①② 人教版统编语文教材五年级上册练习部分。

三、阅读课文，完成练习。

总而言之，统而言之，我这一辈子读到的中外文艺作品不能算太少。我永远感到读书是我生命中最大的快乐！从读书中我还得到了做人处世要独立思考的大道理，这都是从修身课本中得不到的。

按顺序在方框里填上作者读的书名，再说说她的读书经历。

1. 从这段文字中的“__________”和“__________”这两个词语可以看出，这段文字是对前文“我”读书情况的总结。

2. 这段文字写了“我”读书的两个体会：

（1）____

____

（2）____

____

图 3-2　五年级上册第八单元练习题

将学习所获得的为学、读书的态度与方法落实、运用到自己的读书实践中，逐步内化成自己的能力。三是围绕单元语文要素，落实单元重点作业目标，在运用实践中形成技能，发展学生思维。四是延续“快乐读书吧”的阅读体验。

三、如何用好教材中的小练笔

统编教材倡导“读写并重”的理念，将习作提到了与阅读同样重要的地位，教材中编排了相对完整的习作教学内容，构建了表达能力训练的三条途径，即独特的习作单元、一般单元中的习作练习（含一、二年级的写话练习）以及部分精读课文后的小练笔。统编教材中的小练笔是一种介于造句练习和习作之间的随文表达训练，它具有篇幅小、形式活、出手快、效果好的特点，能有效促进学生深入领悟文本、培养习作兴趣、提高表达能力。小练笔虽然姓“小”，但是它的作用却不容小觑。这些小练笔有的能帮助学生进一步理解课文内容，体会人文内涵；有的能助力单元训练目标的达成，以及单元语文要素的落地；有的重在读写结合、以读促写，有效提高学生的表达能力。

（一）教材中小练笔的类型

统编教材从三年级起，每册都编排了2～3次随课文的小练笔（不含选做题）。按照练习内容可以将这些小练笔分为以下几种类型：

1. 仿写型

仿写，就是模仿范文练习写作。仿写要求学生在理解、把握课文中心思想和写作方法的基础上，根据自己的生活经验和对事物的认识，写出在形式上与课文相似又具有个性的作文。仿写训练要与阅读教学有机结合。学生从课文中学习到的各种写作知识及表达方法，都可在仿写练习中加以运用。当然仿写不是机械模仿，更不是抄袭。仿写时既要借鉴课文的写法，又要发挥独创精神。

仿写的目的是提高学生的语言表达能力，这一类的小练笔在所有小练笔中占的比重相当大，达到了55%。仿写可分为句子仿写、段落仿写和文章整体结构仿写。

一是句子仿写，主要是借鉴课文的语言形式，仿写优美语句。如三年级下册第13课《花钟》的小练笔要求仿照课文中表达鲜花开放的语句，写一写自己喜欢的花。又如四年级下册第6课《飞向蓝天的恐龙》的小练笔也属于句子仿写：读一读，注意加点的部分，再照样子写一段话。

二是发现课文中某个段落的语言特点，进行段落仿写。如三年级下册第3课《荷花》的小练笔，要求仿照课文第2自然段（描写荷花的样子）的写法写一种自己喜欢的植物。又如六年级下册第2课《腊八粥》的小练笔，要求学生再读读第1自然段——作者描写腊八粥的段落，照样子写一写自己喜爱的食物。

三是指从整体结构上进行仿写，比如六年级下册第15课《真理诞生于一百个问号之后》的小练笔，要求仿照课文的写法，用具体事例说明一个观点。

2. 改写型

所谓改写，就是改变原来的写法，可以是改变叙述的人称，也可以是改变叙述的顺序，抑或是改变文体；可以是扩写，也可以是缩写，抑或是续写。如五年级上册第9课《猎人海力布》的小练笔：根据课文内容，给那块叫“海力布”的石头写一段话，简要介绍它的来历。

3. 拓展型

统编教材的课后小练笔有一部分是属于课文内容或主题的延伸和拓展。如三年级上册第21课《大自然的声音》的课后小练笔：你听到过哪些“美妙的声音”？试着写几句话和同学交流，如，“鸟儿是大自然的歌手……”“厨房是一个音乐厅……”。

这样的小练笔也比较多。又如六年级下册第16课《表里的生物》的小练笔：课文的结尾写道：“这样的话我不知说了多久，也不知道到什么时候才不说了。”你也有过类似的经历吗？和同学交流。

4. 补白型

补白，即填补空白的意思，是书画作品的专用语，指在作品留有空白的地方“润色”。语文教材中的许多课文为读者留出了空白点。这些“空白点”并不是作者行文的疏忽，而恰恰是作者不忍点破的韵外之致、只可意会的弦外之音或谋篇布局的独具匠心。这些留白往往可以带给学生广阔的想象空间，有利于学生思维的发展；同时，这些留白也成为学生进行读写训练的极好素材。

在教学中可引导学生依据课文内容，结合生活体验，展开想象，合理地补上言语的空白、情感的空白以及意境的空白。

如四年级下册第 27 课《巨人的花园》的课后小练笔：发挥想象，把孩子们在巨人的花园里尽情玩耍的情景写下来。教学时可以引导学生依据课文内容，结合自己的生活体验，展开合理想象，把孩子们站在巨人的脚下、爬上巨人的肩膀、尽情玩耍的样子写清楚。

5. 选做型

统编教材基于多方面的考虑，对那些适用范围有限、必要性不强、具有可替代性的小练笔做了人性化的设置——选做。如四年级上册第 19 课《一只窝囊的大老虎》的小练笔：排练时的情形，“我”记忆很深刻，而表演时“到底怎么演完的，我一点儿也记不起来”。你有过类似的经历吗？写下来和同学交流。我们知道不是每一个学生都有表演的经历，所以切勿强求。

又如四年级上册第 26 课《西门豹治邺》的小练笔：剧本主要依靠人物对话来推动情节，刻画人物。在老师的指导下，试着根据“阅读链接”中的剧本开头改编课文，并演一演这个故事。这样的综合性练习，教学中不一定有时间保障，况且也不是每个学生都具备表演课本剧的能力。

选做题给了学生和老师自由选择的权利，做与不做、什么时候做、做多久完成、部分学生做还是全班学生做，教师可以根据本班学生的实际情况做出合理的选择。

（二）小练笔的教学策略

纵观统编教材 3～6 年级课后的小练笔的编排，也有一些值得商榷的地方。首先因为是随文练笔，所以各册教材的小练笔之间存在关联度缺失的问题，练笔的次数也有一些随性，有的一册教材有 4 次练笔，有的却只有 1 次。

其次，缺乏明确的要求和必要的提示。例如三年级上册第 18 课《富饶的西沙群岛》课后小练笔：从四幅图中选择一幅写几句话。写什么样的句子，以及用什么样的句式来写，都没有明确的要求，这和一般的看图写话没什么两样。

最后，小练笔编排上训练点失衡。3～6 年级安排了 20 次课后小练笔，其中针对课文内容的理解性的拓展练习约 13 次。这些小练笔以加深对课文内容的理解为主要目标，而非语言表达能力的训练。

基于以上看法，我们认为在实际教学中，可以依据学期学习目标和单元语文要素，进一步优化随文小练笔的设计与指导，以达到事半功倍的效果。

1. 根据语文要素调整小练笔的要求

三年级上册第 18 课《富饶的西沙群岛》课后小练笔让学生从给出的四幅图中选择一幅写几句话，但是没有给出具体的要求。

这个单元的语文要素是借助关键语句理解一段话的意思；习作的时候，试着围绕一个意思写清楚。研读课文我们可以发现，课文在介绍海底的珊瑚、水中的鱼和岛上的鸟时，是分别围绕“海底的岩石上生长着各种各样的珊瑚”“各种各样的鱼多得数不清”“西沙群岛也是鸟的天下”这三个中心句来写的。据此我们就课后的小练笔给出了具体的要求：①仔细看图，选择其中的一幅，用几句话把画面内容写清楚；②试着围绕一个意思写；③尝试在习作中运用自己平时积累的语言材料，特别是有新鲜感的词句。

2. 小练笔要关注语言形式

小练笔要从关注内容的拓展，转化为关注语言形式，从而提高学生的语言表达能力。如六年级上册第25课《少年闰土》的课后小练笔要求仿照课文的第1自然段，写一写自己的一张照片。从内容上看，课文第1自然段描写的是“我”记忆中闰土看瓜刺猹的场景，刻画了一个健康、机智、勇敢的少年闰土形象；从语言形式上看，第1自然段先写环境，再抓住人物的外貌和动作进行了细致准确的描写，让人产生身临其境之感，犹如亲眼望见一个朴实健康的少年守着月光下的瓜田，面对狡猾伶俐的猹，勇敢地举起了钢叉……结合本单元的语文要素：体会课文表达的思想感情，把一件事情的重点部分写具体，我们将这次小练笔做了一些微调：仿照课文第1自然段“先描写环境再刻画人物”的写法，描写一张自己喜欢的照片，呈现美好的瞬间。下面是一个学生的练笔：

> 冬日，天气阴沉。几棵大树只剩下干枯的枝条，伫立在棕灰色的土地上，旁边是已经冻结的池塘。一个小女孩戴着粉色的帽子，穿着厚厚的靴子，捡起一块岸上的冰块，使劲向冰面扔去，冰块碰撞在晶莹剔透的冰面上，像玻璃一样崩裂成几片冰碴子，声音响亮而清脆。

又如五年级上册第2课《落花生》的小练笔：花生会让我们想到那些默默无闻做贡献的人。看到下面的事物（竹子、梅花、蜜蜂、路灯），你会想到哪些人？选择其中一个，试着写一段话。很显然，这样的小练笔是课文主题的延伸，学生说看到路灯会想起整天辛苦工作却默默无闻的环卫工人；看到蜜蜂会想起辛勤工作无私奉献的人民教师；看到竹子会想起刚毅挺拔、维护秩序的交通警察……课文借助具体事物说理谈感悟，学生不难理解，那么小练笔该怎么写呢？没有老师的指导，学生恐怕很难写出符合要求的习作。因此，我们将原题做了这样的修改：课文中父亲用作比较的方法写出了落花生“虽不好看却很有用”的特点，并告诉我们做人的道理，让我们联想到那些默默无闻做贡献的人。想想竹子、梅花、路灯这些事物有什么特点，这些事物的特点会让你想到哪些人？选择其中的一个事物，试着写一段话。在这个题目里，明确了小练笔首先要用一定的表达方式写出这个事物的特点，然后由此及彼写出由这个事物联想到的人。

（三）补充设计新的小练笔

统编教材的小练笔作为一个独立出现的训练项目，有的能帮助学生更好地理解课文内容，体会人文内涵，拓展人文主题；有的有助于达成单元训练目标，落实语文要素；有的则对提高学生的读写能力、激发习作的兴趣有较大的帮助。因此，我们认为适当地增加精读课文的随文练笔是必要的，也是可行的。

设计小练笔的路径有：依托文本练仿写，利用留白练补写，重组语言练改写，拓展故事练续写，概括内容练缩写，等等。以五年级上册为例，一共安排了6次小练笔（因第二单元和第五单元分别为阅读策略单元和习作单元，故这两个特殊单元未安排小练笔），既有微调也有补充，如表3-1所示：

表3-1　五年级上册小练笔安排

单元	课题	小练笔题目	备注
1	2 《落花生》	课文中父亲用作比较的方法写出了落花生“虽不好看却很有用”的特点，并告诉我们做人的道理，让我们联想到那些默默无闻做贡献的人。你看到竹子、梅花、路灯这些事物，会想到哪些人？试着写一写	调整
3	9 《猎人海力布》	根据课文内容，给那块叫“海力布”的石头写一段话，简要介绍它的来历	原题
4	14 《圆明园的毁灭》	站在圆明园的废墟上，你们的心里有的不仅仅是爱和恨，更多的是一种思考，此时，你们最想说的是什么？（可以结合阅读链接的内容）	补充
6	18 《慈母情深》	联系上下文，说说为什么“我”拿到钱时“鼻子一酸”。你有过“鼻子一酸”的经历吗？试着写一写	原题
7	22 《四季之美》	校园里处处有景，处处有情。看！窗外就有这样一棵平凡的树，它是否有那么一刻散发着令人着迷的气息？请你运用《四季之美》中所学习的动静结合描写景物的方法，试着写一写，将这美好的画面定格	补充
8	26 《忆读书》	《忆读书》冰心说读书是她生命中最大的快乐。你是否也曾感受到读书的快乐？请你以“读书让我快乐”为开头写一段话，最好能举例说明	补充
说明	本册教材第2单元和第5单元均为特殊单元，分别是阅读策略单元和习作单元，可不安排小练笔		

基于语文课程标准，立足单元语文要素，设计随文小练笔，并帮助学生积极主动地完成小练笔的任务，从而获得语文知识，形成语文能力。叶圣陶老先生曾在《兼论读和写的关系》中指出：语文包括阅读和写作两个方面，读写结合是提高阅读能力和写作能力的根本方法。阅读是吸收，是输入，是通过心智活动丰富自己的思想和内部语言；表达是倾吐，是输出，是将自己的某些人生体验、内部语言转化为外部语言，是一种思想表达。阅读丰富表达，表达促进阅读。统编小学语文教材将小练笔纳入课后练习中，可谓是一个小小的突破，大大的创新。语文教师要深刻认识小练笔的教学价值，深入研究小练笔的教学策略，充分发挥小练笔对提升学生语文核心素养的作用。

四、信息技术赋能课堂教学，传统的板书如何发挥作用

随着信息技术的不断发展，多媒体课件越来越多地被应用到小学语文课堂教学之中。多媒体课件相较于传统的黑板粉笔板书，具有能将文字、图片、动画、音乐、视频等融为一体的优势，更能吸引学生的注意力，满足学生的多种感官需求，从而有效激发学生的学习积极性，提高教学效率。具体表现为：使教学内容更加直观形象，有助于学生理解语言文字；能调动学生学习的积极性，激发学生学习的兴趣；能增加课堂教学的容量，提高课堂教学的密度，拓宽学生的视野；能有效培养学生的观察能力和审美情趣①。

多媒体课件作为一种教学辅助手段，对其的使用要适时、适量，要恰到好处；如果教师在教学中过分依赖多媒体课件，则会起到反作用。著名特级教师贾志敏老师认为多媒体是个好东西，必须要用的时候，就用；可用可不用的时候，就不用；没必要用的时候，就坚决不用。此外，因为多媒体课件按照教师的课前教学设计而制作，如使用不当，教学中容易忽视课堂的教学生成，容易引导学生在固定的流程下学习，学生只能被动地接受知识，容易抑制小学生的创新思维和学习的主动性。因此，在小学语文课堂教学中，将黑板粉笔的板书与多媒体课件有机结合起来，能达到取长补短、相得益彰的效果。

信息技术的介入，给传统的教学模式提出了挑战，更给课堂带来了新鲜感。但传统的教学板书是否就没有存在的必要了呢？显然不是。传统教学板书是运用简洁、明确、醒目的文字、符号、图表等，在黑板、电脑及其他教学媒体上，提纲挈领地再现课文内容的一种重要的直观教学手段。通过板书，我们能将课文内容、结构、写法、语言等方面复杂、抽象、潜隐的问题，清晰、明确、直观地展现在学生面前；通过板书，我们能创设情境，将理解记忆语言与表达运用语言巧妙地结合起来，促进学生思维能力、表达能力的提高；通过板书，我们还能以其独特的美感，启发学生的思维和想象，让学生拥有丰富的审美体验。因此，不仅不能舍弃传统教学板书，而且还要进行优化设计，使其真正为教学服务。

在教学的过程中，板书主要有两大功能：一是促进理解，即板书能帮助学生理解课文的内容，厘清作者行文的思路；二是辅助语言运用的功能，即作为一种学习支架，板书能够帮助学生在运用语言文字的实践中提高自身的听说读写能力。

阅读一篇课文，我们首先要知道作者写了什么。我们可以根据课文中人物的特点及人物之间的关系、事情发展的经过及其逻辑顺序、事物的内在变化和时空变化等来设计板书，以此来加深对课文的理解。

如二年级上册第 4 课《曹冲称象》中 7 岁的曹冲口述的称象办法是课文的重点，也是学生学习的难点。为了帮助学生理解这部分内容，可以设计这样的板书（见图 3－3）。教学中，把称象的步骤提炼成短语写在四张小卡片上，打乱顺序后在黑板上出示，引导学生在阅读课文后排列这些卡片，从而理解称象的具体步骤和顺序。

此外，我们还可以根据文章的结构、写作方法、写作特点来设计板书，使学生对文章的谋篇布局、选材组材、遣词造句有深入的了解，为其开展听说读写的活动提供支架，从

① 赵美子，刘凤娟．多媒体课件在小学语文教学中的应用思考．湖北成人教育学院学报，2012（4）：146.

31 曹冲称象	
赶象上船	赶(船)
在船舷上做记号	看(下沉)、画(沿着)
把大象赶上岸，往船上装石头	赶(岸)、装(为止)
称石头重量	称(一共)

图 3-3　课文《曹冲称象》板书示例

而提高学生的能力。

1. 从课文题目入手，紧扣题眼设计板书

题目是文章的眼睛，一个好的题目往往是课文主题的浓缩、内容的概括，从课题入手设计教学板书，能起到提纲挈领的作用。如二年级上册第 9 课《黄山奇石》，从题目上看，“奇”是关键词，理解“奇”在课文中是指“奇形怪状”，结合课后的要求，我们可以设计这样的板书（见图 3-4）：

黄山奇石 （奇形怪状）	
“仙桃石”	好像从天上飞下来的一个大桃子……
“猴子观海”	它……在山头，望着翻滚的云海
“仙人指路”	真像一位仙人……伸着手臂指向前方
“金鸡叫天都”	……几块巨石，就变成了一只金光闪闪的雄鸡……不住地啼叫
……	……

图 3-4　课文《黄山奇石》板书示例

2. 从课文结构入手，根据行文思路设计板书

阅读教学，不仅要知道作者写了什么，还要了解作者是怎么写的，这其中包括作者的行文思路。因此，我们可以把作者的行文思路作为板书设计的依据（见图 3-5）。如四年级上册第 4 课《繁星》是巴金先生于 1927 年赴法留学途中所写。文中三次写繁星，由于主观条件（年龄、阅历、心情）和客观条件（时间、地点、氛围）的不同，表现出的意境和感受就不同。课文按照时间顺序，紧紧围绕“繁星”，描写了“我”在不同时期、不同地点观看繁星的情景，抒写了“我”由此产生的种种感受，给人以丰富的联想和美的享受。

3. 从课文重点段落入手，抓住关键词语设计板书

到了中高年级，有的课文较长，在阅读教学中，我们常常从重点段落入手，抓住关键

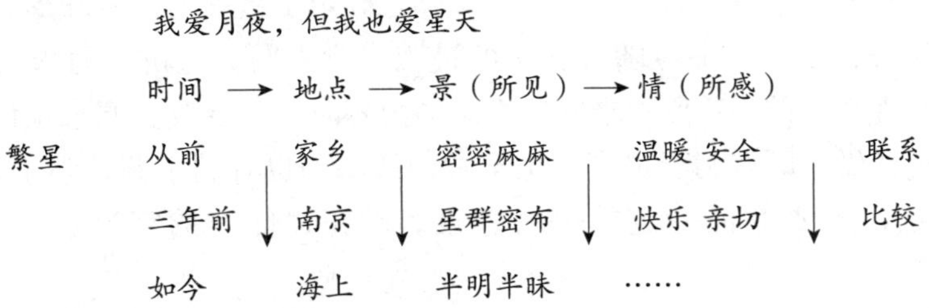

图 3－5　课文《繁星》板书示例

词语进行教学，因此，我们的板书也应体现这一点（见图 3－6）。如五年级上册第 4 课《珍珠鸟》是一篇描写生动、富有诗情画意的散文。课文以细腻亲切的语言描写了“我”为珍珠鸟创造了自由自在的生活环境，它们由怕人到能与“我”和睦相处，说明了“信赖，往往创造出美好的境界”。课文的重点部分是“我”和小珍珠鸟的互动。

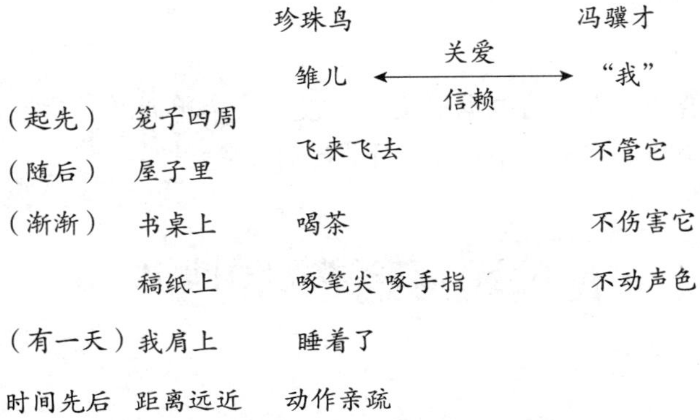

图 3－6　课文《珍珠鸟》板书示例

4. 从学生学习难点入手，抓住重点训练项目设计板书

如二年级下册第 6 课《千人糕》，整篇课文以“我”和爸爸对话的形式，写出了千人糕制作的过程，旨在告诉学生，一块平平常常的米糕，是通过很多很多人的劳动才制作成美味点心的。米糕的制作过程，是本课学习的重点，而复述这个过程，是学生学习的难点。教学中，为了帮助学生破解难点，完成重点训练项目，可以设计这样的板书（见图 3－7）：

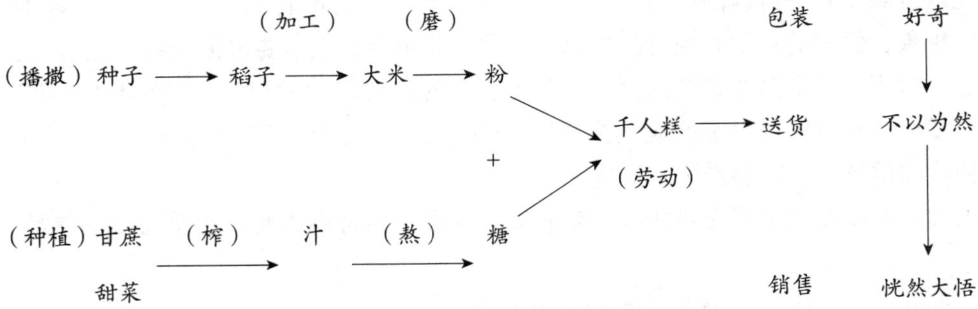

图 3－7　课文《千人糕》板书示例

为了使板书在教学中发挥较好的作用，教师在确定了板书的内容和形式之后，还得讲究板书的书写功夫。多数板书应随着教学的进程当堂书写，边讲边写板书，这样比较自然、灵活。当发现学生的回答胜过老师所准备的内容时，就要改变原来预设的内容，采纳学生的意见。这样做，既有利于提高学生学习的效果，也有利于调动学生学习的积极性。板书要清楚端正，还要保证一定的书写速度。端正、优美的字迹会给学生以良好的影响①。

值得称道的板书设计，是课文的筋骨、课文的脉络、课文的缩影；板书设计突出教学的重点、关键，解决学生学习的难点。语文教学中的板书是语文教师必备的基本教学技能之一。板书设计也是一门艺术，是课堂教学的重要组成部分，是语文教师对教材及教法的深层把握与处理，是语文教师教学素养的重要表现，是影响语文课堂教学效果的重要因素。

【讨论与练习】

1. 什么是单元语文要素？请根据语文要素设计一个单元教学目标。
2. 请你从关键问题三的案例中选择一个小练笔，尝试写一写。

第二节　阅读教学设计评述

一、儿童诗教学设计评述

诗歌是深受小学生喜爱的一种文学样式，在丰富儿童心灵和情感、发展儿童审美能力和语言能力等方面有其他体裁的文学作品不可替代的功能和作用。儿童诗，顾名思义，是诗的一个分支，是以儿童为对象的，符合儿童心理和审美特点的一种艺术形式。它以优美的韵律和凝练的语言来书写儿童的心声，表现儿童的情趣，为儿童所理解并喜爱。统编语文教科书比较重视儿童学习阅读儿童诗，一、二年级，儿童诗（含儿歌）的篇目占到了阅读篇目的 40%左右。

儿童诗除了具有诗歌的一般特点之外，还具有其自身的特点，那就是：有趣的情节、新奇的想象、优美的意境和独特的构思。因此，儿童诗的教学要根据这些特点设计教学过程，这个过程应该指向儿童生活，指向儿童语言的发展。“2022 年版语文课程标准”对小学第一学段诗歌教学提出了明确的要求：“诵读儿歌、儿童诗和浅近的古诗，展开想象，获得初步的情感体验，感受语言的优美。”

因此，阅读儿童诗首先要强调反复诵读，读懂领悟诗歌大意，感受诗歌的情感②。现

① 何以聪．小学教学全书：语文卷．上海：上海教育出版社，1995：330.
② 吴忠豪．小学语文教学内容指要：汉语·阅读．北京：高等教育出版社，2015.

代儿童诗语言浅显易懂，学生基本能读懂诗的大致意思，因此，阅读现代诗重点在于体会诗歌的情感。让学生通过朗读，自己去体会或感受渗透在字里行间的情感。其次要激活想象，感受诗歌描述的情境，体会诗歌的形象美。培养儿童的想象力，是儿童诗歌教学的一大任务。诗歌是最富于想象力的文学样式，作者常常用精美的词语、动态的描述，采用比喻、拟人、象征等各种手法，展现出一幅幅富有色彩和动感的画面，创造出优美的诗歌意境。品赏这些优美的画面和意境，能使儿童在感受诗歌意境美、语言美、情景美的同时，提高对自然美、社会美的认识，激发儿童的想象力。最后要引导学生体会诗歌的语言美。现代诗歌中有精练的语言、鲜活的词汇、和谐的音韵、鲜明的节奏、新颖的构思等等，优美的诗句闪烁着智慧的火花，充满无穷的语言魅力，是最适合学生学习语言的材料。引导学生贴近诗句，细细诵读，慢慢品味，可以从诗句的语言文字中发现无穷无尽的乐趣，从而对提升学生的语言素养起到积极的作用。

案例 3-1

7 青蛙写诗

——一年级上册第 7 课教学设计

教学目标

(1) 认识“写、诗”等 11 个生字和秃宝盖、四点底 2 个偏旁，会写“雨、们”等 4 个生字。

(2) 正确朗读课文，体会小青蛙写诗的快乐心情，感受诗歌的生动有趣。

(3) 借助具体事物认识逗号、句号和省略号。

教学重点

识字写字，正确朗读课文。

教学准备

板书贴、生字卡片、课件。

教学时间

2 课时。

第一课时①

一、课时目标

(1) 认识“写、诗、点、要、串、成”6 个生字，认识偏旁秃宝盖和四点底。

(2) 正确流利地朗读诗歌，感受诗歌的生动有趣。

(3) 借助具体事物认识逗号、句号和省略号。

二、教学过程

(一) 揭示课题，导入新课

(1) 出示青蛙图片，拼读音节词 qīng wā，提示“青”是后鼻音。认读词语“青蛙”。

(2) 学习生字“写”，认识新偏旁秃宝盖。

① 设计者为上海市黄浦区蓬莱路第二小学钱叶华老师。

（3）学习生字“诗”，提示“诗”是整体认读音节，组词。

（4）齐读课题。

（二）听录音，读课文，初步了解三个好朋友是如何帮青蛙写诗的

（1）读课文注释，知道本文的作者张秋生。

（2）听课文录音，要求：身坐正，脚放平，听到哪里，眼睛看到哪里，手指到哪里。

（3）再次听课文录音，想一想：青蛙写诗的时候谁来帮忙了？一边听一边圈出好朋友的名字。

交流，出示卡片：小蝌蚪、水泡泡、一串水珠。

齐读三个词语。

（4）学习生字“串”。

1）拼读“串”，知道“串”既是翘舌音又是三拼音。

2）小游戏“猜一猜”：一串（　　）。

3）认识“串”的字形。

（5）学生自由读课文，完成练习册填空题。

1）学生借助拼音自由读课文，想一想：小蝌蚪、水泡泡、水珠分别帮了什么忙？

要求：左手按书，右手点字，眼睛看字，字字过目大声读。

2）完成练习册第55页练习四并交流。

（三）学习第1小节

（1）知道标点符号逗号、句号的作用。

（2）指名朗读第1小节，注意逗号、句号的停顿。

（3）学习生字“点”，认识偏旁四点底。

1）拼读“点”，关注“点”是前鼻音。

2）学习偏旁四点底，积累四点底偏旁的字。

3）学习词语：雨点儿，读好儿化音。

（4）指导朗读词语：淅沥沥，沙啦啦。

（5）指导朗读第1小节。

1）读好青蛙说的话，读出青蛙高兴的语气。

2）学习生字“要”。拼读并交流记“要”字形的方法。

3）齐读。

（四）指导书写“雨”

（1）出示“雨”，书空“雨”的笔顺。

（2）引导学生一看字形结构：独体字，左右对称；二看高矮胖瘦：整个字是正方形；三看关键笔画：中间的竖在竖中线，竖起笔在横中线，中间四个点都是朝右，其中右边的第一个点在横中线。

（3）教师在田字格中范写“雨”。

（4）学生书写。教师做出评价反馈。

（五）小结

今天这堂课我们认识了很多生字，还知道了逗号、句号和省略号的作用，小朋友们学得真认真，下节课我们继续来学习。

第二课时①

一、课时目标

（1）认识“过、给、当、们、以”5个生字，写好“们”。

（2）正确朗读课文，感受帮助他人的快乐以及诗歌的生动有趣。

（3）结合练习册中的短文，学着用不同的表达方式练习说话。

二、教学过程

（一）复习导入，说话练习

（1）出示：青蛙要写诗了，前来帮助它的小伙伴有________、________和________。

（2）引导：我们还可以这么说——

出示：青蛙要写诗了，__________、__________和__________来帮忙。

（二）学习2～4小节，认识逗号、句号、省略号，感受诗歌的生动有趣

1. 正确朗读2～4小节，学习5个生字

（1）学生自主学习2～4小节中的5个生字“过”“给”“当”“们”“以”。

（2）随机交流记忆生字的方法。

◆“过”，三拼音，半包围结构，走之偏旁。积累“走之”偏旁的字。

◆“给”，左右结构，左边是绞丝旁，右边是合。

◆“当”，后鼻音，强调小字头的第一笔是竖。

◆“以”，整体认读音节。数笔画。

◆“们”，轻声。两个以上的人或物就可以用“们”，两个以上的孩子，就叫——（孩子们），两个以上的老师就可以说——（老师们）。

（3）指导书写生字“们”。

①出示“们”，引导观察：一看字形结构，二看高矮胖瘦，三看关键笔画。

（“们”左窄右宽，左高右低。写的时候单人旁的收笔在横中线下面，“门”第一笔是点，在竖中线上；竖在竖中线的左边。）

②教师在田字格中范写“们”，提醒点要低于撇的起笔。

③学生书写。评价议。

（4）叫号游戏，复习生字。

2. 再读2～4小节，体会3小节中的不同表达方式

（1）朗读2～4小节。

①借助拼音自由读。

②师生合作读，知道哪些是蝌蚪、水泡泡和水珠说的话。

---

① 设计者为上海市黄浦区蓬莱路第二小学须健老师。

③同桌合作读。

（2）发现2～4小节的不同表达方式。

提问：这三个小节写法基本相同，都是写谁说，可是说话的内容有一点点不一样，你们发现了吗？

预设1：小蝌蚪和水泡泡说的话里用的是“我”，一串水珠用的是“我们”。

预设2：小蝌蚪、水泡泡和一串水珠要当的标点符号是不一样的。

预设3：小蝌蚪说的是“要当”，水泡泡说的是“能当”，一串水珠说的是“可以当”。

①教师随机在黑板上贴“要当”“能当”“可以当”。

②集体读，配上动作，读出不一样的语气。

③小结：原来同样的意思可以用不同的词语来表达。“要当”“能当”“可以当”都表示小蝌蚪、水泡泡和一串水珠很乐意帮助青蛙写诗。

（三）学习第5小节，朗读青蛙的诗，体会青蛙写成诗的快乐心情

（1）过渡：在小蝌蚪、水泡泡和一串水珠的帮助下，青蛙的诗终于写成了。

（2）齐读第5小节。

（3）学习生字“成”，强调“成”是后鼻音。

（4）齐读青蛙写的诗，注意不同的标点符号停顿的区别，读出小青蛙快乐的心情。

（四）结合练习册的阅读短文，拓展练习改写诗

（1）不仅青蛙会写诗，大海也会写诗呢！借助拼音读一读短文。

（2）数一数短文有几句话，指名分句朗读。

（3）口头完成填空练习：大海写诗，__________（谁）当__________（什么）。

（4）仿写：大海写诗很有意思，我们能不能学着张秋生爷爷写诗的方法，也来写一写小诗呢？

（5）小结：小朋友的诗写得真不错！今天回家可以把自己写的诗读给爸爸妈妈听。

板书设计：

7. 青蛙写诗

小蝌蚪	要当	逗号	，
水泡泡	能当	句号	。
一串水珠	可以当	省略号	……

【评述】

《青蛙写诗》是统编小学语文一年级上册的一首儿童诗。作者生动地描绘了青蛙在下雨天“呱呱”地如作诗一样鸣叫的情景。教材内容图文并茂，富有童趣。

本课教学设计凸显了儿童诗教学的特点：

（1）从“听”入手，化解难点。学到这篇课文，孩子们已经学完了汉语拼音，正处于熟练拼读的巩固期，此时，对大多数学生来讲，独立拼读全文是有难度的。教师巧妙地采用听录音的方法，较好地化解了难点，有效地激发出学生学习这首诗歌的兴趣。此外，从听录音进入课文学习，还有助于学生整体把握诗歌的内容。第二遍听课文录音的时候，要求学生边听边记“青蛙写诗的时候谁来帮忙”，同时圈出它们的名字。随后出示词语卡片：小蝌蚪、水泡泡、一串水珠，学习生字“串”。另外，听录音有助于培养学生良好的听的能力和听的习惯。

（2）以读为本，感知诗意。《青蛙写诗》是一首轻快、活泼的儿童诗，共有5小节，描写了小青蛙在下雨天用呱呱的鸣叫声来作诗的情景。第1小节写了青蛙受到雨点儿淅沥沥、沙啦啦的感染，起了诗兴。第2～4小节写了小蝌蚪、水泡泡、一串水珠要分别充当青蛙诗中的逗号、句号和省略号。第5小节写青蛙的诗写成了，小蝌蚪、水泡泡、一串水珠都在诗中充当了标点符号。整首诗语言富有童趣，如“下雨了，雨点儿淅沥沥，沙啦啦。青蛙说：‘我要写诗啦！’”把下雨时的情景和小青蛙的快乐心情写得有声有色。又如诗歌最后一小节“青蛙的诗写成了：‘呱呱，呱呱，呱呱呱。呱呱，呱呱，呱呱呱……’”用一连串的拟声词把青蛙创作完成后的快乐和兴奋表达得淋漓尽致。教师在进行教学设计时，运用了齐读、个别读、同桌对读、师生合作读、分角色读等多种朗读形式来引导学生体会青蛙的心情。

（3）关注表达，积累语感。《青蛙写诗》的第2～4小节分别写了小蝌蚪、水泡泡、一串水珠都想帮青蛙写诗，小蝌蚪说“要给”青蛙当逗号，水泡泡说“能给”青蛙当句号，一串水珠说“可以当”省略号。“要”“能”“可以”这三个词语虽然在这里意思相近，都表示想要帮助青蛙写诗，但细细品读还是会发现有细微的不同。老师设计了5个教学步骤：①读3个小节，发现相同处和不同点；②教师板书“要当”“能当”“可以当”，集体读，读正确；③指导朗读；④指名读，读出不一样的语气，可以配上动作；⑤教师小结。对一年级的学生来说，无须讲解知识点，只要通过反复朗读，读出不同的语气即可。

（4）拓展阅读，仿写小诗。“不仅青蛙会写诗，大海也会写诗呢！借助拼音读一读短文。”“青蛙写诗很有趣，大海写诗也很有意思。我们能不能学着作者写诗的方法也来写一首（几句）小诗呢？”这是第二课时教学接近尾声的时候，老师设计的两项任务：一是拓展阅读儿童诗《大海的诗》，二是仿写（说）一首小诗。最后老师还布置了一个回家的口头作业，把自己在课上写的诗读给爸爸妈妈听。这一连串的学习任务旨在通过拓展阅读，增加阅读量，巩固课堂所学，并通过模仿创作，给富有想象力的孩子创设一个语言实践的平台。

二、故事类课文教学设计评述

“2022年版语文课程标准”在第一学段的“阅读与鉴赏”中这样要求：“阅读浅近的童话、寓言、故事，向往美好的情境，关心自然和生命，对感兴趣的人物和事件有自己的感受和想法，并乐于与他人交流。”童话、寓言和故事都属于故事类课文，尽管三者有一定的区别，但都是低年段儿童最喜欢阅读的小故事。

故事类课文的教学要贴合低年级学生的特点，教师要紧紧抓住这类课文的特点，创设情境，厘清故事脉络，感悟故事中的人物形象，学习运用语言文字，从而让学生在故事中快乐成长。

（1）听故事。

对于小学低年级学生来说，在学习课文之前，先听一听课文中所讲述的故事，是很有必要的。从“听”入手，一来可以降低难度，调动学生学习的积极性；二来从听记内容到边听边思考，可以培养学生倾听的能力，养成良好的倾听习惯。老师在教《妈妈睡了》这一课时，可以让学生听课文录音，边听边记“睡梦中的妈妈”是什么样子的，把听到的词语记下来。

（2）读故事。

阅读一个故事，知道故事的内容固然重要，但是语文课上学习的故事必然还承载着学习语言的任务。老师在教学《吃水不忘挖井人》时，在初读课文环节，可以让学生带着问题自主阅读：课题中“不忘”就是要牢牢记住的意思。大家要牢牢记住的挖井人是谁？他做了什么使大家牢牢记住了他？深入学习时，老师引导学生进行多种形式的朗读，边读边思考，毛主席怎么会想到要挖一口井，在熟读的基础上用“因为……所以……”句式自己说一说。教学最后，老师让孩子们说说：“有了水井，乡亲们再也不用到很远的地方挑水吃了，他们会对毛主席说什么呢？”有的学生能运用课文中学到的句子来回答：“以前村子里没有井，我们吃水要到很远的地方去挑。现在好了，在村子里就能喝到甜甜的井水了。感谢毛主席！”

（3）讲故事。

“2022年版语文课程标准”在第一学段的“交流与表达”中这样要求：“听故事、看影视作品，能复述大意和自己感兴趣的情节。能较完整地讲述小故事，能简要讲述自己感兴趣的见闻。”统编教材从二年级开始，借助图片、关键句子、关键词语、示意图、表格等形式帮助学生讲故事，给学生提供讲故事的方法，目的是为中年段学习复述故事打好基础，做好铺垫。

梳理了二年级下册教材，“讲故事”这一要求出现在多篇课文中，主要是以课后练习的形式呈现，“讲”的要求也不一样：《开满鲜花的小路》《邓小平爷爷植树》《千人糕》是“借助插图讲故事”，《小马过河》《大象的耳朵》《小毛虫》是“借助关键词句讲故事”，《蜘蛛开店》是“借助示意图讲故事”，《羿射九日》则要求“借助表格讲故事”。“讲故事”是低年级语言训练的重要载体。教材中提供的支架是学生讲好故事的抓手。在教学时，教师既要尊重教材的编写意图，又要考虑学生的认知规律，巧妙借用支架，并将多种支架有机融合，综合运用。

（4）编故事。

课文学完后，让学生进行合理大胆的想象，续编故事，这样有助于开发学生的创造性思维，丰富其想象力，帮助其养成爱思、会思、善思的品格。续编故事首先要在读懂原文的基础上，以原文的结局为起点，写出故事情节的发展和变化。其次，要展开充分的想象与联想，做到合情合理、真实生动。最后，要在主要人物思想行为、性格特点、语言特点和风格上与原文基本保持一致。续写可分为片段续写和全篇续写。续写也有不同的形式，可以是接着故事内容继续往下写，也可以在学习课文的基础上，转换角色另写。适合续写的课文或有深刻的哲理性，或有非常感人的情节，或有戛然而止的结尾，它们都使人读后回味悠长，有一种表达的欲望。

（5）评价人物。

“2022年版语文课程标准”总目标的第一条就是：“在语文学习过程中，培养爱国主义、集体主义、社会主义思想道德，逐步形成正确的世界观、人生观、价值观。”语文课程的育人功能是毋庸置疑的。教材中故事里的人物，他的一举一动，他的所言所思，无不反映了他的精神面貌、思想品质和性格特征。因此，可以通过对故事中人物的评价来培养学生的逻辑思维能力，渗透思想教育，发挥语文学科的育人功能。二年级上册《曹冲称象》这篇课文讲的是曹冲小时候想办法称出大象的重量的故事。在学习这个故事时，我们可以引导学生对曹冲这个人物进行评价，从而使学生知道平时多观察、遇事多动脑才能找到解决问题的好办法。

案例3-2

画杨桃

——三年级下册第13课教学设计

一、教学目标

（1）认识“靠”等14个生字，会写“图”等9个生字。正确读写“叮嘱”等词语。

（2）有感情地朗读课文，注意对话的语气。

（3）抓住重点词句，理解课文内容，能用自己的话说说老师和同学们看到“我”画的杨桃的不同反应。

（4）懂得从不同的角度看问题，结果可能就不同。做事、看问题都应该实事求是。

二、教学重点

抓住重点词句，理解课文内容，能用自己的话说说老师和同学们看到“我”画的杨桃的不同反应。

三、教学时间：2课时

四、教学过程①

（一）复习回顾第一课时

《画杨桃》这篇课文讲的是在一次图画课上，老师让同学们画杨桃。“我”认认真真地看，老老实实地画，认为自己画得很准确。看到“我”画的杨桃，老师和同学们都有什么反应呢？

（二）还原现场，梳理表现

（1）默读第2～11自然段，用一个词语说说同学们看“我”的画的反应。（哈哈大笑、发出嘻嘻声）

（2）分角色朗读，读出语气。

（3）老师看到“我”画的杨桃后是怎么做的？在第2～11自然段画出有关的句子。

（学生阅读圈画，然后交流）

---

① 本设计根据徐卓颖老师（浙江省杭州市余姚区未来科技城海曙小学）课堂实录改写。

1）学习“审视”，理解意思。（仔细地看，带着思考看）

2）老师到“我”的座位上坐下，审视讲桌上的杨桃，回到讲桌前，举起那页纸，问大家像不像。

3）师生表演读（现场布置场景）。

4）面对嘲笑，“我”的心情怎么样？（难过、伤心……）

（三）深入文本，探究缘由

（1）根据课文内容，完成学习单。

人物	坐的位置	看到杨桃的样子（画一画）
“我”		
同学们	教室中间	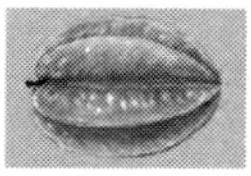
老师		

（2）交流小结：观察的角度变了，结果也跟着变了。

（3）刚才交流时，你们发现谁看到的杨桃跟课文中的“我”看到的杨桃是一样的？

（4）交流小结：每个同学都有自己看杨桃的角度，不能因为别人观察的结果和自己的不一样就嘲笑他。

（5）朗读师生的第二次对话。

（6）体会同学们的心情变化。

老师采访一下，刚才你还咧着嘴笑，现在怎么皱起眉头了？你此刻的心情是什么样的？（自责、内疚、不好意思）

（7）听了老师的话，“我”此刻可能在想些什么？

（“我”从原先被冤枉很难过，到现在被肯定很欣喜，老师发挥了重要的作用，怪不得我对老师的教诲终生难忘。）

（四）拓展阅读，提升感悟

（1）朗读苏轼欣赏庐山美景后写的诗《题西林壁》。

（2）体会苏轼欣赏庐山美景的角度和他的发现。

（大文豪苏轼看庐山，我们今天看杨桃，跨越了漫长的岁月，却获得了相似的领悟：看事物的角度不同，所看到的样子就不一样。）

（3）推荐阅读绘本《一半？一半！》。

【评述】①

这是一堂哲理与童趣齐飞的阅读课，也是一堂语言与思维共舞的语文课。首先，教学目标适当合理，教学内容取舍得当。教师以课后练习题“看到‘我’画的杨桃，老师和同

① 徐卓颖，王艳霞．在梳理、比较、探究中培养高阶思维能力：统编教材二年级下册《画杨桃》第二课时教学实录与点评．小学语文教师，2021（9）．

学们的反应有什么不同？用自己的话说一说”为教学突破口，确定了“多渠道获取信息，比较、评判不同的表现”的教学目标，既有对不同做法的梳理分析，也有对不同做法的批判性思考，更有用“自己的话来表达”的创造性思维，初步培养了学生的高阶思维能力。

其次，还原情境贴近学生，言语实践激活思维。教师“还原现场”，先指导学生用多种方式进行观察，再以完善思维导图、入情入境角色演读、唤醒生活经验等体验性的活动，激发学生探究的兴趣，激活他们的思维。学生也通过观察体验、思维碰撞，形成了“看问题的角度不同，获得的理解认识可能就不同”的推论。如此生动活泼的教学活动，契合低年级学生以形象思维为主的特点，促进了真实学习的发生。

最后，多文本链接扩大了阅读视域，关联性支架提升了阅读品质。以教材文本为基点开展多文本链接阅读，拓展了学生思维的广度与深度。苏轼的《题西林壁》和绘本《一半？一半！》聚焦同一个主题，为学生高阶思维的培养搭建了平台。

三、叙事性课文教学设计评述

“叙事性作品”是“2011年版语文课程标准”中出现的一个新概念，“2022年版语文课程标准”延续了这样的提法。在第二学段的“阅读与鉴赏”中提出“能复述叙事性作品的大意，初步感受作品中生动的形象和优美的语言，关心作品中人物的命运和喜怒哀乐，与他人交流自己的阅读感受。”在第三学段提出“阅读叙事性作品，了解事件梗概，能简单描述印象最深的场景、人物、细节，说出自己的喜爱、憎恶、崇敬、向往、同情等感受”。

第一学段提出“童话、寓言、故事”三种类型的文体，而在第二、三学段则笼统地用了“叙事性作品”这样的表述，由此可看出，“2022年版语文课程标准”是采用了文学教育的价值取向，更有利于语文教学。“叙事性作品”是相对于诗歌、说明性文章和简单的非连续性文本，对文体所做的一个比较宽泛的界定。叙事性作品并非传统教材所界定的典型的记叙文，它包含一切具有记载、叙述意味的文章，如童话、寓言、故事、小说、散文、戏剧、叙事性文言文等。

小学教材中的叙事性作品以写人记事居多。以写人为主的，主要通过人物的语言、动作、神态、心理活动、肖像和细节等的描写来理解人物的内心世界、感受人物的精神品质。以叙事为主的，在了解事件梗概的基础上，抓住印象最深的场景、细节，品味咀嚼，明白事件所蕴含的道理。

1. 朗读和默读

朗读是把语言文字转化为有声语言的一种出声的阅读方式，也是阅读教学中最重要、最经常的一种阅读训练。朗读不仅是理解课文内容、体会课文思想感情的方法，而且是学生积累语言、形成语感的主要途径。

“2022年版语文课程标准”对朗读的要求是：“学习用普通话正确、流利、有感情地朗读课文。”但在各学段的具体表述略有差异。如第一学段的要求是：“学习用普通话正确、流利、有感情地朗读课文。”第二学段的要求是：“用普通话正确、流利、有感情地朗读课文。”第三学段的要求是：“熟练地用普通话正确、流利、有感情地朗读课文。”

从“2022年版语文课程标准”的表述看，朗读主要分为三个层次：正确、流利和有感情。

正确朗读一是要求用普通话朗读课文时，能读准字音，吐字清晰，声音响亮，不加字，不漏字，不颠倒；二是要求朗读课文时停顿恰当，语气自然，不读破句，不重复，不唱读，不拖腔拖调。流利朗读实际上是指用普通话正确朗读的一种熟练化程度，即连贯、顺畅，节奏、停延处理得当。有感情朗读是一种朗读的策略，即能根据课文感情基调的不同和变化，灵活地运用恰当的语气、语调和速度来朗读课文，使之与课文的思想感情相吻合。能用普通话正确、流利地朗读是有感情朗读的前提。

如统编语文教材五年级下册第10课《青山处处埋忠骨》要求学生从课文中找出描写毛主席动作、语言、神态的语句，体会他的内心世界，再有感情地朗读课文。“从见到这封电报起，毛主席整整一天没说一句话，只是一支接着一支地吸着烟。”“毛主席不由自主地站了起来，仰起头，望着天花板，强忍着心中的悲痛，目光中流露出无限的眷恋。”“他若有所思地说道：‘哪个战士的血肉之躯不是父母所生？不能因为我是主席，就要搞特殊。不是有千千万万志愿军烈士安葬在朝鲜吗？岸英是我的儿子，也是朝鲜人民的儿子，就尊重朝鲜人民的意愿吧。’”课文正是通过这些语句来反映毛泽东的内心世界，突出毛泽东鲜明的性格特点，展示出他凡人的情怀和伟人的胸怀。有感情地朗读课文，就要在这些语句上下功夫，体会毛主席的内心世界。

默读就是不出声地读，是把书面语言转化为个体内部语言的过程。与朗读相比，默读有其独特的优点：(1) 默读的速度快，阅读效率高，不影响他人，也不受环境影响，形式比较灵活；(2) 适用范围广，日常工作和生活中的阅读一般都用默读；(3) 有利于思考，有助于理解，也有利于养成独立阅读的习惯。因此，默读是一种最实用、最有价值的阅读方式，也是语文教学中提高阅读能力不可或缺的重要方法和手段。

“2022年版语文课程标准”在第一学段就提出了“学习默读”的要求；第二学段的要求是“初步学会默读，做到不出声，不指读”；第三学段的要求是“默读有一定的速度，默读一般读物每分钟不少于300字”。与朗读一样，默读既是语文课程的目标之一，也是一种重要的阅读方式，还是现代人终身学习必须具备的重要能力。

默读的训练可以从以下几方面入手：一是在起始阶段用“倾听带读法”。因为低年级学生默读的速度与朗读接近，所以一开始可采用一边听范读一边在心中跟着默读的方式进行阅读。二是带着问题默读。默读前，应提出明确的学习任务，让学生带着任务默读课文。默读后要有检测和评价。三是注重培养默读的习惯。“不动笔墨不读书”，默读时提倡学生动动笔，边默读边圈划批注，逐渐养成习惯，进而提高默读的效果和质量。四是提高默读的速度。可以进行限时读的训练，即在规定时间内读完规定读物，以后在相同的时间内不断增加读物的字数，以加快默读的速度。

例如，统编语文教材四年级上册第26课《西门豹治邺》课后要求“默读课文，根据课文内容填空，并简要复述课文”。在初读课文阶段，我们可以要求学生先默读课文，根据西门豹治邺的起因、经过和结果把课文分成三部分，并在课文中相应的地方做批注；集体讨论之后，可以要求学生第二次默读故事的起因部分（1～9 自然段），边默读边思考，通过和老大爷的对话，西门豹获得了哪些信息，用短语来概括。

2. 掌握理解词语和句子的方法

“2022 年版语文课程标准”在各个学段的“阅读与鉴赏”都提到了理解词语和句子的要求。第一学段提出“结合上下文和生活实际了解课文中词句的意思，在阅读中积累词语”。第二学段提出“能联系上下文，理解词句的意思，体会课文中关键词句表达情意的作用。能借助字典、词典和生活积累，理解生词的意义”。第三学段提出“能联系上下文和自己的积累，推想课文中有关词句的意思，辨别词语的感情色彩，体会其表达效果”。

教材是如何落实“2022 年版语文课程标准”提出的目标要求的呢？以统编教材为例，将课程标准的要求分解在各单元的重点学习内容中。如三年级上册的“阅读时，关注有新鲜感的词语和句子”“运用多种方法理解难懂的词语”“感受课文生动的语言，积累喜欢的语句”；三年级下册的“体会优美生动的语句”“运用多种方法理解难懂的句子”。这些单元的学习重点（语文要素）在精读课文的课后练习和语文园地中均有所体现。如三年级上册第一单元语文要素是“阅读时，关注有新鲜感的词语和句子”，什么是“有新鲜感的词语和句子?”《大青树下的小学》课后要求“在文中画出有新鲜感的词句和同学交流”。《花的学校》课后要求注意文中把事物当作人来写的表达方式。语文园地中的“交流平台”提示学生学习的方法：“我在读书时，常常读到一些很有新鲜感的词句”和“看到这样的词句，我会多读几遍，然后抄写下来”。通过这个单元的学习，学生知道“有新鲜感的词语和句子”就是指那些写了自己从未见过的事物或者景象的词语和句子；说法和平时不一样的，有特色，感到陌生的，有新鲜感的词语、句子。同时，通过这个单元的学习学生也能初步掌握理解词句的方法：（1）能借助工具书（字典词典）；（2）联系语言环境（上下文）；（3）结合生活实际来理解生词的意义；（4）辨别词语的感情色彩，体会其表达效果；（5）体会关键词句在文中表情达意的作用；等等。

以三年级下册第六单元“运用多种方法理解难懂的句子”为例。“难懂的句子”是指：（1）句子中含有难懂的词语，如一词多义、词义抽象等；（2）结构比较复杂的句子；（3）带有感情色彩的句子；（4）具有特殊表达作用的句子。那么，可以运用什么方法来理解这些难懂的句子呢？这个单元的三篇精读课文《童年的水墨画》《剃头大师》《肥皂泡》的课后都有相关的练习。语文园地的“交流平台”则归纳了理解难懂句子的方法：（1）理解难懂句子和理解难懂词语的方法比较接近；（2）结合生活经验可以理解《剃头大师》中关于剃头感受的句子；（3）联系上下文，理解《童年的水墨画》中“只见松林里一个个斗笠像蘑菇一样”，原来是在描写小孩子们的样子；（4）在理解难懂的句子时可以查查资料，或者向别人请教。

3. 把握文章的主要内容

把握文章的主要内容是指对文章具体材料的感悟、体验和归纳，搞清楚文章主要讲了什么内容。把握文章的主要内容是一项基本的阅读能力，对于读懂文章具有重要意义。“2022 年版语文课程标准”在第二学段的“阅读与鉴赏”中提出“能初步把握文章的主要内容，体会文章表达的思想感情”；第三学段提出“阅读叙事性作品，了解事件梗概，能简单描述印象最深的场景、人物、细节，说出自己的喜爱、憎恶、崇敬、向往、同情等感受”。由此可见，第二学段应初步掌握把握文章主要内容的一般方法，而第三学段则要求掌握把握叙事性作品主要内容的具体方法。

这些目标如何在教材中落实？以四年级上册第四单元为例，该单元是神话故事单元，要求“了解故事的起因、经过、结果，学习把握文章的主要内容”。三篇精读课文的后面都有按照起因、经过、结果的顺序讲故事，并感受神话人物鲜明个性的要求。再以四年级上册第七单元为例，该单元以写人的文章居多，要求“关注主要人物和事件，学习把握文章的主要内容”，在语文园地的“交流平台”告诉学生：(1) 有的课文，通过读课题，可以初步了解文章的主要内容，如《盘古开天地》；(2) 弄清事情的起因、经过和结果，能帮助我们把握文章的主要内容，如《普罗米修斯》；(3) 如果文章写了不止一件事情，可以先弄清楚每件事写了什么，然后把几件事情连起来，就能说清楚文章的主要内容了，如《为中华之崛起而读书》。

常见的把握叙事性作品主要内容的方法有：

(1) 标题扩展法。有些叙事性作品的标题就是对课文主要内容的提炼，只要围绕标题提问，把问题的答案连起来，就是课文的主要内容。

(2) 要素归纳法。通过事情的起因、经过和结果来把握叙事性作品主要内容的基本方法。

(3) 摘录法。直接从文中摘录一句归纳全文主要内容的句子。

(4) 段意归并法。也就是把各段的大意串起来，注意分清主次。

(5) 抓关键语句法。抓住文章各个部分的关键语句，把这些关键语句连起来，做适当的补充、修改，就能把握主要内容。

4. 领会文章表达的思想感情

文章的思想感情，在语文教学中也称文章的中心或中心思想。作者写一篇文章，总有一定的意图，即表达某种思想感情或中心思想。阅读文章，要在理解主要内容的基础上努力揣摩作者的写作意图，即领会文章的思想感情，从中得到对文本思想内容的深层理解。

“2022年版语文课程标准”在第二学段的“阅读与鉴赏”中提出“能初步把握文章的主要内容，体会文章表达的思想感情”；第三学段提出“在阅读中了解文章的表达顺序，体会作者的思想感情，初步领悟文章的基本表达方法”。

这些目标在教材中如何落实？以五年级上册第六单元为例。《慈母情深》课后要求“默读课文，边读边想象课文中的场景，说说哪些地方让你感受到了‘慈母情深’”；《父爱之舟》课后要求“默读课文，说说在‘我’的梦中出现了哪些难忘的场景，哪个场景给你印象最深”；在语文园地的“交流平台”提示学生体会作者表达的思想感情，需要在阅读时细细品味作者描写的场景、细节，用心去体会，有时也需要联系上下文来把握作者的思想感情。

常见的体会思想感情的方法有以下几种：

（1）抓主要事件体会文章的思想感情。先理解、把握课文中的主要事件和内容，再从主要事件和内容中体会作者想表达的思想感情。例如，在教学《一夜的工作》时，先让学生把握课文的主要事件和内容：新中国成立初期，作者送稿件去中南海请周总理审阅，目睹了总理一夜辛勤的工作；再让学生从主要事件中体会作者写这篇文章的目的：赞美周总理工作劳苦、生活简朴的优秀品质。

（2）抓关键语句体会文章的思想感情。有些课文中，在开头、中间或结尾处，有一些关键语句，抓住这些关键语句，就能很快地体会到文章的思想感情。例如，《我的伯父鲁迅先生》最后一节中“伯父就是这样的一个人，他为自己想得少，为别人想得多”一句，非常明确地揭示了作者要表达的思想感情，点明了文章的中心。

（3）抓关键段落体会文章的思想感情。找到文章的关键段落，然后回答为什么要写这些内容，从而体会思想感情。例如，《飞夺泸定桥》一文中，“攻天险”是关键段落。作者通过“拿、背、带、冒、攀、冲”等一系列动词，表现出红军战士不畏艰险、不怕牺牲、勇往直前的大无畏革命精神。

（4）抓课文题目体会文章的思想感情。文章的题目往往是画龙点睛之笔，有时就体现了文章的思想感情。阅读课文后，只要揣摩课文题目的意思，就能体会文章的思想感情。例如，《慈母情深》《父爱之舟》《军神》等课文题目就透露了文章的思想感情。

5. 感悟作者运用语言文字表达思想感情的方法及其表达效果

这是阅读叙事性作品的重点任务，是学生阅读能力的集中体现。“2022 年版语文课程标准”指出：“义务教育语文课程培养的核心素养……是文化自信和语言运用、思维能力、审美创造的综合体现。”其中，“语言运用”是指学生在丰富的语言实践中，通过主动的积累、梳理和整合，初步具有良好的语感；了解国家通用语言文字的特点和运用规律，形成个体语言经验；具有正确、规范运用语言文字的意识和能力，能在具体语言情境中有效交流沟通；感受语言文字的丰富内涵，对国家通用语言文字怀有深厚情感。

阅读叙事性作品要结合具体实例学习用词造句的方法和文章的表达方法，体会其表达效果，激活学生的语感，提升学生的语言运用能力。

（1）抓住课文中的典型语句，进行感悟式的言语技能训练，即结合课文语境，通过诵读、比较、感悟及调换句式、增删词语、重组语句等手段进行灵活而又富有情趣的教学，体悟作者遣词造句的匠心和言语表达技能，使语言文字训练和思想情感教育达到和谐的统一。

（2）抓住课文中典型的叙述、描写方式以及布局谋篇的实例，结合课文语境，通过诵读、比较、体悟等手段，认识作者独具匠心的表达形式，体会其表达效果，引导学生在加深对文章思想内容方面理解的同时，获得丰富的语言表达方面的营养。

（3）能力迁移运用。这一步主要是在上述训练的基础上，引导学生自主地寻找课文中其他典型语句和有特点的表达方法，开展自读感悟、小组讨论、领悟规律等语文实践活动，同时由教师设计一些能促进能力迁移的练习，通过训练将学过的表达方法转化为自己的表达技能。

6. 学习复述

复述，是指个体通过言语重复以前识记过的材料，以巩固记忆的心理操作过程。它是短时记忆信息存储的有效方法，可以防止短时记忆中的信息受到无关刺激的干扰而发生遗忘。经过复述，学习材料才得以保持在短时记忆中，并向长时记忆转移。语文教学中的复述是指学生把阅读的内容用自己的话说出来。复述是学生对教材语言吸收、储存、内化、外显的过程，是联结理解和表达的桥梁，是学习和运用语言的可靠抓手，也是小学语文阅读教学中的有效手段。

复述可以分为三种：详细复述、简要复述和创造性复述。详细复述要求学生用接近阅读文本的语言，按照原文的叙述顺序做正确、清楚、连贯的讲述，要较详细地叙述内容，较多地运用原阅读文本提供的词句。简要复述要求学生对阅读文本做概括的叙述，即按原文的顺序，删去次要部分，抓住主要内容，用概括性的语言进行叙述，要讲得简明扼要。简要复述应在充分朗读、了解故事内容、厘清故事脉络的基础上进行，要求做到语言简洁、叙述有顺序、不遗漏重要情节，不改变文章中心。创造性复述是学生依据阅读文本的内容，在掌握原文本中心思想的基础上，用不同的方式改组原材料，用自己组织的语言进行叙述。这种训练有助于锻炼和提高学生理解语言的能力，有利于发展学生的想象力和创造性思维。创造性复述的方法有改变人称、改变叙述顺序、增补情节等。

“2022 年版语文课程标准”第二学段“阅读与鉴赏”提出“能复述叙事性作品的大意，初步感受作品中生动的形象和优美的语言，关心作品中人物的命运和喜怒哀乐，与他人交流自己的阅读感受”；第三学段提出“阅读叙事性作品，了解事件梗概，能简单描述印象最深的场景、人物、细节，说出自己的喜爱、憎恶、崇敬、向往、同情等感受”。

在统编教材中，三年级下册第八单元要求“了解故事的主要内容，复述故事”；四年级上册第八单元要求“了解故事情节，简要复述课文”；五年级上册第三单元要求“了解课文内容，创造性地复述故事”。以五年级上册第三单元为例，精读课文《猎人海力布》是单元首篇，要求学生尝试以海力布或乡亲们的口吻讲述海力布劝说乡亲们赶快搬家的故事，进一步体会海力布热心助人、舍己救人的品质。《牛郎织女（一）》要求学生展开想象，把《牛郎织女》中略写的情节讲具体，深入感受牛郎、织女及老牛之间的真挚情感和对美好生活的追求。语文园地中的“交流平台”归纳了创造性复述的方法，即在不改变课文内容和中心的基础上，对表达的形式进行创新，如改变叙述的人称、大胆想象、增补情节、改变叙述顺序等。

案例 3-3

桂花雨

——五年级上册第 3 课（第二课时）教学设计①

一、教学目标

（1）运用掌握的方法自主学习本课的生字新词。

（2）在理解的基础上，正确、流利、有感情地朗读课文。

（3）借助画面与文字，通过各种方式充分感受桂花之香、摇花之乐，体会作者思乡之

① 设计者为上海市黄浦区教育学院魏玉梅老师。

情，并初步了解课文借助具体事物抒发感情的方法。

（4）尝试运用课文中的语句，写一写校园里的桂花树，表达自己的真情实感。

二、教学时间：40分钟

三、教学过程

（一）回顾前课学习内容，体会作者对桂花迷人香气的喜爱之情

（1）复习回顾，找出课文中五处描写桂花香气的句子，朗读并体会作者的情感。

（2）出示句子，指名朗读。

1）不开花时，只见到满树的叶子；开花时，仔细地在树丛里寻找，才能看到那些小花。可是桂花的香气，太迷人了。

2）桂花盛开的时候，不说香飘十里，至少前后左右十几家邻居，没有不浸在桂花香里的。

3）摇哇摇，桂花纷纷落下来，我们满头满身都是桂花。我喊着："啊！真像下雨，好香的雨呀！"

4）全年，整个村子都浸在桂花的香气里。

5）可是，母亲说："这里的桂花再香，也比不上家乡院子里的桂花。"

【提示】课文中五个地方写到了桂花的香气。有直接写"桂花的香气，太迷人了"，也有间接写"整个村子都浸在桂花的香气里"，更有通过"我"和母亲的对话来写桂花香。桂花的"香"贯穿全文。因此，在第二课时教学开始之前，让学生复习回顾是很有必要的，既可积累句子，也可为接下来的学习活动打好基础，做好准备。

（二）借助时间支架，选用课文中的语句说说花开花落的过程

这篇文章很有意思。作者先用比较的方法写自己喜欢的是桂花，特别是桂花迷人的香气。紧接着，通过三个时间点，写出了桂花开放及摇落以后的境况。

（1）快速浏览课文第2～6自然段，找出这三个表示时间节点的词语。

（桂花盛开时、桂花成熟时、桂花摇落以后）

（2）默读课文第2～6自然段，尝试说说桂花花开花落的过程。

（3）建议选用课文里现成的语句，也可以将散落在各处的句子重新组合。

> （出示）
> 桂花盛开的时候……
> 桂花成熟时……
> 桂花摇落以后……

（4）学生交流，适时点评，随机板书：香气太迷人、浸在香气里、好香的"雨"。

【提示】这是一个语言实践活动。对处于语言发展关键期的小学生而言，最有效的教学是课文语言的学习积累和运用。课文中的语言具有示范性，是学生学习表达的最好材料，对学生语文素养的提高能够起到直接的作用，是最有价值的教学内容。在这个环节，学生通过再读课文，借助时间支架，有条理地描述花开花落的情景。这个练习不仅是复习环节的继续，还是课后作业练习的前奏。

（三）品读重点语句，体会“我”在桂花（香）上寄托的情感

（1）比较下面两句话，想一想在表达上有什么不同，作者为什么会选择文中的那一句。（PPT 先后出示）

A. 桂花盛开的时候，不说香飘十里，至少前后左右十几家邻居，没有不浸在桂花香里的。

B. 桂花盛开的时候，不说香飘十里，至少前后左右十几家邻居，全浸在桂花香里。

1）指名朗读。

2）讨论作者用这样的句式想要强调什么？板书：浸在香气里。

3）齐读句子。

（2）读下面的句子，比较两个“浸”的含义？说说你的理解。（出示）

A. 桂花盛开的时候，不说香飘十里，至少前后左右十几家邻居，没有不浸在桂花香里的。

B. 全年，整个村子都浸在桂花的香气里。

1）“浸”可以组成哪些词语？沉浸、浸润、浸没、浸泡、浸透……

2）哪些词语可以替换到这句话中？

3）再读句子，比较两句话中“浸”的不同含义。

（时间、范围、香气的内容、人的感受）

（3）朗读第 6 自然段。

（出示）桂花摇落以后，挑去小枝小叶，晒上几天太阳，收在铁盒子里，可以加在茶叶里泡茶，过年时还可以做糕饼。全年，整个村子都浸在桂花的香气里。

想象在做这些事情时，是一种什么样的感觉？

（学生在黑板上写下自己的感受）迷恋、热爱、幸福……

【提示】四年级下学期我们学习了“抓住关键语句，初步体会课文表达的思想感情”。在这个环节，我们抓住“没有不”来体会双重否定句的表达效果。通过比较句子，学生可以体会到桂花盛开的时候，前后左右十几家邻居，全都浸在桂花香里，无一遗漏。

在这篇课文中，“浸”是一个谁都无法忽视的富有表现力的词语，那么怎么才能让学生体会这个词语用得好、用得妙呢？老师在课堂上发起了一个讨论：比较两处“浸”的不同含义。分为三个步骤：先组词，知道“浸”的不同解释；再放入句子中，理解“浸”在句子中的意思；最后从时间、范围、香气的内容、人的感受四个方面比较两句话中“浸”的不同含义。这样层层递进，学生通过对关键词句的理解，通过朗读，沉浸到文本中，一步一步走近作者，这时，可以趁热打铁，鼓励学生在黑板上写下自己内心的感受。

（四）体会借物抒情——怀念故乡，怀想童年

（1）情境朗读（角色朗读），体会摇桂花树之乐。

（出示）摇花对我来说是件大事……这下，我可乐了，帮大人抱着桂花树，使劲地摇。摇哇摇，桂花纷纷落下来，我们满头满身都是桂花。我喊着：“啊！真像下雨，好香的雨呀！”

1）情境朗读，角色扮演读。

2）学生交流并再次在黑板上写下自己的感受：期待、兴奋、激动、快乐、迷恋、幸福、享受……

【提示】纵观全文，摇桂花是作者琦君童年生活中的一件大事，也是童年时代的琦君亲历的乐事，因此作者此处的文字极富画面感，课文插图描绘的也是这一情景：纷纷扬扬的桂花雨中，摇花的母亲，欢呼雀跃的稚童和竹匾里一簇簇小巧精致的桂花。教学中，采用角色扮演，进行情景式朗读是不错的方法。教师可以运用课件创设情境，通过语言渲染气氛，从而激发学生的情感，让学生体悟作者的思想感情，感受课文中作者的快乐、兴奋、满足……

（2）结合阅读课后“阅读链接”中琦君的《留予他年说梦痕》选段，体会母亲对故乡的怀念。（出示）

A. 桂花盛开的时候，不说香飘十里，至少前后左右十几家邻居，没有不浸在桂花香里的。

B. 杭州有一处小山，全是桂花树，花开时那才是香飘十里……可是母亲说：“这里的桂花再香，也比不上家乡院子里的桂花。”

1）读句子，说说从文字上看，哪里的桂花更香。

2）母亲为什么会这么说?

（交流并板书）怀念故乡，怀想童年。

【提示】在琦君的作品中，母亲所占的分量是很重的，琦君写得最感人的几篇文章，几乎都是写她母亲的，可以说母亲是琦君最重要的创作源泉。写此文时，年逾花甲的琦君，生活在台湾无法回归故里，便借母亲之口说出了“月是故乡明”的内心独白。

（3）讨论课题，总结板书。

1）讨论：课文写了那么多的“香”：香气太迷人了、浸在桂花香里了、好香的雨，能不能把题目改成“桂花香”呢?

2）交流中补充琦君父亲所做的诗“细细香风淡淡烟，竞收桂子庆丰年。儿童解得摇花乐，花雨缤纷入梦甜。”

3）总结：作者迷恋家乡的桂花，因为家乡的桂花给她带来了那么多丰富的感受。而这丰富的感受，慢慢地汇聚成一种思乡之情、怀想之意，作者是在借着桂花来表达自己的情感的。

【提示】课题的讨论，不是为讨论而讨论，而是对文章主旨和人物情感的提炼。桂花是香的，桂花的香气里承载着的是作者的情感，那是作者对故乡的眷恋，对故乡人的思念，以及对童年幸福生活的追忆。其中，摇桂花是乐中之乐，摇落的桂花雨犹如作者的思绪，飘飘洒洒，纷纷扬扬，又带着一丝愁思。难怪人们都说琦君的文章，温馨中总是透着幽幽的怆痛。

（五）布置作业（三选一）

（1）书面完成课堂练习：选用课文中语句写一写故乡桂花花开花落的过程。

（2）小练笔：用上“不开花时、开花时、盛开时、成熟时、花落以后”等词语，介绍校园里、小区里或公园里的桂花树。

（3）有一天，你毕业了，离开了生活了五年的小学，当你回想童年生活时，会不会想到母校，会不会想到母校的某一处、某一样东西？请你写一写，抒发一下自己内心的情感。

【板书设计】

3 桂花雨

琦君（中国台湾）

香气太迷人	喜欢		
浸在香气里	期待、兴奋	→	思念故乡
好香的雨	激动、迷恋		怀想童年
	热爱、幸福……		

【评述】

统编语文教材围绕“人文主题”和“语文要素”，采用双线，按单元组织课程内容，这是统编教材的一大编写亮点。该教学设计紧紧抓住教材编写的这个特点解读课文，设计教学，反映出对统编教材编写特点和教学内容体系的深刻认识。

（1）角度新颖，富有创意地解读文本。

《桂花雨》是台湾作家琦君写的散文，文章语言优美，脉络清晰，表达了作者对故乡生活的怀念和思念。设计者以文中五次提到的桂花香为线索，对文本进行深入解读，将故乡的桂花解读得有情、有义、有灵性，角度新颖，富有创意，有助于学生深入领会课文的思想感情和写作特点，展现出了教师文本解读的功力。

《桂花雨》这篇课文所在单元的语文要素是“初步了解课文借助具体事物抒发感情的方法”。教师没有就课文解读课文，而是结合语文课程标准的学段目标，将四五年级教材中与“体会课文思想感情”有关的语文要素联系起来做立体式解读：四年级下册第一单元是“抓住关键语句，初步体会课文表达的思想感情”；第四单元是“体会作家是如何表达对动物的感情的”；本单元的语文要素是在四年级学习的基础上，引导学生品味表现事物特点的语句，体会蕴含在字里行间的感情，了解课文借助具体事物抒发感情的表达方法。这样前后联系立体式解读语文要素，切实领会教材的编写意图，纵向把握住本单元教学目标，体现出一位优秀教师的专业素养。

（2）重视朗读，促进语言经验的积累。

语文是一门经验性课程，积累语言经验是学习语文课程的基础，特别是小学阶段。语文教学强调朗读课文，但很多老师把朗读仅仅视作理解课文的手段，这样就窄化了朗读的功能。其实，朗读的主要功能是积累语言经验，包括培养语感。如果仅仅是理解课文内容，那么读一遍两遍就够了；如果是要内化课文语言，形成语感，就必须反复读，读得滚瓜烂熟。读熟课文是积累语言形成语感的前提或基础。所以，朗读是最基本、最重要的学习语文的方法。在第一课时读懂读熟课文的基础上，第二课时仍然设计一个板块引导学生做复习回顾式的朗读；在第三板块品读重点语句、第四板块体会借物抒情表达方法时，也有意识地安排学生反复朗读课文，通过个别读、全班读、情境朗读、角色扮演读等多种方式，让学生饶有兴趣地熟读课文。这样的教学设计，有利于学生实现课文语言的内化，也反映出执教者对朗读功能的深刻认识。

（3）精心设计，体会借景抒情的表达方法。

体会借景抒情的表达方法是这堂课的教学重点，也是学生理解的难点。围绕这个语文要素，用比较句子的方法，引导学生体会句中“没有不”双重否定句的表达效果。通过对具体句子进行比较，学生能比较感性地体会到桂花盛开时弥漫全村十几家邻居的桂花香。课文中“浸”是一个富有表现力的词，怎么让学生体会这个词语用得好呢？老师通过组词，让学生知道“浸”的不同解释；再放入句子中理解“浸”在句子中的意思；最后从时间、范围、香气以及人的感受四个方面比较两句话中“浸”的不同含义；紧接着，趁热打铁，鼓励学生在黑板上写下自己内心的感受。在第四板块，教师利用课后“阅读链接”中琦君的《留予他年说梦痕》选段，引导学生体会桂花香气里承载着的是作者对故乡的眷恋、对故乡人的思念，以及对童年幸福生活的追忆。这样层次递进的设计，让学生沉浸在文本中，一步一步走近作者，体会作者运用词语的巧妙，也较好地领悟了借景抒情的表达方法。

（4）创设情境，强化语言运用实践。

读熟课文、品读关键语句、积累语言经验的最终目标是能够运用语言。课文语言理解了但不会用，其实不是真正的理解，会运用了才是真正理解了。第二板块根据课文创设情境，“选用课文中语句说说花开花落的过程”，安排一次学生口头表达的实践机会。粗看这个环节似乎并不起眼，但其实该环节恰恰反映出教师对学生运用语言的重视。语文教师一般都很舍得花时间让学生品味课文遣词造句的巧妙或表达方法的精彩，但往往不肯花时间引导学生经历建构话语的实践，忽视课文高质量语言的运用。大家都知道，看房子和造房子完全是两回事，明白房子的式样和结构特点是否就会造房子呢？答案是否定的。语文课不能仅仅带着学生看房子，更应该花时间让学生自己去造房子，因为造房子比看房子更难，需要花费更多的学习时间。教师在这堂课设计的“选用课文中语句说说花开花落的过程”，就是要求学生根据新的语境去建构话语，这样的语言表达实践，训练的不仅有语言建构能力，还有思维能力、想象能力、创新精神，也培养了学生的审美。现代语文教学始终把重点放在课文的理解上和语言的品味上，学生的语言质量不会有明显的提高，即使有提高，幅度也不太大，因此，一定要把重点转移到“运用”这个环节，强化语言建构“实践”这个环节。这样的教学设计体现的是一种新的语文教学观。

四、说明性课文教学设计评述

说明文是以说明为主要表达方式的文章体裁。说明文的内容大都是介绍事物的形状、构造、类别、关系、功能，解释事物的原理、含义、特点、演变，或通过揭示概念来说明事物的特征、本质及规律。根据说明文语言的不同特色，还可以把说明文分为平实的说明文和生动的说明文两种。生动的说明文又叫文艺性说明文，包括科学小品文或知识小品文。

“2022年版语文课程标准”在第三学段的“阅读与鉴赏”中要求：“阅读说明性文章，能抓住要点，了解文章的基本说明方法。”虽然，阅读和学写说明文是第三学段的教学要求，但在第一、二学段语文教材中已经出现了说明文。以统编语文教材为例，三年级下册有《纸的发明》《赵州桥》，四年级有《爬山虎的脚》《蟋蟀的住宅》《琥珀》《飞向蓝天的恐龙》《纳米技术就在我们身边》等。五年级上册的《太阳》一课课后明确提出了“结合课文内容，说说作者是运用哪些说明方法介绍太阳的”的要求。五年级上册第五单元（习作单元）要求学生学写说明文，提出了“阅读简单的说明性文章，了解基本的说明方法”，以及“搜集资料，用恰当的说明方法，把某一事物介绍清楚”的学习要求。据此，我们可以将说明文教学分为两个层次：第二学段主要是初步认识说明文，了解说明文与记叙文这两种不同文体的区别；第三学段要求学习说明文的阅读方法，认识常见的说明方法，并且学写简单的说明文。

按照“2022年版语文课程标准”的要求以及说明文的特点，说明文的阅读大致可以分为以下几步：（1）了解说明文的表达顺序，从文章中提取主要信息，抓住文章的要点；（2）体会说明文在语言表达上准确、简明的特点，以提高学生语言表达的准确性和简要性；（3）初步认识说明文中说明事物的几种方法，体会其表达效果，为学生学写说明文提供方法的准备。

1. 精选教学内容，关注语言形式

说明文教学内容（不是教材内容）的确定，需要综合文体特点、文本特质、编写意图、学情基础等各种因素整体规划，每篇课文只落实几个学习要点，引导学生集中精力，学牢学实，避免出现学习内容篇篇雷同的尴尬局面，使学生课课有获得感、节节有新鲜感，循序渐进地提升学生的说明文阅读能力。

如统编语文教材三年级下册第11课《赵州桥》是一篇说明文，用短短几百字介绍了赵州桥是中国也是世界上现存最早、保存最完整的石拱桥，对世界的桥梁建筑有着十分深远的影响。不但写明了赵州桥的位置、设计者、建造年代，更重要的是，把赵州桥雄伟坚固而又美观的外形特点清楚地展现在人们眼前，使人产生身临其境之感，同时也感受到了古代劳动人民的智慧和才干。教学中，可以从“抓住特点”“注意顺序”“语言运用”三个点展开教学，凸显文体特点。

又如四年级下册第5课《琥珀》选自德国作家柏吉尔的《乌拉波拉故事集》（选作课文时有改动），是一篇科学小品文，向人们介绍了琥珀形成的条件、被发现的过程以及它的价值。知识性是本课文的明显特点，但不同于一般科普作品，课文运用了童话的笔调，语言极富特色，集严密的推理，准确的表达，生动、形象、优美、传情的文采于一体，具有强烈的艺术感染力。第1～12自然段，作者以讲故事的形式告诉我们松脂球形成的条件：太阳、松树、苍蝇和蜘蛛，以及松脂球变成琥珀的过程；第13～17自然段，讲了这块奇异的琥珀被发现的经过；第 18 自然段介绍了这块琥珀的样子和其巨大的价值。

课文最后有这样一段话："在那块透明的琥珀里，两个小东西仍旧好好地躺着。我们可以看见它们身上的每一根毫毛，还可以想象它们当时在黏稠的松脂里怎样挣扎，因为它们的腿的四周显出好几圈黑色的圆环。从那块琥珀，我们可以推测发生在几万年前的故事的详细情形，并且可以知道，在远古时代，世界上就已经有苍蝇和蜘蛛了。"这段话先后用了"看见""想象""推测""知道"四个动词，揭示了琥珀、琥珀里的苍蝇和蜘蛛以及发生在几万年前的故事等事物之间的内在联系，逻辑缜密且用词精准。教学时可以讨论这四个词语能不能互换，为什么，以此来引导学生体会说明文的语言特点。

2. 落实语言运用，提升学生表达

语文课程是一门学习语言文字运用的综合性、实践性课程，语言运用是语文课程最核心的任务。《琥珀》是写给小朋友读的，文中有不少句子生动有趣，值得我们好好品读。如"两只小虫都淹没在老松树黏稠的黄色泪珠里"。"黄色泪珠"指的是松树的松脂。为什么用"泪珠"这个词呢？这是与前文"突然发生了一件可怕的事情"相呼应的。蜘蛛步步逼近苍蝇，只想一饱口福，竟被一大滴松脂裹住了。"后来，陆地渐渐沉下去，海水渐渐漫上来，逼近那古老的森林。"地壳运动要经过非常漫长的岁月，才能够看出它的变化。这是科学家根据地壳变动的原理对琥珀的形成做出的推测。"从那块琥珀，我们可以推测发生在几万年前的故事的详细情形，并且可以知道，在远古时代，世界上就已经有苍蝇和蜘蛛了。"苍蝇和蜘蛛是如今常见的小昆虫，但是，到底从什么时候起就有了这样的小昆虫呢？这块奇异的琥珀的发现，为科学家研究昆虫的起源提供了有力的依据。这就是这块琥珀的科学价值。"一个夏日，太阳暖暖地照着，海在很远的地方翻腾怒吼，绿叶在树上飒飒地响。"这是交代事情发生的环境。太阳"暖暖地照着"，说明天气比较热，这是老松树渗出厚厚的松脂的前提条件；海"在很远的地方翻腾怒吼"为后来"海水渐渐漫上来，逼近那古老的森林"埋下了伏笔；绿叶在树上"飒飒地响"，暗示了当时有风，也为后来"松脂掉下来"埋下伏笔。

有位老师在教学这一课的时候，设计了一个读写小练笔，让学生根据提供的信息，模仿课文的写法写一段话。老师提供的材料是《新民晚报》上的一则新闻：

松脂入地为琥珀

日期：2010 - 01 - 07　作者：程超寰

美国科学家不久前在缅甸北部胡冈谷地的一处矿山中发现一块琥珀，里面困着一只蜜蜂。琥珀所在的地层经鉴定形成于约一亿年前的白垩纪早期。这是人类迄今为止发现的最古老的蜜蜂化石。这块琥珀中除了这只蜜蜂，还包裹了四朵花。科学家判断，这只蜜蜂当时正在这些花周围飞来飞去。

……

当年的松脂变成了今天的琥珀，而蜜蜂和花朵则在一亿年前的那个瞬间被定格在永恒中。

学生可以运用学到的描写太阳、松树、松脂的句子，仿写一篇科学小品文。为了降低难度，也为了节省课堂教学的时间，老师只要求学生根据新闻信息里的那块琥珀（包裹着一只蜜蜂和四朵小花），推测发生在一亿年前的故事，并仿照课文的写法，写一写这块琥珀形成的过程。

3. 训练思维能力，提升思维品质

魏本亚老师认为，“说明文学习要关注作者的思维表达方式”①。说明文的文体特点决定了教学中训练抽象思维的资源（文本本身的和课堂上生成的）和机会很多，教师要善于设计学习活动，引导学生在分析、归纳、比较、分类、抽象和概括中充分训练思维能力，养成思维习惯，提升思维品质。有位老师在教学五年级上册第17课《松鼠》时，把它和《鲸》放在一起比较学习。我们知道《松鼠》是文艺性说明文，而《鲸》是常识性说明文，在语言表达上有较大的差异。老师先让学生在课前预习时，运用思维导图比较《松鼠》和《鲸》在说明内容和结构上的异同。比较是思维的重要方式，比较法是学习中常见的有效的方法。老师让学生对两个文本进行比较分析，有利于学生形成良好的思维习惯。在课堂上，学生们以小组为单位进行了交流，这又是一次思维的碰撞。在充分交流的基础上，老师引导学生研读两篇课文的第1自然段，分析它们在表达上的特点。学生们不约而同地发现，《松鼠》是采用拟人手法介绍松鼠的，表达了作者对它的喜爱。

4. 培养审美素质，传承中华文化

说明文中也有很多审美因子，如说明对象的形象美、语言的精确美、字里行间的情感美、行文的结构美等等，都是提升学生审美鉴赏能力的宝贵资源。如三年级下册第11课《赵州桥》是一篇说明性的课文，短短几百字，不但写明了赵州桥的位置、设计者、建造年代，更重要的是，把赵州桥的外形特点清楚地展现在人们眼前，写出了赵州桥的雄伟、坚固和美观，从建筑艺术这个侧面，介绍了中华优秀的传统文化，激发了学生强烈的民族自豪感和爱国情怀。

《赵州桥》的第1自然段“河北省赵县的洨河上，有一座世界闻名的石拱桥，叫安济桥，又叫赵州桥。它是隋朝的石匠李春设计并参加建造的，到现在已经有一千四百多年了。”课堂上学生读到“到现在已经有一千四百多年了”时都会情不自禁地发出感叹：哇，这么久远了，心中自豪感油然而生。教学时，教师往往会利用图片、地图、时间轴等信息技术手段，帮助学生体会中华优秀传统文化的源远流长。再如第3自然段描写了桥面两侧栏板上的精美图案，作者这样写道：“有的刻着两条相互缠绕的龙，嘴里吐出美丽的水花；有的刻着两条飞龙，前爪相互抵着，各自回首遥望；还有的刻着双龙戏珠。所有的龙似乎都在游动，真像活了一样。”可见，赵州桥上栏板的图案是精美的，描写的语句更是优美的。

在说明文教学中，思维能力的发展、审美素质的培养、优秀文化的传承等都是在语言的建构中实现的，只要抓住语言建构这个语文素养的核心，就抓住了说明文教学的“牛鼻子”。

---

① 魏本亚．说明文教学现状及相关思考．语文建设，2017（1）．

案例 3-4

16 太阳

——五年级上册第 16 课教学设计①

一、教学目标

（1）认识“摄、殖、炭、疗”4 个生字，会写“摄、氏”等 9 个字，会写“寸草不生、粮食”等 9 个词语。

（2）默读课文，能说出课文是从哪些方面介绍太阳以及太阳对人类的作用。

（3）能结合课文内容了解列数字、作比较等基本的说明方法，体会用这些说明方法的好处。

二、教学重点

（1）默读课文，能说出课文是从哪些方面介绍太阳以及太阳对人类的作用。

（2）能结合课文内容了解列数字、作比较等基本的说明方法，体会运用这些说明方法的好处。

三、课时安排：2 课时

四、教学过程

第一课时

（一）谈话交流，导入新课

（1）揭示课题，齐读。

（2）看到太阳，你想到了哪些四字词语？

（预设）骄阳似火、烈日炎炎、酷暑难耐、汗流浃背……

（3）《太阳》是一篇说明文。

（4）明确单元学习重点：①阅读简单的说明性文章，了解基本的说明方法；②搜集资料，用恰当的说明方法把某一种事物介绍清楚。

（二）初读课文，厘清脉络

（1）预习反馈。

（出示预习要求）正确朗读课文，思考：课文的每个自然段介绍了太阳的什么特点？在相应段落做好批注。

（2）概括每段主要内容。

第 1 自然段：太阳距离地球远。

第 2 自然段：太阳体积大。

第 3 自然段：太阳温度高。

第 4 自然段：太阳与动植物生长的关系。

第 5～6 自然段：太阳与气候变化的密切关系。

第 7 自然段：太阳与疾病预防的关系。

---

① 设计者为上海市黄浦区蓬莱路第二小学杨雯缘。

第 8 自然段：没有太阳就没有我们这个美丽的世界。

（预设）学生可能需要指导的地方：

◆ 第 4 自然段：庄稼、树木是植物；鸟兽虫鱼是动物；煤炭也是由埋在地层底下的远古时代的植物变成的，因此在这里可以提炼为与“动植物”的关系。

◆ 第 5 自然段的雨雪和第 6 自然段的风都属于气候变化，在概括段意时可以合并；同时可以借助“太阳与__________的密切关系”的句式来概括。

（3）根据段意进行合并归类，概括段意。

1）板书：第 1～3 自然段太阳的特点/第 4～8 自然段太阳的作用（太阳和人类的关系）。

2）引导关注过渡句。（太阳虽然离我们很远很远，但是它和我们的关系非常密切。）

3）朗读课文。

（4）小结：这一类科普说明文一般一个自然段说明一个意思。我们先概括了每段的内容，将段意相近的自然段合并，通过分段厘清了课文的内容。我们在介绍一个事物时，可以从不同的角度，紧扣其特性的几个方面或作用，将这个事物介绍清楚。

（三）研读第 1～3 自然段，体会说明方法的好处

（1）学习第 1 自然段，了解“列数字”“举例子”的说明方法。

1）回顾已学的说明方法（列数字、举例子、打比方、作比较）。

2）了解作者运用了列数字的说明方法，朗读体会。

“一亿五千万千米”是一个天文数字，大到读者其实无法得知到底有多远。

3）了解作者运用了“举例子”的说明方法，体会其好处。

正因为读者无法通过这个数据直观地了解太阳和地球之间的距离到底有多远，所以作者又举了两个生活中的典型事例，从最慢的步行、到最快的坐飞机，来进一步说明距离到底有多远。

（2）初步体会说明文用词的准确、严谨的特点。

1）理解“约”“差不多”“多”等词的意思。

2）思考“约”“差不多”“多”等词可否去掉，感受说明文用词的严谨、准确。

3）男生读“传说”部分，女生读“说明文”部分，体会作者通过传说引发阅读兴趣这一巧思。

4）体会反问句的好处：这么远，绝不可能射得到，所以后羿射日只是一个传说。

（3）学习第 2 自然段，了解“作比较”的说明方法，朗读体会该方法的好处。

1）学生交流。

2）理解“抵得上”的意思。

3）初步感知“作比较”，朗读体会太阳体积之大。

（4）学习第 3 自然段，了解“打比方”的说明方法，朗读体会该方法的优点。

1）学习生字“摄”。

2）初步感知“打比方”的说明方法，体会将太阳比作了一个熊熊燃烧的大火球，生动形象，通俗易懂。

3）随机交流，指导朗读。

4）小结：作者正是运用了这些说明方法对太阳进行了解说，做出科学的说明，使人们对其有了科学的认识。

（四）小结课文，初试身手

（1）出示图片，创设情境：你知道这是哪一座楼吗？这就是上海的地标性建筑——上海中心大厦。如果我们要介绍这一座目前亚洲第一、世界第二的高楼，可以运用哪些说明方法呢？

（2）引导学生运用列数字、作比较、打比方等说明方法来介绍上海中心大厦。

（3）完成练习册相关习题：这座楼真高，____________________。

（4）集体评议，修改。

第二课时

（一）复习回顾

（1）指名朗读课文第 1～3 自然段。

（2）听写句子。（太阳离我们很远很远，如果步行到太阳上去，日夜不停地走，要走，差不多要走 3 500 年。）

（二）继续研读，掌握方法

（1）学生交流，随机点击说明方法。

（2）小组合作，思考：太阳和人类的关系如何密切？

句式：如果有了太阳，______________________________。

如果没有太阳，______________________________。

因为______________________________________。

（3）学生交流，教师重点指导第 4 自然段，体会从正反两方面举例的不同。

（4）说说："距离远、体积大、温度高"与"太阳和人类之间关系"的内在联系。

（三）创设情境，言语迁徙

近期，学校号召大家搜集世界各地的地标性建筑汇集成册，制作一本《建筑——凝固的艺术》手绘书。第一篇就从我们的家乡上海开始，预习时，我们选定了上海中心大厦这一建筑。

（1）学生资料分享。

● 上海中心大厦高度为 632m，约等于 280 个姚明（身高 226cm）。你觉得加上什么词能使表述更准确？

● 一般电梯的速度是 9m/s，超高速的电梯的速度是 18m/s，要使用这个资料体现楼高，就需要运用数学中的除法，快算算，可以怎么表述？

● 你说的这部电梯是从一楼直达顶层，中间没有停留？

● 能用关联词把句子说连贯吗？（如果……就……，即使……也……）

垂直马拉松就是登楼大赛，一个成年运动员在参加垂直马拉松时，平均爬一层楼需要

15s，谁能说一说？

（2）明确评价标准，小组互评。

1）写清楚事物的特征。

2）运用恰当的说明方法。

3）用词严谨、科学。

（3）选择一篇学生习作进行集体修改。

（4）自主修改习作。

（四）总结全文

<table>
<tr><td rowspan="6">上海中心大厦是一座超高层地标式摩天大楼，______________________________
____
____
____
____
______________________________</td><td>习作清单</td><td>√</td></tr>
<tr><td>紧扣大厦“（　　）”的特点</td><td></td></tr>
<tr><td>运用了（　　）种说明方法，标号的句子分别运用了以下几种说明方法：
①______________________________
②______________________________
③______________________________</td><td></td></tr>
<tr><td>文中“______、______”等词语体现了说明文用词严谨的特点</td><td></td></tr>
<tr><td>语句通顺、没有错别字</td><td></td></tr>
</table>

五、板书设计

16 太阳

特点

第 1 自然段：距离远

第 2 自然段：体积大

第 3 自然段：温度高

与人类的关系

第 4 自然段：与动、植物的关系

第 5～6 自然段：与气象变化的关系

第 7 自然段：与预防疾病的关系

第 8 自然段：没有太阳没有世界

【评述】

1. 自主阅读，了解说明的对象特点及表达顺序，培养学生从文章中提取关键信息的能力。初读课文时，教师设计的阅读要求是思考课文自然段分别介绍了太阳的什么特点，哪几个自然段介绍的内容是相同的，旨在对文章的内容、表达顺序进行梳理。通过讨论，学生厘清了文章的结构：第 1～3 自然段介绍太阳的特点：距离地球远、体积大、温度高；第 4～8 自然段介绍了太阳和人类的关系——没有太阳就没有我们美丽的世界。在学生自主阅读讨论的过程中，教师预设了学生可能会遇到的困难，比如，“第 4 自然段中庄稼、树木是植物，虫是动物，煤炭是由埋在地层底下的远古时代的植物变成的，因此，在这里可以提炼为与‘动植物’的关系”。又如，“第 5 自然段的雨雪和第 6 自然段的风都属于气候变化，在概括段意时可以合并”。在这个环节的最后，教师这样小结：我们先概括了每段的内容，将段意相近的自然段合并，通过分段厘清了课文的内容。在介绍一个事物时，我们可以从不同的角度，紧扣其特性的几个方面，将这个事物介绍清楚。由阅读指向写作，凸显了本单元作为习作单元所肩负的主要任务。这样的学习过程，对学生而言是一次宝贵的阅读经历。

2. 体会说明文在语言表达上准确、简明的特点，以提高学生语言表达的准确性。在《太阳》的教学设计中，教师引导学生通过比较朗读，理解“约”“差不多”“多”等词的意思；思考这些词语可否去掉，从而让学生感受说明文的科学性，初步体会说明文用词准确、严谨的特点。

3. 初步认识说明文中说明事物的几种方法，体会其表达效果，为学生学写说明文提供方法的准备。《太阳》一课用了打比方、列数字、作比较等说明方法来介绍太阳的特点，指出相关的句子用到了哪些说明方法很容易，但是学生是否真正学会了呢？学生不仅要知道用了什么说明的方法，还要会运用。在该教学设计中，教师创设了一个情境，布置了一个任务：学校拟定搜集世界各地的地标性建筑汇集成册，制作一本《建筑——凝固的艺术》手绘书，开篇介绍上海中心大厦。要求做到：搜集到的资料和小伙伴共享；借助资料，把上海中心大厦写清楚；运用适当的说明方法；最好能体现用词的严谨性、科学性。这样的语言实践活动是有效的，有助于学生真正掌握说明文的阅读方法。

五、古诗教学设计评述

古代教育学家孔子说：“不学诗，无以言。”古诗词是中华传统文化的瑰宝，是中华民族五千年文明的结晶。“2022 年版语文课程标准”在总目标中指出：“热爱国家通用语言文字，感受语言文字及作品的独特价值，认识中华文化的丰厚博大，汲取智慧，弘扬社会主义先进文化、革命文化、中华优秀传统文化，建立文化自信。”“2022 年版语文课程标准”在学段要求中也提出了具体的学习要求。第一学段要求诵读儿歌、儿童诗和浅近的古诗，展开想象，获得初步的情感体验，感受语言的优美。背诵优秀诗文 50 篇（段）。第二学段要求诵读优秀诗文，注意在诵读过程中体验情感，展开想象，领悟诗文大意。背诵优秀诗文 50 篇（段）。第三学段要求阅读诗歌，大体把握诗意，想象诗歌描述的情境，体会作品的情感。受到优秀作品的感染和激励，向往和追求美好的理想。背诵优秀诗文 60 篇（段），注意通过语调、韵律、节奏等体味作品的内容和情感。

1. 借助注释，读懂诗意

学习古诗词最有效的方法是借助注释读懂古诗的意思。统编语文教材从三年级上册开始，在古诗课文里增加了注释，这些注释有的是标注了古诗的作者、朝代和出处，有的是对诗中难懂的词语进行解释。同时，在课后练习中安排了相关的练习，如“用自己的话说说下面诗句的意思”“结合注释和相关资料，说说下列诗句的意思，再想想它们表达了诗人怎样的情感”等。因此，在教学中要教给学生读懂注释的方法，然后借助注释来理解诗句的大致意思。

如统编语文教材五年级上册第 12 课《古诗三首》中的《示儿》有 5 个注释，介绍了

《示儿》这首诗的作者及作品背景，“九州”和“王师”分别指什么，“元”和“乃翁”的意思。课后的练习：结合注释和相关资料，说说“王师北定中原日，家祭无忘告乃翁”的意思，再想想诗句表达了诗人怎样的情感。

2. 感知意境，体悟诗韵

“2022 年版语文课程标准”在“学段要求”中对诗歌阅读做出了明确要求：“阅读诗歌，大体把握诗意，想象诗歌描述的情境，体会作品的情感。”因此，在古诗词教学中，要引导学生进行浸入式体验，感悟诗人所表达的思想感情。如五年级上册第 21 课《古诗三首》中的《山居秋暝》是一首山水诗，描绘了山中黄昏美景，寄托了诗人对理想的追求。教学时，教师可出示配图，让学生图文结合，展开想象：有的学生说仿佛看到了明月下清泉边浣衣的女子；有的学生说仿佛听到了潺潺的流水声和浣衣女子的欢笑声……在学生诵读时，教师还可以配上优雅的古琴声，从而让学生全身心地沉浸在古诗的意境中，体悟到诗人寄情于山水的情怀。

3. 知晓背景，体会诗情

古诗词大多意内而言外，见其言易，知其意难。要真正读懂古诗词，知晓诗人的创作背景是非常必要的，“知人论诗”才能真正得诗之真意。如五年级上册第四单元以“爱国情怀”为主题，以“结合资料，体会课文表达的思想感情”为学习重点，安排了《示儿》《题临安邸》和《己亥杂诗》三首古诗。其中，《示儿》是陆游临终前给儿子留的遗书；《题临安邸》是诗人写在临安城一家旅店墙壁上的墙头诗。这两首诗创作的时代正是中国历史上民族矛盾异常尖锐的时候，了解“靖康之变”的历史对于学习这两首古诗尤为重要。不仅如此，教学中也可以引导学生了解作者的生平，知道了诗人的境遇、个人情怀、人生境界，将有助于我们走近诗人、体会诗情、品味诗意。

4. 熟读成诵，重在积累

古诗词作为一种特殊的文学体裁，节奏鲜明，语言凝练，意象生动，很适合朗读。要把一首诗读好，就要读准字音，读好节奏，读出感情。读准字音，是把古诗词读正确的首要任务。读出节奏，先要了解古诗的节奏，五言绝句一般有两种节奏：二二一和二一二。以李白的《静夜思》为例：床前/明月/光，疑是/地上/霜。举头/望/明月，低头/思/故乡。七言绝句一般有两种节奏：二二二一和二二一二。以杨万里的《小池》为例，泉眼/无声/惜/细流，树荫/照水/爱/晴柔。小荷/才露/尖尖/角，早有/蜻蜓/立/上头。

统编语文教材从三年级上册开始提出了有感情朗读和背诵的要求。“有感情地朗读”之“情”源于诗词内在的情感，即要在理解的基础上读出诗人想要传达的情感。学生在朗读过程中去感受古诗的魅力——音韵之美、节奏之美、意蕴之美，体会诗人的思想和情感 。

5. 拓展阅读，提升素养

“腹有诗书气自华”，多读多背优秀诗词有助于培养学生高雅的审美情趣，帮助学生积淀丰厚的文化底蕴，继承和弘扬中华优秀传统文化。

拓展阅读可以以相同的主题为链接，这种主题式的群文阅读，可以在阅读相同主题的古诗词中提升学生阅读古诗词的境界。如统编语文教材三年级下册第一单元《古诗三首》选入了唐代诗人杜甫的《绝句》、宋朝诗人苏轼的《惠崇春江晚景》和宋朝诗人曾几的《三衢道中》。学习了这三首描写春天的古诗后，可以同步阅读本册教材中“日积月累”栏目中另外三首描写春天景色的古诗《忆江南》、《滁州西涧》和《大林寺桃花》。

拓展阅读也可以以表达特色为链接。王勃和王维同为唐代才华横溢的诗人，他们俩都创作了描写秋日景色的五言诗《山中》，但是他们描写的角度不同，王勃的《山中》重在书写自己的思乡之情，诗中“山山黄叶飞”让人读来能真切地感受到了诗人浓浓的思乡之情。王维的《山中》则营造了空灵的画面，红叶白石、绿树黄草，使人心向往之。

6. 诗词习作，助力表达

多种形式的诗词习作既有助于学生思维的发展，也有助于提高学生的表达能力。古诗词本身具有“诗中有画、画中有诗”“景中有事、景中有情”“情景交融”等特点，因此，借助古诗词的学习进行表达能力训练，也是常用的策略。如根据诗句意思进行的“译”写、续写、仿写、补写、扩写等等。这些方式都是通过教师的慧眼发现的古诗词中较为独特的表达形式，进而引导学生深入探究、揣摩，通过想象将文字还原为丰富多彩的表象，训练学生的思维、表达、想象等方面的能力。在开展古诗拓展阅读时，还可以让学生在明白诗意、领悟诗情的基础上，将诗句还原为真实的、有情有义的画面，并借助一首或是几首诗进行串写。跨越时空，让不同时代的诗人相见并互述衷肠；让描写同一主题的诗人相遇，来一次较量……这种高阶思维的读写，对于提升学生比较、评价、归纳等方面的能力是大有益处的。

案例 3－5

山居秋暝

——五年级上册第 21 课教学设计[①]

一、教学目的

（1）有感情地朗读《山居秋暝》，能读出五言诗的节奏和韵味，背诵古诗。

（2）借助注释，说出诗句的大意，并能想象诗句所描绘的画面。

（3）了解王维诗“空”的特点。抓住意象，品味意境。

（4）了解王维作品在唐诗中的地位，并初步学习鉴赏诗歌的方法。

二、教学重点

（1）有感情地朗读《山居秋暝》，能读出五言诗的节奏和韵味，背诵古诗。

（2）借助注释，说出诗句的大意，并能想象诗句所描绘的画面。

三、教学时间：一课时

四、教学过程

（一）揭示课题，理解诗题

（1）师生一起写课题《山居秋暝》。

① 案例编者为江苏省特级教师薛法根老师，在原文基础上进行了改动。

（2）学习生字“暝”，读准 míng，“暝”是黄昏或傍晚的意思。“暝”是“日”字旁，与太阳有关，日落即为“暝”。

（3）理解“居”的意思并积累含有“居”的词语：山居、家居、村居、隐居（“山居秋暝”的“居”有隐居山中的意思）。

（4）“山居”点明了写这首诗的地点（终南山），“秋暝”点明了写这首诗的时间。

（5）读课题。

（二）朗读古诗

（1）出示古诗，点名让学生朗读古诗。

（2）读出节奏，边读边想象画面。

山居秋暝

空山/新雨后，天气/晚来秋。
明月/松间照，清泉/石上流。
竹喧/归浣女，莲动/下渔舟。
随意/春芳歇，王孙/自可留。

（3）读出韵味（长短——平长仄短）

1）读一读“秋、流、舟、留”（平声字）：声音可以长一些。

2）读一读“后、照、女、歇”（入声字）：声音可以短一些。

（引出古诗中的“平仄”和“押韵”知识，强调读古诗时要做到“平长仄短”。当讲到“平长仄短”的朗读要求时，指出“歇”在古代是入声字。）

（4）齐读。

（三）理解诗句的意思

（1）自读，诗中描写了哪些事物？把每句诗的前两个字画出来读一读，你发现了什么？

——都是事物名称：空山、天气、明月、清泉、竹喧、莲动、春芳（“春芳”是指“春天的花草”）、王孙。

（2）理解“随意/春芳歇，王孙/自可留”的意思。

1）“歇”是“消失、消散”的意思，“随意”是“任凭、任意”的意思，连起来的意思是“春天的花草到了秋天自然就凋谢了、落了”，所以这句诗原本可以这样写“春芳随意歇”，这种“倒装”的表达方法在古代诗词中有很多。

2）“王孙自可留”中“王孙”是指诗人王维；“留”：居。我可以自由地留下来了。

（3）诗中写了最值得王维留在这山中的是什么？（小组讨论）

交流：

1）空山/新雨后，天气/晚来秋。（刚刚下了一场雨，山里的空气非常清新，转眼就到了秋天。）

2）明月/松间照，清泉/石上流。（清泉，清清的泉水潺潺地流着，欢快地流着；明月是静的，清泉是动的。）

3）竹喧/归浣女，莲动/下渔舟。（浣女洗衣归来，一片欢声笑语，渔夫也是满载而归。）

——这里人们的生活是那么惬意、舒适、悠闲、自由自在；这里的人是那么纯朴、真实。这一切都是诗人所向往的。

（4）了解诗人的生平以及创作的背景，进一步加深对诗的理解。

（开元二十四年前后，朝政日趋昏暗，王维的政治热情冷却下来，对政治抱着消极的态度。开元二十八年，他在终南山构筑了别墅，过着半官半隐的生活，此诗即作于这个时期。他觉得“山中”比“朝中”好，洁净纯朴，可以远离官场而洁身自好。）

（5）联系学生的生活。

（王维放下了一切隐居终南山，你想不想放下一切，比如作业压力、考试压力、补习班，也留在这山中呢？）

（6）齐读，板书诗眼：空、留。

（四）吟唱诵读

（1）跨越千年，王维和我们的心是相通的——对美好生活的向往。

（2）观看CCTV1“经典咏流传”的视频《山居秋暝》。

（3）学生跟着吟唱。

（4）《山居秋暝》前三行是写景，最后一行是抒情，表达心迹，再读。

（五）拓展阅读

（1）《鹿寨》。

（2）《鸟鸣涧》。

（这两首诗和《山居秋暝》一样都有“空”。）

（3）了解对王维诗作的评价：走在古城朱雀的小街，听见太白唱醉的明月，这是杜甫赞过的春雨，王维的空山就在心里……

【评述】

《山居秋暝》是统编语文教材五年级上册第七单元的第一篇课文《古诗三首》的第一首。单元主题是“四季景物皆成趣”，单元学习重点“初步体会课文中的静态描写和动态描写”。

在《山居秋暝》这首诗的教学中，薛老师设计了诗眼切入，理解诗题；诵读诗歌，理解尾联；想象画面，言说情景；拓展背景，读透诗心四大板块教学。

（1）解诗题，明诗眼。诗题“山居秋暝”中的“居”是全诗的诗眼。薛老师先让学生理解“居”是居住的意思，然后拓展并积累“家居、村居、隐居”等词语，让学生体会王维的“山居”有“隐居在山中”的深意。这个过程为后续理解尾联“随意春芳歇”“王孙自可留”埋下了伏笔。诗题“山居”点明了这首诗的写作地点，“秋暝”点明了这首诗的时间。

（2）读节奏、读韵律。古诗词的学习，正确流利有感情地朗读是最基本的目标。教学中，薛老师着重指导学生读好五言诗的节奏，并告诉学生五言诗和七言诗停顿的规律，并通过反复朗读，读好节奏。在此基础上，薛老师引导学生发现押韵及平仄，在讲解相关知识的同时，指导学生朗读好韵脚和入声字，读出诗词的韵味。

(3) 想象诗画，读诗入言。学生的语言和思维同生共长。王维的诗，诗中有画，画中有诗，这首诗里也有两幅画面，薛老师通过让学生读诗找画面，来引领学生理解“明月松间照，清泉石上流”(第一幅画面) 和“竹喧归浣女，莲动下渔舟”(第二幅画面) 这两句诗的意思。在理解“明月”“清泉”“竹林”“荷叶”等诗歌意象时，学生充分地打开视觉、听觉、感觉等多个感官，在脑海中形成画面，努力用生动的、富有美感的语言回应诗歌所描写的画面。薛老师带领学生诵读古诗，感受诗歌节奏、韵律、韵味之美，带领学生欣赏王维笔下描绘的美好画面，带领学生走进王维心中向往的美好境界。

(4) 品“空”山，升华情感。以话题“王维为何要隐居终南山”引入，出示资料，简要介绍诗人的生平和经历，讲解写诗的背景，让学生了解王维在朝野经过一番折腾后，再回到这山间，他只看到了纯洁的明月、清亮的泉水、正直的松竹、高洁的莲、纯朴的浣女和渔夫，所以，在山中就没有了在朝野中的那些烦心事，心就变得宁静了。最后升华情感：人心空则山空，人生的最高境界就是心要空，表达了他对美好生活的向往。

(5) 吟唱故事，经典流传。王维的诗不仅能画，还能唱，播放 CCTV“经典咏流传”中由歌手演唱的《山居秋暝》，学生先听后跟唱，最后是齐唱。懂得诗的最后一句重复唱是因为这一句是蕴含感情的，“王孙自可留”抒发了诗人内心的渴望。王维的诗，留给后人最大的感觉就是“空”字。空，是一种境界。

六、文言文教学设计评述

文言文是中华优秀传统文化的重要组成部分，是中华优秀传统文化的载体，也是中华民族核心价值引领与精神塑造的重要资源。统编语文教材从三年级编入《司马光》一文开始，一共收录了 14 篇文言文（不含古诗词）。这些文言文从选材看，涉及名人故事、寓言故事、成语故事、民间传说等；从主题看，有生活哲学、爱国责任、言语智慧、勤奋精神、读书方法、艺术体验、科学发现等；选文字数最少的 30 个，最多的 100 个左右，由易到难，循序渐进①。

“2022 年版语文课程标准”在“总目标”中强调：“热爱国家通用语言文字，感受语言文字及作品的独特价值，认识中华文化的丰厚博大，汲取智慧，弘扬社会主义先进文化、革命文化、中华优秀传统文化，建立文化自信。”第二学段明确要求：“诵读优秀诗文，注意在诵读过程中体验情感，展开想象，领悟诗文大意。”第三学段明确要求：“阅读诗歌，大体把握诗意，想象诗歌描述的情境，体会作品的情感。受到优秀作品的感染和激励，向往和追求美好的理想。”

① 王玉梅．文言文教学三“落实”：以统编教材六年级上册第七单元《伯牙鼓琴》为例．小学语文教师，2020 (12).

1. 熟读成诵，感受文言文语言的特点①

小学教材中的文言文，文字凝练，节奏明快，适合学生诵读，课后一般也有背诵的要求。熟读成诵是文言文教学中最常用和最重要的方法。所谓“书读百遍，其义自见”。教学中要设计不同层次、循序渐进的诵读。认识字词，力求读通；整体观照，力求读顺；解疑释义，力求读懂；创设情境，力求读好。如三年级上册的文言文《司马光》是小学阶段学习的第一篇文言文，课后习题的第一题就提出了“跟着老师朗读课文，注意词句间的停顿”的要求，这就要求老师在教学时不仅要示范朗读，而且要引导学生多读，从而达到积累语感的目的。三年级下册《守株待兔》课后第一题则要求学生做到：把课文读通顺，注意读好“因释其耒而守株”这样的长句子。之后四、五年级的文言文课后一般要求正确流利地朗读课文，背诵课文。

2. 方法积累，提高文言文学习的能力

文言文学习的方法：多读多背，培养语感；借助注释，理解句意；查找资料，获取信息；查阅工具书，了解古今异义、一词多义现象；等等。在教学中，教师应注重方法的传授，让学生尽早掌握学习文言文的基本方法，并在实践中懂得选择合适的方法来学习。比如，《守株待兔》中的“兔走触株”中的“走”在现代汉语中是“走路”的意思，而在文言文中却是“跑”的意思。在教学中，老师要抓住古今异义，理解难懂的字词，要帮助学生提炼总结学习文言文的方法，举一反三，灵活运用。

3. 想象留白，感悟文言文表达的智慧

语文教材中的许多课文为读者留出了空白点。这些留白不仅给学生提供了广阔的想象空间，促进学生思维的发展；同时，也成为学生进行读写训练的极好素材。其实，文言文学习同样如此。如六年级上册第21课《伯牙鼓琴》：伯牙鼓琴，“志在太山”，锺子期曰：“善哉乎鼓琴，巍巍乎若太山”；伯牙鼓琴，“志在流水”，锺子期曰：“善哉乎鼓琴，汤汤乎若流水”。教学时，老师可以播放《高山流水》的音乐，出示课文中的插图，把学生带入情境中，让学生想象在巍峨的高山上、潺潺的流水间，伯牙和子期一对知音会说些什么？一年后，锺子期死，伯牙破琴绝弦，终身不复鼓琴。此时，伯牙又会说些什么呢？这样的设计，有助于激发学生的想象力，进一步加深学生对文本的理解，丰富学生的审美体验。

4. 创设情境，拓展文言文阅读的途径

同主题拓展阅读，学习了《司马光》，可以拓展阅读《三国志》中的《曹冲称象》，因为这两篇文章都写了古代名人小时候的智慧；学习了《囊萤夜读》，可以再读一读《凿壁偷光》，通过比较阅读，学生对这一类人物勤学苦读的精神有了感性的认识。为了提高学生在课外阅读文言文的兴趣，老师可以采用故事会的形式，评选“文言文达人”“文言文小博士”等，鼓励学生多读多背。

---

① 王荣生．文言文教学教什么．上海：华东师范大学出版社，2014.

案例 3－6

自相矛盾

——五年级下册第 15 课教学设计①

一、教学目标

（1）自主学习生字，读准“夫”的读音。

（2）正确流利地朗读课文，背诵课文。

（3）借助注释理解课文大意，理解故事的寓意。

（4）能用自己的话讲述故事，说说“其人弗能应”的原因，并与同学交流生活中类似的事情。

二、教学重点难点

（1）正确流利地朗读课文，背诵课文。

（2）借助注释理解课文大意，理解故事的寓意。

（3）能用自己的话讲述故事。

三、教学时间：一课时

四、教学过程

（一）回顾旧知，梳理方法

（1）出示图片和句子，学生说出学过的文言文的题目。

（出示 1）《司马光》《守株待兔》《王戎不取道旁李》的课文插图。

（出示 2）诸儿竞走取之，唯戎不动。

（2）复习“诸儿竞走取之，唯戎不动”句中“走”的意思。

（3）回顾文言文学习的方法。

（板书）读其文　明其意　悟其理　背其言

（二）初读课文，读准读通

（1）揭示课题《自相矛盾》，范写“矛”和“盾”。

（2）看插图，了解“矛”和“盾”。

（3）指名朗读课文，要求读正确。

（4）学习生字“鬻”，知道“鬻”（yù）是卖的意思。

查字典了解“夫”在句首（发语词）读 fú。

（5）指导朗读句子：夫不可陷之盾与无不陷之矛，不可同世而立。

（6）朗读全文。

（三）借助注释、插图等，理解大意

（1）《自相矛盾》一共五句话，可以分成两部分。再读，想一想怎么分。

（预设）第 1～4 句话是第一部分，写的是卖矛和盾的事情；第 5 句话是第二部分，是发表议论。

---

① 根据浙江省杭州绿城育华小学郑立科老师的课堂实录改写，课堂实录刊登于《小学语文教师》2021 年第 11 期。

（2）小组合作学习，说说第一部分的意思。

（出示）学习要求：1）独立学：借助注释，说说这篇文言文的意思，圈出不明白的地方；2）合作学：讨论圈出的不明白的地方，轮流说说这篇文言文的意思，同伴提出不同意见，推荐一人汇报。

（3）指名两组交流。预设几个需要重点交流的地方：

1）“誉之曰”中的“之”指这个人在卖的盾，“誉”即赞美，这里是夸耀的意思。

2）“子”是尊称，是“您”的意思。“汝”“尔”也是“你”的意思。

3）“坚”“利”可以直接用组词的方法，如坚固、锋利。

板书：莫能陷　无不陷

（4）指导朗读重点句子，读出夸耀的语气。

（出示）吾盾之坚，物莫能陷也。吾矛之利，于物无不陷也。

（5）朗读全文。

（四）探究思维，明白寓意

（1）讨论：这个楚人为什么“弗能应”？当时他心里是怎么想的？

（2）要求：借助思维导图，用合适的关联词，把楚人的思维过程说清楚。（评价标准：思维准确，表达清晰。）

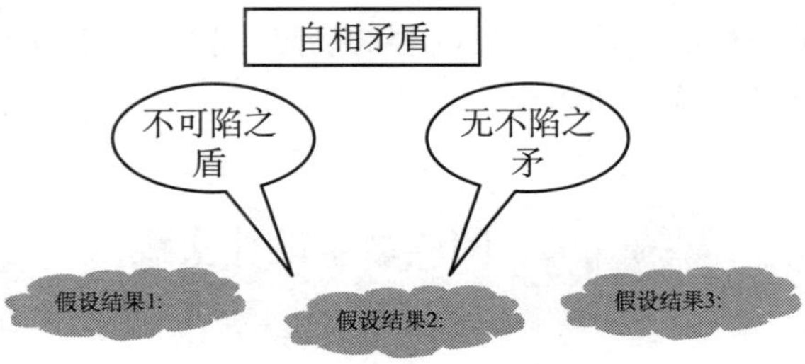

（3）交流。

（4）齐读最后一句：夫不可陷之盾与无不陷之矛，不可同世而立。

1）理解“同世而立”的意思。

2）如果只是坚盾和利矛，可否同世而立？

（5）这种现象在生活中经常遇到。看到这些人，你该如何劝告他们？

（出示 1）吾常欲苦学，以求学业进步，却不敌网络诱惑，每日深陷网游之中。

夫______________与______________，不可同世而立。

（出示 2）一边说要减肥一边吃美食的漫画。

（6）总结：这个寓言故事变成了一个成语——自相矛盾，用来形容那些说话做事相互抵制、前后不一的现象。

（7）背诵《自相矛盾》课文。

【评述】

在小学语文阶段，文言文学习对于提高小学生的文化素养、促进学生的全面发展有着至关重要的现实意义。

（1）在教学中给学生留出足够的时间大声诵读，在诵读过程中初步理解文言文的大致意思。初读阶段，学生借助注释，把课文读正确读通顺；研读阶段，指导学生在理解的基础上，朗读重点句子，读出语气。如“吾盾之坚，物莫能陷也”，“吾矛之利，于物无不陷也”。

（2）授人以鱼不如授人以渔。教学中教师注重教给学生学习文言文的方法，鼓励学生借助注释和插图，运用思维导图等主动学习，并在诵读的过程中促使学生体会文言文的韵味和意味，感受文言文之美。

（3）课文最后一句“夫不可陷之盾与无不陷之矛，不可同世而立”，教师抓住“同世而立”一词，帮助学生理解句子的含义。在理解的基础上，教师还设计了一个练习：“自相矛盾”的现象在生活中经常遇到，看到这些人，你该如何劝告他们呢？用所学解决生活中遇到的问题。既可以深化对课文的感悟和理解，又达到了提高语言运用能力的目的。

【讨论与练习】

1.“2022年版语文课程标准”在“学段要求”中分学段提出了“阅读与鉴赏”的学习目标，请你选择其中一条谈谈自己的理解，并举例说明。

2. 本节列举了现行统编小学语文教材中常见文体的教学设计案例，请从中选择一课进行分析，可以从教学目标的设计、教学内容的确定、教学方法策略的选择以及作业板书的设计等方面，谈谈自己的认识和体会。

第三节 阅读教学设计实践

一、阅读教学目标设计实践

统编教材六年级上册第22课《月光曲》记叙了德国著名音乐家贝多芬谱写钢琴曲——《月光曲》的传说。《月光曲》在表达上的一大特点是作者以生动的文字，借皮鞋匠的联想和想象表达情感：天高云淡、月朗星稀，平静的海面上“洒满了银光”，这时月下的一切是那么幽静。月亮“穿过一缕一缕轻纱似的微云。忽然，海面上刮起了大风，卷起了巨浪。被月光照得雪亮的浪花，一个连一个朝着岸边涌过来……”我们在体味作者用词精妙的同时，更为文中所流露出的兄妹之情、盲姑娘对音乐的热情和音乐家博大高尚的情怀所感动。哥哥因为“音乐会的入场券太贵”，家里“又太穷”，无法使妹妹得到满足而遗憾、内疚。妹妹听出哥哥话中的不安之意，反过来温言相慰，懂事地叫哥哥“别难过”。兄妹互相体贴，手足之情感人至深。盲姑娘把自己梦寐以求的愿望淡淡地称作“随便说说”，于凄楚中饱含了对哥哥的宽慰。正是盲姑娘兄妹俩的手足深情，感动了贝多芬，在“洒满了银光”的茅屋里，贝多芬即兴创作并演奏了《月光曲》，这说明艺术来源于生活。

这是六年级上册第七单元的一篇课文，单元的人文主题是美好的艺术之旅，语文要素一是借助语言文字展开想象，体会艺术之美；二是写自己的拿手好戏，把重点部分写具体。课后习题：(1) 有感情地朗读课文。说说贝多芬为什么弹琴给盲姑娘听，为什么弹完一曲又弹一曲。(2) 反复朗读第9自然段，想象描绘的画面，感受乐曲的美妙，再背诵下来。(3) 选做题，听一听自己喜爱的音乐，展开联想和想象，把想到的情景写下来。

【教学目标A】

(1) 自学生字新词。

(2) 有感情地朗读课文，背诵课文片段。

(3) 想象课文所描绘的情景，培养学生的想象力。

(4) 了解贝多芬创作《月光曲》的经过，知道贝多芬是一位同情和热爱劳动人民的伟大的音乐家。

【教学目标B】

(1) 能够正确认读本课的生字，规范书写本课要求会写的字。理解“传说、谱写、幽静、纯熟、清幽、恬静、陶醉”等词语的意思。

(2) 学生能够有感情地朗读课文，背诵第9自然段。

(3) 想象《月光曲》创作的环境，体会课文所表达的情感，感受贝多芬是个同情和热爱劳动人民的艺术家。

(4) 听自己喜爱的音乐，展开联想和想象，把想象的情景写下来。

【教学目标C】

(1) 正确读写并理解“蜡烛”“茅屋”“清幽”“盲姑娘”“琴键”等词语。

(2) 了解贝多芬创作《月光曲》的经过，体会贝多芬在创作过程中思想感情的变化，并了解产生这种变化的原因。

(3) 感受贝多芬高尚的情怀，体会音乐艺术的魅力。

【讨论与练习】

1. 教学目标的表述有着比较严格的规范，必须能清晰而明确地检测出学生的行为表现，对学生目标达成的不同特征做出区分。认真研读三位教师制定的教学目标，从教学目标表述是否规范正确这一角度做出评价，并说出理由。

2. 每篇课文的教学目标应该聚焦单元语文要素来确定，联系本单元的人文主题和语文要素，对教学目标A、B、C分别做出评价。

二、结合课文的表达练习设计实践

《青蛙卖泥塘》是二年级下册的一篇有趣的童话故事，主要讲述了青蛙觉得自己的泥塘不怎么样，就想把它卖掉。在卖泥塘的过程中，认真听取每一位来买泥塘的顾客的意见，最后把泥塘建设得非常漂亮，连自己都舍不得卖掉泥塘了。课文内容浅显，语言活泼流畅、清新优美，适合学生积累词句；故事情节非常有趣，适合学生模仿表演。在教学中如果能联系学生熟悉的各种动物们的生活习性，模仿课文生动活泼的语言练习表达，对丰富学生语言经验，提高语言运用能力，丰富学生的内心世界和思想感悟都能起到积极的作用。下面这个课例中教师结合课文学习，创设了有意义的语言情景活动，训练学生的语言表达能力。

青蛙卖泥塘①（片段）

一、聚焦表达，梳理顺序

（1）说一说课文讲了一件什么事。

（预设）青蛙要卖泥塘，老牛、野鸭、小鸟、蝴蝶、小兔等小动物都来了，但它们都没有买，还提了意见。后来，青蛙做了很多改变，泥塘变成了好地方，它决定不卖泥塘了。

（2）学习第3～5自然段（老牛部分）。

1）指名多人朗读第3～5自然段，重点关注是否读出“大声吆喝”。

2）青蛙在吆喝，这时候来了一头老牛。（课件展示老牛的图片）你们有没有见过老牛？它走路什么样子？说话又会是什么样子？

3）指名学生模仿读读老牛说的话。

（出示）这个水坑坑嘛，在里边打打滚倒挺舒服。不过，要是周围有些草就更好了。

4）学生分角色朗读。

（3）品析用词，尝试表达。

1）尝试模仿老牛说一说其他小动物。

如果是野鸭、蝴蝶、小兔、小猴、小狐狸，它们会怎么过来？不想买的时候又会怎样离开呢？谁来试着说一说？

2）预设：

一只小猴走过来，看了看泥塘。小猴不想买泥塘，就顺着原路一蹦一跳地走了。

一只野鸭飞过来，看了看泥塘。野鸭不想买泥塘，飞走了。

一只蝴蝶飞过来，看了看泥塘。蝴蝶不想买泥塘，又飞到花丛中去了。

一只小兔蹦蹦跳跳地跳过来，看了看泥塘。小兔不想买泥塘，又蹦蹦跳跳地跳走了。

（4）厘清顺序，感悟写法。

1）师生合作读。

青蛙想——（要是在泥塘周围种些草，就能卖出去啦。）于是——（它就去采集草籽，播撒在泥塘周围的地上。）

2）梳理第3～5自然段的写作顺序。

同桌合作读第3～5自然段，想一想先写了什么后写了什么。

（先写青蛙的吆喝，再写谁来了，并且还说了一段话——不想买泥塘，离开了，最后

① 编者为陕西师范大学附属小学王林波老师，根据课堂实录改写。

青蛙开始想办法改进，并且去做。）

很多童话故事有一个共同的特点：情节是往复的。推测，如果野鸭来了，作者会不会也按照这个顺序写呢？

3）自由朗读第6～8自然段。

二、编好故事，讲好故事

过渡：课文中写道，小鸟飞来说，这里缺点儿树；蝴蝶飞来说，这里缺点儿花；小兔跑来说，这里还缺条路；小猴跑来说，这儿应该盖所房子；小狐狸说……它们都没有买泥塘。这部分的故事不具体，我们试着想象一下小动物心里是怎么想的，编故事情节。

（1）小鸟飞来了，接着故事会怎么发生呢？

（预设）青蛙会大声吆喝，小鸟会说话，但是不买泥塘，离开了。青蛙会想办法，根据小鸟的建议去改。

（2）创编故事。

青蛙站在牌子旁边大声吆喝起来："卖泥塘喽，卖泥塘！"

一只小鸟飞来了，说——

"这里好是好，就是缺点儿树，如果有树的话，我就可以在这里休息了。"它没有买泥塘，飞走了。

青蛙想——

"要是我多种几棵树，那就可以卖出去了。"于是它收集了一些树的种子，开始种起树来。

1）从蝴蝶、小兔、小猴、小狐狸中选一个角色，四人小组合作编故事。

（学生小组合作编故事，教师巡视指导。）

2）交流学生合作编的故事情节。

（教师提出要求：故事不光要有内容，表达也特别重要。讲得好，才更吸引人。如果能加上动作那就更好了！）

【讨论与练习】

1. 课后题有"分角色演一演这个故事"的要求，案例中老师将这个练习改为学生说话编故事练习。你认为这样的改变是否合适。

2. 这个案例主要是借助课文中青蛙卖泥塘这个内容，引导学生创编童话故事。教师指导时为什么要分为"一、聚焦表达，梳理顺序""二、编好故事，讲好故事"两步，这样分开指导是否有必要？

3. 语文课上编故事讲故事，往往会成为个别优等生的专利，大部分学生都沦为听众，几乎没有编故事讲故事的机会。课例中的这位老师是怎么解决学生全员学习问题的？这样的设计对你有什么启发？

三、阅读教学过程设计实践

从以下两份材料中选择一个，撰写一份完整的教学设计。

材料一：统编本四年级上册第 25 课《王戎不取道旁李》

一、文本解读

统编小学语文四年级上册第 25 课《王戎不取道旁李》出自我国最早的一部文言志人小说集《世说新语》。故事讲述了“竹林七贤”之一王戎小时候的故事：有一次，王戎和小朋友出去游玩，看见路边有一棵李树结满了李子。大家都争着跑去摘李子，只有王戎站着不动。有人问他为什么不去摘李子，王戎说：“这树长在大路边，树上却还有这么多李子，一定是苦李子。”大家摘来一尝，果真如此。课文虽然简短，却给我们生动地刻画了一个善于观察、独立思考、冷静分析的聪明孩童的形象。

课后要求：

（1）正确、流利地朗读课文。背诵课文。

（2）结合注释，用自己的话讲讲这个故事。

（3）说说为什么“树在道边而多子，此必苦李”。

这是统编小学语文教材安排的第四篇文言文，前面三篇分别是三年级上册的《司马光》、三年级下册的《守株待兔》和本册的《精卫填海》。学生经过前面几篇文言文的学习，已经初步掌握了一些学习文言文的基本方法。

二、教学重点把握

本课共 2 课时，教学目标如下：

（1）学习“戎、诸、竞、唯”等 4 个生字，会写“戎”等 5 个生字。

（2）正确、流利地朗读课文，背诵课文。

（3）结合注释，用自己的话讲故事。

（4）讲清楚“树在道边而多子，此必苦李”的原因，学习王戎遇事能细心观察、独立思考、冷静分析的品质。

（5）尝试写一写诸小儿品尝苦李之后的反应。

根据单元学习重点——了解故事情节，简要复述课文，以及本课学习目标，我们可以确定“结合注释，用自己的话讲讲这个故事”是本课学习的重点。在文言文学习中，“用自己的话讲故事”既不同于背诵课文，也不同于用白话文翻译每一句话（译文），而是要求学生结合注释先弄清楚每句话的意思，然后讲述故事的主要情节，即故事的起因、经过和结果，不需要逐字逐句地讲述，也不要求和课文内容完全一致。

三、教学设计建议

1. 以读为本，精心设计朗读教学

大声朗读是学习文言文最基本和最有效的方法。教师在设计教学过程时不要忽略朗读教学，要设计有层次的朗读训练。一是读通。学生结合注释自主朗读，获得阅读的初体验。接着同伴交流读，相互检查读得是否正确。最后请全体学生齐读或指名分句朗读。教学实用、有效。二是读懂。遵循学生“两教两不教”的原则，即古今同义的字不教，因为一看就懂；注释的难字不教，因为可以自学；古今异义的字要教，含义深刻的字要教，因为不教不懂，甚至会产生理解偏差。本课古今异义的知识点“尝”“走”“游”“子”“信”等是教学的难点。这样可以打开学生的思路，调动学生的生活经验和语言经验。

2. 抓住重点词语，温故知新，触类旁通

引导学生借助注释进行理解，联系生活或旧知引导学生发现文言文用词中“古今异义”的现象，例如，可先抓住“尝”与“竞走”这两个词；再举一反三，复习“兔走触株”“儿童急走追黄蝶”中的“走”同样是“跑”的意思，让学生感受到学习文言文的乐趣；最后，让学生学以致用，猜一猜“游”“子”“信”等字词在文中的意思。让学生猜词，既能达到让学生对文章基本内容“会意”的目的，又能让他们感受到文言文学习的乐趣。

3. 了解思维过程，体会语言特点

仔细研读文本，我们发现，“唯戎不动”一句颇有内涵：他为什么“不动”？表面不动的王戎究竟有没有“动”？结合课后习题“为什么‘树在道边而多子，此必苦李’”，深入探寻其中的缘由。教学设计中可以进行对比学习，如用“小儿竞走取之，戎不动”与原文“诸儿竞走取之，唯戎不动”做比较，让学生体会文言文用词的精确，体会到王戎与诸小儿的不同之处；再质疑：王戎真的没“动”吗?，王戎其实是在动脑筋，从而激活学生的想象和思维。细究深思——原来，诸儿的“看”，仅仅是“看李树多子折枝”，眼里只有“李子”；而王戎的“看”，是“看道边李树多子折枝”，所思是“因何还能多子折枝”，所得是“此必苦李”。因为眼里所见不同，心里所想不同，因此所为也不同。

4. 写话练习，尝试对人物做出评价

成语“道旁苦李”就是出自这个故事，影响了此后许许多多的人，如唐代许浑写下了“道傍苦李犹垂实，城外甘棠已布阴”，宋代苏轼写下了“知君先竭是甘井，我愿得全如苦李”。课堂上教师可呈现这些诗句，让学生读一读。此外，也可以让学生在学文之后，展开想象说一说或写一写诸小儿尝了苦李之后会有什么样的反应，可能说些什么，做些什么。在这个过程中，学生感悟到《王戎不取道旁李》这个故事不简单，进一步领悟到王戎这个人物身上所具备的品质：细心观察，独立思考，冷静分析。

材料二：统编本三年级下册第 10 课《纸的发明》

一、文本解读

《纸的发明》是统编小学语文三年级下册的第 10 课。课文以时间为序介绍了纸的发明过程及其影响。在发明纸之前，人们用各种材料做记录，多有不便。蔡伦改进造纸术后，蔡伦纸得以传承下来，并极大地促进了人类社会的进步和文化的发展，是中国对世界文明的伟大贡献之一。

“造纸术的发明，是中国对世界文明的伟大贡献之一。”开篇第一句话独立成段，从“伟大”“之一”这些词语，我们就可以感受到作者用词之严谨、准确。自古以来，中国人民就为世界文明创造了不朽的功绩，其中堪称“伟大贡献”的就有众所周知的四大发明，而这篇课文介绍的是四大发明之一——造纸术，直接点明了说明对象及其重要地位。课文的第 2～4 自然段介绍纸的发明过程，第 5 自然段讲的是纸的巨大贡献。

全文语言精练，用词精准，逻辑清晰，重点突出。作者运用了举例子、作比较等说明方法，具体又形象地说明不同材料记录文字的特点。在谋篇布局上，作者以中心句统领全文，以时间为序详述造纸术的发明过程，对比不同材料记录在文字上的优缺点，烘托蔡伦纸的优点，承接其不朽价值和伟大贡献，这是明线；作者细数不同时代各类材料在记录文字时存在的不足，让我们感受到劳动人民无穷的智慧、不懈的努力，以及纸的发明为中国文明乃至世界文明做出的巨大贡献，强烈的民族自豪感和荣誉感油然而生，这是暗线。明线暗线相互交织，汇聚至第 5 自然段——蔡伦纸的伟大贡献，与首段相呼应。

二、教学重点把握

本课共 2 课时，教学目标如下：

（1）认识“创、携”等 9 个生字，读准“累、切”等 4 个多音字，会写“伟、贡”等 15 个生字，会写“造纸术、伟大”等 19 个词语。

（2）正确、流利地朗读课文。根据要求和提示，提取关键信息，说清楚纸的发明过程。

（3）说清楚蔡伦改进的造纸术能够传承下来的原因，感受中国造纸术对人类社会进步的促进作用。

其中“根据要求和提示，提取关键信息，说清楚纸的发明过程”和“说清楚蔡伦改进的造纸术能够传承下来的原因”是本课的教学重点，指向本单元“了解课文是怎么围绕一个意思把一段话写清楚的”这一语文要素的达成。

说清楚纸的发明过程，要求学生读懂课文第 2～4 自然段的主要内容，能借助图表等按要求提取课文中的有用信息，概括段意；读懂文中关键语句的意思，理解句与句、段与段之间的关系；解读文中多处出现的转折复句，理解作者强调“但是”后面的内容，把握作者表达的重点。

说清楚蔡伦改进的造纸术能够传承下来的原因，需要教师引导学生勾连前后的内容，把蔡伦纸与其他记录文字的材料做比较，理解蔡伦在前人经验的基础上改进造纸术，解决了之前记录文字的材料所存在的问题，才使蔡伦纸成为能普及的“理想中的纸”，这是蔡伦纸得以传承下来的根本原因。有了这样的铺垫，学生在学习第 5 自然段时也就更能感受到中国造纸术的巨大价值。

三、教学设计建议

（1）借助中心句，整体把握课文内容。

“造纸术的发明，是中国对世界文明的伟大贡献之一”是《纸的发明》一课的中心句。整篇课文就是围绕第 1 自然段的这句话写的，围绕这句话作者会写些什么呢？教学时可以从中心句入手提问、质疑，就能有效引导学生从整体把握课文内容。学生要解决这个阅读任务，就要知道每个自然段写了什么——概括每个自然段的大意，同时理解每个自然段内容与中心句的关系。概括能力的训练应该和阅读任务结合起来，要基于一个阅读目的去完成。

（2）借助图表，提取关键信息。

说明文为说清事物的发展过程，往往信息量较大，给学生的阅读带来一定的难度。教学中可以借助图表引导学生边阅读边提取关键信息。之后也可以运用图表来归纳、概括课文的主要内容。学生借助图表提取信息、归纳段意的过程就是理解句意，弄清句与句、段与段关系的过程。这样的训练能有效提升学生的思维品质，帮助学生把握这类说明文的阅读路径，提高学生快速阅读的能力。

（3）关注表达，体会说明文语言特点。

叶圣陶先生曾说："说明文以'说明白了'为成功。"为了把对象说明白，作者会用最恰当的说明方法、最准确的语言传递信息、阐释观点，这是说明文教学不容忽视的内容。本篇课文为说清楚纸的发明过程，作者列举了这一过程中人们记录文字最典型、最具代表性的例子。不得不说，无论是在龟甲、竹片、木片上，还是在帛上记录文字，中国古代劳动人民一直在为记录文字、传播文化而不懈努力，并取得了阶段性成果。同时，作者又在列举中暗暗做比较，一次又一次的"……但是……"，突出中华民族没有停下探索的脚步，中华儿女积极吸取经验，不断创新改进，使得蔡伦改进造纸术的出现成为必然。整篇文章的表达看似情感克制，实则承载着浓浓的民族认同感和荣誉感，也暗含着作者欲与读者在传承中华优秀文化、赞颂中国古代劳动人民辛勤的努力和凝聚的智慧上有情感共鸣。

【讨论与练习】

1. 和同伴交流自己撰写的教学设计。
2. 选择 3～5 年级教材中的叙事类课文，进行文本解读并撰写一份完整的教学设计。

第四章

整本书阅读教学设计

本章学习目标

1. 认识整本书阅读在小学语文课程中的重要地位。

2. 能根据不同学段学生的读书情趣合理选择整本书阅读的内容。

3. 知道整本书阅读指导的基本课型，能初步设计每个课型的学习任务和指导过程。

4. 能根据不同的书目和学段目标，选择和设计整本书阅读成果展示的内容和方法。

5. 认识整本书阅读过程管理的基本原则。

本章学习建议

1. 本章第一节是学习重点。建议课前阅读“2022 年版语文课程标准”中有关整本书阅读的内容，尤其是各学段整本书阅读学习任务群的“学习内容”和“教学提示”。然后以小组合作的形式，结合每个人的读书经历，讨论对整本书阅读在小学课程中重要地位的认识。

2. 本章第二节分别举例讨论了第一、第二、第三学段整本书阅读教学不同课型的教学设计，以及图画书阅读教学的价值和教学设计；第三节用具体案例讨论了在设计整本书阅读时要重点关注的问题，以及如何突破单纯的活动设计进行具有整合性的学习任务设计。建议以学生自主阅读和设计实践为基础，再组织讨论分享。

3. 建议课前搜集更多有关整本书阅读的教学设计案例，进行对比分析。

课时建议：4～6 课时。

“2022 年版语文课程标准”在“课程内容”部分将“整本书阅读”专门列为义务教育

阶段六个学习任务群之一，通过整本书阅读，帮助学生养成良好的阅读习惯，丰富学生的精神世界。“2022年版语文课程标准”提出小学一至六年级，每个学期都应该集中一段时间安排整本书阅读，重点进行整本书阅读的指导和交流。除此之外，在完成其他学习任务群时，也应该结合学习任务群的特点，穿插渗透整本书阅读。

以往的语文课程标准或语文教学大纲，只是在课程目标中规定“课外阅读”的总量，没有明确将整本书阅读纳入语文课程中。统编语文教材首先将整本书阅读编进教材，每册教材都安排了“快乐读书吧”栏目。根据教材单元主题内容以及学生的年龄特征，推荐并指导学生阅读三四本同一题材或文体的书。其实在小学实践层面，整本书阅读早已成为很多语文学习的重要内容和活动，整本书阅读教学的重要性早已成为很多一线语文教师的共识。与之相应，几乎所有的小学语文教育报刊都给予了整本书阅读教学积极的关注。

“2022年版语文课程标准”将整本书阅读正式列入语文课程内容，这是从国家课程标准层面真正确立整本书阅读的价值和意义。在核心素养时代，无论是从对国家民族未来的影响来看，还是从对个体综合素养发展和生命质量提升的作用来看，整本书阅读的重要性都是不言而喻的。整本书阅读教学成为语文课程层面的重要内容，既是由读书这件事本身的价值和意义决定的，也是时代发展的必然。

第一节　整本书阅读教学设计的关键问题

一、如何认识小学阶段的整本书阅读教学

小学作为阅读习惯和能力的形成阶段，整本书阅读教学的价值和意义显得尤为重要。那么，如何认识小学阶段的整本书阅读教学呢？

（一）整本书阅读是小学阶段重要的课程内容之一

2020年修订的《普通高中语文课程标准》以学习任务群的方式呈现高中语文课程内容，其中必修课程的学习内容由7个学习任务群组成，排在这7个学习任务群之首的就是“整本书阅读与研讨”，可见整本书阅读在高中语文课程中被重视的程度。读书是一个人终身发展与完善的重要途径，通过语文课程的实施，促进学生读更多的书，提升学生的思维品质，帮助学生掌握阅读方法，养成终身读书的习惯，正是核心素养时代语文教育的应然追求。

试想一下，如果整本书阅读从高中起才得到重视，真的能实现帮助学生养成爱读书的习惯吗？能够让学生很好地掌握阅读方法吗？千里之行，始于足下。学生在九年义务教育阶段没有整本书阅读的学习实践，没有培养起阅读的浓厚兴趣和养成良好的阅读习惯，没有掌握基本的阅读策略和方法，高中的整本书阅读就会成为空中楼阁。小学语文统编教材将整本书阅读作为课程内容，并通过“阅读链接”等方式推荐与课文有关的整本书，让整

本书阅读名正言顺地成为小学阶段重要的课程内容之一，确立和强调了整本书阅读的课程地位。

“2022 年版语文课程标准”也以学习任务群的方式呈现课程内容，其中一个学习任务群就是“整本书阅读”，它属于拓展型学习任务群。“教材编写建议”部分明确指出：“要把整本书阅读作为教材的重要有机组成部分，精选兼具思想性、艺术性和学段适应性的典范作品，以整本书阅读兴趣、阅读习惯的培养为基础，让学生逐渐建构不同类型整本书阅读经验；教材要组织和选取原著部分文本和辅助性阅读材料，创设综合型、阶梯式的学习问题和交流活动，提高学生理解和评价能力。其他学习任务群阅读材料的选择也要适当兼顾整本书。”“2022 年版语文课程标准”作为国家课程文件，首次明确了整本书阅读的课程地位，彰显了整本书阅读在语文学习中不可替代的重要价值。

（二）小学阶段整本书阅读教学要立足基础性目标，同时关注发展性目标

小学阶段整本书阅读教学要为发展学生学科核心素养服务，丰富多彩的读书实践活动是学习整本书阅读的主要方式。小学阶段整本书阅读教学要以激发阅读兴趣、培养良好的阅读习惯、学习并运用基本的阅读策略和方法、拓宽阅读视野、积累阅读经验、提升思维品质和阅读鉴赏能力、丰富精神世界为目标。

激发阅读兴趣，培养阅读习惯，让学生爱读书；习得阅读策略，综合运用多种阅读方法（精读、略读、浏览等），让学生会读书；在阅读中提升思维品质，让学生在阅读中学会思考……这些是小学阶段整本书阅读教学的基础性目标。无论是低年级还是中高年级，整本书阅读教学都要在这些基础性目标上做足功夫，这样才能为学生成为终身阅读者打下坚实的基础。

小学阶段的整本书阅读教学还要关注发展性目标的渗透和逐步落实。通过引导学生读不同题材、体裁的书籍，拓宽阅读视野，不断丰富阅读经验，进而培养学生选书的能力和水平，发展积极健康的阅读趣味；通过主题阅读和研究型阅读，发展学生的批判性思维，初步发展学生多维度鉴赏和评价整本书的能力；通过角色体验、人物评价、剧本改编和排演等活动，丰富学生的情感体验，促进学生的精神成长。

（三）小学阶段整本书阅读教学要发挥好教师的陪伴和引导作用

整本书阅读教学与教材文本以及其他课程内容的教学一样，都要在突出学生学习主体地位的同时，充分发挥教师的组织和引导作用。教师要能够根据整本书阅读的学习目标和学生的需要，指导学生选择阅读的具体书籍，指导学生运用合适的阅读方法和策略，指导学生开展丰富多彩的读书活动，还要指导学生在需要时选择参考书和相应的工具书。

小学阶段的整本书阅读，教师在组织和指导的同时，还要成为学生阅读整本书的陪伴者和榜样。这就对语文教师提出了更高的专业要求。首先，教师自己不仅必须是一个爱读书的人，而且所有要求学生阅读的书，教师都要自己先读过，学生阅读时教师还要陪着读。这样，教师才能解答学生的问题、困惑等。其次，教师自己必须是一个高明的阅读者，能够熟练运用阅读策略和方法阅读各种书籍。这样才能在进行阅读策略教学时，给学生以清晰而科学的示范和指导。最后，教师要能够为学生创造自由阅读、快乐分享的氛围，教师要以一个阅读陪伴者的姿态和学生一起交流讨论，分享阅读心得和收获，让学生从教师身上看到阅读的乐趣和意义，从而“亲其师，信其道”。

二、如何选择整本书阅读的内容

在回答了为什么要重视小学阶段的整本书阅读这个问题后，接下来要讨论的是整本书阅读读什么的问题。书海浩瀚，小学生可能感兴趣的书籍或适合小学生阅读的书籍不计其数，生活中、网络上给小学生推荐的书单就令人目不暇接。那么，作为语文课程内容的整本书阅读，该如何选择书目和教学内容呢？可以依据三条线索，必须遵循三个原则。

（一）书目和教学内容选择的三条线索

选择书目和教学内容的三条线索是：课程标准、快乐读书吧和教室课程生活需要。

第一条线索依据的是“2022 年版语文课程标准”。课程标准在两个部分对读什么书提出了要求，指明了方向。一是在“整本书阅读”学习任务群的阐述部分，例如针对第二学段（3～4 年级），课程标准列出了 3 条内容标准：“（1）阅读表现英雄模范事迹的图书，如《小英雄雨来》《雷锋的故事》等，讲述英雄模范的动人故事。（2）阅读儿童文学名著，如《稻草人》《爱的教育》等，感受作品传达的真善美，用自己喜欢的方式讲述故事大意。（3）阅读中国古今寓言、中国神话传说等，学习其中蕴含的中华智慧，口头或书面分享自己获得的启示。”

二是在附录 2《关于课内外读物的建议》，分别对不同的文体类型提出了书目选择的建议。例如，关于寓言，提出：“寓言，如中国古今寓言、《伊索寓言》等。”这个部分还指出：“根据教学需要，语文教师可按照《中小学生课外读物进校园管理办法》的规定，从中外各类优秀文学作品中选择合适的读物，特别是反映革命文化和社会主义先进文化的作品，向学生补充推荐。”

第二条线索是依据统编语文教材的“快乐读书吧”进行书目和教学内容的选择。“快乐读书吧”是统编语文教材专门为整本书阅读编写的课程内容，每册教材一个，往往是结合相关单元课文主题进行整本书阅读书目推荐和阅读方法指导。

纵观统编小学语文 12 册教材的 12 个“快乐读书吧”，从阅读书目上来看，题材和体裁都很丰富，能够循序渐进地拓宽学生的阅读视野；相应阅读策略和方法目标的定位，既与具体书目阅读紧密相关，同时在能力要求和思维品质提升上也体现了循序渐进的编排意图。现将 12 个“快乐读书吧”的内容梳理如下（见表 4－1）：

表 4－1　小学语文 12 册教材“快乐读书吧”一览

册序	标题	书目	主要目标
1	读书真快乐	（教材中没有规定或推荐书目）	了解丰富多彩的阅读生活，激发读书兴趣
2	读读童谣和儿歌	（教材中没有规定或推荐书目）	阅读、朗诵优秀的儿歌集，感受儿歌的韵味和童趣。初步学习图像化和联结策略

续表

册序	标题	书目	主要目标
3	读读童话故事	《小鲤鱼跳龙门》《"歪脑袋"木头桩》《孤独的小螃蟹》《小狗的小房子》《一只想飞的猫》	认识书的封面，初步养成爱护图书的好习惯。读懂童话故事的内容，初步体会主人公形象，运用联结策略感受人物情绪情感
4	读读儿童故事	《神笔马良》《七色花》《一起长大的玩具》《愿望的实现》	学会看目录。阅读儿童故事，联系自己的生活实际，感受亲情和爱带来的美好
5	在那奇妙的王国里	《安徒生童话》《稻草人》《格林童话》	阅读童话故事，感受丰富的想象，体会故事中传递的"真善美"。运用预测、梳理人物关系等方法，理解故事内容
6	小故事大道理	中国古代寓言故事、伊索寓言、克雷洛夫寓言	感受中国古代寓言的魅力，乐于读寓言。理解故事内容，明白其中蕴含的道理，运用联结、提问和转化策略收获思考和获得启示的快乐
7	很久很久以前	中国古代神话、《山海经》、希腊神话与英雄传说	阅读中外神话故事，运用图像化策略，感受神奇的想象，知道神话有创世神话和英雄神话，是人类对自身能力和愿望的最极致体现。通过神话人物的语言、动作及行为等的描写，感受英雄和神的形象，并形成自己的看法
8	十万个为什么	《十万个为什么》（米·伊林）、《十万个为什么》（中国）以及《看看我们的地球》、《灰尘的旅行》、《人类起源的演化过程》	通过阅读科普类书目，逐步养成对身边事物进行提问、展开大胆想象的习惯，学习运用确定重点的阅读策略。结合已习得的办法，有主动探究并解决问题的意愿
9	从前有座山	中国民间故事、欧洲民间故事、非洲民间故事	阅读世界各地尤其是中国民间的故事，体会寄托其中的朴素愿望。能用创意的方式来展示分享民间故事
10	读古典名著，品百味人生	《西游记》《三国演义》《水浒传》《红楼梦》	实践从课文阅读中学习的古典名著的阅读方法，感受古典文学的语言魅力
11	笑与泪，经历与成长	《童年》《小英雄雨来》《爱的教育》	阅读经典成长小说，综合运用多种阅读策略，走进主人公的生活，从中汲取成长的智慧和力量。学习用人物环形图、树状图等，围绕主人公梳理人物关系，以便更好地读懂故事。尝试通过写阅读记录卡、写读书笔记、制作人物资料卡等方式加深对小说内容的理解
12	漫步世界名著花园	《鲁滨逊漂流记》《骑鹅旅行记》《汤姆·索亚历险记》《爱丽丝漫游奇境》	理解名著是人类智慧的结晶，有较高的阅读价值，能沉下心来坚持读下去。阅读名著之前有意识地了解写作背景、阅读名著梗概，可以帮助自己更好地理解作品的内容和价值。尝试采用多种方法加深对文章内容和思想的理解：除了边读边做批注，还可以摘抄喜欢的段落并标注页码；画人物图谱，梳理人物关系；写下全书结构以及作者要表达的一些想法等

“快乐读书吧”的编写一般包括四部分内容：导语、重点书目推荐、阅读方法指导、相关书目推荐。这四个部分基本回答了读什么、为什么读和怎样读等关键问题。以统编语文教材四年级下册的“快乐读书吧”为例，看看它是怎样指导书目和选择教学内容的。这一“快乐读书吧”导语部分是这样写的：“为什么铁会生锈？为什么面包放久了会发硬？为什么水能带走脏东西？……你想知道这些问题的答案吗？快来读一读科普作品吧！”简洁的导语，将读什么和为什么读都交代清楚了。重点书目推介的是苏联作家米·伊林的《十万个为什么》，“这本书不仅内容有趣，语言也非常生动”这句话，进一步强调了阅读的价值。阅读方法指导部分用两个对话框来指导学生读科普作品：一是在遇到不理解的科技术语时运用课上学过的方法试着去理解，二是读完后查一查书中谈到的一些科学问题，现在有什么新的研究成果。这里的方法指导，必然无法囊括学生需要学习的阅读科普作品的基本策略和方法。因此，在进行整本书阅读教学时，教师还要针对科普作品的阅读，根据阅读策略和方法，提炼合适的教学内容，设计读书活动。第四部分的相关书目推荐，主要推荐了中国的《十万个为什么》、李四光的《看看我们的地球》、高士其的《灰尘的旅行》和贾兰坡的《人类起源的演化过程》等科普作品。推荐这些科普作品，不仅是要让学生去了解更多的科学世界的奥秘，还要让他们迁移运用阅读科普作品的一般策略和方法。

书目与教学内容选择的第三条线索是教室课程生活需要，包括学生精神成长的需要。这里的教室课程生活指的是除“快乐读书吧”之外，与单元学习内容相联系的整本书阅读，以及语文教师根据学生精神成长需要选择和组织的整本书阅读。

与单元学习内容相联系的整本书阅读书目和教学内容选择，可以从课文后面的“阅读链接”中找线索，这一过程更依赖教师对课程内容和目标的创造性理解。例如，学习《花的学校》（三年级上册），可以阅读泰戈尔的《新月集》；五年级下册第六单元的习作是“神奇的探险之旅”，可以选择适合学生读的探险故事来设计整本书阅读开发课程，例如共读《神龙探险队》。

“快乐读书吧”指定（推荐）书目是与单元主题或文体特点紧密关联的，在书籍种类上做了精心考虑和安排，有童话、寓言、神话故事、科普读物、民间故事、中外名著等等。但是，毕竟一共只有40多本书，摆在教室书架上也不过一小格而已。所以，在这些书目之外，一定要补充足够多的班级自选书目，真正从学生实际和需要出发，只要整本书阅读的核心目标得到落实，教材指定（推荐）书目尽量都读，但也不必拘泥于此，班级自选书目既可以作为补充，也可以有选择地替换教材书目。认真分析就会发现，教材指定（推荐）书目，少有与学生当下身心成长发展相呼应的读物，如低年级的各类绘本、中高年级的儿童经典小说和优秀的成长小说书目很少，可适当补充此类读物：如绘本《花婆婆》《活了一百万次的猫》，如《小飞侠彼得·潘》《绿野仙踪》《疯狂爱书人》《野蜂飞舞》，如《乘风破浪的男孩》《兄弟俩》等等。阅读这类读物，会对学生的心灵成长产生深刻的影响，也会为班级内学生之间的同伴关系建设带来积极的促进作用。

以促进学生精神成长为主要目标的整本书阅读书目选择的标准有：一是作品主题积极阳光，文质兼美，能从多角度助力学生的精神成长；二是难度适中，适合儿童阅读。在

“快乐读书吧”之外，最好每学期选择一本这样的整本书进行共读，比如一年级上学期读《田鼠阿佛》或《从前有个筋斗云》，下学期读《蒂科与金翅膀》或《一个男孩走在路上》；二年级上学期读《香草女巫》或《奶奶的除夕夜》，下学期读《木偶奇遇记》；三年级上学期读《夏洛的网》，下学期读《小飞侠彼得·潘》或《调皮的日子》；四年级上学期读《绿野仙踪》或《柳林风声》，下学期读《特别的女生萨哈拉》或《疯狂爱书人》；五年级上学期读《乘风破浪的男孩》，下学期读《射雕英雄传》或《毛毛》；六年级上学期读《飞越天使街》或《苏菲的世界》，下学期读《我的跑道》或《戴面具的我》。当然，可选的书目有很多，这里仅仅是举例而已。

（二）书目和教学内容选择的三个原则

在选择书目和教学内容时要遵循三个原则：目标导向原则、循序渐进原则、经典优先原则。

1. 目标导向原则

内容为目标服务。整本书阅读的内容选择，首先要遵循目标导向原则。无论是书目的选择还是教学内容的定位，从大的方面讲，要为学生的语文核心素养发展服务，从小的方面讲，要清楚为什么要阅读这一本书，具体要落实的学习目标是什么。“2022 年版语文课程标准”在“整本书阅读”学习任务群中就指出：“借助多种方式分享阅读心得，交流研讨阅读中的问题，积累整本书阅读经验，养成良好阅读习惯，提高整体认知能力，丰富精神世界。”要围绕以下学习内容，设计系列语文实践活动。

以三年级下册“快乐读书吧”为例，阅读主题“小故事大道理”与第二单元的人文主题是一致的，整本书阅读的人文目标就是单元的人文目标，即能够从寓言故事所揭示的深刻道理中受到启发，努力做一个有智慧的人。正如一篇课文的内容并不等于全部教学内容一样，一本书的内容也并不就是它的教学内容。阅读一本《中国古代寓言故事》，教学内容的选择，要以学习目标为指导：一是运用从课文中学到的方法，读懂寓言故事中的道理；二是能够将读过的寓言故事与生活中的人和事结合起来，指导生活中的人和事（比较熟练地运用联结策略）；三是从大量寓言故事的阅读比较中初步发现寓言故事形式和语言上的特点。

在根据学生精神成长需要选择书目时，如果要通过整本书阅读引导学生认识和积极创造良好的同伴关系，三年级时就可以选择《一百条裙子》进行共读。

需要特别指出的是，新的时代，语文教育要特别注重中华优秀传统文化、革命文化和社会主义先进文化的传承和弘扬，注重语文课程核心素养中“文化自信”的内涵部分。这也是对整本书阅读书目进行选择的一个重要目标要求，所以，不同学段都要结合教材单元或“快乐读书吧”选择相关的图书开展整本书阅读教学。

2. 循序渐进原则

书目和教学内容的选择，都要遵循学生的年龄特征和认知规律，由易到难，循序渐进。

从书目的选择来看，大体上低年级学生主要阅读绘本、儿歌和童话书，中年级学生阅读表现英雄和模范事迹的图书、儿童文学名著和寓言故事、神话故事等，高年级学生阅读反映革命传统的作品、中外经典作品等。从难易程度上梳理，那就是从绘本阅读到桥梁书阅读再到纯文字书籍的阅读。这些都可以在“2022年版语文课程标准”的“整本书阅读”学习任务群的阐述中找到依据。

在教学内容上，无论是阅读策略的学习和运用，还是具体阅读方法的学习和运用，都要遵循循序渐进的原则。例如，阅读策略的学习和运用，低年级主要是认识和练习运用基本的阅读策略，中年级是比较熟练地运用各种阅读策略，高年级要自觉地综合运用阅读策略。

3. 经典优先原则

经典优先原则主要是针对选书来说的，但也同时隐含了教学内容的选择，因为经典之所以是经典，其文与质是相辅相成、相得益彰的。

统编小学语文教材中的“快乐读书吧”虽然基本是结合相关单元主题进行整本书阅读书目推荐和指导的，但很坚定地体现了经典优先原则。童话的书目是《安徒生童话》《稻草人》《格林童话》，成长小说的书目是《童年》《小英雄雨来》《爱的教育》，“漫步世界名著花园”的书目是《鲁滨逊漂流记》《骑鹅旅行记》《汤姆·索亚历险记》《爱丽丝漫游奇境》。这些都是当之无愧的经典作品。教师根据教室课程生活和学生精神成长的需要选择推荐阅读或共读的书，同样也要遵循经典优先原则，让学生在小学阶段读到更多的经典作品，在经典作品的浸润熏陶中爱上阅读，学会阅读，在整本书阅读中提升语文核心素养。

三、整本书阅读教学的基本课型

整本书阅读与单篇短章阅读最显著的不同就是篇幅体量的大小不同。单篇短章往往少则一两百字，多则一千多字，最长的也不过两千字，往往还是节选自整本书；整本书一般少的几万字，多则十几万甚至几十万字。字数越多，需要的阅读时间就越长，理解起来也就越具有挑战性，学习目标的定位和读书活动的设计也就与单篇短章的教学有很大的区别。

单篇短章的学习活动，一般一两个课时就基本完成了，导入、细读对话、总结反思，在时间上的连续性非常明显，教学进程十分紧凑。整本书阅读从导入到总结反思，相对于单篇短章来说，是一个“漫长”的过程，不同阶段的课堂学习活动，需要教师根据目标定位和学生的实际进行精心设计。在考虑学生学习阅读一本书的实际情况与整本书阅读目标落实推进情况的基础上，整本书阅读教学一般按先后顺序分为三种主要课型：导读课、推进课和交流课（还有的在推进课和交流课之间还会设计实施研讨课）。

（一）导读课

导读课是整本书阅读教学的起始课，承担着激发学生阅读兴趣，给予通读指引、策略支撑、方法指导和目标导向的任务。导读课需要做的事，概括起来就是导兴趣、导任务、导方法和导成果。

导兴趣，也就是激发学生阅读这本书的兴趣。激发阅读兴趣的方法很多，比如精彩片段展示、书名或目录猜想、改编电影片段欣赏、书评或名人推荐语分享等等。具体运用哪种方法，既要因人制宜，即根据班级学生的特点和需要来选择，也要因书制宜，即根据这一本书的特点和阅读学习价值来选择。

为了激发学生阅读中国民间故事的兴趣，考虑到有很多民间故事被改编成了戏曲，如今又被制作成了影视作品，比如《牛郎织女》《梁山伯与祝英台》《孟姜女哭长城》《白蛇传》等等，可以在课堂上播放这些戏曲、影视作品的片段，让学生猜猜是什么作品，让学生了解到这些作品都是从民间故事改编创作而来的；接着可以一起探讨以前民间故事是怎样创作和传播的，让学生认识到，虽然现在几乎没有了“口耳相传”的土壤，但民间故事因其蕴含的美好愿望和艺术魅力，仍然被其他艺术形式所表现和传播。学生阅读经验的唤醒和影视、戏曲作品的介入，都是利用学生内在的兴趣点和好奇心，拉近民间故事与学生在心理上的距离，从而营造积极的心理氛围。

导任务，就是在激发学生阅读兴趣的基础上，顺势引导学生讨论并明确阅读这一本书的某一个或两个具体的任务，比如制定整本书的阅读计划，勾勒主要人物成长路线图等。导读课上导引的阅读任务，往往是为了帮助学生更好地通读整本书。

导方法，也就是指导学生运用基本的阅读策略和方法读书。例如，在《孤独的小螃蟹》导读课上，可以学习运用预测和联结策略；在《西游记》导读课上，可以在认识回目特点的基础上，学习借助回目来阅读章回体小说的基本方法。策略方法的习得，既是目的，也能帮助学生收获阅读果实。

导成果，指的是在导读课上，对完成整本书阅读后收获的学习成果进行“蓝图”描绘，让学生对整本书阅读充满期待。例如，有教师在《三国演义》导读课上，结合影视剧精彩片段，鼓励学生在阅读的过程中选择一个片段改编成剧本，在阅读成果展示时进行戏剧表演。

（二）推进课

推进课，顾名思义就是在整本书阅读推进到一定节点时，依据教学目标落实的需要和学生阅读的实际状态，为促进学生进一步带着目标深入阅读和思考探究而设计与实施的一种课型。推进课既是教师有计划有节奏地引导学生进一步深入阅读整本书的一种课型，又承担着帮助学生解决其在阅读过程中遇到的问题的任务。

推进课承担着三大目标任务：解决困惑、促进研读、启发创意。

解决困惑，指的是通过交流，梳理学生在前一段时间里阅读这本书时遇到的困难和产生的问题，并通过讨论和指导，有针对性地帮助学生解决问题和困难。例如，在阅读中国古代寓言故事、伊索寓言和克雷洛夫寓言时，学生提出为什么大多数寓言故事的主角都是动物，而不是人；在阅读《西游记》时，学生对唐僧不相信孙悟空的火眼金睛能够分清是人和妖感到困惑……这些问题可能是导读课上没有提及的，而是在学生阅读过程中逐渐出现的。只有解决了学生在阅读过程中遇到的问题和困难，整本书的阅读活动才能继续推进，才能深入开展下去。同时，如果教师能在推进课上对前期阅读任务完成得好的学生及时表扬，总结方法，可以帮助在阅读中进度较慢的学生，确保绝大多数学生能够有策略有方法地继续进行整本书阅读。

促进研读，是推进课的主要任务和目标。导读课后，学生带着具体的任务通读整本书，主要是从整体上把握整本书的内容，厘清整本书的线索，为深入思考和探究奠定了基础。在推进课上，要根据“这一本”以及“这一类”书的特点和阅读策略、方法的需要，出示教师精心设计的适切话题，引导学生围绕话题做进一步的阅读思考和探究。例如，在阅读中国民间故事时，通过组织讨论，在课上遴选出以下探究阅读的重要话题和方法：不同的民间故事在内容上有哪些共同点和不同点；不同种类的民间故事中一般会有哪几类人物；民间故事中人物的经历、结局说明了什么道理（案例分析）；像过去的人们一样围坐在一起讲民间故事、听民间故事的感觉怎么样（实践体验）。

启发创意，指的是推进课要为创意性的阅读成果展示做引导和铺垫，让学生进一步体验整本书阅读的魅力和价值。例如，在阅读中国民间故事时，启发学生用富有创意的形式表演自己喜欢的一个民间故事；阅读《三国演义》，选择一个片段进行人物造型设计或改编成剧本排演展示。

推进课要在导读课之后的一段时间里进行，教师在对学生阅读情况调查了解的基础上，结合目标定位和总体规划进行灵活设计。也就是说，好的推进课不是只考虑生成性问题的解决，或一直按计划引导学生深入思考探究具体的话题，而是将两者融为一体，让生成性问题的解决成为推进目标落实的动力或一条有价值的线索。所以，推进课往往可以分成三个相互联系的环节：一是结合前期阅读的内容和学生呈现出的基本状态设计阶段性检测问题，考察学生的阶段阅读情况，包括进度、方法运用、基本收获和遇到的问题等；二是针对共同的、重要的问题组织讨论，答疑解惑，提供策略方法；三是设计提供引导学生深入思考和探究的话题，并讨论后续阅读的策略方法等，保证阅读活动循序渐进，步步深入。

（三）交流课

交流课也叫交流分享课或成果汇报课，目的是通过组织学生交流整本书阅读的收获，进一步激发学生阅读整本书的兴趣和热情，提高学生整本书阅读的能力。成果既包括阅读过程中的探究发现，又包括阅读策略方法使用上的经验积累。交流课可以采用读书会、朗诵会、故事会、阅读论坛等多种形式。交流课一般要做好三件事：分享阅读收获、进行成果展示、创造阅读生活。

分享阅读收获，主要指的是分享在主题感悟、策略运用、个性发现等方面的收获，交流经验，相互启发，促进能力提升。例如，二年级上学期的“快乐读书吧”是“读读童话故事”，共读完《孤独的小螃蟹》后，让学生用一两个词语说说自己从小螃蟹的经历中体悟到了什么，主要是运用什么阅读策略感受到的；在六年级阅读《骑鹅旅行记》时，可以让学生交流自己是怎样综合运用多种阅读策略让阅读过程充满趣味和挑战的。

进行成果展示，就是根据推进课上提供的研读话题和任务，展示各自的阅读成果。例如，“读读童话故事”，开展“童话大王”评选活动，展示绘制的插图等；在寓言故事整本书阅读交流课上，展示要张贴在教室里的寓言故事画报，分组表演寓言故事等；在《三国演义》的阅读交流课上，可以采用发布兵器排行榜、进行腰封设计展示等活动形式。

创造阅读生活，指的是通过交流分享展示，进一步激发学生课外自主阅读这一类书籍的兴趣，教师或同学推荐相关阅读书目，为创造班级学生积极的阅读生活助力。例如，交流和分享了《孤独的小螃蟹》阅读收获后，推荐阅读金近、严文井、孙幼军、陈伯吹等作家写的其他童话，或者学生分享自己爱读的其他经典童话；在《西游记》阅读交流课上，鼓励学生运用策略和方法，课外自主选择阅读《三国演义》、《水浒传》或《红楼梦》。

有时候，根据阅读目标落实的需要，在推进课和交流课之间，教师还会设计研讨课，目的是交流讨论学生在自主阅读探究过程中遇到的实际问题，给学生提供策略和方法支撑，让阅读探究活动的思路更加清晰。例如，在阅读《鲁滨逊漂流记》的过程中，学生不知道怎样撰写出一篇有理有据的人物评价，研讨课上围绕这一具体问题提供示例，组织讨论，明确思路和写法。

三种课型也好，四种课型也罢，目的都是让学生能够兴趣满满地阅读，能够带着思考阅读，能够不断习得阅读策略和方法，不断提升阅读能力，不断提升语文综合素养。需要强调的是，无论是三种课型还是四种课型，都应该进行一体化设计，在总体阅读目标的导引下，做到相互呼应、层层递进，确保学生经历的是一个完整的读书学习过程。

四、整本书阅读教学的成果如何展示

整本书阅读不同于单篇短章阅读的地方，就在于它不仅需要更持久的兴趣、更丰富有效的策略和方法的支撑，还需要学生有更强的毅力来读完整本书并完成阅读目标任务。对于小学生来说，只有将读书与兴趣及丰富而适切的活动结合起来，才能增强学生阅读的毅力。展示整本书阅读成果的目的，就是让学生在展示中体会到阅读探究带来的成就感，以积极的体验促进阅读兴趣的提高和持续，进而转化为强大的阅读毅力，提升阅读整本书的综合能力。

整本书阅读教学的成果展示，可以分为基本成果展示和创意成果展示两种。

（一）基本成果展示

所谓基本成果展示，指的是不仅能够证明自己读完了这一本书，而且按照基础的目标要求完成了阅读任务。整本书阅读的基本成果一般可以分为阅读推荐类、内容梳理类、人物评价类、学以致用类和表演体验类等。

阅读推荐类包括设计制作推荐海报、设计制作腰封、撰写用于推广的文章、开展好书推荐会等形式。阅读推荐展示的是学生对一本书可读性的自我判断，比如其内容和写法上的特色。如果是故事类书籍，可以着重介绍书中的人物和情节，以及语言表达的特色；如果是信息类书籍，可以着重展示其内容特点、构思特色，可以让读者学到哪些新知识和新技能等。在推荐时具体选用哪种形式、聚焦哪些方面，教师要根据整本书的内容和表达特点给学生提供有针对性的指导，也可以让学生自己从不同的形式中自主选择。

内容梳理类包括为故事类图书画故事情节图、梳理人物成长轨迹、画人物关系图、撰写故事梗概等，为信息类整本书构思制作内容结构思维导图等。内容梳理类的成果展示，可以在学生通读完整本书后就着手准备，在后面的阅读中再加以完善。

人物评价类是针对故事类整本书而言的。引导学生对故事人物进行评价，要重视联结策略的积极运用，让学生逐步学会从不同的角度去理解和评价人物的言行和命运，比如充分结合故事情境、联系故事背景、联结生活体验、探寻行为动机等等。人物评价类展示包括制作人物名片，选择关键词评价人物并说明理由，撰写简单的人物评论，给故事人物写封信，等等。

学以致用类包括以下几种：一是阅读策略和方法的迁移与运用，比如读完《西游记》后运用习得的策略、方法自主阅读《三国演义》；二是写法的学以致用，比如读完米·伊林的《十万个为什么》，试着写一写家中某种生活用品的作用、原理等；三是分享自己从书中得到的成长启示。

表演体验类包括朗诵展示（朗诵会）、故事片段表演、讲故事或复述内容等。

基本展示方式既可以在交流课上展示，也可以在交流课前或交流课后展示。无论是哪种类型的展示，都要有与整本书阅读学习目标相匹配的评价量规，以成功的标准来提升学生的获得感和成就感。

（二）创意成果展示

为了更加充分地发挥整本书阅读的课程和成长价值，很多教师会创造性地结合整本书阅读的学习目标，引导学生有创意地完成拓展性任务，并进行创意成果展示。创意成果展示一般有以下几种：

（1）为故事配插图或图画故事。比如，为自己喜欢的儿童故事或童话故事片段配上插图，用绘本的形式来讲述自己喜欢的故事，或者根据文字描写为《西游记》等作品中的人物画像、为人物使用的兵器配图等。

（2）创意表现人物形象或故事内容。比如，阅读完《灰姑娘》，泥塑灰姑娘的形象；阅读完《一百条裙子》，用创意的方式合作设计裙子；为中国古代神话、《西游记》等中的人物设计形象或合作拍摄木偶短剧等。

（3）剧本改编和戏剧排演。比如，读完《夏洛的网》，可以将整本书改编成剧本并排演戏剧；用合作讲故事、话剧表演、戏曲表演等方式分享自己喜欢的中国民间故事；读完《三国演义》，改编和排演“诸葛亮舌战群儒”的故事；等等。

五、如何管理整本书阅读教学的过程

整本书阅读教学的过程管理是一个重要的课题，这是由整本书阅读教学的时间持续性和任务复杂性决定的。一本书，少则几万字，多则几十万字，在围绕一定的课程目标开展阅读教学活动时，学生能否始终有目标地带着思考展开有层次的阅读活动，能否通过独立或合作完成阅读任务而读有所得，教师需要在过程管理上表现出基本的专业素养。“2022年版语文课程标准”指出：“应统筹安排课内与课外、个人与集体的阅读活动，宜集中使用每学期整本书阅读课时，兼顾教师指导和学生自主阅读，保证学生在课堂上有时间阅读整本书。指导学生认识不同类型图书的特点和价值，根据自身实际确定阅读目的，选择图书和适宜的版本，合理规划阅读时间。”

为了让整本书阅读教学的过程管理更方便有效，一般提倡将每学期整本书阅读课时集中起来，以保证学生在课堂上有充足的时间阅读整本书。但考虑到整本书一般字数都很多，仅仅是通读完就需要几天甚至几周的时间，所以，还应在过程管理上考虑周全，以统筹安排课内与课外、集体和个人的阅读活动，让整本书阅读教学有条不紊、扎扎实实地推进。

科学有效的整本书阅读教学过程管理，需要遵循以下几个原则：

（一）目标导向原则

任何教学过程的设计和管理都是为目标服务的，整本书阅读教学也不例外。为了能够思路清晰、有的放矢地进行整本书阅读教学过程管理，除了一体化精心设计学习活动和基本课型外，教师还要将不同阅读阶段的学习目标梳理清楚，根据具体的学习目标对学生的阅读活动进行管理和指导。例如，在阅读中国民间故事时，在推进课上设计了三个目标任务，分别是为书中民间故事分类，对比探究民间故事的内容结构特点和人物类型，从民间幻想故事、民俗故事或“四大民间故事”中选择一种深入探究。教师要根据任务性质和目标定位，与学生一起讨论时间分配和安排、表现性任务的评估方案等，在规定的时间节点进行阅读任务完成情况的分享和评价，并提供有针对性的帮助和指导。

（二）学生主体原则

整本书阅读教学的过程管理，一定要遵循学生主体原则，引导学生运用学习工具帮助自己监控阅读过程和阅读任务的完成情况。最常见的过程管理学习工具有阅读计划表、任务清单等。阅读计划表里一般包括阅读总时间、阅读内容和任务分解、时间分配、自主评价等栏目；任务清单就是依据总体的阅读目标和具体的阅读任务，设计一个个目标内容清晰的任务单，每完成一项就填写好任务完成的时间、完成的程度、遇到的问题等，必要时与同学或老师一起分享探讨，对任务进行调整或获得有针对性的帮助。

学生主体原则还要求教师根据学生的不同能力水平和兴趣倾向等，做到因材施教，在整本书阅读教学的过程中，尊重不同学生阅读任务选择的自由，并提供相应的帮助。

（三）师生共读原则

小学阶段的整本书阅读教学过程管理，不能只针对学生的阅读态度和任务完成情况进行管理，还要发挥教师的榜样和示范作用。当学生在阅读过程中遇到问题或有新的想法和发现时，教师要能够随时给予学生积极有效的回应和支持。这就需要教师始终保持与学生共读。好的过程需要积极的氛围做支撑。用师生共读的氛围进行有温度的、润物无声的管理，往往既能激发学生的阅读热情，又能促使学生更加主动地进行思考和发现，让方法的习得、技能的提升和思维的发展，都看得见，感受得到。

（四）家校合育原则

小学生阅读整本书，最重要的是要激发阅读兴趣，培养良好的阅读习惯，让读书成为学生生活中不可或缺的一项活动，阅读策略方法的学习和运用，最终也都助力于积极的阅读生活的创造。这样，学生阅读视野的拓宽、阅读能力的提升、精神世界的丰富就水到渠成了。而要真正激发学生的阅读兴趣，培养起良好的阅读习惯，仅仅靠学校教师的引导和陪伴是不够的，尤其是当整本书的阅读需要在课外开展时，家庭的参与就显得尤为重要。整本书阅读教学过程管理中的家庭参与，主要是指家庭要积极营造读书氛围，要在学生有需要时提供必要的支撑，比如为学生购买书籍，帮助学生拍摄相关视频，给学生创造安心阅读的家庭环境，等等。把这些纳入整本书阅读教学过程管理的行动，需要教师利用家长会、课程发布会等多种形式，让家长积极主动地参与进来，并且要创造机会让家长和学生一起分享阅读成果。

【讨论与练习】

1. 结合课程标准和这节内容，谈谈整本书阅读教学的重要性。

2. 选择一本共读书，设计你认为必要的创意阅读成果展示的内容和方式，并说明设计的意图。

第二节　整本书阅读教学设计评述

一、读书导读课设计评述

案例 4-1

孤独的小螃蟹

——二年级上册“快乐读书吧”读书导读课目标设计

《孤独的小螃蟹》是统编教材二年级上册“快乐读书吧”推荐阅读的书目，讲述了一只失去小伙伴的小螃蟹如何战胜孤独慢慢成长的故事。小螃蟹喜欢的邻居小青蟹为了寻找更好的住所而离开了，小螃蟹陷入了孤独之中，他的生活似乎只剩下漫无目的的寻找和无尽的等待。在寻找小青蟹的历程中，善良的小螃蟹鼓励小纸鸟自己飞行，帮助狮子剪头发，为了救土坑里的小乌龟失去了一只大钳子但不后悔……因为帮助别人，因为接纳自己，小螃蟹慢慢成长，学会了与别人分享心里的快乐和悲伤，不再感到孤独。终于，去了很多地方却发现到哪儿都不如小泥洞好的小青蟹回来了。故事自然而然有了美好的结局。

这本书插图设计精美且具有匠心，很多画面蕴含了丰富的信息和故事情节发展的线索，很自然地为学生边预测边阅读提供了支撑。

［教学目标 A］

1. 结合生活经验，初步了解预测的阅读策略。
2. 通过课堂实践活动，学习在阅读中根据书名、标题、插图、内容等线索进行预测。
3. 边预测、边阅读、边验证，产生阅读兴趣，提高阅读能力。

[教学目标 B]

1. 通过部分章节片段的预读，激发学生对《孤独的小螃蟹》这本书的阅读兴趣。

2. 学习通过看封面了解故事信息、观察插图猜测情节的阅读方法，初步感受小螃蟹的孤独和他与小青蟹的深厚友谊。

【评述】

研读上面两个教师的教学目标设计，既有共同之处，也有明显的不同。共同之处就是都立足于导读课，重视阅读兴趣的激发和阅读策略的学习运用。不同之处是，教学目标 A 的三条都是围绕具体的阅读策略——预测的学习和运用来表述和定位的，教学目标 B 的两条将兴趣激发和策略学习分开表述，将其并列为两个目标。

教学目标 A 最突出的特点就是聚焦一个核心，即预测策略的学习和运用，有层次地进行目标设定。先是认识和了解什么是预测策略，接着借助《孤独的小螃蟹》一书学习不同的预测方法，然后让学生在课堂上体验预测策略运用下的阅读活动，通过策略的运用激发学生的读书兴趣。这样有层次的目标定位，使得预测策略的习得路径分明，目标落实的蓝图清晰明了，这是其突出的优点。

教学目标 B 将阅读兴趣的激发排在首位，所采用的方法是利用教师精心选择的片段，让学生在预读中对故事内容产生好奇，进而让学生带着好奇和探秘的心理展开阅读活动。第二个目标先指向预测策略的学习运用，但表述中没有使用“预测”概念，而是直接指向了具体的方法。方法运用的目的又指向了内容的感知。

本章第一节在讨论整本书阅读教学基本课型中的导读课时，指出导读课一般的目标任务包括导兴趣、导任务、导方法和导成果。其中，激发阅读兴趣是基础，尤其是低年级，兴趣激发甚至是导读课最重要的目标。从这一点来看，教学目标 B 似乎更关注整本书阅读中学生的年段特点和心理特征。不过，教学目标 A 也没有忽视阅读兴趣的激发，而是将兴趣的激发与阅读策略的学习融为一体，更确切地说，是以策略运用来发现阅读活动的乐趣，故事情节内容为阅读活动提供了真切的载体。如果在兴趣激发上考虑到学生的年龄特征，既让学生对整本书的情节内容充满了好奇，又让学生在策略运用的实践中感受到阅读思考的乐趣，那么兴趣就会具有可持续性了。

在导任务上，教学目标 A 主要是隐含着引导学生运用预测策略来阅读《孤独的小螃蟹》的任务，但教学目标 A 和教学目标 B 都没有特别明确的任务导向。同样，教学目标 A 和教学目标 B 都缺少对阅读成果的展望。导读课上的阅读成果展望，主要是激发学生的阅读欲望，既可以是具体的成果描绘，也可以是浪漫的成果期待，但是到底要不要在导读课教学目标中呈现出来，教师可以根据实际情况做判断和选择，课堂上有这一方面的内容才是关键。

【讨论与练习】

1.《孤独的小螃蟹》这样一个充满童趣、情感丰富的童话故事，除了适合学习运用预测策略，你觉得就情感体验来讲，还适合学习运用什么阅读策略？

2. 请你根据上面的评述，结合讨论 1，重新对《孤独的小螃蟹》导读课教学目标进行定位，并写下来，注意不要超过三条。

案例 4－2

十万个为什么（米·伊林）

——四年级下册“快乐读书吧”读书导读课设计

苏联作家米·伊林的《十万个为什么》是一部十分著名的科普读物，四年级下册的“快乐读书吧”就推荐了这本书。米·伊林在这本书中用生动的语言带着读者进行了一次屋内科学旅行，对自来水龙头、炉子、桌子、灶台、锅架等提出了许多看似简单却不那么容易回答的科学问题。

下面是《十万个为什么》的导读课教学设计的简案。

一、教学目标

（1）通过生活现象猜想等多种途径激发学生阅读《十万个为什么》的兴趣。

（2）学习基本的信息类书籍阅读策略，制订个人阅读计划。

二、教学过程

板块一：利用多种途径，激发阅读兴趣。

（1）问题猜想，激发兴趣。

1）出示问题：为什么铁会生锈？为什么面包放久了会发硬？为什么水能带走脏东西？

2）学生尝试说出自己的答案。

3）说说我们可以通过阅读哪类书籍来知道这些问题的答案。

（2）预读片段，引出作品。

1）出示米·伊林《十万个为什么》中的片段，读一读。

> 奶放上一两天，就会变酸。但是也可以不要一两天，只要两秒钟，就叫它变酸，变成凝乳。
>
> 这需要在奶里加少许醋。凝乳立刻就会分离出来。
>
> 凝乳——这是酪素，是乳蛋白质。它溶在奶里，就像糖溶在水里。只要在奶里加一些酸，酪素就会带着脂肪分离出来。
>
> 可是你知道平常的牛奶里谁也没有加过酸。为什么它还是变酸了？
>
> 罪魁祸首是一些像酵母菌那样的细菌，在空气里经常有这种细菌，这种细菌一落到牛奶里，就着手工作——把乳糖变成乳酸。由于酸，牛奶就凝结起来了。
>
> 要牛奶不变酸，得把它煮沸一下。一经煮沸，细菌就都死了。
>
> 有时候牛奶在煮沸的时候就凝结起来。这是因为它里面的细菌已经工作过，制成了酸。

2）交流：读完后你了解到了什么知识？读起来给你什么感觉？

3）引出作品，认识作者。

（3）展示封面，激发兴趣。

1）欣赏封面，说一说封面为什么要写上这句话：“献给愿意在自己家里做一次旅行的人。”

2）读一读“引子”——《屋内旅行记》，说说自己读完后的想法。

板块二：学习阅读策略，制订阅读计划。

（1）读读目录，说说发现。

1）自己读一读目录，看看从目录上发现了什么。

2）在自己最想读的内容标题上做记号，选择一个，翻到那一页，自由读一读。

（2）结合文体，学习策略。

1）结合刚刚自读的内容，想一想读懂这样的科普作品，可以用到哪些具体的阅读策略。

2）阅读策略运用指导：我们可以怎样读这本书？

教师在学生交流的基础上，重点指导学生在阅读过程中运用以下三种阅读策略进行阅读实践，并提供相应的学习工具。

提问策略：针对标题提问；结合内容提问；从书中找问题答案；结合现代科技发展提问并寻求答案。

联结策略：我原来知道的信息；我新了解到的信息；我形成的新认知。

转化策略：了解文本结构；学习运用文本结构介绍现代家庭中的一种事物。

（3）制订个人或小组阅读计划。

1）选择阅读方式：个人独立阅读或者小组合作阅读。

2）根据实际，制订个人或小组阅读计划。

3）布置作业，让学生按计划在课下展开阅读。

【评述】

《十万个为什么》整本书导读课的教学目标聚焦阅读兴趣的激发和阅读策略的运用，过程活动设计与目标相匹配，是一份充分考虑文本特征、目标定位科学、思路清晰的教学设计。

《十万个为什么》属于非虚构类读物，也称信息类读物，是一本比较典型的科普作品，与文学类读物相比，在兴趣激发和策略运用上，都有所不同。为了激发学生持久阅读的兴趣，教师通过多种途径引导学生发现作品的趣味和价值。首先，借助教材中提到的生活现象，以学生探究答案的好奇心来激发阅读的兴趣。其次，组织学生进行片段阅读，针对片段阅读谈收获和感受，顺势引出《十万个为什么》，把学生的兴趣集中到这一本书上。最后，借助封面信息和书中的引子，用“在家里旅行”这一说法和主意来吸引学生，激发学生的探究欲。这样一来，学生的阅读热情就会提高。

科普作品的阅读，重在指导学生运用提问、联结、转化等阅读策略把书读懂读透，让学生成为积极主动的阅读思考者，既获取知识，又发展兴趣，还提升了阅读科普作品的能力。这篇导读课设计就特别注重基本阅读策略的指导。以提问策略的指导为例，教师引导学生根据不同的内容、从不同的角度进行提问；不仅引导学生提出问题，还引导学生积极寻求问题的答案。提问策略的运用，让学生以探索研究的姿态进行读书实践，这正是科普作品阅读所需要的。

作为导读课，激发兴趣和提供方法指导的目的在于让学生真正把书读起来，有计划有目的地读。教师对阅读策略的运用做了指导，还提供了相关的学习工具，接下来如何展开阅读活动，就需要可行的阅读计划和任务布置。这篇导读课教学设计在引导学生制订阅读计划时，做到了尊重学生的阅读习惯和意愿，让学生自主选择是个人独立阅读，还是小组合作阅读，这样制订出来的阅读计划满足了学生真实的学习需要。

【讨论与练习】

1. 苏联作家米·伊林的《十万个为什么》是统编语文教材四年级下册“快乐读书吧”重点推介的阅读书目。“快乐读书吧”强调“快乐”二字，有兴趣才会体会到阅读的快乐。美国教育家克伯屈认为，要让学生具有诵读并反复阅读一本书的内部动力，确切地说，就是对阅读这本书产生兴趣。所以，《十万个为什么》导读课重视阅读兴趣的激发。激发学生阅读兴趣的方法很多，针对《十万个为什么》这本科普作品，除了这份教学设计中用到的方法，你觉得还可以设计怎样的学习活动来激发学生的阅读兴趣？请将自己的想法写下来，或者重新设计一个激发阅读兴趣的学习活动。

2. 这份导读课教学设计是以简案的形式呈现的，例如阅读策略指导部分就只简单罗列出了几种阅读策略的用法，并没有呈现具体的学习工具。请结合《十万个为什么》的内容和策略运用的目的，选择其中的一种阅读策略，设计一个可以帮助学生进行策略性阅读和思考的学习工具。

二、读书推进课设计评述

案例 4－3

西游记

——五年级下册“快乐读书吧”读书推进课设计①

《西游记》是五年级下册“快乐读书吧”重点推介的书目。这是与单元课文学习联系紧密的一体化编排，目的是让学生进一步习得阅读古典名著的基本方法，更加全面地认识、感受古典名著的魅力。对于五年级的学生来说，阅读整本古典名著会有一定的难度。在四部名著中，相对于《三国演义》《水浒传》《红楼梦》，学生对《西游记》更熟悉，兴趣更浓厚，阅读的难度也会低一点。因此，本单元“快乐读书吧”将《西游记》作为重点推荐书目。

在导读课激发了阅读兴趣、学习了基本的阅读方法的基础上，学生按照任务安排开展了一段阅读实践后，需要用一节推进课来让阅读和思考更深入。下面是一节《西游记》整本书阅读推进课的教学过程设计，请认真阅读。

---

① 祝锋，施燕红．关联前后，习得方法：统编教材五年级下册“快乐读书吧”《西游记》推进课教学设计与评析．小学语文教师，2021（Z1）：42－45.

板块一：汇报阅读进度，交流阅读感受。

（1）导入：最近几周，大家都在读《西游记》原著，读到哪一章了？有没有按原定计划阅读？有哪些发现或遇到了什么困难？

预设1：达成（或超出）原定计划。你是怎么做到的？有什么好的阅读方法？

预设2：未达成原定计划。是不是遇到了什么困难？大家有好的解决办法吗？

（汇报交流，随机呈现学生的计划表，形成板书：猜读、跳读、结合影视剧对比读……）

（2）小结：《西游记》原著不好读，这时用一些好的阅读方法、制订一份适合自己的阅读计划就显得尤为重要。

板块二：分享阅读成果，梳理阅读方法。

（1）说一说：《西游记》是一部长篇古典小说，深受大家的喜爱。你对书中的哪些内容最感兴趣？（预设：人物、故事情节、斗战场面等。）

（2）西游人物大串烧。

1）《西游记》中有很多家喻户晓的人物，你最了解哪一个？

①学生交流。

预设1：悟空等师徒四人。

（出示学生绘制的师徒人物图）他们在整个《西游记》故事中重要吗？

预设2：白骨精等妖精。

一口气能报出几个？整部《西游记》中有名有姓的妖精多达百个。（出示部分妖精图）有位同学对西游中遇到的妖精做了分类，大家一起来听听。（神仙下派的、天界下逃的、自我修行成精的。）

预设3：太白金星等西游神仙。

这些神仙人物在《西游记》中有什么作用？

---

②小结：《西游记》中的这三类人物紧密关联。师徒四人西天取经，一路抢滩涉险，与妖怪斗智斗勇，各路神仙在关键时刻出手相助，让我们欣赏到了一个又一个精彩的故事。

2）人物会随着故事的发展不断变化。一起来听听这位同学是怎样品读孙悟空这个人物的。

①学生边展示折叠卡边交流。

②小结：这位同学通过边阅读边记录边整理的方法总结出了一个形象立体的孙悟空。

3）你们都是运用哪些方式来品读人物的？（学生交流）

4）小结：这些同学借用了一些有意思的学习工具来品读人物，真有趣。在后面的阅读中，你们也可以尝试利用这些学习工具。（板书：折叠卡、名片、人物榜……）

（3）故事结构大探秘。

过渡：你们最喜欢《西游记》中的哪一个故事，来看看“我最感兴趣的一个西游故事”统计图。（出示统计图）最受欢迎的是《三打白骨精》，这个故事藏着什么秘密，我们一起来探究。

1）《三打白骨精》这个故事在原著中的回目是什么？“尸魔”指的是谁？

2）简单说说这个故事的起因、经过、结果。

3）聚焦经过，发现“反复叙事”的结构特点。

①（出示图表）借助图表理一理故事的经过，有什么发现？

故事	《三打白骨精》			
起因	经过			结果
白骨精想吃唐僧肉	白骨精	孙悟空	唐僧	白骨精被孙悟空打死

预设：三变、三打、三赶；三次的内容不同，但结构相同。

②这样的故事结构称为“反复叙事”（板书）。运用“反复叙事”的结构来写的西游故事还有很多，你想到了哪些？（三进盘丝洞、三调芭蕉扇、三探无底洞等）

③小结：“反复叙事”的结构让故事情节跌宕起伏，吸引读者。

合作学习，初识整本书故事结构。

①整本《西游记》故事也藏着“反复叙事”的结构密码。快速阅读第四十三回《黑水河降妖》，小组合作完成学习单。（出示学习单）

小组成员				
故事	章回	起因	经过	结果
三打白骨精	第二十七回	白骨精想吃唐僧肉	白骨精三变 孙悟空三打 唐僧三赶	白骨精被孙悟空打死
黑水河降妖	第四十三回			

②从故事的“起因、经过、结果”中，你发现了什么？（学生交流，板画情节：妖怪出场——斗战妖怪——妖怪被降）

③小结：在后面的阅读中，你可以多关注“反复叙事”的故事结构，当读完整本《西游记》时，一定也能创作出一个西游故事。

板块三：拓展阅读主题，推动后期阅读。

（1）过渡：品读人物，探究故事的写作结构，让《西游记》阅读更深入。接下来的阅读，你还想关注哪些主题？

（2）这些同学都关注些什么？（微课播放）

（微课板块：聚焦诗词品析语言，绘路线图讲故事，改写剧本演故事，从悟空的不同名号思考人物的变化）

（3）总结：国学大师南怀瑾曾说——（出示齐读）

“《西游记》我看过四五遍，前几年我还重新一字不漏又看了一遍，我很想拿起笔来，每一句话、每一回都把它批了，那真是写得好。”

这样一部经典名著怎么忍心错过。接下来的阅读，可以选择自己喜欢的阅读主题或角度，坚持读下去，当你读完整本书，还会有新的思考与收获。

【评述】

这是一节整本书阅读中的推进课。推进课既是教师有计划、有节奏地引导学生进一步深入阅读整本书的一种课型，又要帮助学生解决其在阅读过程中遇到的问题。就像任何一项复杂的持续性任务一样，在任务进程的某个节点，需要根据实际情况进行一次小结性评估，并为下一阶段任务的开展提供指导和帮助，以确保任务的完成，这就是推进课在整本书阅读教学中的重要作用。

这节推进课分为三个板块，重点做三件事。首先，积极关注了导读课后学生的阅读实际情况，了解从导读到推进这段时间里学生有没有按计划完成阅读任务，阅读过程中有哪些新发现，遇到了哪些困惑等，并展开有针对性对话。从设计中可以看出第二件事是这节课的重点，根据学生在前期阅读中所做的准备，梳理出两个典型的共同关注的话题和有迁移价值的话题：人物和情节结构，结合学生已有的阅读成果进行推进指导，落实阅读策略和方法。人物和情节结构是阅读小说时需要着力研读的两个要素，不同的小说会有不同的特点。《西游记》中人物众多，运用什么样的线索来梳理人物就显得很重要，设计中根据人物“身份”引导学生进行分类。这种方法可以很自然地迁移到其他三本古典名著的阅读中。反复结构是《西游记》中很多故事的共同叙事结构，抓住这一结构特点，不仅有助于学生把握故事情节，还启发了学生对小说主题的理解。学生此时要么还没有通读完整本书，要么还没有掌握研究小说人物和情节结构的方法，适时在课上做这样的梳理和指导，尤其还提供了实用的学习工具，将对学生之后的阅读起到推进作用。这节课的第三个板块是用微课展示的方式启发学生的创意阅读，拓展新的阅读研究角度和主题，让学生对《西游记》有更加全面而丰富的了解和认识。同时，这样的阅读创意的启发，也进一步拓宽了学生的阅读视野，激发了学生的阅读兴趣，增强了学生积极完成后续阅读目标任务的内驱力。

对照第一节中概括的整本书阅读教学推进课的三大目标任务——解决困惑、促进研读、启发创意，可以看出在这节《西游记》推进课设计上，这些任务都得到了很好的体现和落实。

【讨论与练习】

1. 整本书阅读推进课教学内容和活动的设计，与其他的课堂教学活动设计一样，都要遵循目标导向原则。只有制订出科学适切的教学目标，才能接着设计与目标匹配的学习活动。请你根据这节课的教学内容和活动设计，推导出教学目标的定位。

2. 整本书阅读教学的推进课在三种基本课型中起着承前启后的作用，课堂上的一些教学内容和活动的设计具有极强的学情针对性。我们强调导读课、推进课和交流课要进行一体化设计，也就是在进行指向课堂实践和学生阅读活动实践的三种课型设计时，既要重视总体目标落实的前瞻性，在课程开启之前就预设好三种课型的主要目标任务和教学内容、活动，又要根据学生在阅读实践活动中的具体表现，在课前有针对性地进行目标定位，对教学内容和活动设计进行调整。请你结合这份推进课教学过程的设计以及自己对《西游记》整本书阅读教学的思考，判断一下课堂上哪些教学内容的选择和学习活动的设计是可以提前预设的，哪些是必须根据对学情的了解和分析才能做好选择和设计的，并写出理由。

三、交流课案例评述

案例 4 - 4

鲁滨逊漂流记

——六年级下册“快乐读书吧”读书交流课设计

一、教学目标

(1) 读完整本书，能梳理小说内容和结构脉络，结合相关资料了解鲁滨逊的冒险经历和思想情感，学习鲁滨逊的冒险精神和开拓精神。

(2) 针对印象最深刻的地方写简评，积极与他人交流研讨，分享自己的阅读体验。

(3) 关注并品味精彩语段。

(4) 激发阅读兴趣，养成良好的阅读习惯，积极分享整本书阅读的经验，有创意地展示阅读成果。

二、教学过程

板块一：利用学者评价，营造分享氛围。

(1) 出示学者的评价，思考：读完《鲁滨逊漂流记》这本书后，你如何看待以下学者们对这本书所做的评价？

它就是我们学习的课本，我们关于自然科学的一切谈话，都不过是对它的一个注释罢了。每个成长中的男孩都应该先读读《鲁滨逊漂流记》。

——［法］卢梭

经典是那些你经常听人家说“我正在重读……”而不是“我正在读……”的书。……《鲁滨逊漂流记》无疑是一部值得逐字逐行重读的小说。

——［意］卡尔维诺

《鲁滨逊漂流记》体现了人类的普遍性。

——［英］柯尔律治

(2) 组织分享自己的想法。

板块二：关注人物行动，交流人物简评。

(1) 回顾整本书的内容，运用思维导图或表格等工具，梳理鲁滨逊几次出海的冒险经历，在独立思考的基础上进行小组讨论：鲁滨逊为什么要一次又一次地出海冒险？

	出海时间	出海原因	出海遭遇	出海收获
第一次				
第二次				
……				

（2）结合讨论，快速修改自己撰写的鲁滨逊人物简评。

（3）小组内交流分享人物简评，看看对鲁滨逊的评价是不是既做到了有理有据，又有自己的看法和判断。小组推荐代表在班上交流分享。

（4）说说“漂流”的鲁滨逊身上有哪些值得自己学习的东西。

板块三：品味精彩句段，分享阅读体会。

（1）你知道书中都有哪些句段被看作精彩的名言吗？和同桌交流一下。

（2）向全班同学分享自己觉得精彩的名言，说说自己的体会。

以下是预设：

1）总起来说，事实证明，我当前的不幸处境，是世界上很少有的。可是，即使在这样的处境中，也有一些消极的东西或积极的东西值得感谢。

2）一个人只是呆呆地坐着，空想自己所不能得到的东西，是没有用的。这个绝对的真理，使我重新振作起来。

3）陆地和海洋我见了这么多，它们是什么？产生于何处？我和所有其他生物，野生的和驯化的，有人性和兽性的，都是什么？产生于何处？

4）我经常怀着感激之心坐下来吃饭，敬佩上帝的好生之德。

5）在不同的环境下，人的感情又怎样变幻无常啊！我们今天所爱的，往往是我们明天所恨的；我们今天所追求的，往往是我们明天所逃避的；我们今天所希冀的，往往是我们明天所害怕的，甚至会吓得胆战心惊。

6）做任何工作，倘若有助手和工具，本来是一件轻而易举的事情，但若单凭一个人空手去做，便要耗费大量的精力和时间。

板块四：梳理阅读方法，借鉴阅读经验。

（1）小组内说说在阅读《鲁滨逊漂流记》的过程中，哪些阅读方法让自己拥有了更多的读书收获。

（2）跟全班同学分享自己的阅读方法和使用这一方法的感受与收获。

（3）说说自己近期的读书计划。

【评述】

整本书阅读交流课，是在学生带着一定的阅读任务读完整本书后展开的，目的是通过组织学生交流整本书阅读的收获，进一步激发学生阅读整本书的兴趣和热情，提高学生阅读整本书的能力。就这一节而言，主要是为了帮助学生更加深入地理解故事内容、人物、写法和主题，同时相互借鉴阅读策略和方法，以提升阅读能力，进一步激发学生阅读整本书的兴趣。交流课的形式多种多样，比如读书会、朗诵会、故事会、阅读论坛等，这节课运用的是读书会的形式。

因为《鲁滨逊漂流记》的经典性和独特性，这节交流课重点聚焦的是两个内容，即对故事多角度的价值体验和对人物的评价。其中，撰写和分享人物简评，是高年级整本书阅读的一项重要任务，可以使学生既能设身处地地理解故事人物，又能联系自己的生活体验对人物做出比较细致的评价。

这节课有两点值得借鉴：其一，理解学者们的评价实际上是一个多主体对话的过程和活动，能够促进学生积极地以主体身份对小说的阅读价值做出判断，让阅读成为有意识地体验和引导自己成长的智慧活动。其二，在分享人物简评之前，再次回到故事中，梳理鲁滨逊多次出海冒险的经历，让鲁滨逊的“成长”路线进一步清晰，这样就会促使学生重新审视自己对鲁滨逊的评价，明白撰写人物简评需要读得细致、想得周全。

【讨论与练习】

1. 交流课一般要有层次地做好三件事：分享阅读收获、进行成果展示、创造阅读生活。阅读的书籍不同，目标定位的侧重点也不同。这篇《鲁滨逊漂流记》交流课设计，侧重人物简评的展示分享。请你结合小学高年级整本书阅读的目标要求和教材单元的定位，分析一下撰写人物简评这一阅读任务为什么是必要的。

2. 有教师在《鲁滨逊漂流记》整本书阅读教学的阅读单中设计了三个问题：鲁滨逊在荒岛上遇到了哪些困难？在众多情节中，促使鲁滨逊发生重大变化的转折点有哪些？你觉得鲁滨逊是一个什么样的人？结果在反馈时发现学生的答案雷同。原来，班上很多学生都没真正阅读这本书，而是从网上搜索的答案。为了确保学生撰写的人物简评是出自自己的阅读思考，你觉得可以设计一个什么样的交流展示活动与人物简评形成呼应，既能确保学生进行真正的阅读思考，又能丰富学生的阅读生活。

四、图画书读书指导课设计评述

（一）如何认识图画书阅读教学

1. 图画书阅读是整本书阅读教学的重要内容之一

“2022年版语文课程标准”在整本书阅读学习任务群中明确提出：“阅读富有童趣的图画书等浅易的读物，体会读书的快乐。”通过图画书阅读教学，学生不仅能积极阅读自己喜欢的图画书，体会读书的快乐，而且能认识图画书的特点，根据图文关系和关键词把握图画书的基本内容，获得初步的情感体验。

图画书，也称“绘本”，是一种特定的儿童文学创作和出版形式。日本著名的图画书研究者松居直这样定义图画书：“所谓图画书，文和画之间有独特的关系，它以飞跃性的、丰富的表现方法，表现只凭文章或只凭图画都难以表达的内容……把图画只是作为对文章的补充和说明，或是为了加上图画让孩子看了高兴，这类的书，都不能称为图画书。什么叫图画书？图画书是文章也说话，图画也说话，文章和图画用不同的方法都在说话，来表现同一个主题。”近年来，图画书教学越来越得到一线课堂的重视，这与世界上儿童文学发达的国家对图画书阅读的重视是一致的。“图画书，是喷涌而出的语言的世界。图画书让儿童感受到生的欢乐，给予儿童生的力量……”① 图画书阅读之所以成为整本书阅读教学的课程内容之一，是因为人们看到了它在发展学生语言、丰富学生情感，以及激发学生的想象力和创造力上具有独特的价值。

“2022 年版语文课程标准”明确提出了图画书阅读的要求，但选择什么样的图画书作为课程内容，就需要教师根据学生的实际需要和课程目标加以考量，在大量阅读的基础上进行甄选。当然，那些公认的经典图画书，总是会优先成为课程内容的选择。

2. 图画书阅读是发展学生语文核心素养的需要

图画书主要是小学低年级整本书阅读的重要课程内容，中高年级也可以根据需要选择合适的图画书开展阅读教学。图画书同时用图画和文字来讲述故事或传达信息，低年级学生识字量有限，但对图画具有亲切感和敏锐的观察力、独特的理解力。图画书阅读是发展低年级学生语文核心素养的需要。

无论是教师给学生朗读图画书，还是学生自主阅读图画书，学生都能够从图画书中感受到一份来自生命世界的激情。这份激情或者来自教师的朗读，或者来自图画书的故事情节，或者来自图画书中的图画和词句。学生在这份激情的感染下，不断习得丰富的语言，发展思维能力，培养审美，在潜移默化中实现了对文化的理解和传承。

具体来说，图画书阅读在激发学生阅读兴趣的同时，还可以培养学生良好的阅读习惯，为今后的学习打好基础；可以扩充学生的词语积累，辨识语言学习中涉及的语调、停顿、节奏等细微的差别，培养语感；可以帮助学生学习基本的阅读策略，如预测、联结、提问、图像化、推断等等；可以迁移读写绘，指导学生进行创作；还可以在图画书阅读过程中组织学生进行合作性的讨论，培养思维能力的同时，发展学生的同理心。总之，图画书阅读可以为发展学生学科核心素养打下坚实的基础。

3. 图画书阅读教学要与教材单元学习相融合

课堂上的语文学习时间是相对恒定的，虽然图画书应该成为低年级学生阅读的重要内容，但从教学角度来考虑，选择哪些图画书进行教学，学什么、怎么学，还是要与教材单元学习相融合。这样，就可以将落实图画书阅读教学目标与单元学习目标相结合，起到相互促进的作用，实际上也更大限度地发挥了图画书阅读的学习价值。

例如，统编一年级上学期的第一个课文单元是围绕四季主题的，这时候将图画书《小牛的春天》《雪人》的阅读融入单元课程，就是很好的选择。统编一年级下册第二单元是围绕心愿主题编排学习内容的，主要学习借助“谁”“是什么”“怎么样”等关键词来进行阅读思考，提取重要信息，读懂课文内容。将图画书《小熊的特别愿望》整合到单元学习

① 松居直．如何给孩子读绘本．北京：北京联合出版公司，2017.

过程中组织阅读学习活动，不仅可以帮助学生更好地理解心愿主题，而且有助于学生学习借助关键问题来提取文本信息。

“2022年版语文课程标准”强调“依托学习任务整合学习情境、学习内容、学习方法和学习资源”，综合运用多种学习方式设计连贯的语文实践活动，将图画书阅读与教材单元学习进行整合，有利于设计连贯的语文实践活动。

（二）图画书阅读教学案例评述

案例4－5

小熊的特别愿望

——一年级下册第二单元读书指导设计

一、教学目标

（1）通过共读活动，学习运用预测、联结等阅读策略走进故事，理解故事内容，体会人物感情。继续借助问题支架“谁”“是什么”“怎么样”了解故事内容。

（2）通过参与故事情节的创造、表演等，丰富语言和情感体验，发展语言能力。

（3）通过故事分享和联结生活经验，继续理解美好的心愿是创造美好生活的基础。

二、教学过程

1. 聊愿望，读封面和扉页，激发阅读兴趣

（1）说说《吃水不忘挖井人》《我多想去看看》《一个接一个》《四个太阳》中分别讲了谁的愿望、什么愿望。

（2）说说自己有哪些愿望？其中哪个愿望是你觉得最特别的？为什么？

（3）读封面，进行观察与猜测。

1）根据教师提问读绘本名字：谁的特别愿望？小熊的什么愿望？

2）认真观察封面，猜一猜，小熊的特别愿望可能会是什么？说说理由。

3）认真观察扉页中的小熊，再猜一猜，小熊的特别愿望可能是什么？

2. 读故事，运用阅读策略，进行多维体验

（1）第1页：听老师读文字，观察图片上的小熊和小兔，说说它们的心情。

（2）第2页：小熊的特别愿望是什么？你猜中了吗？

（3）第3页：“这时，小熊有了一个主意。”如果你是小熊，这时候你想到了什么主意呢？

（4）第9页：一起读“可还是够不着”。讨论：怎么办呢？

（5）第11页：演一演小青蛙，猜一猜小青蛙“大吼一声：‘喂，星星们我来了！’”后，会发生什么事情，如果是你，会接着画一幅什么样的图画？

（6）第15页：你能体会小熊的心情吗？你什么时候也这样伤心过？小熊的特别愿望能不能实现呢？这一页的画面和文字里会不会藏着什么秘密？你是怎么想的？

（7）第16页：观察小熊、小兔跳跳、小青蛙的样子和表情，判断发生了什么事情？小熊想到了什么好办法呢？

（8）第18页：认真观察图片，想想小熊把什么带回了家。

(9) 第19页：看图，说说小熊的特别愿望是怎么实现的。听老师朗读文字，想象小熊和妈妈的心情。说说自己现在的想法。演一演这幅画上的情景。

(10) 封底：观察封底，说说自己看到的是一幅怎样的画面。

3. 话题讨论，理解故事主题

(1) 小熊的特别愿望实现了吗？你是怎么想的？

(2) 请你借助“谁”“是什么”“怎么样”三个问题提示，跟大家分享一下这个有趣的故事。

(3) 你有过小熊这样的特别愿望吗？跟大家分享一下吧。

【评述】

这是与教材单元学习融为一体的图画书教学设计。统编小学语文一年级下册第二单元的人文主题是“心愿”，教材编排了四篇表达不同心愿的文本，分别是《吃水不忘挖井人》《我多想去看看》《一个接一个》《四个太阳》。图画书《小熊的特别愿望》是根据整个单元的整体教学设计补充的学习资源，共读的目的是利用更容易与学生生活经验联结的故事，引导学生进一步理解美好心愿的魅力，同时通过实践活动促进学生语言、思维、情感等多维度的发展。语言思维的实践和教材单元的学习是整体性的设计，为学生创造了更多的机会，在不同的文本阅读中运用问题支架（“谁”“是什么”“怎么样”）帮助自己了解故事内容，不断体验问题支架是如何促进思考的。

进入教室课程的图画书阅读与其他书籍的阅读一样，都要有科学明确的阅读目标定位。这是一年级的图画书共读课，引导学生根据图文信息进行预测、联结，将基础性的阅读策略的学习充分融进图画书的阅读过程中，让学生在阅读实践中体验策略运用的价值。预测，是在关注已有信息的基础上，对故事情节的进一步发展进行想象和推断，不仅是思维的训练，也是一种能够不断给学生带来成就感的图画书阅读实践。从阅读心理来看，预测和联结都不是需要从外部输入的策略，而是源自学生内心需求的策略。在课堂上，重视预测和联结策略的运用，首先是契合了儿童的一般阅读心理，进而让学生真切体验到阅读和成长的快乐。

图画书阅读中的“翻页”，是一个牵动儿童读者的心的动作：好奇、期待、担忧……这些情绪情感让阅读充满了挑战，也充满了乐趣。所以，教师需要研读图画书的每一页图文，找到与学生认知、心理等能够建立强联系的信息，进行问题设计和组织交流。这节课的设计，就是一种精心的“翻页”设计，看上去很简单，但却指向了核心目标的落实。

【讨论与练习】

1. “2022年版语文课程标准”在整本书阅读学习任务群中指出：“阅读富有童趣的图画书等浅易的读物，体会读书的快乐。”这是第一学段的学习内容之一。请结合图画书《小熊的特别愿望》的教学设计，谈谈图画书阅读可以从哪些方面让学生体会到读书的快乐。

2. 预测和联结这两种阅读策略的学习和运用在这篇教学设计中都有充分的体现。阅读策略的运用，最终应该成为学生阅读时的自觉意识和行动。那么，有没有必要在低年级借助图画书阅读来专门进行阅读策略的学习，以帮助学生在自主阅读时获得更丰富的阅读体验？设身处地地想一想，谈谈自己的看法。

第三节　整本书阅读教学设计实践

一、《小英雄雨来》整本书阅读教学设计实践

认真研读下面这个教学设计，对照后面的评课，思考并做出修改。

案例 4-6

小英雄雨来

——六年级上册“快乐读书吧”指导设计

一、教学目标

(1) 利用情节流程图学习梳理故事情节，结合故事情节，利用思维导图梳理所读章节中主要人物的形象，结合具体事例了解和体会人物特点。

(2) 通过分析几处环境描写，体会并说出环境描写的作用。

(3) 学习运用猜测、推论等阅读策略进行阅读，体会策略运用的价值和思考带来的成就感。

二、教学过程

1. 导入谈话激趣味

(1) 谈话导入：上课之前，老师送给大家一段话，请一位同学来读一读。

PPT 出示：一个优秀的阅读者总是能够有意识地在阅读中使用一些策略，从而与文本进行互动，更深刻地理解文本内涵。(摘自《阅读力》)

(2) 说一说：这段话告诉我们什么？

(3) 最近我们一直在读第一本推荐书目——《小英雄雨来》，那么这本书适合用什么方法来读，这节课我们一起来探索。

2. 回顾要素明方法

(1) 在第四单元我们学习了读小说要关注情节、环境，感受人物形象。

(2) 了解不同小说把握人物形象的方法。

(3) 了解《小英雄雨来》感受人物形象的方法。(抓住故事情节，把握人物形象)

3. 情节梳理话英雄

可以根据插图来回忆情节：

(1) PPT 出示书中的插图，观看插图回忆故事情节。

(2) 观察阅读目录，看看我们读过的前 1/3 的内容中的小标题有什么规律？

（每几个小标题，把它们合起来就是一个大的故事。）

（3）利用事件流程图梳理情节。

请同学们阅读事件流程图中对第一个故事的概括，说说例子中是如何概括故事情节的？

（抓住起因、经过、结果，以故事中出现的主要人物为抓手进行概括。）

（4）回顾所读内容，完成第二、三个故事情节的概括及人物梳理，并交流。

（5）如果要把前面这部分内容拍成微电影，你会把哪个情节设为主要镜头？为什么？

4. 这些写人真鲜明

（1）通过这几天的阅读，你觉得雨来是一个什么样的孩子？请大家拿出思维导图，把雨来的特点写到第一个分支上。

（2）我们不但要能说出雨来的性格特点，还得能用具体的情节事例来证明。例如，从“不听妈妈的话去耍水”“跳下河望着妈妈笑”这两个事例中看出雨来的顽皮。

（3）围绕雨来的其他性格特点进行交流，说清楚从哪些情节或事例中看到了他这样的特点，完善思维导图。

（4）学习制作人物档案卡，梳理人物形象。

5. 环境描写妙处多

（1）文中有很多环境描写，你觉得哪一处最精彩？结合我们学过的方法说说它的作用。

（2）读一读，抄一抄，体会环境描写的作用。

（3）图文结合感受环境描写的妙处。

（4）小结：环境描写可以渲染气氛、烘托人物心情、反衬人物形象，更好地刻画人物形象。

6. 故事结局大胆猜

（1）《小英雄雨来》主要写雨来的“英雄”事迹，为什么还要写雨来水性好、上夜校、和几个孩子一起去找主力部队等故事？

（2）在阅读的过程中，你在读到哪些情节时产生过疑问？

（3）请打开书第 48 页，读读阅读小贴士，学习运用猜测、推论的阅读策略。

实践：翻到前边的目录，从没有读过的小标题中选择一个你最感兴趣的，猜猜故事情节。

（4）雨来从乡村小娃成长为游击队员还经历了哪些惊险有趣的故事呢？让我们继续开启阅读之旅吧！

【评述】

这堂整本书阅读推进课的设计，目标定位比较科学，流程清晰，很好地达到了“推进”的目的。

首先，教师抓住了小说阅读的核心要素——体会人物形象来设计这节课的学习活动。虽然从环节设计上看，情节、人物、环境三个方面各一个环节，且给人平均用力的感觉，但在情节梳理和环境描写体会上，都联系了人物的活动和人物形象的塑造。梳理故事情节，除了引导学生抓住起因、经过、结果，还明确了要以主要人物为抓手，让学生明白，无论是起因、经过，还是结果，都与主要人物的活动紧密相关，故事情节是围绕主要人物的活动展开的。在体会环境描写作用时，始终将环境中的人物处境、心情等作为体会的重点，感受环境描写通过渲染气氛烘托人物心情、衬托和刻画人物形象的作用。

其次，注重学习支架的运用，用学习支架来帮助学生将思维清晰化、条理化，从而让其更好地把握故事情节、体会人物形象。在引导学生梳理和概括故事情节时，教师提供了事件流程图这一支架工具。先让学生观察教师提供的流程图示例，发现流程图的结构和内容信息，以及在概括故事内容中的作用，然后让学生学习运用流程图来梳理和概括故事情节。学以致用，习得方法，提升能力。在体会故事人物性格特点时，引导学生运用思维导图和人物档案卡梳理人物形象，有理有据地对人物的性格特点、精神品质做出判断。这些学习支架的运用，契合了学习任务目标的需要，以思维方法促进思维品质的发展。这是整本书阅读重要的课程目标要求。

再次，为了“推进”整本书的阅读，特别设计了阅读策略运用体验的环节。引导学生积极运用提问策略，就具体故事情节进行质疑追问，发现情节与情节之间的铺垫、伏笔等关系和构思，很自然地关联猜测、推论策略的运用，根据已有信息对情节的发展做出自己的预判，让阅读充满了挑战和乐趣。

最后，为了体会不同情节在突出主题和塑造人物形象方面的价值，这节课设计了有创造性的活动，即为微电影选择主要的情节镜头，并说明理由。这样的活动引导学生从不同的应用视角来欣赏故事情节，不仅充满了趣味，也发展了学生的创造性思维。

作为推进课，这节课也有一些值得思考和改进的地方。

第一，在目标定位和实践操作时，对阅读策略的学习运用不够科学。对六年级的学生来说，阅读策略运用应该成为学生能够综合运用的能力，在导读课上提示学生积极运用更合适，而不是在推进课上才作为一项学习目标来落实。

第二，由于时间分配考虑得不够周全，学习支架的实践运用不够充分。教师提供了具体的学习支架和示范，但在留时间给学生运用支架进行情节梳理和人物形象分析时过于“吝啬”，以至于学生运用支架的实践体验仅仅是蜻蜓点水。一节课的容量有限，如果不在学习内容和活动上精心安排和取舍，就很难给足学生实践运用学习支架的时间。无论是整本书阅读，还是课文学习，都应该以学生的学为中心。学生学习体验不充分，就偏离了以学为中心的理念追求。

第三，可以说，这节课的设计和实践是教师在比较充分地研究教材“快乐读书吧”内容的基础上用心落实的。但是，该课文《小英雄雨来》是小说《小英雄雨来》的节选，学生在四年级的时候就已经阅读过。那么，这节推进课在内容的选择和活动的安排上是否有考虑与学生已有阅读经验的联结，值得商榷。也许，导读课上已经做了联系，但在推进课上，至少在环境描写部分的学习中，并没有看出与已有经验的联结。

第四，推进课一般要做三件事，即解决困惑、促进研读和启发创意，这节课后两件事都涉及了，但第一件事没有涉及。如果学生阅读一本书，通读时都没有任何问题和困惑，那就相当于还没有开始阅读，也说明导读课教学不够充分。《小英雄雨来》是一部“红色经典”。针对红色经典的整本书阅读，学生在课前的阅读有没有遇到什么问题，有没有什么想法或发现，推进课是不是需要做生成性的回应？这些答案都应该是肯定的。但课堂上没有这样的环节和活动，有可能是教师在设计推进课之前，没有调查了解学生具体的阅读情况。这是一个明显需要改进的地方。

第五，整本书阅读的教与学，也要重视学习任务的设计。推进课应该是核心学习任务中的一个子任务。如何体现出学习任务设计的情境性、综合性、实践性特征，还需要从整体上做进一步的探讨。

【讨论与练习】

1. 环节或学习活动板块的设计应该有整体意识和层次性。第一个活动“导入谈话激趣味”重点讨论的是阅读策略的运用，但是中间三个活动都与策略运用的学习和实践没有关系。一节好课，开头就应该将学生的注意力都引导到重点学习目标上来。请你根据这节课的重点学习目标——多角度体会人物形象的塑造，重新设计一个开启导入环节的活动。

2. 围绕主要学习内容和目标整合设计学习活动。“小说生动的故事情节会给我们留下较深的印象，这些情境让我们记住了一个个性格各异的人物。”环境描写也是为人物形象塑造服务的。如何将梳理和概括情节内容、体会环境描写的作用与人物形象的体会进行关联性设计，尤其是以学习任务的方式进行整合设计，让学习活动更具系统性呢？请你对中间三个活动重新进行关联性设计。

3. 先个人修改，再小组交流。看哪个同学修改得比较合理，推荐到全班交流。

二、“快乐读书吧”读书指导课设计实践

请任选二年级上册、三年级下册和六年级下册课本中呈现的三篇“快乐读书吧”中的一篇，结合“2022 年版语文课程标准”的相关内容，根据该年级整本书阅读的目标要求，独立编写整本书读书指导课设计。编写完成后与小组伙伴进行交流，再推荐优秀者在全班进行交流。认真体会低、中、高三个年段整本书阅读教学设计的不同特点。

见统编语文教材二年级上册第一单元“快乐读书吧”：读读童话故事。

见统编语文教材三年级下册第二单元“快乐读书吧”：小故事大道理。

见统编语文教材六年级下册第二单元“快乐读书吧”：漫步世界名著花园。

第五章

口语交际教学设计

本章学习目标

1. 了解口语交际与听话说话的区别，以及口语交际各学段的学习目标。
2. 了解各学段口语交际教材的编排特点和内在联系。
3. 能从教材、学情、学习目标、学习过程和教学策略等方面对口语交际教学设计做出评析。
4. 把握口语交际教学的目标设计、情境设计、过程设计的基本方法。
5. 通过教学设计的实践操练，初步学会出口语交际教学设计。

本章学习建议

1. 第一、第二节主要是学生自学完成，课内以小组为单位，对重点内容做交流讨论汇报，教师帮助学生梳理重点，提炼关键知识，总结策略与方法。
2. 第三节是本章的重点。教师要充分利用课例，引领学生把握目标设计、情境设计、过程设计的要领，完成课后作业。

课时建议：4～6 课时。

第一节　口语交际教学设计的关键问题

一、口语交际与听话说话有何区别

从新中国成立后语文教学大纲或课程标准对教学中“听说”的表述及其教学目标、

教学内容的规定，可以管窥不同时期对语文课程提出的要求。人们对小学语文课程目标任务的认识变化，也对我们深刻理解听话说话与口语交际二者的区别带来很大的启发。

（一）从听话说话到口语交际

1956年的《小学语文教学大纲（草案）》提出小学语文学科的基本任务有四项，其中前两项为提高儿童听的能力和说的能力。《大纲》虽把听的能力和说的能力列为基本任务，但没有把听说教学作为独立的教学内容，所列的教学内容为：阅读教学、汉语教学、作文教学、识字教学、写字教学，其中在作文教学中提到“教儿童学会用口头语言和书面语言通顺地连贯地表达自己的思想”①。作文分为口头和书面两项，口语教学作为作文教学的一部分，沦为口头作文。口头作文是说的训练，有利于说的能力的提升，但听的训练、听的能力没有得到重视。

1992年的《九年义务教育全日制小学语文教学大纲（试用）》列出了语言文字训练的五项内容：汉语拼音，识字、写字，听话、说话，阅读，作文，首次把听话、说话作为独立的教学内容。《大纲》详细规定了小学阶段“听话、说话”总的教学要求，低、中、高三个学段的具体要求，提出“听说训练要贯穿在语文教学的各个环节之中……低年级要上好说话课，有计划地进行听说训练”。“教师要给学生创造各种听话、说话的机会，激发他们听说的愿望。”② 尽管《大纲》把“听话、说话”作为独立的教学内容，对“听话、说话”有了更加具体明确的要求，对说话予以更高的重视，但小学语文教材编排和教学基本结合阅读与作文进行听和说的练习。

2000年的《九年义务教育全日制小学语文教学大纲（试用修订版）》首次用“口语交际”替代了“听话、说话”，“听”和“说”合成“口语交际”，但低、中、高学段口语交际目标仍将听和说分开来陈述。2001年的《实验稿》明确指出：“口语交际能力是现代公民的必备能力。应培养学生倾听、表达和应对的能力，使学生具有文明和谐地进行人际交流的素养。”“2011年版语文课程标准”延续《实验稿》的思想，高度重视学生日常口语交际基本能力的培养。

“2022年版语文课程标准”以促进学生核心素养发展为目的，更加强调真实的语言运用情境中的语文实践活动。义务教育语文课程以语文实践活动为主线，分为识字与写字、阅读与鉴赏、表达与交流、梳理与探究四个板块。尽管口语交际没有独立呈现，但其实更加突出了“交际”的重要性。“2022年版语文课程标准”在对语文核心素养内涵的阐释中明确提出：“学生在丰富的语言实践中，通过主动的积累、梳理和整合，初步具有良好语感……具有正确、规范运用语言文字的意识和能力，能在具体语言情境中有效交流沟通。”

综上可知，教学大纲、课程标准所规定的教学目标由对语文学科自身需培养的听说能力转向个体在真实情境中所需的交流沟通能力；教学内容由“听话、说话”从属到“听

---

① 林治金．语文教学大纲汇编．青岛：青岛出版社，2001：65.

② 同①425.

话、说话”独立，再到口语交际、表达与交流，凸显了语文课程从学科本位向以人为本的转变，从关注语文自身走向个体生活所需。

（二）口语交际的要素

口语交际是一种双向或多向的社会活动，是人们为了完成一定的交际任务，面向一定的对象，在具体的语境中表现出来的语言和行为。口语交际的“口语”就是口头语言、听说活动，“交际”就是人与人之间的往来接触。“口语”是交际的基础，“交际”是口语的应用，是口语的指向。

口语交际的核心是“交际”，是交际主体针对特定语境、特定交际目的，运用交际策略，通过语言并辅以体态语不断互动和转化的动态过程①。构成口语交际的要素主要有：交际目的、交际主体、交际语境、交际工具。在生活、学习、工作中，人们总是离不开交际特别是口语交际，交际总有目的，能否达成交际目的是判断交际活动效果的首要标准。交际主体是参与交际活动的双方或多方，主体之间有互动，才有真正意义上的“交际”，互动的方式通常有表达、倾听、应对。交际工具包括言语工具和非言语工具，言语工具（听和说）是交际的主要工具，非言语工具如眼神、手势、肢体动作等是言语工具的重要补充。交际语境是交际活动发生的场合，交际双方欲达成交际目的，需要有场合意识。表达方要判断自己现在处于什么样的场合，该说哪些话，如何以合适的语气、语速、音量，辅以适当的肢体语言得体地进行表达。倾听方则要置身交际语境中，将表达者通过语言和身体传递的信息尽收眼底、融入脑中，及时对信息进行提取、判断、分析、综合，并做出适当的回应、反馈②。

（三）口语交际与听话说话的区别

通过上述分析，可以看到口语交际与听话说话的区别：

（1）从活动的视角来看，口语交际是社会活动，核心是交际，目的是通过听说等手段进行沟通和交流，达成人际交往或者问题解决；听话说话是语言活动，它没有明确的目的，仅考虑语言自身，对语境、场合等强调少。

（2）从语文课程的视角来看，听话说话是言语实践，听说能力是语言能力，听话说话教学注重言语实践与语言能力的培养，强调语文学科自身；口语交际是个体在特定情境中完成特定任务的言语运用，口语交际教学着眼于真实情境中综合运用语言的交际素养，强调核心素养的培养。

（3）从口语交际和听话说话的关系来看，听话说话是口语交际的基础，口语交际是听话说话的动态化使用，与听话说话相比，口语交际具有目的性、情境性、互动性、即时性、现场性等特点。听说能力是交际素养的重要组成部分，交际素养的提升离不开听说能力的提升；但交际素养不全是听说能力，听说能力高交际素养不一定高。

---

① 沈玲蓉．守正创新：统编小学语文口语交际教材编排特点及教学实施．宁波大学学报（教育科学版），2019（6）：65－71．

② 陈志勇．统编语文第一学段“口语交际”教材及教学．基础教育课程，2018（17）：62－65．

二、如何正确把握第一、二、三学段口语交际目标

“2022 年版语文课程标准”立足全体学生核心素养的发展，综合构建素养型课程目标体系。“初步学会运用国家通用语言文字进行交流沟通”是语文课程需要发展的基础性核心素养。“2022 年版语文课程标准”在总目标中提道：“学会倾听与表达，初步学会用口头语言文明地进行人际沟通和社会交往。”这表明口语交际的目的是人际沟通和社会交往，主要工具是口头语言，主要方式是倾听与表达，交际礼仪是达成沟通与交往的重要元素。

“2022 年版语文课程标准”把口语交际置于表达与交流板块下，但口语交际与书面表达目标相对独立，下面我们对三个学段的口语交际目标进行解析，以更好地基于课标进行教学设计。

（一）小学第一学段口语交际目标解析

“2022 年版语文课程标准”小学第一学段口语交际目标如下：

> 1. 学说普通话，逐步养成说普通话的习惯，有表达交流的自信心。
>
> 2. 能认真听他人讲话，努力了解讲话的主要内容。听故事、看影视作品，能复述大意和自己感兴趣的情节。能较完整地讲述小故事，能简要讲述自己感兴趣的见闻。与他人交谈，态度自然大方，有礼貌。积极参加讨论，敢于发表自己的意见。

第一学段口语交际共有两个目标：第一个目标从规范表达着眼，强调学说普通话，并养成说普通话的习惯。普通话是国家通用语言，在小学第一学段首先要学说普通话，习惯用普通话交流。

第二个目标从培养交际素养着眼，强调听说基本能力和交流信心、文明礼仪的培养。一是听他人讲话、听故事，要努力了解主要内容、能复述大意，获取、传递主要信息是交际的基础；二是要学会较完整地、简要地讲述小故事、感兴趣的见闻，完整、简要是讲述的基本要求；三是要有表达交流的信心，信心需要在交流中积累，在交流中要善于讲述自己感兴趣的情节、见闻，敢于发表自己的意见；四是要学习交际的文明礼仪，听他人讲话要认真专注，与他人交谈，态度要自然大方、有礼貌。

（二）小学第二学段口语交际目标解析

“2022 年版语文课程标准”对小学第二学段口语交际的目标规定如下：

> 1. 乐于用口头、书面的方式与人交流沟通，愿意与他人分享，增强表达的自信心。
>
> 2. 能用普通话交谈，学会认真倾听，听人说话时能把握主要内容，并能简要转述。能就不理解的地方向人请教，就不同的意见与人商讨。
>
> 3. 能清楚明白地讲述见闻，说出自己的感受和想法。讲述故事力求具体生动。能主动参与日常生活中的文化活动，根据不同的场合，尝试运用合适的音量和语气与他人交流，有礼貌地请教、回应。

与第一学段的目标相比，第二学段的目标有以下几个特点：

一是继续强化规范的表达，由第一学段的目标要求“学说普通话”发展为“能用普通话交谈”。对于民族地区、农村地区等区域的老师，要根据地方语言特点，采取有针对性的教学策略，让学生在第二学段就能掌握好普通话，用普通话交流。

二是进一步强化倾听、表达能力的培养。与第一学段的目标相比，第二学段的目标对倾听能力的要求由“努力了解讲话的主要内容”发展为“能把握主要内容”，由“能复述大意”发展为“能简要转述”；针对表达能力，在“能较完整地讲述”“能简要讲述”的基础上，进一步提出“能清楚明白地讲述”“讲述故事力求具体生动”的要求。

三是加强对话、互动等主体间的交际。第一学段的目标重在倾听、表达基本能力的训练，对交际主体间的应对强调少，只是对听话方或说话方的一方提出了要求。第二学段则更重视交际本身，一方面提出要乐于与人交流沟通、愿意与他人分享，注重交际意愿的培养；另一方面提出了“请教”“商讨”等更需要对话、互动的交际活动。

四是培养以交际策略为核心的交际素养。与第一学段相比，第二学段提出：“能主动参与日常生活中的文化活动，根据不同的场合，尝试运用合适的音量和语气与他人交流，有礼貌地请教、回应。”第二学段更凸显了交际素养的培养，一方面要主动参与日常生活中的文化活动，注重真实生活中的交际活动；另一方面重视交际策略的培养，即能根据不同的场合，选择合适的表达与人交流，做出恰当的应对。

（三）小学第三学段口语交际目标解析

“2022 年版语文课程标准”第三学段口语交际目标如下：

> 1. 听人说话认真、耐心，能抓住要点，并能简要转述。乐于表达，与人交流能尊重和理解对方。注意语言美，抵制不文明的语言。
>
> 2. 表达有条理，语气、语调适当。参与讨论，敢于发表自己的意见，说清自己的观点。能根据对象和场合，稍作准备，作简单的发言。

与第一学段、第二学段的目标相比，小学第三学段的目标对口语交际有了更高的要求：

一是提升了倾听能力、表达能力的要求。倾听提出“听人说话认真、耐心，能抓住要点”，表达提出“表达有条理”，参与讨论，说清自己的观点。二者都更加强调概括能力，注重逻辑思维、辩证思维等思维能力的培养。语言与思维密不可分，倾听、表达能力的提升需要加强思维特别是高阶思维的训练。

二是进一步加强交际双方的有效、和谐互动。提出“与人交流能尊重和理解对方”，尊重和理解是双方沟通和交往的必要条件。在第一、第二学段规范表达的基础上，提出“注意语言美”。“语言美”主要指语言内容上要准确、鲜明、生动，语言态度、形式上要和蔼、文雅、谦逊、礼貌①。得体的语言表达是对倾听者的尊重，也更能赢得对方的理解，有利于沟通和交往。

三是强化交际素养的培养。进一步强调交际要有对象和场合意识，能够基于交际需求

---

① 吴忠豪．小学语文课程标准与教材研究．北京：教育科学出版社，2018：254.

“作简单的发言”。

（四）整体把握小学阶段口语交际目标

小学语文口语交际教学设计需要整体把握小学阶段口语交际目标，整体把握可以从横纵两方面展开，横的方面就是要明白小学阶段口语交际总体目标与构成要素，纵的方面就是要搞清楚三个学段之间的衔接、递升。

“2022 年版语文课程标准”以促进学生核心素养发展为目的。对口语交际而言，教学目标就是促进学生的交际素养发展。所谓交际素养，是在真实的语境中，交际主体根据对象和场合，积极、自信、得体地运用口头语言，辅以适当的体态语进行交流沟通，达成交际目的所展现的能力与品质。

交际素养由多种要素构成，其核心是交际策略，即在特定的场合、面对特定的对象，合理地运用倾听、表达等交际手段，文明礼貌得体地进行交流沟通，完成特定的交际任务。支撑交际策略的要素主要有交际动力、交际能力、态度修养。

交际动力是指交际的意愿是驱动交际的动力源泉，小学阶段要培养学生乐于与人交流沟通，愿意与他人分享自己的感受想法，积极参加讨论、敢于发表自己意见的品质与习惯，要在表达实践中增强学生表达的自信。交际的意愿、自信心对于学生交际素养的形成以及未来生活、工作都非常重要。

交际能力主要指倾听能力和表达能力。倾听能力包括语音辨识能力、语意理解能力和语感能力。语音辨识能力，即倾听者通过听觉器官来吸收、梳理说话者所发出信息的能力；语意理解能力，即倾听者在准确接收语音的基础上思考、领悟说话者字、词、句乃至段篇之内涵的能力；语感能力，即倾听者对说话者言语个性和言语品格的直接感受能力。表达能力包括内部言语组织能力、外部言语组织能力和驾控能力。内部言语是个人思考时不出声的言语活动；外部言语则是将思维内容按照语法规则“编码”成有序、达意的词汇系列；驾控是根据语境的要求，通过语音、语速、语气和跌宕起伏、抑扬顿挫的节奏来呈现①。倾听能力和表达能力需要在口语交际实践中培养，需要以一定的语言知识为基础，需要处理好语言和思维的关系，注重思维敏捷性、灵活性、深刻性、独创性、批判性等品质的培养。

态度修养是支撑交际策略的重要元素，主要指倾听态度、表达态度、文明礼仪等。态度修养贯穿交际的全过程，影响着交际能力的发挥，决定着交际策略能否取得预期效果。小学阶段是态度修养形成的重要时期，在口语交际中要相互尊重理解，与人交谈自然大方、有礼貌，学会认真、耐心倾听，用适当语气、语调表达，有礼貌地请教、回应。语言修养是修养的外在表现，取决于内在的人文修养。在口语交际中要加强语言修养，同时也要不断提升其广博的人文素养。

口语交际教学目标不能停留于知识、能力层面，要指向交际素养。交际策略是口语交际最上位的目标，是口语交际目标的大观念，教学中要以交际策略统整倾听、表达能力以

① 潘涌．直面世界：语文口语交际教学新概念．教育科学研究，2004（8）：40－43.

及交际意愿、表达自信、礼貌修养等，要以倾听、表达能力来统整语言知识。在口语交际中，要始终把思维作为交际策略、倾听表达能力形成的驱动力，处理好语言与思维的关系。

小学三个学段口语交际目标是一个整体，无论哪一个学段都应指向学生交际素养的形成。交际意愿、表达自信、礼貌修养要贯穿三个学段，从外在逐步走向内生，从行为训练逐步走向品质铸造。低年级要加强倾听、表达基本能力的训练，中高年级则要不断提高要求。中年级要加强交际主体间的互动、对话，不断提升交际策略。通过小学阶段口语交际的学习，学生的语言表达要规范、流畅、得体，能够在真实的语境中达成交际的目的。

三、小学语文统编教材口语交际编排情况

从 2017 年秋季开始使用的统编小学语文教材，与之前各个版本的语文教材不同，口语交际不再从属于课后练习或是作为语文园地中的一项学习任务，而是成了一个独立的学习项目，被单列在语文园地前。将“口语交际”单列出来，可以避免其成为阅读课的拓展或习作课的口头作文练习课，从而更好地突出口语交际的自身规律。

（一）口语交际总体编排情况

统编小学语文教材除六年级下册编排了 3 个“口语交际”内容之外，其余每册都是 4 个，全套教材共编排了 47 个独立的“口语交际”。教材以单元为组织单位，口语交际作为一个独立板块，与课文、习作和语文园地共同组成单元。与之前的版本相比，口语交际不仅独立设置，而且与单元内的阅读、习作等基本没有关联，以三年级为例，8 次口语交际，只有 1 次与习作板块有联动。

口语交际板块以小学生口语交际素养的养成与提升为核心，把课程标准的目标具体化，纵向上自成体系。口语交际板块的编写思路是：设置具体的口语交际目标、内容——选择符合目标、内容的交际话题——在交际话题下创设真实的交际情境——提示交际任务、要求、形式等[①]。以五年级上册第八单元口语交际为例，课标口语交际目标之一是“表达有条理”“听话抓住要点”，依此设置的具体目标是“分条讲述，把理由说清楚”“听人说话能抓住要点”。单元的主题是“读书明智”，围绕目标和主题，设置的交际话题是“我最喜欢的人物形象”，创设的情境是“举办一次‘我最喜欢的人物形象’交流会”，学生们把自己喜欢的文学或影视作品中的人物介绍给大家。最后教材提示了交际的任务、要求，提出采用“先小组交流，再全班交流”的方式。

（二）建构了清晰的目标体系

小学语文统编教材每一个口语交际板块都在书的右下角以浅黄色小便签的形式提示了教学目标、内容，教学重点清晰、明确，有利于教师的教和学生的学。这些目标内容是课标学段目标内容的分解细化、具体落实，是交际话题、交际情境、交际活动的灵魂，是学

① 余琴．统编小学语文教材口语交际编排特点与教学建议．语文建设，2019（8）：59－63.

生交际的要求、学习的目标，具有以下几个特点：

一是凸显真实情境中所需交际素养的培养。如四年级上册第二个口语交际提示内容为："小组讨论时，注意说话的音量，避免干扰其他小组；不重复别人说过的话，如果想法接近，可以先表示认同，再继续补充。"小组讨论是小学课堂常用的方式，也是日后学习生活的重要形式。讨论的时候既要注重效率，尊重他人，又要表达出自己的观点，提示"先表示认同，再继续补充"。讨论时不仅组内有原则，还得注意组与组之间的关系，"注意说话的音量，避免干扰其他小组"是重要的讨论交际原则，这些交际原则都是学生日常交际活动所需要的，是可迁移的能力素养。

二是注重口语交际目标的序列与发展。教材中每一个口语交际板块目标明确，纵向上形成一个序列，循序渐进，呈现出发展梯度。以"表达"为例：一年级提出"大声说，让别人听得见。大胆说出自己的想法"，重在鼓励学生"敢说"；二年级提出"吐字要清楚，按顺序讲"，逐步要求学生"说清楚"；三年级提出"清楚地表达自己的看法，运用合适的方法讲"，明确要求学生"说清楚"；四年级提出"围绕话题发表看法，不跑题。不要遗漏主要信息"，要求学生"有主题、说完整"；五年级提出"分条讲述，把理由说清楚。选择恰当的材料支持自己的观点"，要求学生"有条理、有依据"地说；六年级提出"先说想法，再把具体的理由讲清楚，引用原文说明观点"，注重论辩性表达①。

（三）创设了真实的交际情境

统编语文教材创设了真实的交际情境，突出"口语交际"的交际功能，主要体现在以下几方面：

一是交际话题、交际任务源于学生的生活和实际需求。交际话题很多都来源于学生的生活，如二年级上册的《做手工》要求学生介绍自己做的一件手工作品，四年级上册的《安慰》提醒学生选择合适的方式安慰好朋友，五年级上册的《制定班级公约》引导学生参与班级管理，建设团结友爱的班集体。这些话题都是学生熟悉的生活，学生不仅有话可说，而且对学生来说有较强的生活指导意义。交际任务很多都是学生生活中遇到的问题，如二年级上册的《商量》设计了两个交际情境："向同学借的书没有看完，想再多借几天。""最爱看的电视节目就要开始了，但爸爸正在看足球比赛。"遇到这样的情况，"你会怎样跟别人商量？和同学说一说。"这样的任务情境真实自然，有实际意义，学生可以把口语交际课上学到的原则和方法直接运用于自己的生活实践②。源于生活的交际话题、交际任务，强调交际主体"我"的在场，有益于培养学生的目的意识、角色意识、对象意识、场合意识、礼貌意识，形成交际素养。

二是以多种载体创设真实情境。统编教材增加了很多插图，插图内容多彩多样、栩栩如生，极易引起小学生的交际兴趣，打开小学生的交际思路。如三年级上册的《身边的"小事"》提供了生活中常见的四幅情境图，前两幅是不文明的小事，后两幅是令人感到温暖的行为，帮助学生勾连生活、唤起回忆，认识到看上去虽是小事，但实际上会给他人、

①② 余琴．统编小学语文教材口语交际编排特点与教学建议．语文建设，2019（8）：59－63.

社会带来温暖或者造成伤害。教材中还有很多“泡泡”提示语、对话框帮助学生进入情境、完成交际任务，如六年级上册《演讲》中的两个“泡泡”提示语的内容是“我竞选班干部的时候作过演讲。”“我没作过演讲，不过很想试试……”，引导学生通过交流认识演讲、尝试演讲。

四、如何创设情境让学生“交际”起来

（一）明确要创设什么样的情境

“2022年版语文课程标准”在课程理念中提到“增强课程实施的情境性和实践性，促进学习方式变革”。对于口语交际课来说，创设真实的交际情境让学生交际起来，对学生交际素养的形成尤为重要。口语交际课所创设的情境应该能使学生产生身临其境之感，置身其中时，有一种亲历感、现场感和对象感。在这样的情境中，学生能充分调动自己的有声言语、表情言语、肢体言语，传递思想情绪；能激发自己的思维，迅速敏捷合适地做出反应。学生在交际互动中，思维和表达同步同位进行，口语能力、应对能力得到有效锻炼①。

口语交际课创设的情境至少包含三个要素：我是谁、我和谁交际、交际为的是什么，这三个要素构成了教学设计的纲要。交际主体是口语交际的重要因素之一，在特定情境中，交际主体所扮演的“身份”不一样。不同的“身份”具有不同的特点，“身份”决定着在话语情境中需要完成什么样的任务，说什么样的话。有了“身份”才有语境，才有交际的可能，说出来的话才是交际场中的具有实际交际功能的语言。因而，在创设情境时，必须让学生明确“自己”和“他人”在话语情境中的“身份”②。交际都有一定的目的，在情境中体现为交际的话题。好的交际情境，话题与学生的生活密切相关，是他们生活中经常会遇到的问题。创设情境，除了让学生知道自己的“身份”外，还必须让学生明白交际的目的。

（二）再现还原生活力求真实

与小学生生活紧密结合，是统编教材口语交际板块的一个重要特点。因而，在设计口语交际教学时，要以教材为基础，再现还原生活，力求让学生体验更真实的生活场景。利用教材创设真实生活情境有多种方式：一是用好情境图，再现生活情境。教材为每一个话题都配上了单幅或多幅情境图，有的展现了口语交际的具体场景，有的表现了较为完整的口语交际过程，有的反映了口语交际过程中一瞬间的情景③。要充分利用情境图的不同特点，设计交际场景、交际过程。二是拓展教材的交际话题，设计角色体验活动。三年级口语交际“劝告”交际话题是高年级学生劝告低年级学生下课别坐在楼梯的扶手上往下滑，在此基础上，可设计不同身份的劝告场景，如劝说妈妈不要总是看手机，教师和学生都可

---

① 潘涌．直面世界：语文口语交际教学新概念．教育科学研究，2004（8）：40－43.

② 何捷．统编口语交际切莫“越教越不会说”．教学与管理（小学版），2018（12）：51－52.

③ 张晨晖．苏教版与统编教材口语交际的比对研究与教学建议．语文建设，2019（7）：17－20.

以扮演妈妈，通过角色体验模拟生活场景，进行交际体验。三是通过音乐、游戏等手段，调动学生的参与热情，让学生自然而然地进入交际情境。如一年级《听故事，讲故事》，教材安排的活动是看图听老师讲《老鼠嫁女》的故事，然后自己讲。导入环节可以播放办喜事时的喜庆音乐，把学生带入生活世界，学生在老师创设的氛围中，如同回到了日常生活中，能够更好地看图、想象听故事、讲故事①。

生活中的交流沟通，往往不会一帆风顺，经常会遇到障碍、挫折。因而，口语交际创设的交际情境不仅要在交流话题、场景上还原生活，更要在交际过程中再现日常交际可能遇到的挫折和困难。如二年级上册《商量》安排的话题是我因过生日想早点回家，所以想跟小丽调换值日时间。教学设计时不能只让学生学习用商量的语气进行商量，可以设置小丽因个人原因不同意调换的场景，那么我又该怎么找其他人商量或是不是可以变换过生日的时间、方式等。实际上，在真正的交际中，不如意十之八九。只有设计如真正交际一样的“冲突”“争执”“障碍”等，才能切实提升学生直面问题、解决问题的交际能力②。

（三）促进学生交际的策略方法

小学生由于生活经验缺乏、言语能力发展不足，尽管设置了真实的情境，有时学生也很难顺利实现交际目的。因而，口语交际教学要采用适当的教学策略方法，重视学生思维与语言的同步训练以及言语智慧的培养。

一要发挥教材的范例与触发作用。统编教材有很多插图和“泡泡”提示语、对话框，教学中要让学生反复深入研读教材，从教材中明确交际重点、打开交际思路。如三年级上册《我的暑假生活》中的一个目标是“选择别人可能感兴趣的内容讲”，对象意识更加突出。哪些可能是别人感兴趣的？教材除了提供乡村、城市两个生活场景外，还配了两个“泡泡”提示语作为样例。教学中可让学生研讨图景和“泡泡”提示语，明白听者往往会对自己没有经历过的新鲜事、与众不同的感受和体验感兴趣。在分享暑假生活时不必面面俱到，只需从“新鲜事”“新体验”等角度选择一个内容分享即可③。

二要发挥教师示范、引导作用。学生在完成交际任务时，教师要善于示范、引导。如二年级上册《商量》提出的交际目标是“要用商量的语气”，但学生可能不太清楚什么是商量的语气，教师可以结合教材进行指导怎样“向别人提出商量的问题”，怎样“把自己的想法说清楚”，当别人未同意时又该如何表达。通过这样的示范引导，学生就知道怎样与别人商量了④。如果别人不同意，商量“失败”了，很多学生不知所措。这时老师可以进一步指导，提示“更换人”进行商量，如可以跟老师商量，调整值日生，也可以跟父母商量，晚一点来接自己；可以教给学生商量着“变化事”，例如跟父母商量将生日延期，与伙伴商量一起做好值日后共赴生日聚会。在交际活动中，教师应及时捕捉能推进交际活动的关键点，适时点拨，让学生在持续的交际活动中提高交际素养。

---

① 陈志勇．统编语文第一学段“口语交际”教材及教学．基础教育课程，2018（17）：62－65.

② 何捷．统编口语交际切莫“越教越不会说”．教学与管理（小学版），2018（12）：51－52.

③④ 余琴．统编小学语文教材口语交际编排特点与教学建议．语文建设，2019（8）：59－63.

三要融通课堂与生活。学生在课堂上的口语交际活动能否顺利进行，与他们的生活经验密切相关，因而在口语交际教学之前，可安排学生进行调查走访，获取社会经验，以更好推动课堂上的交际活动。如六年级上册的《意见不同怎么办》要求学生从某一角色出发在两个与环境保护有关的问题中任选一个阐述自己的看法。第一个问题为“春节到底该不该燃放烟花爆竹呢?”要求学生分别扮演普通市民、消防队员、环卫工人、鞭炮厂工人等角色进行讨论。第二个问题为“要路还是要树?”要求学生分别扮演司机、交通运输局工作人员、道路附近居民、生态环境局局长等角色展开讨论。小学生对这些角色很多都不是很清楚，更难知道他们的实际看法与态度，因而在课前可安排学生走访社区的相关人物，在采访的基础上，小组开展讨论，能够从某个角色出发阐述各自的看法①。

【讨论与练习】

1. 谈谈你对交际素养与交际要素的认识。

2. 统编教材口语交际编排体现了目标的序列性与发展性，梳理第二学段口语交际教材，以“表达”目标为例，分析其目标的序列性与发展性。

第二节　口语交际教学设计评述

一、第一学段口语交际教学设计评述

案例 5 - 1

用多大的声音

——一年级上册第六单元口语交际教学设计②

一、教材分析

《用多大的声音》是统编教材一年级上册的第三次口语交际，教材内容分为三部分：导语、情境图和交际提示。

（1）导语。“什么时候要大声说话？什么时候要小声说话？快来试一试吧!”前两句提出问题，问题中隐藏着学习的内容。以疑问的方式提出学习内容有利于激发学生的兴趣与好奇心。第三句发出邀请，让学生进入场景，尝试交际活动。

（2）情境图。教材共呈现了三个情境，分别是在图书馆询问座位，在办公室报告老师捡到物品，在教室为同学们讲故事。三个情境都是学生熟悉的，对于音量的要求表述得较为清晰，非常有代表性，能够让学生更好地认知在不同的场合、面对不同的对象要选择不同的音量，注意交际的礼貌。

---

① 赵年秀．全视角深度学习视域下小学口语交际课的教学策略．语文建设，2020（11）：15 - 18.

② 该案例的教学目标、教学过程来源于上海市实验小学杨妍老师。

（3）交际提示。“有时候要大声说话。”“有时候要小声说话。”指出在不同的场合，要用不同的音量说话。既点明了交际的要求，也明确了学习的目标。

【提示】统编教材口语交际板块一般都会设置一定的交际任务、创设特定的交际情境，以图文结合的方式提出学习目标、内容。教师要充分研读教材，把握学习目标与交际任务、情境之间的关系，这样才能更好地利用情境，在任务驱动中培养交际素养，也才能从教材向外拓展，为学生提供更多的交际实践。

二、学情分析

一年级是学生口语交际学习的起步阶段，重在培养学生的交际意识、交际习惯、交际礼仪。“有时候要大声说话。”“有时候要小声说话。”应从交际意识、交际习惯、交际礼仪的层面去学习。此前，学生已经学习了两次口语交际，第一次是“我说你做”，重在培养“大声说”“注意听”的交际习惯。第二次是“我们做朋友”，重在学习“说话的时候，看着对方的眼睛”的交际礼仪。本次课应在前两次的基础上，巩固已学习的交际习惯、交际礼仪，同时进一步明确说话要有对象意识、场合意识、角色意识。

【提示】学情分析既要关注学段学生的基本情况，又要关注学习内容的学习基础，注意学生的已知、未知、想知、须知之间的关系，注重学习内容之间的衔接和联系。

三、教学目标

（1）通过观察情境图，知道不同的场合该用不同的音量说话。

（2）通过情景模拟，联结生活实际，学习根据具体情境用合适的音量与他人交流，初步具有场合意识和对象意识。

（3）初步感受“大声说”与“小声说”没有对错之分，认识到在不同的情境用恰当的音量说话是文明的表现，并愿意在日常行为中努力做到。

【提示】教学目标着眼于学生交际素养的形成，即能够在具体情境中，根据对象和场合，运用恰当的音量说话。目标的确定应指向学生生活所需，重视目标的整体性，强调在交际实践中形成由交际能力、交际意识、交际习惯、交际礼仪等组成的交际素养。目标的表述应以学生为主体，注重学习条件、学习结果、学习程度的描述。三条目标各有侧重，第一条目标重在获得交际知识，认识到不同的场合该用不同的音量说话；第二条目标重在形成交际能力、交际意识；第三条目标重在学会交际策略，形成良好的交际礼仪、交际态度和交际习惯。

四、教学过程

1. 交际情境一：依托情境冲突，引出交际话题

A：依托情境，引发认知冲突。

师：我们来认识一个小朋友，他叫——亮亮。最近，亮亮遇到了烦恼，请仔细听。（出示情境录音）

B：对比冲突，揭示讨论话题。

（1）亮亮的烦恼是什么？

（2）揭示课题。

【提示】由情境导入，引发认知冲突，引出交际话题，激发了学生的学习需求，明确了学习任务目标。

2. 交际情境二：借助教材插图，领悟交际要求

A：观察场合，确定说话音量。

观察插图三。

（1）出示课文插图“讲故事”。

亮亮正在什么地方干什么？你觉得他应该大声说还是小声说？

（2）仔细观察图片，说说理由。

小结：你们真会观察，不仅关注到了亮亮讲故事的地方，还关注到亮亮在对谁说，以及听故事的人数，真了不起！（板书：地方　对象：谁、人数）

（3）体验“大声说，让每个人都听到”。

请一位同学用合适的音量给大家讲个简短的小故事。

（4）开展互动交际。

你听清楚他的声音了吗？你想怎样夸夸他？（引导讲清楚夸奖的理由，关注音量、表情、态度）听了大家的夸奖，你想对大家说什么？

（5）达成共识：看来，在空间很大的地方对很多人说话时，只有大声说才能让每一个人都听到。（板书：有时候要大声说）

【提示】从第三幅插图开始，让学生进行观察。一方面对于小朋友来说，日常更习惯于大声说，另一方面第一次口语交际已经学习了“大声说”。因而，先让学生观察第三幅图。学习重点是让学生知道在什么地方、面对什么人该“大声说”。教学中从知到行再到知，从情境图到真实情境，学生观察情境图获得基本认识，然后进行交际实践，在实践中进一步深化对从情境图中获得的认识的理解，进一步达成共识。

观察插图一、二。

（1）出示课文插图：图书馆、办公室。

请小朋友仔细观察图片，想一想：图上画的是什么地方？亮亮在对谁说什么？同桌讨论讨论：在这两种场合，亮亮该用什么样的声音说？注意讨论时声音的大小。

（2）刚才，你们讨论的声音都很小，说说理由。

小结：你们已经慢慢知道什么时候要大声说、什么时候要小声说了。

【提示】继续观察插图一和二，让学生了解在图书馆与同学说话，在办公室与老师交流时，需要用什么样的声音说。教学采取了同桌讨论的方式，讨论既研讨交际要求，又践行交际要求，学用结合，知行合一。

B：情景模拟。

请同桌根据讨论结果，选一幅图来表演。

（1）同桌练习表演。

（2）（媒体出示：图书馆场景）请一对同桌表演，随机指导、评议。引导从音量、态度、礼貌三方面评议。请同桌再演一演这个场景，注意有问有答，音量合适，有

礼貌。

(3)(媒体出示:办公室场景)请一对同桌表演,交流评议。

小结:通过表演,我们知道在公共场所和少数人说话时,声音要——轻轻的。(板书:有时候要小声说)用多大的声音说话与说话的场合以及对象有关。

【提示】对图书馆、办公室情境图观察研讨形成初步认识后,安排了一个情景模拟活动,学生通过同桌表演、交流评议活动提高交际能力、交际态度、交际礼仪。在交际活动中,教师设置了评议环节,对学生的交际素养进行评价,让学生明确标准,学会判断。

C:读演儿歌,巩固说话礼仪。

课堂上发言,大声说,

图书馆交流,小声说。

分场合,调音量,

有礼貌,人人夸,

人——人——夸。

【提示】通过儿歌的形式,进一步巩固交际礼仪,明确交际要求。儿歌是小学生,特别是低年级学生喜欢的形式,既能调动学生的兴趣,又能帮助他们记住要领。

3. 交际情境三:联系生活实际,提升交际能力

A:链接生活,创设情境。

(播放运动场上赛跑录像,不出现声音)

师:现在我们来到了运动场,哥哥姐姐们将要举行短跑比赛,请你们当啦啦队员,知道该用什么样的音量加油吗?请你们演一演,并说说理由。

小结:小朋友已经能分场合调音量了,知道在嘈杂且人多的大场合说话时要用更大的音量。

【提示】由课本中的情境延伸到真实的生活场景,首先创设的情境是学生熟悉的运动场,学生分辨场合后,确定应该用更大的音量。

B:拓宽场合,辨析音量。

(1)(出示四幅图片:医院、电影院、敬老院、公交车)在这四个场合说话又该用多大的声音,请拿出学习单,同桌合作把它们分一分、摆一摆,送到相应的地方,注意合作时声音的大小。(小组根据音量大小合作完成卡片分类)

(2)同桌展示,到黑板上贴图画。

讨论:为什么要把对老爷爷讲话的图送到音量大的地方?

小结:有时说话音量的大小和对象有关。

为什么要将医院图送到音量小的地方?

(3)小结:小朋友真棒,能分清什么时候要大声说,什么时候要小声说。

【提示】场景由校内拓展到校外,进一步让学生体会不同场合、面对不同对象该用多大的声音说话。教学中使用了视频、图片等,这些都是创设情境的重要资源。教师还设计了学习单,学习单是学生学习的重要工具。

C：联系生活，举例交流。

生活中，有时候要——大声说，有时候要——小声说。用多大的声音说话与说话的场合、对象及当时的情况有关。你还知道在什么场合该用多大的声音说话吗？

出示：

我知道

在__________对__________说话，要____________________。

（地方）　　　　（谁）　　　　　（大声/小声）

根据学生回答，随机板书。

【提示】前面的活动都是教师指定情境场合，让学生选择是大声说还是小声说。这里是让学生自己进一步联系生活，说出在什么场合该用多大的声音说话，与生活联系更加密切，教学更加开放。在开放的教学中，进一步强化学生的交际意识。

4. 迁移运用：布置课后学习任务

（出示：做一做、评一评。）在下一周的学习生活中，请小朋友关注自己和一个伙伴的说话情况，对照这三个方面进行自我评价和对伙伴做出评价。一颗星表示一天，达到一个要求就在一颗星下打钩。希望你们都成为讲文明的小学生。

评价内容	自我评价	评价伙伴
知道用多大的声音说	☆☆☆☆☆	☆☆☆☆☆
会用合适的音量说	☆☆☆☆☆	☆☆☆☆☆
有礼貌、自然大方	☆☆☆☆☆	☆☆☆☆☆

【提示】布置了课下学习任务，让学生对自己和伙伴的说话情况进行评价。通过评价活动，学生在日常生活学习中进一步强化了在不同场合运用合适音量，有礼貌、自然大方地说话的意识。

【评述】

教学过程由四个环节组成，第一个环节是导入环节，最后一个环节是总结环节，第二个、第三个环节完成新授课的学习。该设计有以下三个特点：一是交际情境贯穿始终。作为口语交际课，情境的创设尤为重要。教学过程从导入到总结始终没有脱离情境。二是从课本情境到生活情境，从教师设计情境到学生自己想象情境，体现教学的拓展、开放，更好地与生活结合。三是重视观察研讨、总结提炼、实践体验。口语交际课的核心任务是促进口语交际素养的形成。在教学中，首先需要学生通过观察情境图，在研讨中总结提炼口语交际知识；其次需要学生在情境中进行实践体验，把知识转化为实践运用，在运用中提升交际能力、交际礼仪，逐渐形成交际习惯。

二、第二学段口语交际教学设计评述

案例 5－2

请教

——三年级上册第八单元口语交际教学设计①

一、教材分析

统编教材三年级上册第四次口语交际的主题是"请教"，教材主要由三部分组成：

一是情境设置。教材用两个文字框创设了两幅生活中不好解决的问题，左边是："我经常丢三落四，上课了才发现忘带作业本，出去春游又忘记带水……"右边是："邻居小辉借东西不及时归还。前些天他把我的足球借走了，到现在都没有还。提醒他吧，怕显得我小气；不提醒的话，又担心他一直不还……"这两个问题都是学生日常经常碰到的难题，既容易引发学生的交流兴趣，又能够满足他们解决疑难的需求。

二是任务导向。怎么解决情境中的问题呢，教材提出："自己不知道怎么解决，向别人请教是个好办法。"提示请教的时候应注意三个方面：在别人方便的时候请教；请教别人时，把需要解决的问题说清楚；不管别人是否能帮你解决问题，都要向别人表示感谢。这三个方面强调了请教别人要选择合适的时机，要把问题说清楚让对方听明白，要向别人表示感谢。这些知识经验是学生请教中需要遵守的要领，是请教能力形成的基础。最后，教材布置了本次口语交际的任务："把你遇到的问题提出来，向同学请教，听听他们有什么好的建议。"这个任务是让学生基于生活中遇到的真实问题尝试向别人请教，在解决真实问题的过程中，让学生学会应该怎样向别人请教，怎样有礼貌地与别人交往。

三是明确要求。教材中明确提出了口语交际学习的要点，明确了学生需要学习的方法策略，提出了两点要求：一是有礼貌地向别人请教，二是不清楚的地方及时追问。"有礼貌地向别人请教"既包括礼貌用语的使用，又包括其他正确的交际礼仪，如选择正确的提问时机、耐心听别人讲话、请教后对别人表示感谢。"不清楚的地方及时追问"，包括请教的人和被请教的人，是让学生一边听一边注意思考别人说的话，如果不清楚问题或者没听明白如何解决问题都应该及时追问，使请教能取得实效。

【提示】口语交际教材分析应抓住统编教材编排的特点，对三个组成部分分别解读。中年级开始对口语交际的学习要求越来越高，对教材中提到的口语交际知识、能力、素养应进行具体的解读，为明确、清晰地开展教学提供支持。

二、教学策略

"有礼貌地向别人请教"和"不清楚的地方及时追问"既是本次口语交际学习的目标，也是教学的重点。"有礼貌"在前面口语交际中已经多次涉及，如一年级上册的"注意听别人说话""说话的时候，看着对方的眼睛""用合适的音量"；一年级下册的"使用礼貌用语"；二年级上册的"注意听，记住主要信息""用商量的语气"；二年级下册的"说话

① 杨伟．教学课例精选 12 课：口语交际卷．济南：济南出版社，2022. 在原文基础上进行了改动。

的语气不要太生硬”“一个人说完，另一个人再说”“注意说话的速度，让别人听清楚”“认真听，了解别人讲的内容”；三年级上册的“听别人讲话的时候，要礼貌地回应”；等等。上述内容为学习“有礼貌地向别人请教”提供了基础，教学中要综合运用已学过的内容，同时，要将“在别人方便的时候请教”“不管别人是否能帮你解决问题，都要向别人表示感谢”这两个有礼貌的新做法巧妙地融入教学活动中，引导学生发现和运用。第二个目标“不清楚的地方及时追问”既是重点也是难点，在前几个年级也有涉及，如一年级下册的“没听清楚时，可以请对方重复”；二年级上册的“有不明白的地方，要有礼貌地提问”；三年级上册的“听别人讲话的时候，要礼貌地回应”；等等。与上述内容相比，及时追问更强调问题的解决，追问是交互的，也不限于一次。教学时要在前面学习的基础上，突出追问的时机、追问的问题表达、有礼貌地追问等新内容的学习，突出情境中的综合、适时运用。

口语交际的核心目标是培养学生在生活中进行表达交流所需的交际方法、策略、能力、品质等，创设真实的、与学生生活紧密结合的情境是口语交际教学成功的重要保证。请教是学生在未来生活、学习、工作中所需要的重要的交际素养，因此，在教学中要充分利用教材中提供的两个十分贴近学生生活的情境范例。此外，应进一步了解学生的真实需求，再选择具有代表性的问题，创设典型情境。情境的创设要以小学生在学习和生活中遇到的难题为主线，注重学生的兴趣。

【提示】教学策略主要指实现教学目标的整体思路以及教学方法、手段等。教学策略的设计要聚焦教学目标，基于学生的学习起点，让教学内容在已有学习经验的基础上融入新知、综合运用、延伸拓展。教学策略的设计要关注教学内容、教学对象的特点，注意整体达成教学目标的思路、方法。

三、教学过程

1. 谈外号，引入“请教”

师：同学们，在学校，很多人都称呼我为“刘懂”，你们知道为什么吗？

生：刘董事长。

师：你看我像董事长，是吧？

（出示课件：刘懂）

生 1：您什么都知道。

生 2：您什么都懂。

生 3：同学们喜欢问您问题。

师：没错，在同学们眼里，可能认为我什么都懂，才给我取了这样一个外号。他们除了学习上的问题，生活中遇到了难题，也喜欢来请教我。（板书：请教）这不，有一天，小花遇到了难题，他来找我，结果呢？请看。

【提示】由老师的外号“刘懂”，巧妙导入本课话题“请教”，既让学生感觉特别亲切，又让学生初步理解“请教”的目的就是解决难题，达到“懂”。最后一句把学生导入下一个环节，引起学生的学习期待。

2. 议礼貌，初学“请教”

（1）选对时机有礼貌。

课件出示小视频。视频情境：刘老师正在和同事讨论问题，小华来到办公室门口，很有礼貌地敲门，办公室的老师示意小华进来。小华直接走到刘老师身旁：“刘老师，您好！我想问您两个问题。”刘老师：“你等一下，我现在有点紧要的工作和老师们讨论。”小华悻悻地走出办公室。

围绕视频，引导学生讨论“小华为什么没有请教成功呢？”“小华应该怎么办？”

小结：向别人请教问题时，得选准时机，得在别人方便的时候去请教，这也是有礼貌。（板书：有礼貌）

讨论：怎么才能知道刘老师是否方便呢？

（2）运用“商量”有礼貌。

运用学过的“商量”的语气，向教师请教。

（3）即时感谢有礼貌。

创建老师不方便的情境，让学生进行口语交际实践，学会如何在别人不方便的时候有礼貌地表达。同时，将学生的实践与小视频里小华的表现进行比较，让学生明白“不管别人是否帮你解决了问题，都要表示感谢。这是真正做到了有礼貌。”

（4）耐心倾听有礼貌。

师：同学们，你们知道小华遇到了两个什么难题吗？

出示课件：问题一，我经常丢三落四，上课了才发现忘带作业本，出去春游又忘记带水……问题二，邻居小辉借东西不及时归还。前些天他把我的足球借走了，到现在都没有还。我去提醒他吧，怕显得我小气；不提醒的话，又担心他一直不还……

围绕第一个问题，学生扮演小华向老师请教，并请学生从有礼貌的视角对扮演者进行评价。

小结：出示课件：怎样有礼貌地请教？（分步呈现）多用“您”“请问”“谢谢”等交际语；看一看、问一问，选对时机；用商量的语气，声音大小合适；及时感谢、耐心倾听。

【提示】这一环节主要围绕“有礼貌地向别人请教”展开，以学生同龄形象“小华”的失败经历为引子，链接教材的第一个情境，以师生共议、师生模拟实践的方式开展教学。教学中有层次地学习“有礼貌”的做法，既有前面几册学习的内容，又有这节课新学习的内容，学生在情境中观察、思考、实践，逐步把“有礼貌”内化为请教的自然行为。

3. 学追问，“请教”清楚

（1）引导追问，渗透方法。

围绕教材中第二个情境所创设的难题，以师生模拟体验的方式，让学生向老师请教。请教中，老师有意识地引导学生不断追问。通过置身情境，把大难题化为具体的细节，学生掌握围绕细节及时追问的策略。

（2）礼貌追问，请教清楚。

师：追问的时候，也要有礼貌哟！谁来说说，怎么追问才是有礼貌的呢？

小结：出示课件：怎样有礼貌地追问？（分步呈现）别人说完再追问，也可停顿再追问，打断先说“对不起”，适时回应表感谢。

师：同学们，我们一起学会了请教，知道了请教不仅要有礼貌，还要在不清楚的地方有礼貌地追问，直到问清楚。

【提示】这一环节围绕“不清楚的地方及时追问”展开，教学中以教材的第二个情境为载体，学习“及时追问”的具体方法，方法的学习结合难题的化解，具体有用。环节的学习分两步，从学习追问到有礼貌地追问，体现目标的整合和学习的阶梯性。

4. 固方法，运用“请教”

（1）同桌合作，练习请教。

师：课前，同学们都将自己最近遇到的难题写给了刘老师，有学习上的困惑，也有生活中的烦恼，刘老师梳理了一下，最典型的是这几个问题。

出示课件，三个典型问题：问题一，我很胆小，上课时明明想举手回答问题又怕答错。问题二，我晚上怕黑不敢一个人睡，真不知道该怎么办才好。问题三，妈妈答应我，如果口算全对，就给我买心爱的玩具，但是有一题我做错了妈妈没发现，我不知道应不应该和妈妈说实话。

师：现在，请大家选一个问题，向你的同桌请教。注意要有礼貌，还要有礼貌地追问清楚。赶快练一练吧！

（同桌练习，教师巡视指导。）

实践展示：选代表上台展示，请其他同学仔细看认真听，看看请教的同学是否做到了有礼貌地追问清楚。

出示课件：我会听：细心听，善思考。我会评：评礼貌，评追问。

（2）适时运用，现场请教。

师：来，加大点难度，还有哪位同学有什么问题要请教吗？（指生到台前）

师：你想请教什么问题？

生：我太喜欢看电视了，怎么也改不掉这个毛病。

师：谁来解决他这个问题。（指生到台前）

师：（对负责解答的学生，引导创设情境。）你也可以做作业或者做别的事情。

师：记住，既要有礼貌，又要追问清楚。开始吧！

（学生进行请教实践）

（3）小结提升，鼓励实践。

师：同学们，看来大家已经学会了请教，有礼貌地请教能让我们获得别人的帮助；有礼貌地及时追问，能帮助我们请教清楚，这样的请教才会真正有效。

师：同学们，刘老师虽然被同学们称为“刘懂”，但其实我也不是什么都懂，我也要不断学习，不断请教，才能更好地帮助同学们。在以后的学习和生活中，我们总会遇到一些难题，希望同学们都能勇敢地、有礼貌地去请教，不断学习，不断收获。下课！

【提示】这一环节从课本走向生活，重视教材学习内容的综合运用。教师在上课之前对困惑学生的难题进行了调查，课堂上让同桌的两个同学自由选择一个难题进行练习，老师给予指导。在学生充分练习的基础上，老师请同桌上台展示，在展示的过程中，老师进一步指导，其他同学认真倾听，运用所学进行评价，评价的过程也是学习内容内化的过程。围绕课前准备的难题请教后，又加大了难度，现场请教，请教更真实，在真实的情境中，学生的交际素养不断提升。

【评述】

教学过程共包含四个环节，四个环节聚焦两个核心教学目标，由分项学习到综合学习，由教材情境到生活情境，整个教学符合学生认知规律与交际素养的形成规律。“请教”是功能性的口语交际话题，通过口语交际来解决困扰学生的生活难题，因而还原生活尤为重要。教学从导入开始就切近学生的生活，一方面课前对学生进行访谈，选择学生感兴趣的真问题，另一方面开展课堂即时请教，更凸显了通过请教来解决问题的目的。

教学中以师生模拟演练的方式展开教学，既有效开展了请教的口语交际活动，又实现了师生、生生交互式的对话互动。教学中还设计了学生评议环节，要做好评议既要认真倾听，又要明确请教的要求，评议环节调动了全体学生的积极性。第二学段口语交际更注重问题解决、对话互动，教学充分体现了这些特点，在学生交际实践中提升倾听、表达、应对的能力，而且把有礼貌融入交际能力中，实现了学生交际素养的综合提升。

三、第三学段口语交际教学设计评述

案例 5－3

制定班级公约

——五年级上册口语交际教学设计①

一、教材分析

“制定班级公约”是五年级上册第一次口语交际的主题，意在引导学生基于班级生活中存在的问题，通过讨论交流的方式，共同制定出契合本班实际的公约。

教材内容分为三部分。第一部分介绍了何谓班级公约以及班级公约的重要性，突出了班级公约是全班同学共同制定、集体形成的共识。教材中配备了两幅情境图，左边是两个孩子指着一个班级公约进行讨论，右边是张贴在墙上的班级公约的图示。情境图很自然地把学生带入情境，并为学生制定班级公约提供了样例。

第二部分是交际流程也是公约制定的步骤。教材以提纲的形式列出了制定公约也即本次口语交际活动的三个步骤：一是根据班级的实际情况，从多个方面，由全班讨论形成要达到的建设班级的目标。二是围绕班级目标，先独立思考，写出公约内容；再分组讨论，形成小组认为的公约内容，意在让学生掌握小组讨论的技巧，梳理个体的观点，形成小组共识。三是小组代表汇报讨论结果，全班同学逐一表决，形成班级公约。

第三部分是交际提示。教材以小贴士的方式提示了学习要点：一是发言要控制时间，

---

① 杨伟．教学课例精选12课：口语交际卷．济南：济南出版社，2022：132.

意在强调表达时要简明扼要；二是讨论后做小结，既总结大家的共同意见，也说明不同意见，要学会梳理提炼。

本次口语交际内容是交流形成班级公约，进行观点的表达和分享。公约经过个体思考、小组研讨、全班讨论，在不断总结、提炼中，集大家的智慧而形成。个人观点的表达、小组合作研讨、全班讨论表决，每个阶段对口语交际都提出了要求。

【提示】这次口语交际的主题是制定班级公约，制定班级公约是进行口语交际训练的载体，教材分析时要把握好制定班级公约过程中的口语交际内容。教材分析的重点不应放在如何制定班级公约上，而应更关注集体讨论、集体决议的口语交际要素。

二、教学过程

1. 谈话导入

（教学背景：授课班级为新建校刚组建的一个新班级，学生来自多所学校。）

师：同学们，这节课我们一起来学习制定班级公约。谁来说一说，什么叫班级公约？

（引导学生围绕何谓班级公约、以前是否制定过班级公约、谁来制定班级公约、为什么要制定班级公约等问题进行讨论。）

小结：在学生讨论的基础上，教师对班级公约进行小结，并提出："班级是我们的家，大家都有责任来爱它。今天这堂课，我们就一起来讨论一下我们班的班级公约。"

【提示】授课班级是由各学校学生汇集而来新组建的班级，提出班级新目标、增强班级凝聚力、唤起学生的主人翁精神、制定班级公约正好是新建班级的重要任务。教师通过谈话导入，直奔主题，引导学生在原来经验的基础上认识班级公约的特点，提出本节课的主要任务。

2. 发现问题

（1）请同学们说说自己心中理想班级的样子。

（2）教师呈现自己日常拍摄的班级照片，请同学们从图中找亮点，也即找问题。

（3）教师呈现自己日常拍摄的学生表现好的照片，请学生们对比反思讨论。

【提示】明确理想班级的样子，对照发现自己存在的问题，是学生们制定班级公约的基础。教师利用日常拍摄的正反两方面的照片，组织学生讨论发现问题。学生通过观看生活中真实的生活学习照，更能发现问题，从而提出合理的班级建设目标。

3. 归纳问题

师：围绕学习、纪律、卫生几个方面，请在你们的草稿本上写出两三条你们认为班级存在的最突出的问题。每个人先思考，然后小组里再交流，说不定大家一起互动，会有更多的发现。那你们觉得，我们在四人小组讨论的时候，需要注意些什么？

学生利用已学的口语交际知识，提出讨论时要注意的方面。教师引导总结梳理，并提出了新要求：相同的问题进行合并；既能总结小组同学的意见，也能说出自己不一样的想法。

学生开始小组讨论班级中的问题。讨论后，小组选择代表来汇报。

【提示】通过小组合作的方式归纳问题，并发现新问题。这一环节，重点让学生开展小组合作实践，明确小组讨论需注意的方面，学会如何进行小组讨论。

4. 制定公约

师：下面请各组认领其中的一个方面，围绕一两个突出问题，借助任务单来制定公约内容。比如，我以卫生方面为例，课间大家吃点心时，产生的垃圾多且不分类投放，班级垃圾桶的分类标识清清楚楚，可同学们却没有做到分类投放。所以我设计的公约内容是：垃圾少，分类好！那接下来我们要如何针对这些问题制定班级公约呢？

教师总结：那我们也来归纳一下公约设计要求：第一，公约是否大家都认可。第二，内容是否具体全面。第三，语言是否简明好记。第四，最关键的一点是，小组意见是否统一。下面各组选定其中某个方面来制定公约。

各组讨论制定公约，讨论后汇报。教师提出汇报要求：第一，控制时间，总结他人的意见。第二，当看到有相同或者类似的公约时，就不重复展示了。最关键的一点，认真聆听，等他人发表意见结束后，再有礼貌地提意见。下面请各组代表上台发言。

每个小组代表发言时，教师组织全班同学商议表决。

【提示】训练学生针对问题制定公约，能够用简明的语言表达公约的内容。在过程中，始终以口语交际训练为中心，重点学习如何代表小组进行汇报，如何针对其他小组的汇报提意见。组织全班商议表决，在更大的范围内讨论。

【评述】

教学过程包含了四个环节。第一个环节为导入环节，针对班级特点与学习的内容，采取了谈话导入的方法，究竟采取什么样的导入方法，要充分考虑学习内容及学情。后三个环节以制定班级公约的过程来组织，首先是发现问题，发现问题环节教师引入班级、学校的生活照片，为学生讨论制定班级公约提供了素材，营造了情境。归纳问题环节重在训练学生在自己思考的基础上充分、有效地讨论交流，着眼于小组讨论技能的形成。最后一个环节是制定公约，需要学生在上一个环节的基础上，立足班级公约的要求，在语言表达上进一步提升，强化如何以简约的方式表达，能够认真聆听，共同商议表决规则。

阅读下面的教学设计案例，从教学目标、教学过程、教学策略运用等方面进行分析与评述。

案例 5－4

名字里的故事

——三年级上册第四单元教学设计①

一、教学目标

（1）了解自己或他人名字的含义或来历，能把了解的信息说清楚。

（2）认真倾听他人的讲话，做出礼貌得体的回应。

（3）能向家人讲述同学名字里的新鲜事。

二、教学重难点

能把了解到的信息说清楚，并在与他人的交流过程中做出礼貌得体的回应。

---

① 施晓玲．口语交际“名字里的故事”教学设计．语文教学通讯·C刊，2018（9）：30－31．在原文的基础上进行了改动。

三、教学过程

（一）先玩游戏，激趣导入

（1）玩小游戏“火眼金睛”。出示一组图片，学生抢答说出人名，课件依次呈现一组人名。（马小跳、司马光、诸葛亮、李欧·李奥尼、比尔·盖茨）

（2）简介“名字”。（古代，“名”和“字”是分开的。传说古代婴儿出生三个月后由父亲、祖父等长辈命“名”。男子 20 岁、女子 15 岁举行成人礼时会由贵宾、老师等取“字”。现代，姓的后面就是“名字”。）

（3）引导学生分类、观察、比较。

哪些是中国人的名字？哪些是外国人的名字？你是怎么知道的？（中国人的姓有单姓和复姓之分，姓在前，名在后；外国人的名在前，姓在后，中间用一个小圆点进行分隔。）

（4）请读过《淘气包马小跳》的同学说说“马小跳”这个名字的来历。

（5）揭示课题。马小跳的名字原来是这么来的。每一个名字都有属于自己的故事。（揭示课题：名字的故事）

（二）创设情境，访谈互动——名字里的真情和智慧

（1）创设情境，营造交际氛围。

你的名字是怎么来的，里面又有什么故事呢？今天，就让我们来到“说出你的故事”节目现场，一起聊聊名字里的故事。

（2）个人展示——热心观众的真情讲述。

1）讲述自己名字的来历，分别出示对讲话者和听讲者的要求。（要求一：说清楚、乐表达；要求二：认真听、用心记）

2）同桌相互讲讲自己名字的意义。

3）抽学生上台讲述，其他同学可以追问。

4）刚才听了这么多同学名字里的故事，你最喜谁的名字，想对他（她）说什么？

（3）访谈互动——小主持人的现场采访。

1）邀请学生作为“说出你的故事”栏目的主持人，借助视频通话即时采访家长。（出示访谈要求：主动问、有礼貌）

2）家长现场讲述孩子名字里的故事，教师同时用手机录制下学生连线采访的视频。

（4）回看点评——小导演即时的指导点评。

邀请学生作为“说出你的故事”栏目的小导演，回看小主持人的采访视频，针对访谈要求，师生评点。（提示学生，主持人有没有在合适的时机有礼貌地提出自己想进一步了解的问题。聆听过程中，可以用微笑点头、眼神赞许等方式来回应对方。）

（5）教师小结：我们的名字有的包含着出生的时间、地点或代表着某种自然现象，有的来自古代诗词或经史典籍，有的则寓意某种美德或寄托着美好的希望。名字里蕴含着丰富的知识、无穷的智慧，充满了长辈的爱与期待，饱含着浓浓的真情。

（三）欣赏名字，观察发现——名字里的历史和时代

（1）课前同学们都收集了自己家人的名字，老师将你们课前收集的内容进行了整理。

（出示表格）仔细观察，再比较比较，你有什么发现呢？

爷爷奶奶的名字	
爸爸妈妈的名字	
我们的名字	

（2）语音互动。借助微信、QQ、电话等通信工具，与家长联系，了解家长名字的来历。（出示要求：有礼貌、用心想 ）

（3）学生交流感受。

（4）教师小结：小小的名字里除了饱含着长辈们浓浓的情意，还能读出不同时代人们的不同情怀，读出历史文化的变迁。感兴趣的同学课后可以进一步深入研究。

（四）自己取名，交流点评——名字里的未来和永远

（1）欣赏一组课前收集的名人的名字。

很多名人除了有一个响亮、好听的名字，他（她）还会根据自己的志向和爱好，给自己取一个号。这个号也就成了他（她）的别名。（教师举“郑板桥”的例子）

（2）“我的名字我做主”——给自己取个别名。

小组交流，说说理由。

（3）学生汇报，教师评点送祝福。

（五）总结全课，布置作业

（1）播放星空图、星协命名证书和一组人名。

（教师解说：我国共有100多颗由中国杰出人物、中国地名和中国的著名单位命名的小行星。这些杰出人物中有著名物理学家杨振宁、李政道、周光召、钱学森……）

（2）教师结课：同学们，未来的路上，名字将伴随你的一生，老师希望你好好珍惜并通过自己不断的努力，让你的名字闪闪发光。

（3）课后作业：回家后和家人说说，你从同学名字里听到的新鲜事。

第三节　口语交际教学设计实践

一、口语交际教学目标设计实践

小学语文统编教材二年级上册第一次口语交际的话题为“注意说话的语气”，请按照要求完成下列任务。

（一）分析教材

基于课程标准，从确定教学目标、教学内容、教学策略出发，对《注意说话的语气》教材进行分析。

教材分析应注意以下几点：

（1）基于“2022年版语文课程标准”课程核心素养、总目标以及低年级“表达与交流”的目标，对教材进行分析。

（2）准确把握教材中话题、不同语气的表达效果、三个情境以及提示的学习内容、交际要求这几方面之间的关系，对与不同语气表达效果相关的语言知识进行具体阐释，能够立足于学生交际素养的培养，找到教材中这几部分内容之间的关联性。

（3）教材分析要联系学生一年级、二年级上学期已经学过的口语交际内容，注意考虑学生的学习基础，建立旧知与新知的联系。

（二）分析下面两位老师确定的教学目标

A老师确定的教学目标：

（1）课堂上通过语言实践，使学生明白与别人交流时既要把话说清楚，又要使用恰当的语气。

（2）培养学生良好的口语交际习惯，并做到举止大方、有礼貌。

（3）说话的语气不要太生硬，避免使用命令的语气。

B老师确定的教学目标：

（1）勇于表达自己的想法，愿意主动与人交际以解决实际问题，树立交际的信心。

（2）在交际的过程中，注意说话的语气，不生硬、不命令，尽量让人舒服，让别人乐于接受自己的意见。

（3）言辞合理，能通过神情、动作等肢体语言表达自己的想法，会用合适的语气，从而实现更好的交际效果。

【讨论与练习】

（1）基于上述目标确定与表达的要求，以小组为单位讨论上面两位老师确定的教学目标，分析其合理与不合理之处。

（2）通过讨论，你对口语交际教学目标有哪些认识？请写出自己确定的《注意说话的语气》一课的教学目标，写好以后与小组同学一起评一评。

资料链接

口语交际教学目标确定与表述要求。

1. 教学目标的确定要基于课程标准，通过分析教材和学情来确定；要把课程标准的要求与教材内容相结合，尽量避免简单地把课程标准要求和教材内容组合在一起。课程标准中的目标是大观念，是核心目标，教材是实现核心目标的支撑，要在课标目标大观念下建立具体目标。

2. 口语交际教学目标是学生通过交际活动习得的学习结果，目标表述要指向学习结果，比如学会用不生硬、不命令的口气表达自己的意见、想法。

3. 口语交际的目标是提升学生的交际素养，交际素养由语言能力、交际意愿、交际礼仪等组成。每次课确定的教学目标数量以2～4个为宜，几个目标要共同指向交际素养，但应各有侧重。表述时要注意几个目标之间的关联，明确教学重点。

4. 教学目标的主体是学生，因而在表述目标时，不能用“培养学生”“使学生”这样的表述。

5. 教学目标要具体，尽量做到可观察、可测量，如“培养良好的口语交际习惯”这样的表述就太笼统了。

6. 教学目标的表述要凝练、准确，意义性的内容一般不在目标中出现，如“实现更好的交际效果”。

二、口语交际情境创设设计实践

交际情境是学生口语交际素养形成的重要载体，创设交际情境是口语交际教学设计的一个重要内容。《注意说话的语气》教材中列出了三种情境（见图5-1），让学生在这些情境中用合适的语气进行交流。

如果遇到下面的情形，你会怎样说？试一试，注意说话的语气。

◇ 妈妈让我学钢琴，我想学画。我会跟妈妈说……

◇ 上学迟到了，老师批评了我。下课后我对老师说……

◇ 看到同学洗手后忘了关水龙头，我会跟他说……

图5-1 《注意说话的语气》中列出的三种情境

一位老师基于教材中的情境，设计了下列交际情境①：

1. 创设情境一

师：同学们，咱们的午餐是不是在学校里吃的啊？哎呀，那跟小明是一个样的。有一天，小明吃完午饭，刚想把饭盒放回原处，食堂就阿姨挡住了他的去路，这个时候，小明该怎么对阿姨说？大家可以自己先练习一遍，来，谁来说？

2. 创设情境二

师：接下来，就让咱们走进小明的一天，去看看在这一天里，小明遇到了哪些事情，他又是如何去面对的呢？同学们，这天早上小明上学迟到了，请看投影。（播放小明迟到的视频）没过多久，下课了。老师回办公室去了，而小明在教室里思考着，他觉得应该向老师解释一下，他的心里才会畅快一些。同学们，你说说看，他是应该向老师去请求吗？还是去商量？去解释？还可以怎么说？可以自己先练一遍。

3. 创设情境三

师：小明得到了老师的谅解之后，高高兴兴地往教室走去，经过学校洗手池时，他看

① 案例编者为上海浦明师范学校附属小学戴建荣老师。

到一个同学洗完手没有拧紧水龙头就想离开。这会儿同学们看看（手指黑板），他是应该去向这位同学请求吗？还是商量？解释？他应该说什么，以什么样的语气去说？同桌两个人练习一下，一个扮演小明，一个扮演这个同学。

4. 创设情境四

师：同学们，小明提醒完同学后高高兴兴回教室上课去了，没过多久，丁零零，下课了，放学啦，可以回家了。这天晚上，小明家里正在为报社团兴趣班的事情召开家庭会议呢。妈妈想让小明去学钢琴，可是小明心里却想学画画，这回他应该找妈妈去——商量。我们学过的呀，要多用些商量的语气词，比如？

生：好不好？

生：您同意吗？

生：能不能？

生：可以吗？

生：行吗？

师：老师悄悄提醒你们，以往我们和同学商量，和老师商量，和阿姨商量。今天可是和妈妈商量，所以和妈妈在家里商量的时候可以用撒娇的语气。谁会呢？你试试看。

生：妈妈，我真的很想学画画，求你啦。

师：如果妈妈还在犹豫，其实还可以运用肢体动作来表达，比如说拉着妈妈的手啊，摇摇妈妈呀。你一摇妈妈就被你摇答应了，明白了吗？哎，自己在台下练一遍。

【讨论与练习】

1. 上述案例一共创设了四种情境，请你将它与教材中提供的三种情境进行比较，发现有什么特点？

2. 请你基于自己确定的教学目标设计交际情境，设计好后与同组同学进行交流，讲一讲你设计的目的，听听大家的意见，再继续修改完善。

资料链接

交际情境的创设要注意以下几点：

1. 明确交际情境创设的目的和意图。教学中情境创设的目的是让学生通过交际活动学习交际规则，运用交际策略，形成交际素养。对于不同的交际话题、交际要求应该创设不同的交际情境，所创设的情境，应有利于学习新的交际规则，习得新的交际要求。所以，交际情境是教学的一部分，是重要的教学资源，必须服务于教学的需要。

2. 交际情境要体现生活性、真实性、趣味性。口语交际的目的是培养学生在真实生活中的交际能力、交际品质，因而所创设的交际情境要来源于真实生活，是儿童所熟悉的生活，这样学习的内容才是有用的、可迁移的。

3. 课堂创设的情境应具有完整性、阶梯性。完整性有两层含义：一是每一个情境都应相对完整，有一定的意义，容易让学生融入其中；二是几个情境如果能够相互关联，构成一幅完整的生活画面，更容易让学生保持学习、专注学习。阶梯性是指几个情境应该逐渐增加学习的难度，从单一到综合，从教材到课外，有利于学生循序渐进地学习。

三、口语交际教学过程设计实践

《劝告》是小学语文统编教材三年级下册第三次口语交际的内容。教材引入学生熟悉的校园情境——儿童从楼梯上滑下，三位大同学看到这一情景后，分别进行劝告。教材引导学生分析三位同学的劝告，明确劝告的时候要注意说话的语气，不要用指责的口吻；要多站在他人的角度为他着想，这样更容易被人接受。此外，教材还提供了两种情境：一是有同学违反交通规则，横穿马路；二是表哥喜欢玩电脑游戏，一玩就是一整天。前一种是社会生活，后一种是家庭生活，让学生学会在不同的生活场景中学习如何去劝告他人。

案例 5－5

劝告

——三年级下册第七单元口语交际教学实录①

一、导入新课，尝试劝告

师：上课之前，王老师先请大家来猜一则谜语：外表疙瘩瘩，刺猬像是它。爱者赞其香，厌者掩鼻走。猜猜这是什么？很多同学都吃过。

生：榴梿。

师：你吃过没有？喜不喜欢吃？

生：我吃过，不过第一次闻到时我就想跑，但是第二次吃时我捏住鼻子吃了一块，觉得挺好吃的。

师：第三次还捏鼻子吗？

生：不捏了。

师：你吃榴梿的过程很有意思。谁再来说说？

生：我跟刚才那位同学不一样，我觉得榴梿吃起来很甜。

生：我第一次吃，是姥姥从市场买回来的。它没有外面的皮，直接是里面的果肉，装在一个盒子里。我闻了闻，觉得并不臭，吃的时候也觉得很好吃。如果它是冰的，吃起来很像冰激凌。

生：我第一次吃榴梿时，不知道榴梿是怎么吃的，就尝试把它掰开。结果太硬了，我就拿刀子切。可是我的力气太小了，切不动。

师：看来爸爸妈妈不在家的时候吃榴梿挺不容易的，还挺危险的。想想看，你拿起刀的那一刻，妈妈正好开门进来，她一定被吓坏了。所以，我们切榴梿的时候要注意

---

① 编者为陕西师范大学附属小学王林波老师。

安全。

生：我第一次吃榴梿时，先闻了闻味道，然后就大口大口地吃了起来，一连吃了好几块，从此我就爱上吃榴梿了。

师：看来大部分同学还是比较喜欢吃榴梿的。我可不行，不仅不喜欢吃榴梿，而且闻到它的味道就受不了，一定要掩着鼻子，甚至得捏着鼻子。有一天，我在高铁站候车大厅安静地等车，一边看着书，一边听着音乐，这时候，一股特别刺鼻的味道飘了过来，有人在吃榴梿，这位乘客不仅在吃，还吃得很香。四周有好几个人估计跟我一样，也不喜欢吃榴梿，有的捂着鼻子，有的直接捏着鼻子。那一刻我们的心情，大家能理解吗？

生：能。

师：我们不喜欢吃榴梿，闻到榴梿的味道都难受，可这个人不仅在吃榴梿，而且吃得很香，吃得时间很长。谁能帮我劝劝他？我现在就扮演那个吃榴梿的人，你来劝劝。

生：你好，这是公共场合，这榴梿实在太臭了。

师（扮演吃榴梿的乘客）：啊，你竟然说我臭，你给我走开。气死我了，哼！竟然说我臭！真是个熊孩子！

师：劝告失败，我们再请一位来。

生：这个榴梿太臭了，你能不能考虑一下别人的感受啊？

师（扮演吃榴梿的乘客）：你给我走开！竟然说我最喜欢吃的人间美味榴梿是臭的，太不像话了！走开！

师：劝告又失败了，我们请一位女生来劝告吧。

生：你好，请不要吃榴梿了，好吗？

师（扮演吃榴梿的乘客）：为什么不吃？这是我买的！

生：因为我不喜欢那种味道。

师（扮演吃榴梿的乘客）：你不喜欢，我喜欢。

师：两位男同学，一位女同学，上来劝告，全部以失败告终，还惹怒了吃榴梿的乘客，看来劝告没那么简单，劝告是需要方法的。当你学会了劝告的方法之后，再劝告的时候就不会失败了。今天，我们就来学习劝告的方法。

二、层层推进，学会劝告

1. 联系生活，了解劝告的方法

师：在学习劝告的方法之前，先请大家看一段视频。（课件播放视频）

视频的主要内容：

记者：爸妈辅导你学拼音时，最常说的话是什么？

学生1：你怎么这个也不会，那个也不会，你这个榆木脑袋！

学生2：如果你不学好拼音，你以后就得去搬砖、捡垃圾、收破烂，会被社会淘汰。

师：刚才看这个视频的时候，大家笑得很开心，你看到哪儿就笑了，为什么？

生：他爸爸妈妈说他是榆木脑袋。

师：生活中你有没有被这样批评过？

生：有，我妈经常这样说我。我考试成绩不好，我妈就骂我：你的考试成绩怎么这么差，你简直长了个榆木脑袋。

师：听到妈妈这么恶狠狠地说，你当时的心情怎么样？

生：如果我会遁地，我就会钻到地底下去。

师：无地自容，真想钻到地缝里。所以刚才听到“榆木脑袋”的时候她特别有感触，因为她妈妈说过类似的话。

师：同学们，当你被人这样说的时候，心情一定会特别不好，会很沮丧，没有信心。所以，当我们在劝别人的时候，不能这样指责别人。在劝别人的时候，我们一定注意——

生：态度要好一些。

生：不要指责别人。

（板书：不用指责的语气）

师：如果妈妈用指责的语气说话，会让人心情很不好。有没有同学像这位同学一样，其实自己也不愿意出错，但是有些题是真的不会做，来，说说你当时的心情和真实的想法。

生：我特别希望立刻把题做出来。

生：我特别希望爸爸妈妈能理解我。

生：我希望爸爸妈妈能鼓励我。

生：我希望爸爸妈妈能够给我辅导辅导，讲讲这道题该怎么做。

师：对呀，我相信遇到不会做的题，大家一定希望爸爸妈妈能理解自己，能鼓励自己、帮助自己，但爸爸妈妈常常不能理解我们的心情，而是转身直接来了一句——

生齐：你上课为什么不专心听讲！

师：我请一位有感受的同学来读，他肯定读得好。

生：你上课为什么不专心听讲！

师：妈妈很生气，都暴跳如雷了，边跳边喊。孩子，你真坚强！我相信此刻，你希望妈妈理解你、鼓励你，帮你把这道题讲一讲。可是，妈妈没有，妈妈在干什么？

生：训我。

师：妈妈在批评我，而且还特别严厉，并没有从我们的角度出发来思考。现在你明白了吧，劝告别人的时候要尽可能——

生：换位思考，从别人的角度出发。

师：对，这样你才能理解别人想要什么。

（板书：要从对方的角度思考）

2. 创设情境，教给劝告的方法

情景：坐在楼梯的扶手上往下滑。

师：（课件出示学生坐在楼梯的扶手上往下滑的图片）在学校里，很可能出现这样的情景，咱们班有人这样干过吗？

生：没有。

师：真好，不过我见过咱们学校的其他学生这样干过，你觉得这样做对不对？应该怎么办？

生：不对。应该劝他。

师：下面有三个不同的劝告方法，我们来看一下：

课件出示：

第一种：你这样做太危险了，有可能会撞到别人的。

第二种：你怎么不遵守学校纪律呢？太不应该了！

第三种：小同学，别这么玩！扶手很滑，如果没抓稳的话，你会摔伤的。

师：我们请三位同学上来，劝一劝这个滑栏杆的同学。谁来扮演滑栏杆的同学？你刚刚从栏杆上滑下来，非常开心。

（一位同学上来表演滑栏杆，滑下来后非常开心）

生 1：你这样做太危险了，有可能会撞到别人的。

滑栏杆的同学：是啊，有可能，那还有可能撞不到呢。

生 2：你怎么不遵守学校纪律呢？太不应该了！

滑栏杆的同学：哼！你以为你是教导主任啊！

生 3：小同学，别这么玩！扶手很滑，如果没抓稳的话，你会摔伤的。

生回：哦，这样啊，好吧，那我不滑栏杆了。

师：三位同学进行了劝告，只有第三位成功了，为什么第三个同学的劝告他愿意听？

生：因为他站到别人的角度去思考，为他的安全着想。

生：前面两个都在指责他。

师问表演滑栏杆的同学：我问问你，你当时是不是这种感觉？前两个人的劝告，你听了很不舒服，第三个人说："小同学，别这么玩！扶手很滑，如果没抓稳的话，你会摔伤的。"你是不是觉得他为你的安全考虑了，是从你的角度出发，为你着想的？

生：是的，而且第三个人的称呼也换了，前两个是你，第三个人说的是小同学。

师：称呼也特别重要，称呼变了，感觉态度也变了，从对方的角度考虑了，对方就容易接受。同学们，大家学会劝告的方法了吗？

生：劝告的时候不能用指责的语气，要从对方的角度思考。

3. 实践运用，掌握劝告的方法

师：掌握了方法，我们再去看看那个吃榴梿的乘客，看看怎样劝告才有效。还记得刚才的情景吗？三个人都劝告失败了。我还扮演那个吃榴梿的乘客，刚刚劝告失败的第一个同学重新上来，我们看他跟刚才有没有什么变化。

生：你好，能不能不要在公共场所吃榴梿，榴梿味道不太好。

师（扮演吃榴梿的乘客）：榴梿挺香的呀。

生：你能不能站在别人的角度思考一下？

师（扮演吃榴梿的乘客）：我管不了别人，我只管自己。

师：他有进步，谁发现了？

生：他没有再说别人臭了。

师：有进步，不过还是失败了。刚才那位女同学再来试试吧。

生：你好，请你不要吃榴梿了，好吗？这样子可能有人会不喜欢你。

师（扮演吃榴梿的乘客）：你刚才说什么来着？

生：你这样吃，别人会讨厌你。

师（扮演吃榴梿的乘客）：讨厌我？我不在乎！

生：您好，请您不要吃榴梿了，榴梿吃多了，可能会上火。

师（扮演吃榴梿的乘客）：啊！会上火？哦，这样的。那我要不把它收起来，免得嘴角起个泡。

师：这个同学有一个非常大的优点，谁发现了？

生：换位思考。她没有直接上来说你不要吃了，而是说榴梿吃多了会上火。

师（扮演吃榴梿的乘客）：是啊，我一想会上火，嘴角还可能长泡，就想算了，还是不吃榴梿了。

师：看来什么很重要？

生：换位思考，一定不能指责别人。

4. 自主练习，巩固劝告的方法

师：生活中，还有很多人和事要去劝，比如说——

课件出示：

1. 有同学违反交通规则，横穿马路。

2. 表哥喜欢玩电脑游戏，一玩就是一整天。

师：面对这样的情景，你们说该不该劝？

生：该劝。

师：我们四个人一组先相互模拟角色，练一练。

（学生练习劝告。）

师：我们请几个小组上台展示。

（一个学生表演表哥一整天都在玩电脑游戏。）

生：表哥，请不要再打电脑了，这样对你的眼睛不好，对你的身体也不好，容易脖子疼。

一生扮演表哥：怎么就不好了，我现在不是挺好的吗？

生：你会出现黑眼圈，如果打游戏时间长的话，你的眼睛会近视。你可以每天打半个小时或者二十分钟。打完游戏，你再做一下眼保健操，你的眼睛视力一直会保持，你以后还可以打游戏，怎么样？

一生扮演表哥：每天打一定的时间，可以打得时间更长些，那我现在把电脑关了，做做眼保健操吧。

师：这个表哥好听话呀。再请一组。

（一个学生表演表哥一整天都在玩电脑游戏。）

生：表哥，你别这么玩，如果你长时间玩电脑的话，会对眼睛不好的。专家说，如果每天玩三十分钟会近视的。

一生扮演表哥：我才不要你管呢，你看，这多好玩。

生：表哥，你这样玩的话，你的眼睛会近视，将来就考不上好大学。

一生扮演表哥：那我不玩了。

师：还有绝杀技呢，考不上大学。不错，我们再来看看过马路的场景该怎样劝告？

（两位学生表演过马路的场景。）

生：小同学，过马路不能跑。

扮演过马路的同学：我们都快迟到了，能不着急吗？

生：上课迟到跟生命安全，哪个重要？你好好想一想。

扮演过马路的同学：我们都快三年级了，这些都知道。

生：知道怎么还要横穿马路呢？再着急也不能不顾自己的生命呀。

扮演过马路的同学：今晚有卤鸡腿呢，早点去学校写作业，晚上就能早点儿吃到卤鸡腿，难道你不想吃吗？

生：鸡腿可以重做一份，但是你的生命可不能重来一次。

生：这样做是很危险的，万一车把你撞倒怎么办呀？你就躺到医院里去了，卤鸡腿恐怕就吃不上了。

师：今天，同学们的发言特别精彩，尤其是那些劝告的同学，真的是想了各种办法，不指责别人，同时还能从别人的角度思考。我们的校园里，还存在着一些不文明的现象，需要我们去劝告并加以制止。除了滑楼梯，你还发现了哪些不文明的现象？

生：我见过高空抛物的。

师：对，太危险了，一定要劝告。

生：还有从楼梯上往下跳着走的。

师：这也很危险，应该劝告。同学们都很善于发现，说到了不文明的现象，希望大家行动起来，积极地劝告他们，让我们的校园更文明。今天的这节课就上到这儿，下课！

【讨论与练习】

1. 上述案例的情境既有课本中的，也有老师自己创设的，请你对所创设的情境进行评析。

2. 请你对上述案例各教学环节之间的关系进行评析。

3. 劝告需要方法，更需要在实践中加以应用，注意案例中是如何处理方法和实践的关系的。

4. 以小组为单位研读四年级上册口语交际教材《安慰》，分析教材内容，确定教学目标，写出完整的教学设计方案。小组设计好后，进行小组展示，在老师的引导下对每组的教学设计进行评析。

安慰

一个人遇到不顺心的事，想必心里会很难过。此时，如果有人安慰一下，心情肯定会好一点。

在运动会 4×100 米的接力赛中，小峰摔倒了，他的班级在这个项目上没有取得名次。	都怪我，我要是没摔倒就好了。
小丽的家要搬到另外一个城市，她马上就要离开自己的好朋友了。	我不想搬走，不想离开好朋友。
出去玩的时候，小冰把手表弄丢了。这个手表是妈妈送给他的生日礼物。	我特别喜欢这块表，丢了好心疼啊！

如果你的朋友遇到了以上情况，要设身处地地想一想他的心情，然后再考虑该怎样安慰他。选一种情况，和同学模拟练习。还可以想想周围有没有需要安慰的人，怎么安慰他比较好。

○ 选择合适的方式进行安慰。

○ 借助手势等肢体动作恰当地表达自己的情感。

资料链接

口语交际教学过程设计要点：

1. 教学实录是上课后的记录，既有设计的情境、活动、问题等，又有学生实际的表现，设计教学过程只能预期学生的表现，不能具体写出学生说了什么、做了什么。

2. 教学过程要紧紧围绕教学目标展开，教学情境的创设、教学活动的设计都必须聚焦教学目标，情境创设、教学活动设计得是否合适，以是否有利于实现教学目标为准。

3. 教学过程主要是学生学的过程，设计时要以学生的活动为中心，引入恰当的教学资源，给予适当的启发引导，为学生达成学习目标提供支架。

4. 教学过程要符合学生的认知规律，如产生疑问、分析问题、解决疑问，感知、理解、实践等。口语交际教学中不同的情境发挥着不同的功能，有的情境是为了学生观察感知，悟出交际中需要注意的问题、遵守的规则；有的情境是为了让学生进行实践，将感悟到的交际知识应用到生活中。

5. 教学过程由教学环节组成，教学从起点走向终点，起点到终点之间安排 2～3 个核心环节，环节之间环环相扣、层层递进。每节课第一个环节一般都是导入环节，以激发学生学习兴趣、明确学习任务，从而驱动学生学习。最后一个环节一般为综合运用，将前几个环节学到的内容应用到新情境中，在拓展迁移中内化学习内容。

6. 口语交际教学情境的创设不能为了情境而情境，也不是情境越多越好，注意情境的一致性、情境之间的关联、情境和学生生活之间的关系。好的口语交际课堂必须让学生在情境中进行充分的实践、思考，不能走过场，应该充分利用情境中的每个细节。

第六章

写话、习作教学设计

本章学习目标

1. 认识写话与习作的本质，了解写话与习作教学目标的关键要素。

2. 了解统编语文教材写话与习作教学的编排体系。

3. 把握写话与习作教学目标、内容、过程和方法的设计要点。

4. 初步认识习作单元教学设计的基本内涵，了解习作单元教学设计的主要步骤。

5. 通过教学设计的实践操练，具有初步设计写话与习作教学教案的能力。

本章学习建议

1. 第一节以学生自主阅读为主，课内可组织学生以小组或班级为单位进行交流。(1～2课时)

2. 第二节需结合教学案例讨论专题写话与随文写话的教学设计要点，小组合作尝试设计写话教学。(2～4课时)

3. 第三节需结合教学案例研讨写人类纪实习作、写景类纪实习作、实用类习作教学设计要点，小组合作尝试设计习作教学。(4～6课时)

4. 第四节要求每人完成一个写话或习作教学设计，然后在小组范围内进行交流，修改并打磨出一个比较成熟的教学设计，在全班交流分享。课内主要开展小组或全班讨论、修改、分享交流。(小组讨论修改1课时，全班分享交流1课时)

课时建议：8～12课时。

第一节　写话、习作教学设计的关键问题

一、如何认识写话与习作的本质

（一）写话与习作本质上是意义的实践

一种社会现象的本质是什么，答案往往取决于观察者的观察角度。书面语言运用作为社会现象，其本质是什么，从不同的视角我们可以找到不同的答案。立足于文章学，它是构建语篇的过程。基于认识心理学的视角，它可以等同于编码。从社会语言学的视角来看，它就是人与人之间的交际，是作者与潜在读者之间的互动。这种互动有着特定的功能和目的，如张志公所言："运用语言，无论是口头上还是书面上的，目的不外两大类。一类是为处理具体的实际问题的，是要办事情的；一类是用语言做工具搞点艺术，去感染听者或读者，使人受到熏陶，在思想、感情、情操等方面受到影响。"①

学校教育中的写话与习作，是重要的书面语言学习活动。"2011年版语文课程标准"将以往课标中的"作文教学"改为"写话与习作教学"，凸显了学校教育的作文不仅是学生表情达意的活动，还具有学习作文、练习作文的功用。那么，在语文课上，是不是"写话"就只是"把学生口中所说的话用文字记录下"，"习作"就只是教学情境下的写作训练，是一种虚拟的写作，而不是一个个独立个体的实践行动？答案是否定的。学校教育中写话与习作既是学习写话与习作，又是不断成长的个体在与世界交往过程中的意义实践。就像语言学家韩礼德所说的那样，语言学习的过程，也是运用语言的过程。心理学家维果茨基在讨论言语与思维发展关系的时候，提到了书面语言学习问题。维果茨基认为，书面语言的教学在儿童进入学校前就已经开始了，是儿童周围的成人（养育者）承担了这样的任务，成人是儿童语言学习的中介。在阅读故事、运用工具在纸与墙上涂鸦和书写的过程中，儿童努力地学习成人的语言形式与语言规范。这些涂鸦和书写并不是成人逼迫下的机械练习，而往往出自儿童自己的需要，是儿童了解世界、表达自己对世界的认识的自发行动，因而它们具有功能性的特征。这些功能性书写作为儿童自发的行动，蕴含着主体的需要与动机，指向的是对世界的认识，建构的是自我与世界之间的联系，因而它是一种意义实践。这样的意义实践为学校的语言学习奠定了基础。

将写话与习作的本质视为"意义的实践"，是人运用语言建构意义的行动，表明写话与习作不仅指向语言的发展，更指向人的解放。学生在写话与习作的过程中是一个个独立的个体，他们可以无拘无束地、自由地表达自己的思想观点和情感。"我手写我口，我手写我心"指的就是这样一种状态。

① 张志公．先生教你写文章：读写门径．北京：北京教育出版社，2014：7.

（二）作为意义实践的写话与习作的特点

1. 写话与习作的总体功能是建立与三个世界的联系

哲学家波普尔认为，我们可以区分三种不同的世界。第一世界是物理世界，包括物质与能量；第二世界是精神世界，包括一切主观精神活动；第三世界是客观思想世界，包括由各种载体记录并储存起来的人类文明。人与第一世界的关系，实际上就是人与自然的关系，即韩礼德所说的人与物的关系。人与第二世界的关系其实就是韩礼德所说的人与自我的关系。人与第三世界的关系就是人与他人的关系。人类文明已经被符号对象化为语言，所以人与他人的关系，在某种程度上就是人与语言的关系。

学生进行写话与习作，就是从他们的生活世界出发，在学习写话与习作的过程中，以书面语言为媒介与物理世界、精神世界、客观思想世界发生关联，去认识自然、自我与人类文明，寻求生活、生存的意义。

2. 写话与习作的目的是实现人与塑造人

作为意义实践的写话与习作建立的是人与世界的关系，它的目的在于以语言为中介，通过意义的协商与建构实现人与塑造人。写话与习作只是学习抽象的写作技巧吗？写作只是学习语言的知识吗？当然不是。一方面，写话与习作的目的在于人的自我实现。人是拥有语言的高级动物，运用书面语言是人的生存性选择，是人的生命价值的自我实现，儿童需要通过运用书面语言来应对自己的内心，并以此达到自我实现。另一方面，写话与习作又是塑造人的活动。写话与习作对人的塑造表现为两个方面：第一，通过学习语言表达，以高尚的“精神世界”塑造人。语言是人的本体存在，人通过语言把自己的生命活动变成自己的对象，对象化为语言，对象化为一种客体的存在。这种客体的存在是人的生命活动的结晶，凝聚着人的本质力量，塑造着人的本质。第二，通过学习语言表达，以“共同体的规范”塑造人。写话与习作往往是人际的沟通，通过学习语言表达，儿童把“自我”统摄进一个“我们”，或者是埃利亚斯所说的“我—们”，一个人是一个语言共同体的代表。当一个“我—们”和另一个“我—们”交流时，总是不断地衍生出某种东西，这种东西绝不是哪一个个人所计划、所企图和所创造的。语言表达的学习使个体进入了主体间语言交流的过程，这个过程是共同体成员的需求和意图的彼此交织，这种交织使他们中的任何人都置身于各种绝不出自他们本意的强制机制中，束缚在共同体的意志、精神与规范中。人的思想、人的价值、人的行动、人的情感等都是这种集体的意志、精神与规范的产物，人因而有了“身份”，有了归属。写话与习作帮助儿童在文化意义上成为中华民族的一员，成为一个知晓民族习惯、民族规约，并按民族习惯、民族规约生活的社会人。

二、课程标准中的写话与习作教学目标包含哪些关键要素

（一）课程标准中写话与习作教学目标

“2022 年版语文课程标准”从识字与写字、阅读与鉴赏、表达与交流、梳理与探究等四个维度对语文实践活动做了划分。写话与习作归属于表达与交流这一维度。

“2022 年版语文课程标准”指出，义务教育阶段写话与习作教学的总目标为“能根

据需要，用书面语言具体明确、文从字顺地表达自己的见闻、体验和想法”。仔细剖析这一总目标，可以发现它对写话与习作教学“教什么”“教到什么程度”做了明确的规定。

写话与习作教学教什么呢？总目标规定了三个方面的教学内容：第一，引导学生根据需要叙述所见所闻，即把自己听到、看到或通过其他方式经历的事情、事物写下来；第二，引导学生根据需要描述感受，即把自己的感悟、体验写下来；第三，引导学生根据需要发表观点、阐释想法，即把自己的思想写下来。

写话与习作教学教到什么程度呢？总目标里提出了八个字“具体明确、文从字顺”。“具体”指不抽象、不笼统。“明确”指语言表达清晰明了，令人一看就知，不会读不懂，或者引发歧义。具体明确主要从内容方面对表达见闻、感受和想法提出了要求，要求学生关注事物的多个方面，运用规范准确的语言去记述自己的所见所闻、所思所想；“文从字顺”指文句通顺，用字妥帖，主要从语言的组织与遣词造句的角度对书面表达提出了要求，学生表达时要做到语言组织没有逻辑或语法上的错误，词语选用准确，搭配得当。

基于总目标，“2022 年版语文课程标准”在三个学段的表达与交流部分提出了写话与习作教学的分目标。

第一学段写话教学目标为：对写话有兴趣，留心周围事物，写自己想说的话，写想象中的事物。在写话中乐于运用阅读和生活中学到的词语。根据表达的需要，学习使用逗号、句号、问号、感叹号。

第二学段习作教学目标为：乐于用书面的方式与人交流沟通，愿意与他人分享，增强表达的自信心。观察周围世界，能不拘形式地写下自己的见闻、感受和想象，注意把自己觉得新奇有趣或印象最深、最受感动的内容写清楚。能用便条、简短的书信等进行交流。尝试在习作中运用自己平时积累的语言材料，特别是有新鲜感的词句。学习修改习作中有明显错误的词句。根据表达的需要，正确使用冒号、引号等标点符号。课内习作每学年 16 次左右。

第三学段习作教学目标为：懂得写作是为了自我表达和与人交流。养成留心观察周围事物的习惯，有意识地丰富自己的见闻，珍视个人的独特感受，积累习作素材。能写简单的纪实作文和想象作文，内容具体，感情真实。能根据内容表达的需要，分段表述。学写读书笔记，学写常见应用文。修改自己的习作，并主动与他人交换修改，做到语句通顺，行款正确，书写规范、整洁。根据表达需要，正确使用常用的标点符号。习作要有一定速度。课内习作每学年 16 次左右。

对于写话与习作能力的培养，“2022 年版语文课程标准”循序渐进地提出了要求。第一学段要求“我手写我口”，不强调口头语言与书面表达的差异，让学生写自己想说的话，写自己想象中的事物，写自己看到的事物。第二学段对习作能力提出了更高的要求，表现在对学生观察能力、初步选材能力、应用文写作能力及自改作文能力的培养上，如学生应有意识地观察事物，能选择自己觉得新奇有趣的、印象最深的、最受感动的内容，能写简短的应用文，能找出自己文中有明显错误的句子并加以改正。第三学段要求全面达成小学习作教学目标，强调：通过养成观察的习惯提高积累材料的能力；能选择独特的材料加以表达；能写成篇的、根据需要分段的作文，而且内容具体、感情真实；能写读书笔记与常见应用文；能自改与互改作文；写作有一定的速度。

“2022 年版语文课程标准”十分重视写话与教学目标的情感维度，特别强调学生写作的兴趣与写作的感受，如第一学段重视培养学生的写作兴趣，第二学段关注学生写作的自信心以及与人分享的意愿，第三学段要求学生珍视自己的独特感受。

（二）写话与习作教学目标的关键要素

写话与习作教学目标包含多个方面的要素，这些要素大致可以归为三类：动力类、能力类、助力类。

（1）动力类要素。动力类要素涉及激发、促进学生开展写话与习作学习的动机因素，包括兴趣、自信心、快乐感、价值感等，这一类要素让学生“乐写”。通过写话与习作教学，让学生拥有表达的兴趣，感受表达的快乐，体会表达的作用，形成写话与习作的自我效能感，学生就拥有了发展自身语言表达能力的强大动力。

（2）能力类要素。能力类要素涉及完成写话与习作任务的各类表达技能，包括收集与选择语言材料的技能，写简单的纪实作文、想象作文与常用应用文的技能，以一定的速度将见闻、感受与想法写清楚、写具体、写出真情实感的技能，修改自己与他人作文的技能，等等，这一类要素让学生“能写”。通过写话与习作教学，让学生掌握写话与习作的步骤，获得写话与习作的能力，具备运用书面语言与人交流沟通的基本素养。

（3）助力类要素。助力涉及帮助学生更好地经历写作过程，以及完成写话与习作任务的策略、习惯等，包括留心观察周围事物，有意识地丰富自己的见闻，积累习作素材，运用阅读与生活中学到的语言材料，珍视自己的独特感受，等等。这一类要素让学生“会写”。通过写话与习作教学，让学生掌握一些习作的策略，养成良好的习作习惯，初步掌握克服写话与习作困难、提升自身习作效率的有用办法。

三、统编语文教材中的写话与习作教学是一个什么样的体系

统编语文教材从二年级起编排写话任务，从三年级起编排习作任务，“五素统整”“双线并进”构建写话与习作教学体系，注重过程导学，让学生拥有丰富的表达经验，并在经验中提升表达的兴趣、意识与能力。

（一）五素统整

统编语文教材的写话与习作教学体系涉及 5 个方面的要素，即写话与习作的类型、目标、功能、内容、导学等。类型，即写话与习作的类别；目标，即写话与习作学习要学到什么程度；功能，即写话与习作有什么用；内容，即写话与习作写什么；导学，即如何帮助学生顺利完成表达任务。

1. 写话与习作类型

统编语文教材中的写话与习作按照功能与内容，大致分为纪实类、想象类、实用类三

种类型。

（1）纪实类写话与习作。纪实类写话与习作重在记录真人真事，描绘真实体验，反映真情实感。例如，二年级要求写一写自己的好朋友，三年级要求记叙自己与家人过节的经过，四年级要求介绍自己喜欢的动物、游览过的地方，五年级要求写写老师、自己的成长经历，六年级要求运用自己的语言再现家乡的风俗、自己的拿手好戏等。纪实类写话与习作能真实记录学生对周围世界的认识与感受，反映学生思想与精神的成长。这类表达既是学习写作，又反映了个体的生活史、成长史，对学生的语言发展、个性培育与社会交往都具有极其重要的价值。

（2）想象类写话与习作。想象类写话与习作重在描绘个体想象的世界，学生可以在写话与习作中自由驰骋、放飞自我。如二年级要求构想老鼠与猫的对话，三年级要求创编童话，四年级要求运用语言再现自己脑海中的发明，五年级要求畅想二十年后的家乡，六年级要求写写变形的故事。想象类写话与习作为儿童的“胡思乱想”“异想天开”正名，让儿童穿行于现实与虚拟之间，联结当下与未来，感受创造的快乐与力量。

（3）实用类写话与习作。实用类写话与习作源于日常生活交际的需要。学习此类写话与习作，学生可以熟悉生活交际所处的语境，了解语境对交际内容与表达方式的限制，知晓规范的书面交际的具体要求，获得运用书面语言开展生活交际的初步能力。统编语文教材从二年级开始安排相应的写话与习作任务。例如，二年级要求学写留言条，三年级要求编制购物清单、拟写通知与寻物启事，四年级要求学写书信，五年级要求撰写读后感、研究报告，六年级要求练写倡议书、策划书。实用类写话与习作将语文学习与生活紧密联系在一起，从生活实际需要，让学生为生活而表达，在生活中表达，从生活中学习表达。

2. 写话与习作目标

一般而言，语文教材是呈示教学内容的主要载体。统编语文教材的写话与习作部分，不仅明确了“写什么”，而且明示了“写到什么程度”，例如，五年级下册第一单元习作“那一刻，我长大了”中提出了如下要求：

> 这次习作，写一件自己成长过程中印象最深的事情，要把事情的经过写清楚，还要把感到自己长大了的“那一刻”的情形写具体，记录当时的真实感爱。题目自拟。
>
> 写完后和同学交流，看看有没有把“那一刻”的情形写具体，根据同学的意见进行修改。

写什么呢？上面的文字告诉要写“一件事”，“我”亲身经历的一件事，而且通过这件事，我在某一方面获得了成长。写到什么程度呢？教材也说得很明白，把事情的经过写清楚，把“那一刻”写具体。

统编语文教材显性描述的“应然”的写话与习作教学目标涉及以下几个方面：（1）能力目标。在能力目标中，与选材能力有关的目标有写出特点、写出感受、写出想法、写出真情实感等；与组材能力有关的目标有围绕一个意思写、分段表述等；与语言表达质量有关的目标包括写清楚、写具体等。（2）策略目标。与构思有关的策略包括通过填写表格、画内容结构图、列提纲等方式构想习作内容；与遣词造句有关的策略包括运用自己积累的词语写作等；与修改习作有关的策略包括写完后读读自己的习作并修改，将自己的习作读给同学、家人或老师听，听取他们的意见后修改，与原文比较后修改等。（3）其他目标，比如感受习作的快乐，坚持记录，等等。

3. 写话与习作功能

语言的发展在某种程度上可视作语言功能的发展。功能训练的维度越广，儿童熟悉的语境就越广，儿童语言的适切性、灵活性就会得到更多的锻炼。统编语文教材在编排写话与习作任务时十分关注语言功能的变化，让儿童有机会从多个侧面感受书面语言的功用与魅力。总体来看，写话与习作任务所关涉的语言功能大致包括信息功能、人际功能、个体功能与想象功能。

（1）信息功能。

信息功能主要处理人与事物的关系，介绍、说明一个事物其实就是传递关于这个事物的信息。比如，三年级下册第七单元习作《国宝大熊猫》，引导学生了解大熊猫的体貌特征、生活习性等，并让学生把了解到的相关信息写下来，从而让他人了解大熊猫，知道它被称为国宝的原因。发挥信息功能的写话与习作，引导学生通过观察、咨询或者查找资料等方式获得更多关于事物的信息，并按照一定的顺序把相关信息写清楚。

（2）人际功能。

人际功能主要处理的是人与人之间的关系。写信问候家人，说出感受，表达爱意，可以增进人与人之间的感情；针对不良现象写一写“我有一个想法”，敦促他人行动起来，去改变这种现象；推荐一本书，说出自己对这本书的看法，对他人的阅读产生影响；就自己关心的问题，提出解决问题的办法，并以倡议书的形式号召大家行动起来，起到说服他人、影响他人的作用，让社会变得更加和谐美好。发挥人际功能的写话与习作，能引导学生思考写话与习作的对象，考虑与对象交际的目的，并从影响他人的角度去选择表达的内容与形式。

（3）个体功能。

个体功能主要处理人与自己的关系。比如，叙述自己的生活经历，把自己看到的、听到的、想到的、感受到的写下来，记录自己的成长足迹。又如，记录自己阅读时的思考，写写读后感、读书笔记，形成独立的思想。这些写话与习作可以看作个体与自身的交际，个体借助书面语言能帮助自己更好地认识自己，丰富自己的精神世界。发挥个体功能的写话与习作能引导学生多思多写，养成写作的习惯。

（4）想象功能。

想象功能主要处理人与虚拟世界的关系。比如，想一想小虫子、蚂蚁和蝴蝶用鸡蛋壳做了什么事情，它们又有什么有趣的经历，展开想象，把它们的故事写出来，多么有意思。一本会魔法的书，我变成一只小鸟，我和哪吒过了一天……神奇的故事在学生的头脑中诞生，学生把他认为的善与恶、美与丑投射到故事中的人物身上，用自己特有的方式去表达虚拟世界的有趣与美好。发挥想象功能的写话与习作，能让学生脑洞大开，享受无拘无束、自由创造的快乐。

4. 写话与习作内容

写话与习作内容范围越广泛，学生被唤醒的经验就越充足，灵活运用语言的机会就越多。统编语文教材写话与习作任务所关涉的内容范围是比较广的，约七个方面：(1) 写人，包括写人的样子、特点（性格、爱好、特长等）、人所经历的事情。(2) 写事，包括写玩耍之事、印象深刻之事、激动人心之事、成长之事等。(3) 写物，包括写物品（喜欢的、心爱的、感兴趣的）、写动物（养过的动物、熟悉的动物）、写植物等。(4) 写景，包括写场景、写地方、写景物。(5) 写操作，包括写实验过程、写物品制作过程。(6) 写想法、理由，包括写疑问、写感想、写推荐、写建议、写倡议等。(7) 写想象，包括看图想象，写童话、写探险故事、写科幻故事等。

5. 写话与习作导学

从技能的角度来看，写话与习作都是复杂技能，自己的所思所想先要经过大脑的编码，然后用看得见的文字把它们呈现出来。写什么、怎么写、语言用得是不是准确、所写的内容是不是符合语境的要求等对学生来说都是不小的挑战，一些学生因此望而却步，说到写话与习作就会焦虑、逃避，不愿写，害怕写，甚至产生严重的写作障碍。如何激发学生的表达欲，指导学生克服写话与习作过程中可能遇到的困难，帮助学生顺利完成习作任务，并获得良好的表达体验，是教材编制中不能忽视的重要内容。统编语文教材开展写话与习作导学的主要策略有：

(1) 激发动机。

学生唯有自己想写，才会积极地开动脑筋，投入热情，主动思考写话与习作的内容，并且运用各种办法解决写话与习作过程中遇到的各类“拦路虎”。比如四年级下册习作《我的奇思妙想》，教材在提出习作任务前出示了一段引言，“生活中，我们常常会有一些奇思妙想，想发明一些神奇的东西。”如会飞的木屋，会变大变小的书包，水上行走鞋。小木屋会飞，多有趣；书包一会儿变大一会儿变小，太神奇了；去玩水，要么游泳，要么坐船，居然可以穿上鞋，可以在水上走，太有意思了。引言中所列举的有趣的发明能激发学生的创作欲望，使学生产生与他人交流自己发明的动力。

(2) 创建语境。

语境通常指语言交际所置身的环境。写话与习作的语境中蕴含着书面交际的主体、交际的目的、交际的时空环境。比如，四上级上册习作《推荐一个好地方》，教材设置了“向同学推荐一个好地方”的语境。在这个语境，有“作者”，即推荐者，还有“读者”，即作者的同学，也就是推荐信息的接收者。交际的目的很明确，就是说清推荐理由，吸引同学们去那儿看看。交际的时空环境不是过去，也不是未来，而是推荐行为发生的当下。创设语境，就是为语言内容与形式的选择“划定一个圈”，学生应当根据交际对象的特点、交际的任务、交际的时空环境等构思写话与习作，并选用恰当的语言完成写话与习作任务。语境的创设使学生写话与习作的对象感更强、目的更加明确，更加重视语言运用的恰当性。

（3）导引过程。

写话与习作作为表情达意的过程，需要经历审题、构思、搜集素材、选择材料、组织材料、遣词造句、修改、发表等过程，还需要学生不断反思、监控，调节自己的习作过程。如果对学生的习作过程加以导引，就能帮助学生克服写作困难，顺利完成写作任务。统编语文教材在大部分的单元习作板块中都对习作过程开展细致的导引。比如，五年级下册习作《中国的世界文化遗产》，教材引导学生审题，举例帮助学生理解什么是“中国的世界文化遗产”，让学生知道要介绍中国的一处世界文化遗产所需的步骤，以及对各步骤的要求，还要求学生通过交流改好习作。

（4）提供支架。

支架，又称脚手架，教材中的支架就像一个随时在场的老师，运用文字、图、表等多种形式，帮助学生打开思路，解答在写话与习作过程中产生的困惑，提供可供仿照的表达模板，启发学生找到有益的策略，促进学生顺利地或更好地完成写话与习作的任务。统编教材中写话与习作的支架主要有构思支架、素材搜集与整理支架、例文支架、策略支架等。

构思支架，主要为学生构思写话与习作的内容提供支持。统编语文教材构思支架的呈现方式比较多样，比如运用文字启发学生思考，运用示意图、脑图、维恩图、提纲、表格等引导学生寻找或生成写话与习作的内容。

如四年级上册习作《生活万花筒》提供了从事情、起因、经过、结果等方面梳理真实生活事件的表格，《小小“动物园”》运用维恩图帮助学生寻找家人与某类动物在外形、生活习惯或品质方面的相似点。四年级下册习作《我的奇思妙想》引导学生运用脑图支架，构思自己想要发明的东西。五年级上册习作《二十年后的家乡》鼓励学生借助写作提纲有条理地记录自己想象中的场景或事情。

素材收集与整理支架，主要为学生的素材搜集与整理提供支持，帮助学生寻找与积累素材，厘清写话与习作的思路。如三年级下册习作《我做了一项小实验》，要求学生边做实验边记录实验步骤，并基于所记录的实验步骤说清实验的过程。

例文支架，主要为学生提供他人已完成的作品的例子，帮助学生形成对写话与习作成果的感性认识，并引导学生分析与解读例子，了解成果完成的具体要求，助力学生提升学习质量。如四年级上册习作《写信》，教材提供了一则书信作例子，并结合例子分析写信的格式要求。

策略支架，主要引导学生思考如何做才能更好地完成写话与习作的任务。教材所提供的策略支架往往是前人的有用经验，策略支架的呈现能促使学生在知道与理解写作策略的基础上，在写话与习作实践中内化策略，使自己成为一个拥有策略与智慧的习作者。比如四年级上册习作《记一次游戏》，教材用“泡泡”图来提示学生：“拍摄一些游戏时的场景，可以帮助我们写好游戏。”

（二）双线并进

统编语文教材写话与习作学习内容与任务编排大致可以分为两条线：一条是知识线，

另一条是实践线。知识线以语文园地中的“交流平台”为主要媒介，结合单元语文要素呈示外显化的习作知识、技能、方法、策略等；实践线引导学生按照教材要求开展写话与习作。实践线又分为专题写话与习作、单元习作、单项写话与习作训练、综合性习作活动四条子线。

（1）专题写话与习作。

专题写话与习作主要指独立的、以话题为导向的写话与习作。专题写话与习作所涉及的话题内容、体裁形式可与本单元的其他课文相关联，也可没有关联。

（2）单元习作。

全套统编语文教材一共 8 个习作单元，单元习作是习作单元的重要成分。如果习作单元是一个圆，单元习作就是圆心，单元内其他成分，如课文、交流平台、初试身手、习作例文等元素的编排围绕着单元习作展开。它承载着语文要素，既是习作知识、技能学习的有效途径，也是学生运用书面语言开展人际交往、获得语言经验的重要手段。

（3）单项写话与习作训练。

单项写话与习作训练指着眼于写话与习作基本功习得的训练任务，包括文后小练笔、语文园地中的“词句段运用”与习作单元中的“初试身手”。文后小练笔的呈现方式比较多样：有的就是句子仿写训练，如三年级上册第 2 课《花的学校》文后的第 3 个练习，要求学生以“雨一来，他们便放假了”为例写一句话或写几句话；有的直接以“小练笔”命名，如同册第 18 课《富饶的西沙群岛》文后的第 3 个练习，要求学生从下文列出的与课文内容有关的四幅图中选一幅写几句话，这个写话可以仿照课文相关段落的写法，也可以按自己的想法写；也有的以“选做”的方式呈现，如五年级下册第一课《古诗三首》文后的第三个练习就是“选做”，要求学生根据古诗内容展开想象，选择其中的一首改写成短文。语文园地中的“词句段运用”以句子训练、片段训练为主，如四年级上册第六单元语文园地“词句段运用”第 2 题，要求学生从“害怕、生气、自责、快乐、着急、伤心”中选一个词语，仿照教材提供的例句，运用动作描写来表现词语的意思；又如，五年级下册第七单元语文园地“词句段运用”第 1 题要求学生从“放学后的校园、群鸟飞过湖面、火车进站”中选一个情景，照着教材提供的例句、例段写一写。习作单元中的“初试身手”，着眼于习作技能与方法的初步尝试，如三年级上册习作单元（观察）的“初试身手”，要求学生用几句话写一写自己在生活中观察到的东西，四年级下册习作单元（写景）的“初试身手”，要求学生观察附近的一处景物，试着按一定的顺序把看到的写下来。总体而言，单项写话与习作训练具有训练点单一、训练点与单元课文的典型表达方式密切相关、训练要求清晰、训练用时不多等特点，起到多写多练，一练一得，夯实写话与习作基本功的作用。

（4）综合性习作活动。

综合性习作活动是指镶嵌在综合性学习中的习作活动，从三年级开始，每一学年安排一次。综合性习作活动不是独立的习作活动，而是与同一主题下的听、说、读的活动统整在一起，为实现综合性学习目的而服务，有时它是综合性学习活动的中间环节，有时是综合性学习活动的最后环节。综合性习作活动主要体现在习作内容的综合性与习作方式的综合性上。习作内容的综合性指习作内容通常不是单纯意义上的一个人、一件事，或者一处景物，而是跨学科的知识或者复杂多样的生活。习作方式的综合性指在综合性习作活动中，学生习作的方式可能不止一种，且具有实用功能。比如六年级下册《难忘小学生活》，学生不仅要写毕业赠言，而且要会制作成长纪念册，会写毕业联欢会的策划书。除了习作内容与方式的综合性，综合性习作活动还具有如下特点：首先，从目的来看，不是为写而学，而是为学而写。综合性习作活动是综合性学习活动的一部分，习作的主要目的是更好地学习相关主题知识，展现主题学习的成效。当然，在习作的过程中，学生的书面表达技能也会得到提高。比如在五年级下册《汉字真有趣》综合性学习中，为了展示汉字学习的成效，学生需要写一份汉字研究报告，展示在学习活动中形成的对汉字的新认识。在这个习作活动中，学生不仅对汉字文化、规范运用汉字有了初步的认识，也熟悉了简单的研究报告的写法。其次，从过程来看，顺学而写，习作是综合性学习过程的自然产物。比如四年级下册综合性学习《轻叩诗歌大门》，活动的主题是感受诗歌的魅力，在读了冰心的《短诗三首》、艾青的《绿》、叶赛宁的《白桦》，又通过阅读报纸、杂志、书籍，收集了自己喜欢的现代诗后，学生会对诗歌优美的意象、灵动的语言、和谐的音韵节奏产生浓厚的兴趣，并产生创作诗歌的冲动。这时候的习作就是感受诗歌之美、引发创作冲动之后的自发行为。

【讨论与练习】

1. 有人认为，五年级上册习作《“漫画”老师》的目的就是训练学生写人的技能，你同意这种观点吗？为什么？

2. 选择一个年级或一个学段的统编语文教材，对习作的类型、内容进行归类分析，说说你有什么发现。

3. 统编语文教材中有哪些令你印象深刻的习作导学策略，结合实例说说其价值。

第二节　写话教学设计评述

小学第一学段的学生认识的汉字、积累的词句较少，与第二、第三学段的学生相比，其生活经验、学习经验也相对贫乏，因此，对第一学段学生的书面表达的要求也相对较低。这一学段要求学生对写话有兴趣，能用一句或几句写自己想说的话与自己想象中的事物，因此，这一学段的书面表达教学统称为“写话教学”。依据表达话题的独立性，又可以将第一学段的写话教学分为专题写话教学与随文写话教学。统编语文教材编排的专题写话任务集中在二年级，上册 3 次，下册 4 次，总计 7 次专题写话任务。下面以案例与点评的方式来介绍专题写话教学与随文写话教学的设计要领。

一、专题写话教学设计评述

案例6-1

《一天的经历》写话教学设计①

一、教学目标

（1）能读懂图意，知道四幅图连起来是一个故事。

（2）能写清时间、地点、人物、事情，把小虫子、蚂蚁、蝴蝶一天的经历写清楚。

（3）能大胆想象，体会看图编故事的乐趣。

二、教学过程

（一）课前谈话，激活想象

（1）猜一猜。看图片的上半张，猜下半张。

（2）小结：插上想象的翅膀，世界变得多奇妙啊！（板书：想象）

（二）提取要素，感知情趣

（1）揭示课题，激发写话兴趣。

这节课，咱们要插上想象的翅膀，一起来看图写故事。老师给大家准备了“故事大王”徽章，奖励给那些想象丰富、故事写得精彩的小朋友。

（2）回顾旧知，明确图片顺序。

还记得怎么看多幅图的顺序吗？（引导回顾《老鼠嫁女》的故事，圈出表示图片顺序的圆点，并拓展：有时也会用数字来表示图片的顺序。）

（3）提取要素，整体感知故事。

比一比，这四幅图有哪些相同和不同之处？（在比较中梳理故事的主人公、关键事物、主要事件，并在板书中呈现。）

1）列故事主人公——小虫子、蚂蚁和蝴蝶。

每幅图里都有它们，说明它们是这个故事的主人公。（提示：当有三个小伙伴的时候，可以在后面两个小伙伴中间用“和”字来进行连接。）

2）列关键事物——半个蛋壳。

整个故事是围绕“半个蛋壳”展开的。

3）列主要事件中心词——跷跷板、热气球、雨伞、小床。

（4）梳理要素，形成思维导图。

一边小结，一边整理板书形成思维导图：半个蛋壳能做成跷跷板、热气球、雨伞和小床。多有意思啊，小动物们有着丰富的想象力。

（三）发挥想象，表达情趣

1. 读懂课本提示，明确写话内容

（1）看懂了图，咱们来发挥想象写写这个有趣的故事吧。该往哪些方面想象呢？请你

---

① 沈惠芳．搭建支架 化难为易：统编二下语文园地四“看图写话”教学．小学教学设计（语文），2019（1）．在原文基础上进行了改动。

读读课本上的提示。

（2）交流、梳理。

想一想：小虫子、蚂蚁和蝴蝶用鸡蛋壳做了哪些事情？（板书：用半个蛋壳做了什么）

想一想：它们有什么有趣的经历？

点拨："经历"在字典中的意思是"看到的，听到的或者做过的事情"。在这个故事里，就是指小动物们怎么玩。（板书：怎么玩）

（3）小结：要写好这个故事，咱们得围绕这两个问题发挥想象，这样才能把故事写得既清楚又有趣。（板书：清楚、有趣）

2. 发挥想象，指导把第一幅图说清楚

（1）出示第一幅图。谁先来说第一个问题——它们用半个蛋壳做了什么？

说清楚。只用半个蛋壳就能做成跷跷板了吗？

说有趣。根据你的生活经验想象，它们是怎么做跷跷板的？

（结合回答板书"倒扣""架"等词语）

小结：图片里的小动物原本是静止不动的，可在小朋友的想象中，它们都动起来了，活了。这样的想象多有趣啊。（板书：静—动）

（2）玩跷跷板肯定更有趣。谁来说说它们会"怎么玩"呢？

继续引导"化静为动"：谁能发挥想象，让跷跷板也动起来？

（结合回答板书"一高一低""一上一下"等词语）

引导"代入自己"进行想象：假如你就是其中的一个小动物，你会怎么玩？（在交流中板书"用力一蹬""往后一倒""欢呼"等词语）

小结：在你们的想象里，跷跷板动起来了，小动物们有了感情，会动，会说话，故事变得多有意思啊！

3. 运用"语音输入"软件，实现由"说"到"写"

（1）谁能将两个提示连起来，完整地说说第一幅图的故事呢？

（生自己说，或师指名说）

（2）用"语音输入"软件给其中的一个学生录音，并将录音转化为文字。

（3）根据"清楚""有趣"两个目标集体评议并修改由录音转成的内容。

问题一："用半个蛋壳做成了什么"说清楚了吗？

问题二："怎么玩"说清楚了吗？

问题三：写得最有趣的是哪里？

（4）小结：原来，把咱们说的内容写下来，就成了有趣的故事，多简单啊。咱们先给这位录音的同学颁发一枚"故事大王"的徽章。

4. 独立创编，尝试写其他三幅图

（1）小朋友们，刚才咱们根据"用半个蛋壳做了什么"和"怎么玩"这两个提示，发挥想象让画面动起来，就把第一幅图的故事写得既清楚又有趣了。接下来，咱们还用这种方法，从剩下的三幅图里选一幅图来写一写吧。

温馨提示：

☆发挥想象，运用积累到的词语把故事写得既清楚又有趣。也可以选用作业纸上“词语锦囊”中的词语。

☆开头空两格，标点占一格。

☆书写姿势好，作业整洁。

（2）学生在作业纸上创编故事，教师巡视，帮助遇到困难的学生。

（3）每幅图挑选一份作业展示，并根据“温馨提示”评星、修改。

（4）根据“温馨提示”的要求进行同桌互评。

（5）统计得星情况，颁发“故事大王”徽章。

（四）配“时间词”，连成故事

1. 回顾所学课文，体会运用时间词的好处

（1）老师发现有些小朋友写的时候习惯性地用上了表示时间的词语，但没有考虑到这四幅图中的故事是发生在一天的。每幅图所用的时间词要和前后两幅图具有连续性。

（2）咱们学过的很多课文中用到了连续性的时间词，一起来看看。（课件逐一出示《一匹出色的马》《小柳树和小枣树》《枫树上的喜鹊》等课文，分别按照顺序读一读文中表示时间的词语。）

（3）小结：如果留心一点，你会发现很多故事中都有表示时间顺序的词语，它们能让故事变得更有条理。

2. 添加时间词，连成完整的故事

（1）选一选。课本给咱们的故事提供了四个时间词，（出示：早上、过了一会儿、到了下午、天黑了）它们分别应该与哪一幅图相对应呢？（板书时间词，进一步完善故事框架思维导图。）

（2）加一加。我们来把这几个表示时间的词加在咱们写的故事中。（师生共同给录音保存的第一幅图和另三幅图的故事加上或者修改时间词，并提示：同一幅图，也可以用不同的时间词来表示，如天黑了，也可以用“当月亮升起时”来表示。）

（3）连一连。有了合适的时间词，故事就能连起来了。咱们配上音乐，完整地来听一听这个故事吧。（四名学生配乐讲故事）

3. 给故事取一个有趣的题目

这么有趣的故事，你想给它取个什么题目？

（以故事中的关键事物取题目——《半个蛋壳》；以故事的主人公取题目——《小虫子、蚂蚁和蝴蝶》；以主人公的感受取题目——《有趣的一天》。）

（五）引入绘本，鼓励创作

1. 欣赏绘本，发散思维

著名作家高洪波爷爷给幼儿园的小朋友写过一个绘本故事，也叫《半个蛋壳》。在这个故事里，半个蛋壳变成了什么？（帽子、小船、滑草器、凳子……）

2. 布置作业，鼓励创作。

小朋友们，充满想象力的世界是奇妙无比的。回家后，咱们把剩下的几幅图写完，你

就有了自己的完整的故事了。如果你还能给自己的故事配上画（出示空白绘本），就成了一个绘本了。那你不仅是故事大王，还成了小作家！

【评述】

1. 教学目标设计要点解读

《一天的经历》要求学生看图写话。看图写话是写话学习的常见形式，要求学生看清图意，再用书面语言把看懂的图意写出来。学生如果在看图的过程中展开了想象，就能将静态的图变成栩栩如生的生活场景，看图就变成一个富有趣味、令人享受的过程。因此，看图写话教学目标至少要涉及三个方面：其一，看图目标，说清看图的要求；其二，写话目标，说清写话写到什么程度；其三，情意方面的目标，如感受看图的乐趣或想象的奇妙等。如果从实际的教学进程来看，需要在看图写话教学中引导孩子学会看单幅图或多幅图的方法，在目标中还可以制定与看图方法有关的目标。如果是第一次写话，还应加上写话的格式要求（见表 6-1）。

表 6-1　《一天的经历》分维度教学目标

目标维度	具体目标
看图	能看懂图意，知道四幅图连起来是一个故事
写话	能写清时间、地点、人物、事情，把小虫子、蚂蚁、蝴蝶一天的经历写清楚
与看图、写话有关的情意	能大胆想象，体会看图编故事的乐趣

2. 教学内容确定要点解读

（1）聚焦事件，读懂图意。

基于多幅图的看图写话常常与连续的事件有关，要读懂图意，实际就是要提取图中的信息，建构由时间、地点、人物、事情等要素构成的事件。时间怎么判断？在“一天的经历”中，可以从图示的场景中找到时间信息，第二幅图有蓝天白云，表明一定是白天，第四幅图有一弯明月和亮闪闪的繁星，那一定是晚上。人物的动作也能提供时间信息，比如第四幅图，蛋壳为床，树叶为被，小虫子与蚂蚁躺在蛋壳床里休息，也意味着夜晚的降临。地点的信息来自图中所绘事物的样子、色彩等，如第一幅图、第四幅图都有草，说明小虫子、蚂蚁和蝴蝶游玩之所位于乡野，第一幅图近处是多株小草，远处是一片黄绿，可以猜想那是生机勃勃的草地。关于人物，要知道图上有谁，还要猜测它们之间的关系（单个人物除外）。图上有谁，从图上寻找并不难，就像这四幅图，除了最后一幅图，前三幅图都有小虫子、蚂蚁和蝴蝶，由此推断这个事件的主人公就是这三个小家伙。人物之间的关系可通过仔细观察人物间的互动来猜测：图 1，三位主人公“一起玩”跷跷板；图 2，三位主人公“一起飞”；图 3，三位主人公一起避雨。图中两位主人公一起休息，可以猜测它们是伙伴、朋友关系。人与物的关系构成了最简单的事件。四幅图中都有半个蛋壳，蛋壳与主人公的关系将“事情”凸显出来。比如图 2 描绘的是主人公坐在用蛋壳做成的“热气球”上环游世界。在教学中引导学生仔细看图，提取关于时间、地点、人物、事情的相关信息，帮助学生建构图所要传递的事件信息，能为写话提供内容方面的素材，因此，聚焦事件、读懂图意是看图写话教学首要的教学内容。

（2）据图想象，化静为动。

通过看图，了解了图所描绘的事件，这是看图写话的必要过程。对于一年级的孩子来说，能用一句或几句话把事件简单地说一说，就已经达到教学目标了。对于二年级的孩子来说，要求上可以更高一些，可以引导他们展开想象，将事件变成一个简单的故事。从哪些方面展开想象呢，可以着眼图画所呈现的主人公的形象，想象他们的神态、动作、语言，猜测他们心里在想些什么，让图画变得立体，让画面显露情感，或者想一想在图中所表现的这个画面之前、之后发生了什么事，故事就有了情节。借助想象，画面中的主人公活了起来，他们的大脑、嘴巴、双手都动起来了，他们的一举一动让故事生动起来，在这个过程中，学生的思维活跃起来，学生的语言涌现出来。上文案例中所提到的"用力一蹬""往后一倒""欢呼"等词语就会脱口而出。更重要的是，学生在想象时融入了个别化的经验，千篇一律的事件因而变得独特。这时候，学生有话想写了，也愿意写了，因为他们感受到了看图的意义与乐趣，也有了很多想要倾吐的感受。就这个意义而言，据图想象、化静为动是看图写话教学的关键内容。

（3）时间为序，连贯故事。

多幅图与单幅图看图写话的主要差异在于"时间线"的表述。这个案例中的时间线隐藏在图画所表现的场景与主人公的动作之中。为了让学生更清晰地理解图所描绘的事件间的时间关系，统编语文教材还在写话任务中给出了提示："写的时候，可以用上下面的语词：早上、过了一会儿、到了下午、天黑了。"对照相应的图画，用上这些表示时间的词语，按时间顺序叙述主人公的经历，就能完整、连贯地写出一天的故事。这就意味着，表示时间的词语的运用，是本次写话必须要学习的，也是教师应当要指导的。

（4）注意格式，关注习惯。

专题写话学习从二年级开始，本次写话是二年级下册的第二次写话，也是二年级的第五次写话。大部分学生在写话方面积累的经验不多，写话的速度比较慢，写话格式掌握得不太熟练，良好的写话习惯还未养成，需要教师在写话教学中将其作为教学内容之一加以关注。如本案例的教师在"独立创编，尝试写其他三幅图"这一环节中让学生选一幅图写一写，写的时候要求学生提出两个要求：开头空两格，标点占一格；书写姿势好，作业整洁。这两个要求指向书写规范格式的掌握和良好书写习惯的培养。良好书写与写话习惯的培养不是一朝一夕的事，需要反复纠正和指导。

3. 教学过程设计要点解读

（1）看图在前，表达在后。

在看图写话学习中，写话的内容来自"看图"，看图产生内容，写话表达内容，因此教学过程可以粗略地分为两个环节，即产生内容的环节与表达内容的环节。结合本案例来看，加上开头的导入、收尾时的布置作业，教学一共分四个环节，即激趣导入——理解图意（产生内容）——表达图意（表达内容）——布置作业。先产生内容，后表达内容，符合学生习作的心理过程。

（2）找准难点，分步突破。

看图说话的难点一是看图抓不住重点；难点二是能看懂图意，但找不到合适的语言把图意说清楚、说具体；难点三是几张图连起来说，不知道怎么连接，用什么样的语言连接，才能使表达更连贯、更通顺。如果能分步突破这些难点，就能帮助学生顺利地产生内容、表达内容。上文的案例在教学过程中十分重视分步突破难点，并最终实现目标。具体的做法是：提取图片要素（主人公、关键事物、事件中心词），克服看图抓不住重点的问题；以明确的问题——“做了什么”“怎么玩”激发学生思考，找到恰当的语言，解决图意说不清楚、说不具体的问题；配时间词，按时间顺序连接故事，解决几张图图意表达不连贯、不通顺的问题。

4. 教学方法运用要点解读

（1）两法启思。

会想是会写的前提，如何在写话教学中打开学生的思路，值得每位老师深思。本案例有“两法”值得关注，即观察画面的关键问题法、学习时间用语的回顾经验法。

教师在引导学生观察与想象画面时，用两个关键问题替代“碎问”，将学生的观察与想象引向特定的方向，让学生找到从画面提取信息，并展开想象化静为动的正确路径。问题一“小虫子、蚂蚁和蝴蝶用鸡蛋壳做了哪些事情”引导学生将观察聚焦到“蛋壳”上，发现四幅图中蛋壳的不同用途，这是读懂图意的关键信息。问题二“它们有什么有趣的经历”引导学生聚焦主人公的行动，想一想主人公会有哪些行为，可以用哪些词准确地表达这些行为，让学生从“不会想”到“会想”，激活了学生的思维，加深了学生对图意的理解，也丰富了写话的内容。

在时间用语学习环节，教师引导学生回顾了之前的阅读经验，深化了对时间用语的认识。教师引导学生回顾的课文有《一匹出色的马》《小柳树和小枣树》《枫树上的喜鹊》等，这些课文的时间用语有“一个春天的傍晚”“当我们往回走的时候”“春天”“过了几天”“又过了好些日子”“到了秋天”“过了一天又一天”“上个星期天早上”“今天早上”等，对这些时间用语进行回顾，有以下四个好处：1）积累更好的时间用语；2）理解时间用语的作用；3）知道应当按先后顺序运用时间用语；4）运用时间用语要富有变化。比如，《小柳树和小枣树》中有好几处用了表示时间的短语，但是每一处都不一样，虽然“过了几天”“又过了好些日子”“过了一天又一天”这几个短语表达的意思比较相近，但是如果每个地方都用“过了几天”，文章的用语就显得单调。从情感表达角度看，“过了几天”在情感态度上是中立的、客观的，“过了好些日子”隐含着“等待、期盼”的意味，情感有所显现，“过了一天又一天”，就好像比着手指一天一天在数，表达了等待的急切，这个短语蕴含的情感要比“过了好些日子”更为强烈。回顾经验法的运用有益于教师引导学生从读到写，联结已知、未知，拓展对语言的认识，打开语言运用的思路。

（2）四法促学。

吸引学生积极参与观察、大胆想象与主动交流是促进学生写话学习的有力保障。本案例中教师吸引学生参与学习的方法共有四种：正向强化、小步渐进、技术支持、音乐造境。

正向强化，运用外部因素，如“故事大王”徽章、评星等激发学生的学习动机。小步渐进，如时间用语选一选、加一加、连一连，降低学习难度，增强学生的学习动力，也能吸引学生参与学习。技术支持，即运用“语音输入”软件，化说为写，联结句段，帮助学生克服困难，让学生积极参与交流。音乐造境，讲配乐故事，以美的形式与感受让学生专注学习。

二、随文写话教学设计评述

案例 6-2

《黄山奇石》①

教学目标

（1）能找出作者描写四块奇石的共同点和不同点，感受作者发挥想象力、把石头写得栩栩如生的方法。

（2）能仿照课文，为奇石取名并写话，生动形象地描绘出想象中石头的样子。

（3）能体会到发挥想象力进行写话所带来的乐趣。

教学过程

第一课时（片段）

一、自由朗读，找出共同点和不同点

刚才通过阅读课文了解了“仙桃石”“猴子观海”“仙人指路”“金鸡叫天都”这四块奇石，也感受了它们的有趣之处，现在请自由朗读第2～5自然段，一边读一边找，找出作者对四块石头的描写有什么共同之处，还有哪些不同的地方？

二、交流共同点

（1）作者给每一块石头都起了有趣的名字。

（2）引导：第2、4自然段“好像”“真像”说明了什么？（作者在看石头的时候展开了想象，把石头比作桃子和仙人。）

顺势点拨：有些句子虽然没用“好像”“真像”，但是也表明作者通过发挥想象力，把石头写得栩栩如生，比如第3自然段说有一只猴子，第5自然段说巨石变成了雄鸡。

三、交流不同点

说一说四块石头的写法有什么不一样？（名字出现的地方不太一样，“仙桃石”“仙人指路”出现在段落前，“猴子观海”“金鸡叫天都”出现在段落后。）

四、课堂总结

所以，同学们，只要我们大胆想象，像作者一样去观察石头的特点，给那些石头起一个贴切、有趣的名字，我们也能把黄山的奇石写得像作者一样生动有趣！下节课我们就来试一试！

---

① 案例编者为上海市松江区教育学院郑艳老师，上海市松江区泗泾第二小学于雅楠老师、叶沁雯老师，上海市松江区中山永峰实验学校李佳佳老师，在原文基础上进行了改动。

第二课时

一、回顾课文，复习导入

（1）回顾奇石的名字。

通过上节课的学习，我们知道课文重点向我们介绍了四块石头。（课件出示：仙桃石、猴子观海、仙人指路、金鸡叫天都，生齐读。）

（2）正音。齐读多音字“都”，齐读“金鸡叫天都”。

二、口头介绍第 2～5 自然段的四块奇石

（1）读懂题意。

1）指名读题。哪位同学来读一读题目？（出示练习题）

从下列词语中选出一两个，在小组里向小伙伴介绍黄山奇石的样子，每人介绍一块石头。

落　站在　蹲

飞下来　啼叫

抱着　望着　伸着

2）说清题意。你们知道这道题目要让我们干什么吗？

3）指名学生上台解释题目。你能上来指一指吗？这位小老师说得清楚吗？再请一位，听听他的看法。

（2）合作练说。

1）指名读提示。哪位同学能来读一读“合作学习提示”？（出示“合作学习提示”）

任务一，在组长的组织下，快速完成任务分配。

任务二，组员轮流讲奇石。一位同学讲时，其他同学认真听，听完后，给出建议。

任务三，一轮过后，还有时间的小组可以进行第二轮练习。

2）各小组练说。

3）交流反馈。请组长评价本组交流中的问题。（可从倾听态度、音量、语速等角度来评说。）

三、口头介绍文中的其他三块奇石

刚刚我们小组合作介绍了四块奇石，黄山上的奇石还有很多，课文的最后是这样写的，我们一起来读一读这段话。（课件出示：黄山的奇石还有很多，如“天狗望月”“狮子抢球”“仙女弹琴”。那些叫不出名字的奇形怪状的岩石，正等你去给它们起名字呢!）

（1）齐读本段。

（2）看图识石，感受其他奇石的有趣之处。

1）出示“天狗望月”“狮子抢球”“仙女弹琴”的图片。引导学生想象：指出你觉得“仙女弹琴”像在哪里？

2）为什么这几位同学的想象不太一样呢？

小结：因为角度不同，所以大家的想象不一样。针对同样一块石头，每个人可以有自己的想法。

（3）仿照课文，口头介绍其他奇石。

1）同桌间介绍。那么你想不想把这么有意思的石头介绍给别人呢？我们怎么介绍呢？下面，请小朋友也照着课文的样子来说一说这三块石头，你可以选择一块石头和你的同桌交流一下，开始！

2）全班指名介绍。（教师从动词、比喻等角度进行评价。）

四、仿照课文，取名写话

（1）看图取名，仿照课文写话。

1）给奇石取名。黄山上奇形怪状的石头还有很多，想不想再来看一看，边看边想，给它取一个有趣的名字。（出示一组新图片）

2）指导写话。你能不能从这些石头当中选择一块你最想介绍的，为它写几句话，让更多的人了解黄山奇石。可以学着课文中的表述，说一说它的名字，结合想象把石头的样子写出来。下面老师给大家 7 分钟时间，请拿出你的方格纸，把你要说的话写在纸上，开始。

（2）交流写话。

指名交流写话，其他学生聆听、点评。

（3）合作修改。

1）自主修改，同桌交换。

听了小伙伴写的石头，有的小朋友已经拿起了笔在做修改了。老师给你们两分钟时间来修改，改好后可以和同桌交换互看。

2）全班交流，教师点评。

【评述】

1. 教学目标设计要点

目标定位为阅读教学目标之一。随文写话教学依托阅读教学展开，随文写话教学目标虽然着眼于书面表达，但通常为阅读教学目标之一，比较常见的表述为：仿照课文第 N 自然段，写几句或写一段话介绍（描写）相关内容，内容可以与课文有关，也可以取材于生活。本案例因为是教学实录，所以没有给出教学目标，但是从实录中我们可以推断《黄山奇石》随文写话的目标为：仿照课文中介绍奇石的句子，看图取名，并用几句话写一写自己眼中的黄山奇石。

目标水平层次为迁移运用。随文写话与专题写话的主要差别在于写话的目的不同。专题写话的目的是参与与日常生活有关的各类表达实践，积累各类表达的经验，并在书面表达实践中提高自身的表达素养，比如看图写话，理解图画的意思，写出图画的意思后与他人进行沟通交流，这些是教学过程中十分常见的任务或现象。又如，介绍自己的好朋友、说说养小动物的理由等都是生活中极其常见的行为，学生既是在生活中写话，也是在关注生活。随文写话的目的一般是掌握某种表达方式，特别是课文的典型表达方式。从认识水平来看，掌握某种表达方式意味着能在新的语境中迁移运用这种表达方式。比如上文案例中，随文写话的目标就是迁移运用课文中描写奇石的方法，去写一写课文中没有提及的其他黄山奇石。

目标表述明确不空泛。目标表述明确指用准确的语言具体清晰地说明学生在什么样的条件下写什么、写到什么程度。只有将目标表述明确了，学生学习的要求才会明确，教师的指导与学习评价才能做到有的放矢。

比较下面四种目标的写法：

目标写法一：能写黄山奇石。

目标写法二：能用几句话写黄山奇石。

目标写法三：能根据图片用几句话写黄山奇石。

目标写法四：仿照课文介绍奇石的句子，根据图片用几句话写一写自己眼中的黄山奇石。

目标写法一说清了写什么。目标写法二比目标写法一明确，增加了对篇幅的要求。目标写法三比目标写法二更明确一些，还指明写作的条件是根据图片写。相比前三种目标的写法，目标写法四最为明确，写清了三个方面：首先，写什么。写黄山奇石。其次，写到什么程度。篇幅方面，要求用几句话来写；内容方面，要求和课文一样，写清奇石的名称和样子。最后，写的条件。根据图片写。从另一个角度看，目标写法一开放度最高，目标写法四开放度最低。为什么不把目标开放度设置得高一些呢？开放度高的目标，给学生的自由度很大，对于鼓励他们自由表达是有益的，但是不利于他们学习课文的语言表达方式。只有目标表述明确，才能沿着明确的教学方向前进，有效地实现写话教学目标。

2. 教学内容设计要点

选择教学点。教学点或者叫训练点，是教学内容的核心。一篇课文的表达方式是丰富多样的，到底将哪种表达方式作为随文写话的教学点呢？选择的依据大约有两个方面：一方面，看课后练习。有时课后练习会提示随文写话教什么，教师可以从中提炼教学点。比如《黄山奇石》一课，文后第2题给出两个句子，即“它好像从天上飞下来的一个大桃子，落在山顶的石盘上”“那巨石真像一位仙人站在高高的山峰上，伸着手臂指向前方”，并在“好像”“真像”下面加点表示强调，要求学生“读句子，用加点的词语说说图片里的石头，再选一张图片写下来”。这个练习简单来说，就是要求学生用比喻的方式去写石头的样子，教师可以将其作为随文写话的训练点。另一方面，仔细阅读课文，从课文中发现训练点，即找出课文中用于表现主题的常见的同时又符合教学对象年龄特点的表达方式，将其作为随文写话的教学点。比如《黄山奇石》的课文主要介绍了黄山的各种有趣奇石，以表达出对黄山秀丽景色的赞美，那么它是如何介绍的？这种介绍是不是很常见，是不是适合二年级学生学习？课文主要运用“名称＋样子”的方式介绍奇石，这种介绍方式在日常交流中十分常见，适合二年级学生的学习，因此，教师可以将课文介绍奇石的方式作为教学点。又如，《葡萄沟》一课，描写葡萄的多与美。“葡萄一大串一大串地挂在绿叶底下，有红的、白的、紫的、暗红的、淡绿的，五光十色，美丽极了。”一句话就写出了葡萄的美丽。从句子的结构来看，大致是总分总的结构。“一大串一大串地挂在绿叶底下”从总体上写出了葡萄的多与样子的美；“有红的、白的、紫的、暗红的、淡绿的”，分述葡萄颜色之多与色彩之美；“五光十色，美丽极了”，则又回到了总体，“五光十色”既是对“有红的、白的、紫的、暗红的、淡绿的”的概括，又进一步揭示了葡萄不光颜色多，而且泛着各种光泽，“美丽极了”则是那一声由衷的赞叹。总分总是描写事物的常见结构，也适合二年级学生学习。由此，随文写话可以将描写葡萄的这种方式作为随文写话的教学点。

细化教学点。细化教学点就是要细致解读教学点的表达特征，实现教学内容的具体化、明确化。比如，在本案例中，教师要教学的课文典型表达方式是介绍四种奇石的句子。文中描写四种奇石的句子有一些共同的特征：其一，用一句或几句话介绍奇石；其二，介绍的内容为奇石的名称和样子；其三，描写奇石名称和样子的语句是概括与具体的关系，奇石以样子命名，奇石的名称是其样子的概括表达，作者的想象是样子的具体表达；其四，四块奇石的描写有时名称在前，有时名称在后；其五，四块奇石的描写都蕴含着有趣的想象，并用“好像”“真像”以及一些准确的动词将想象具体描绘了出来。根据二年级学生的特点，教师以上文所提及的几点作为教学内容。教学点的细化为学习任务的设计、教学指导与反馈的设计提供了重要的基础。

3. 教学过程设计要点

读说写一体。随文写话的教学过程遵循由读到写、从读学写的原则。读的目的是熟悉所要仿写的表达方式，并认识其语言表达的结构与特点，在“知识”层面把握这种表达方式。写的目的是“在新的语言情境迁移运用这种表达方式”，在“应用”的层面把握其结构与特点。将“知识”转化为“应用”不是一个简单的过程，需要一些支架作为中介，以促进转化的顺利进行，“说”就是写之前的有益支架。通过说，寻找表达的内容，整理表达的思路，尝试仿说，内化语言表达方式，降低了写的难度。因此，在设计随文写话教学时，要关注读说写一体。如本案例第一课时设计“读中找异同”的活动，教师请学生“自由朗读第 2～5 自然段，一边读一边找，找出作者对四块石头的描写有什么共同之处，还有哪些不同的地方”，引导学生认识“名称＋样子”的写法，并知道在写样子时可以展开想象，用上“好像”“真像”等词语，名称可以写在前，也可以写在后。第二课时设计了“仿说奇石”活动。教师先引导学生回顾第一课时“读中找异同”的一些发现，再请学生仿照课文第 2～5 自然段的写法，说一说课文中提到了但没有详细描写的“天狗望月”“狮子抢球”“仙女弹琴”三块奇石，促进学生内化课文中介绍奇石的方法。紧接着教师又设计了“仿说奇石”活动和“仿写奇石”活动，出示了一组课文未提到的黄山奇石的图片，要求学生为奇石取名，并迁移运用课文中的写法，从而掌握“名称＋样子”的事物介绍方式。“读中找异同—仿说奇石—仿写奇石”，两个课时三个活动，读说写一体，引导学生开展有着紧密内在联系的读、说、写的活动，并在一体化的活动中发展学生的语言运用能力。

对反馈进行设计。课堂教学的本质是师生互动。师生互动的常见结构是“师问—生答—师反馈”。要提高随文写话教学的效率，教师在设计教学过程时，不仅要精心设计课堂提问，对学生的回答做出预设，还应当规划“反馈”。下面我们截取了课堂实录中师生交流活动片段简要分析。

师：好，谁想来交流？其他同学就是小评委啦，你们要认真听哦，看看他写的怎么样？

生：我介绍的是第 4 幅图——在一座山峰上，好像有一只手指指向天空，这就是有趣的“指向天空石”。

师：他写得怎么样，谁来评一评？评的时候注意三个方面：首先，取名，石头有名字吗？其次，有趣，石头的样子是不是很有趣。最后，仿佛看得见，用上“好像”或其他动词，把石头写具体。

生：他写得很好，说了石头的名字，也写了石头的样子，还用了“好像”这个词。

师：你的点评有理有据。谁再来交流一下？

生：我介绍的是第五幅图——在一座陡峭的山峰上，有一个老虎头，正对着前面嗷嗷大叫，这就是有趣的“老虎大吼石”。

生：我介绍的是第 9 幅图——我就说“枪石”吧，它好像一把枪，它的上方有拉的东西，下方有枪管，我觉得好像雕刻的，好神奇啊！

师：这位同学和其他小朋友不一样，把名字介绍到了前面，还把枪石写得十发具体。

这个片段中三个画线的句子与反馈有关。第一个画线句子是教师邀请学生反馈，并提示反馈时要注意什么；第二个画线的句子是学生的反馈，学生领悟仿写的要求，并给予同学积极、清晰的反馈；第三个画线的句子是老师的反馈，强调名称的位置变化。要想在活动中促进学生的学习与反思，教师应在设计教学的过程中对参与反馈的主体、反馈的要点做出预先规划。规划反馈要做到：给予学生反馈的机会；反馈的内容与仿写要求可能一致；反馈时要尽可能具体，指出哪些方面达到了要求，也可以提出适当的改进建议。

【讨论与练习】

1. 请为二年级上册语文园地七中的写话任务设计一课时教案，并说明设计理由。

2. 如果要为教学《雾在哪里》一课设计随文写话教学，怎么选择教学点，如何细化教学点？

3. 请收集二年级某个专题写话的一课时教学设计，试对教学目标、教学内容、教学方法的适切性做出评价。

第三节　习作教学设计评述

根据“2022 年版语文课程标准”与统编语文教材，我们大致可以将习作分为纪实类、想象类与实用类。纪实类习作重在记录生活，包括记录我们遇到的人、经历的事、看过的景与物。想象类习作重在构建自我的世界，包括写童话、写探险故事、写科幻故事等。实用类习作重在参与生活、解决问题，如提出一个想法，推荐一本书，等等。本节以写人类纪实习作、写景类纪实习作、实用类习作为例，讨论习作教学设计的要点。

一、写人类纪实习作教学设计评述

案例 6-3

《形形色色的人》

——五年级下册第五单元习作教学[①]

一、教学目标

(1) 能找出一个人最鲜明的特点。

(2) 能运用散点扫描法或细节聚焦法，把一个人的特点写清楚。

(3) 能从多个方面观察一个人。

二、教学过程

(一) 找出有“特点鲜明”的人及其“最鲜明”的特点

(1) 列出三个习作对象。

在生活中有没有让你印象深刻的人？请大家写出三位。

(2) 筛选出一位习作对象。

在这三位中，哪一位你最熟悉，给你留下的印象最深刻，请你留下这一位，划去另外两位。师生就留下的这一位习作对象进行交流。

(3) 引导说出筛选的理由。

例如：之所以留下妈妈，有三个原因：她关爱我、爱网购、勤劳。在与别人的妈妈进行对比中，这三个原因哪一个最独特？最具有代表性？

小结：“爱网购”这个特点，让这位妈妈与其他的妈妈区分开来。这就是她的——(板书) 鲜明特点。

(4) 写出此人最鲜明的特点，并交流。

请你在留下的那个人后面用一个词写出他（她）最鲜明的特点。(学生写) 谁来交流下：你留下了谁？他（她）的特点是什么？

(二) 如何让人物“特点鲜明”

(1) 学习散点扫描法。

我们通过“排除法”，一下子找到了那个“特点鲜明”的人，可是怎么把这个“特点鲜明”的人介绍给周围的人呢？如何来表现一个人的“鲜明特点”？

(出示段落) 当我还没有拿起笔来时，已经清楚地看见主人公，已经可以数清他衣服上的皱褶，他额上犁刻出来热情和痛苦的皱纹，比熟悉他的父亲、兄弟、朋友、妹妹看得更清楚些。——别林斯基

1) 朗读段落。

2) 作家别林斯基写人的方法是什么？

---

① 吴勇．形形色色的人．https：//mp. weixin. qq. com/s/ZiAER5v4 _ wa2-sNubi-aIw. 2022-05-01. 在原文基础上进行了改动。

小结：只有作者比别人“看得更清楚”，才能让读者看清楚，给读者留下深刻的印象。

3）朗读习作例文。如何“看得更清楚”，如何将看到的“清楚”用文字清晰地表达出来？有一位“小作家”给我们带来了这方面的经验，请一位同学来读一读。

（课件出示短文）奶奶就是西游记中的唠叨大师——唐僧，她每天都会念“紧箍咒”来管住我。一大早，她像定时器一样，准时进入唠叨模式：“小懒鬼，该起床啦，我像你这么大的时候，这个时间已经将全家人的早饭做好了……”话匣子一旦打开，我还怎么睡，赶紧起床；一坐到餐桌边，她又念经了：“多吃点，你就是挑食，瘦得像根竹竿似的，你看隔壁的马晓，做什么就吃什么，瞧瞧人家的个头……”我实在听不下去了，抓了个包子，拎起书包就走，还没有走到门口，奶奶的声音追了过来：“作业带了没？语文书带了没？红领巾戴了没……”她还不依不饶地跟了出来，坚持将我送到公交站台，“上课要听讲，要听老师的话，有同学欺负你，赶紧报告老师……”天哪，我天不怕地不怕，就怕奶奶的“紧箍咒”。

——濮静怡《爱唠叨的奶奶》

4）师生交流。

问题一：奶奶最鲜明的特点是什么？

问题二：她的“唠叨”可以从哪些地方看出来？（板书：平常生活）

问题三：联系生活想一想，奶奶还会在什么时候唠叨？

小结：小作者将平日生活中的点点滴滴写了出来，奶奶“爱唠叨”的特点马上变得“鲜明”起来。我们把这种通过平常生活中的点点滴滴来表现一个人鲜明特点的方法，称为散点扫描法。（板书：散点扫描）散点扫描法就是对一个人平常的生活进行扫描，凡是与这一特点相关的事例全都列举出来。明白了吗？

5）方法运用：“爷爷爱抽烟”说话练习。

小结：将爷爷平常生活中的这些点点滴滴进行“扫描”，他爱抽烟的特点马上就变得鲜明起来，我们把这种表现一个人鲜明特点的方法叫作散点扫描法。散点扫描是一种简略的概述（板书：概述），每个事例一两句话带过，“扫描”的“散点”越多，这个人的特点就会越鲜明！

（2）学习细节聚焦法。

1）朗读习作例文。表现一个人的鲜明特点，让读者看得更清楚，除了散点扫描法外，我们还可以通过写人物在关键时刻（板书：关键时刻）的表现来表现其鲜明特点，下面另一位小作者给我们带来了他的习作。谁来读一读。

（出示例文）妈妈走到了我的面前，她脸色铁青，青筋暴跳，眉毛拧成麻花，嘴里大口呼气和吸气，眼睛里早已燃起了两团熊熊大火。她大声质问：“为什么留堂？”“因为我被老师罚抄公式50遍。”我轻声回答。妈妈更生气了，她怒目圆睁：“有几个人留下？”我低垂脑袋，不敢直视，以蚊子般的声量轻轻哼道：“就我一个人……”“为什么总是你留，一定是课堂上不听讲！一定是写作业时又偷懒了！”妈妈一把将我拖进房间，扯掉我的裤子，一只手将我按在她腿上，另一只手挥舞竹条。一打就发狠了，忘情了，没命了。跳蛙一样，是上下翻飞的竹条；火花一样，是她眼中的怒火；斗虎一样，是她强健的身姿。在我的屁股上，正上演着一场壮阔、火烈、豪放的大戏。

2）师生交流。

妈妈的鲜明特点是什么？

妈妈的“暴躁”弥漫在字里行间，我们可以从这段文字的哪些细节（板书）感受到？

朗读体会妈妈的暴躁。

除此之外，这篇习作有没有通过侧面细节来展现妈妈的“暴躁”？

小结：小作者为了表现妈妈“暴躁”这一鲜明特点，先从正面进行描写，妈妈的语言“暴躁”、神情“暴躁”、动作“暴躁”，然后从侧面“他人反应”来烘托暴躁。由此，妈妈“暴躁”的特点马上变得鲜明起来！我们把这种表现一个人“鲜明特点”的方法称为细节聚焦（板书：聚焦），如果散点扫描是一种“概述”，那么细节聚焦就是一种详写！（板书：详写）

总结板书：写一个人的鲜明特点，可以通过“散点扫描”式的概述进行；还可以对这个人在“关键时刻”的一件事进行“细节聚焦”式的详写。有了这两个方法就可以把一个人的鲜明特点呈现在读者面前，让读者跟你一样“看得更清楚”。

（三）写出“特点鲜明”

（1）理解题目要求。

《少年文学报》将举行小学生“文字画人”的习作大赛，知道什么叫“文字画人”？谁来读读要求？（PPT 出示）

要求如下：选择一个特点鲜明的人写一段话。围绕“特点鲜明”，可以对这个人的日常生活进行“散点扫描”；也可以集中一件事，对这个人进行细节聚焦。无论哪一种方法，都要让读者“看得更清楚”，时间为 8 分钟。

（2）习作练习。比一比，谁是咱们班的“文字画家”，“画”得快、“画”得像！

（3）习作交流与评价。选取使用散点扫描法和细节聚焦法的学生各一位上台交流，所有学生根据评价表完成评价。（评价表见表 6－2、6－3）

表 6－2　散点扫描评价表

评价内容	星级	自我评价
散点一	☆	
散点二	☆	
散点三	☆	
散点四	☆	

表 6－3　细节聚焦评价表

评价内容	星级	自我评价
神情	☆	
语言	☆	
动作	☆	
他人反应	☆	

1）台上学生自评。

2）台下学生评价台上学生习作，并说出理由。

小结：其实写好一个“特点鲜明”的人，不仅需要进行散点扫描式的概述，还需要进行细节聚焦式的详写，这样才能将这个人看得真切，看得更清楚。

3）师生总结人物习作的各段写法。

（四）深化“特点鲜明”

这堂课快上完了，吴老师和大家度过了愉快的四十分钟。此时此刻，你发现吴老师在大家眼里的“鲜明特点”是什么？

总结：同样一堂课，同样一个人，在每个人眼里的“鲜明特点”却不一样。请记住：一个人所谓的“特点鲜明”没有标准答案，在不同人的眼里每个人都是不同的。因为人是立体的，我们每个人看到的只是一个方面。因此，要真正认识一个人，写好一个人，就要善于从多个方面进行观察。

【评述】

1. 教学目标设计要点

着眼三个维度。设计习作教学目标，可以考虑三个维度。首先，知识维度，包括语言运用方面的知识与语言内容方面的知识。语言运用方面的知识又与习作的体裁、习作的功能、习作的方法有关。与习作体裁有关的知识，如知道写人的记叙文是指通过描写人物外貌、记录人物言行表现人物特点或品质的记叙文，写事的记叙文是指通过记录事情的时间、地点、人物、起因、经过、结果来反映社会现象或说明道理的记叙文。与习作功能有关的知识，如记叙作为一种语言功能，主要用于记录人物的经历或者事情的发展变化。语言内容方面的知识与习作要写的主题有关，比如，要写漫画的启示，就要知道漫画是用简单、夸张的手法来描绘生活或时事的图画 。其次，技能维度，包括与习作结果有关的技能、与习作过程有关的技能、与习作方法或策略运用有关的技能。与习作结果有关的技能，如会写一个特点鲜明的人，会写一处名胜。与习作过程有关的技能，如会拟题，会修改作文等。与习作方法或策略有关的技能，如会列提纲，会用“慢镜头”法写场景等。最后，情感、态度、价值观维度，包括喜欢习作、享受习作带来的乐趣，感受习作的价值，等等。

凸显人物特点。设计写人类纪实习作教学目标时，不求面面俱到，但要聚焦人物特点。如上文的教学案例，教师的教学目标明显聚焦在两个方面：第一，知道什么是特点鲜明；第二，能综合运用散点扫描法和细节聚焦法写一个特点鲜明的人。第一个方面的目标与习作知识有关，与写人的记叙文这一类体裁有关，写人的记叙文要写出人物鲜明的特点，“什么是人物的鲜明特点”要让学生有所了解。第二个方面的目标与习作技能有关，特别是与方法的运用、习作的结果有关。运用什么方法才能写出特点鲜明的人物呢？写出特点鲜明的人物的方法很多，教师在这次的习作学习中教会了学生如何运用散点扫描法与细节聚焦法。

2. 教学内容设计要点

统编语文教材从三年级上册至五年级下册，每册均有写人类记叙文习作任务。概括地说，写人类记叙文习作教学的主要内容包括：(1) 写自己或熟悉的人，包括同学、老师、家人以及日常生活中可能接触到的人；(2) 运用词语概括人物特点，并写出人物的特点，包括外貌特点、性格特点、爱好特长、精神品质等；(3) 运用多种方法写出人物的特点，如类比法、典型事例法、漫画式夸张手法等；(4) 写段或成篇，学习拟题，注意书写格式；(5) 体会习作的乐趣。

一次习作教学的内容要依据教学目标确定，如有几项内容，内容与内容之间要有紧密的联系。比如，上文的案例要求学生学写日常生活中接触到的让人印象深刻的人物，理解鲜明特点的意思，学习运用典型事例法（概述典型事例的散点扫描法、详写典型事例的细节聚焦法）表现鲜明特点。理解鲜明特点是学习与运用典型事例法的前提，掌握典型事例法是写出人物鲜明特点的基础。统编语文教材小学阶段的写人类记叙文习作任务整理如下（见表 6-4）：

表 6-4　统编语文教材小学阶段写人类记叙文习作任务一览

册次	任务主题	习作要求	所属单元语文要素
三年级上册	猜猜他是谁	写一位同学； 用几句话或一段话，把印象深刻的一两点（外貌、性格、品质或特长）写下来； 注意开头空两格	体会习作的乐趣
三年级下册	身边那些有特点的人	写身边的人； 用一个词语表达他的特点； 抓住特点拟题； 选择表现特点的事例	写一个身边的人，尝试写出他的特点
四年级上册	小小“动物园”	写家人； 可以写几个，每个写一段； 类比动物，写出特点	写一个人，注意把印象最深的地方写出来
四年级下册	我的“自画像”	写自己； 写外貌特点、性格特点、爱好特长； 选择表现特点的事例	学习从多个方面写出人物的特点
五年级上册	“漫画”老师	写老师； 用夸张的手法写老师的可爱； 写出老师外貌、性格、喜好方面的特点； 选择表现特点的事例	结合具体事例写出人物的特点
五年级下册	形形色色的人	写日常接触到的人； 选取典型事例表现人物特点； 运用多种描写方法把人物特点写具体	初步运用描写人物的基本方法，具体地表现一个人的特点

3. 教学过程设计要点

教学目标与教学内容不同，教学过程设计的关键点也会有所不同。如果要打开学生的思路，可以在教学过程中重点关注引导学生构思；如果要引导学生搜集材料、整理材料，在教学过程中应重点关注教给学生搜集材料与整理材料的方法。上面的教学案例聚焦“运用典型事例法表现人物鲜明特点”，教学过程设计应特别关注方法的学习，遵循方法学习的路径。

简单来说，案例主要从四个环节入手设计教学过程，即“认识特点—学习方法—运用方法—反思方法”。写出人物鲜明特点是方法学习与运用的目的，因此“认识特点”这一环节，明确了教与学的方向；“学习方法”环节强调在认识层面知道方法是什么，有什么用；“运用方法”环节将认识转化为技能；“反思方法”即引导学生回顾学习过程，有助于内化方法，并形成方法运用的策略。

4. 教学方法设计要点

归纳命名法。上文的案例在引导学生认识方法时用了归纳命名法，即从例文中归纳习作方法，同时命名方法。在学习散点扫描法与细节聚焦法时，教师均采用了这一方法。当学生拥有一定的相关经验时，运用归纳法从具体的例文中抽象出习作的方法是比较有效的。如果由教师直接告诉学生是什么方法，该方法有什么用，可能学生只是获得了关于方法的名词，而并不能真正理解方法。归纳后赋予方法简洁的名称，使学生个别化的、零散的感悟转变为统一的、明确的知识，有利于方法的迁移与运用。

分项评价法。将教学目标细化为具体的、可测量的分项，引导学生对分项的达成状况进行评价，以明确自己或同伴已经学会了什么，还有哪些方面没学会或学得还不太好，找到改进的方向。在上文的案例中，教师设计了散点扫描评价法，将“学会用散点扫描法”这一目标分解为“学会运用散点一表现人物鲜明特点”“学会运用散点二表现人物鲜明特点”“学会运用散点三表现人物鲜明特点”“学会运用散点四表现人物鲜明特点”四个分项，将“学会运用细节聚焦法”这一目标分散为“学会描写语言表现人物鲜明特点”“学会描写神态表现人物鲜明特点”“学会描写动作表现人物鲜明特点”“学会描写他人反应表现人物鲜明特点”四个分项，引导学生观察并反思自身与同伴的学习状况。分项评价法的运用有助于引导学生有意识地运用方法写作，巩固方法习得，提高习作质量。

二、写景类纪实习作教学设计评述

案例 6-4

这儿真美

——三年级上册习作教学[①]

一、教学目标

（1）能发现周围景物之美。

（2）能围绕景物之美正确选择材料。

（3）能用“有什么”加“怎么样”把风景之美写具体。

---

① 刘晓蓓.《这儿真美》. https://mp.weixin.qq.com/s/wsjgQywD6zqwGzZMVrF2HQ.

二、教学过程

（一）创设情境，明确要求

1. 复习回顾，导入情境

同学们，本单元我们学习了《古诗三首》《富饶的西沙群岛》《美丽的小兴安岭》等课文，跟随作者的文字饱览了祖国各地的壮美河山。其实，只要留心观察，我们的身边也有不少美丽的风景。上周，同学们积极报名参加了"'我身边的一处美景'手抄报展览"活动，利用课余时间，发现并观察了身边的一处风景，还拍了几张照片，带到了今天的课堂。这节课，就让我们学习给照片配上一段文字介绍，完成一份图文并茂的手抄报，用来参加展览。

2. 明确要点

请学生朗读学习要点：（1）围绕一个意思写风景。（2）用"有什么"加"怎么样"的模式把风景写清楚、写具体。

（二）抓住特点，概说美景

（1）交流风景。你观察了哪里的风景呢？指名交流、同桌交流。

（2）词语概括。同学们，你能用几个词概括自己对这一处美景的印象吗？

（3）中心词扩句。

1）指名交流。现在请你挑选一个最能体现这处风景特点的词，扩展为一句完整的话，将其作为段落的中心句。谁来交流一下？

2）写中心句，词句借鉴。请每位同学先选一个最能体现风景特点的词，再扩展为一句完整的话，将其作为段落的中心句，写在学习单上。老师这里也有一些好的句式和例子，同学们可以挑选自己喜欢的借鉴和使用。指名朗读词句。

- ＿＿＿＿＿真美！　　例：村子后面的田野真美！
- ＿＿＿＿＿是个＿＿＿＿＿的地方。　　例：小池塘是个风景秀丽的地方。
- ＿＿＿＿＿五彩缤纷！　　例：秋天的树林五彩缤纷！
- 一到＿＿＿＿＿，我就＿＿＿＿＿。　　例：一到小花园，我就闻到了阵阵花香。
- ＿＿＿＿＿就像＿＿＿＿＿。　　例：清晨的街心公园就像鸟儿们的练歌房。

（学生自主写中心句）

3）交流、点评中心句。

4）自主修改中心句（提醒：用上平时积累的描写风景的词语。）

（三）围绕中心，挑选景物

1. 观察构思图，交流启发

刚才我们已经用一句话概括了风景的特点，现在就让我们围绕这句话来选材。一处风景包含的景物不少，但在一段话中，我们不能把每一个景物都写进来，而是要挑选最值得写的两三个景物来写。怎么挑选呢？请看这张构思图，图中有什么？对你有什么启发？（教师出示图表）

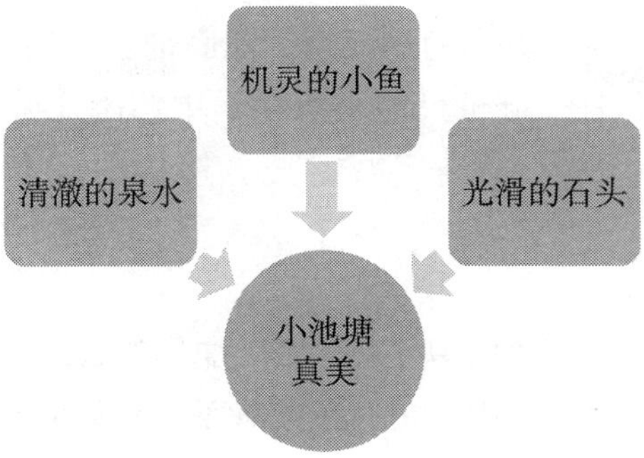

小结：我们要围绕中心句来挑选与中心句有关系的、能表达中心句意思的景物。

2. 根据课前风景照，填构思图

现在就请你拿出拍好的风景照片，围绕中心句，从照片中挑选三个景物，用短语把景物填写在构思图中。

3. 排序景物

写景要有一定的顺序，可以由近到远或从上到下。你想先写什么，后写什么？在构思图中用数字给景物排序。

4. 小组讨论，填写理由

（1）请大家和小组同学交换阅读构思图，说明你的填写理由。再根据以下两个标准展开讨论。（出示评价标准，一生读）评价标准：有没有围绕中心句挑选景物？有没有按照一定的顺序给景物排序？

（2）小组讨论。

（3）选派代表分享，全班点评，修改完善。

（四）归纳方法，细写美景

1. 借助构思图，口述景物

精选材，巧构思，还要细描绘。前面我们围绕中心句挑选景物，给景物排序，接下来就要用文字做画笔，细致地描绘出每个景物的样子，让它们具体生动地呈现在读者面前。首先，请同学们从构思图中挑选一种景物说一说，争取把景物说清楚、说具体。

2. 方法点拨

学习范例：离红树林岸边不远，是一望无际的大海。海水蓝蓝的、清清的，非常美丽！引导学生发现可以使用“有什么”加“怎么样”的方法把景物说清楚、说具体。（板书“有什么”“怎么样”）

小结：“有什么”加“怎么样”是写景时常用的方法，能帮我们把景物写得清楚又具体。

3. 方法运用

现在请同学们对照构思图，也用“有什么”加“怎么样”的方法，把三个景物各用几句话写出来。要按照构思时排好的写作顺序写。

（1）朗读范例，并分析。（出示范例）一股泉水从不远处的小山上流淌到这里，发出悦耳的哗哗声，汇集成这个清澈见底的小池塘。池底铺着一层亮晶晶、圆溜溜的鹅卵石，在阳光下闪闪发光。偶尔会有一群机灵的小鱼在水中悠闲地游来游去，吐出几串透明的水泡。

（2）自主习作练习。

（3）交流习作，互评修改。

（4）添加中心句成段。刚才我们用“有什么”加“怎么样”的方法，按照一定顺序写了三个景物。现在，我们把写好的中心句加在最前面，是不是就变成一个段落了？请你试一试。

（5）交流点评。（提示：对照前述评价标准。）

（五）评改交流，发布习作

1. 小组互评

请你和小组同学交换阅读初稿，在评价表格上打分，满分是5颗星（见表6－5）。

表6－5　初稿内容评价表

评价内容	同伴评价
围绕一个意思写	
用了“有什么”加“怎么样”的写法	
运用了阅读积累的词语	

2. 词语积累

优美生动的词语不仅要记在脑海里，更要运用在作文中。这是本单元我们积累的词语，大家一起读一读，争取在修改作文的时候恰当地使用。

盛开　飞舞　狂欢　闪闪发光

漂亮　优美　明朗　静悄悄

粗壮　香甜　清凉　亮晶晶

3. 习作修改与发表

课下，请同学们根据老师、同学给出的建议修改习作，改好后配上照片，做成手抄报，放在班级宣传栏里，和大家分享大自然的美丽！

【评述】

1. 教学目标设计要点

写景类纪实习作的教学目标也包括知识、技能、方法、态度等。从知识维度来看，学写写景类纪实习作要知道：（1）观察和查找资料是了解景物的必要手段；（2）按一定的顺序写才能把景物写清楚；（3）从多个方面写才能把景物写具体；（4）静态描写、动态描写，运用比喻、拟人、排比等修辞手法是描写景物的重要方法；（5）借景可以抒情。

从技能维度来看，学生在学写写景类纪实习作时应掌握以下技能：（1）观察多种景物的技能，比如多感官观察的技能、多角度观察的技能、按方位有序观察的技能等；（2）围绕一个意思描写景物的技能；（3）按一定顺序描写景物的技能；（4）运用多种方法具体描写景物特点的技能；（5）在描写景物时表达情感的技能。

从情感、态度、价值观维度来看，在设计教学目标时，教师应结合教学内容将感受自然的神奇，感受美，感受中华文化的博大、精妙，以及热爱自然、认同中华文化等作为教学目标，提升学生的审美情趣与文化认同感。

结合单元语文要素与学生的年龄特点，三年级上册写景类纪实习作教学——《这儿真美》一课在设计教学目标时要关注：（1）让学生发现美，通过观察发现周围景物之美；（2）让学生构思美，围绕“美”选择恰当的材料；（3）让学生表达美，运用“有什么”加“怎么样”的方法表现景物之美。

2. 教学内容设计要点

统编语文教材在三年级上册、四年级上册、五年级上册均编排了写景类纪实习作任务。这类习作教学的主要内容包括：（1）具有写场景、名胜或自然环境的经验。写场景，主要指与人物日常生活有关的场所的描写，如三年级上册的《我们眼中的缤纷世界》、四年级下册的《我的乐园》都涉及场景描写；写名胜，主要指与游览有关的名胜古迹、景物风貌，如四年级下册的《游__________》；写自然环境，主要指自然界的景物，如季节变化、风霜雨雪、山川湖海、森林原野等，如五年级下册的《__________即景》。（2）具有从多个方面、多种角度细致观察和了解景物的特点与变化的经验。（3）学习围绕景物特点选材、组材。（4）学习按一定顺序写景物，包括按看到景物的先后顺序、按观察的方位顺序等。（5）尝试运用某种描写方法把景物写具体。（6）具有发现景物美、感受景物美、欣赏景物美的经验。

一次习作教学的内容不宜太多。如上文的教学案例，教学内容主要包括：具有写自然环境的经验，学习围绕“景物之美”选择组织材料，尝试运用“有什么”加“怎么样”的方法把景物之美写具体。

3. 教学过程设计要点

两程合一。“两程”指学生习作过程与教师教学过程。“两程合一”指教师依据学生习作的过程设计教学过程，以便顺学而导，帮助学生克服习作过程中的各类习作困难，顺利完成习作任务。根据写作过程理论，学生习作的过程与以下几个步骤有关：（1）产生写的冲动或欲望，知道自己要写什么。（2）立意，明确自己通过写要表达什么。（3）选材，根据自己想要表达的想法选择材料。（4）组材，有序安排选好的材料，使文章结构清晰。（5）遣词造句，撰写初稿。（6）修改文章，定稿。（7）发表或分享。

上文的教学案例体现了“两程合一”的设计思路，教学基本步骤为“理解情境，明确任务——确定中心，连词成句（立意）——围绕中心，挑选景物——学习方法，按序写景——自主写作，撰写草稿——交流互改，合作评价——再改习作，展示发表。”具体地说，习作任务原来是教材规定的，但是教师赋予这个任务一个情境——为自己拍摄的风景片写一段文字介绍，参加“‘我身边的一处美景’手抄报展览”活动，让教材上的习作任务变成学生自己想要完成的学习任务。在引导学生审题立意时，教师要求学生用几个词概括对美景的印象，再将体现风景特点的一词扩展为一句话，将这句话作为文章的中心句。在“围绕中心，挑选景物”时，特别强调中心句与景物的关系，引导学生恰当选材。如何将选好的材料按一定的顺序组织起来，也就是安排先写什么，再写什么，也是习作过程中必须要考虑的问题。《这儿真美》的文未将习作顺序的学习作为教学目标，虽然教师提醒学生要思考先写什么，再写什么，按一定的顺序写，但未做细致的指导。在“学习方法，按序写景”这一教学步骤中，教师将教学的重点落实在指导学生学习运用“有什么”加“怎么样”的方法写景。在学生自主写作、撰写草稿后，教师引导学生按照一定的要求进行互评并修改文章，最后要求学生配上照片，发表在班级宣传栏中，完成一开始提出的习作任务。七步教学，遵循学生习作的心理过程，有序引导学生准备理解习作任务，写好表达主旨的中心句，学会运用“有什么”加“怎么样”的方法来描写周围的美景。

4. 教学方法设计要点

（1）关键词句法。

审题立意是习作的重要步骤，也是写好一篇文章的关键。在日常教学中，教师会引导学生思考、讨论文章的主旨，先立意再构思。如何引导学生明确主旨，并围绕主旨选材、组材、表达呢？上文案例中的“关键词句法”就是一种有效的方法。使用这种方法大约有四步：首先，先找到表述事物特点的关键词；其次，将关键词扩展为中心句；再次，围绕中心句选材、组材、表达，写成一段话；最后，将关键句放在一段话的最前面或最后面，以总体分述或分述总结为结构，中心意思明确的一段话就写好了。

（2）思维导图法。

在上文的教学案例中，在引导学生围绕景物之美选材时，教师运用了单一气泡图，有效激活了学生的思维与已有的生活经验，帮助学生找到可以“表达美”的各种景物。气泡图是思维导图的一种形式。思维导图作为有效的图形思维工具，以图文并茂的方式实现信息的可视化，以帮助学生积极构思、灵活思考、整理素材、组织语言。思维导图主要有以下六种形式：

第一，圆心图。圆心图主要用于详细描述一个中心主题，其重点关注中心主题本身，讲究主次结构，所有联想或者描述的细节都围绕中心主题进行发散。它一般有内外两个圆圈，内部的小圈是主题，外部的大圈里放的是和这个主题有关的细节或特征。

第二，单一气泡图。单一气泡图指围绕中心发散出多个气泡，帮助学生认识事物多方面的性质与特征，有利于对事物展开具体描写。

第三，双重气泡图。如果习作的内容中包含两种事物，这两种事物需要相互比较或者对照时，可用双重气泡图。双重气泡图由单一气泡图升级而来。在描述两个事物时，分别将这两个事物按照单一气泡图的方法，列出其各种性质和特征，然后将两个事物所共有的或者相似的性质特征找出来，剩下的就是两者的不同点。按双重气泡图列出共同点与不同点，为清晰、合理安排习作内容提供了前提。

第四，树状图或括号图。树状图或括号图是组织习作内容的利器。从树状图的结构来看，由中心主题开始，从上至下发散开来，每一层的分支都由更高一层的分支衍生而来，并且下层分支的内容完全从属于更高一层的分支，每个相邻的分支之间互不干扰，括号图是类似于转了 90 度的树状图。按照树状图或括号图整理习作素材，文章的大纲就有了，习作的思路就清晰了。

第五，流程图。流程图常用于指导学生厘清事情发展的先后顺序。运用流程图梳理事情发展的起因、经过、结果，能帮助学生把握事情发展的过程，把事情写清楚。

第六，峰谷图。峰谷图以起伏的线条揭示事情曲折变化的经过。运用峰谷图展示事情的“一波三折”，可以帮助学生将事情的经过写具体，将故事写得波澜起伏、富有趣味。根据习作任务与内容，灵活选择思维导图，并将其作为学习支架，可以帮助学生构建习作框架，表达得更清晰。

(3) 学用常式法。

常式即常见的表达方式。学用常式法指引导学生学习运用常见的表达方式，帮助学生获得完成类似习作任务的基本策略。在描写景物方面，最常见的表达方式就是“什么怎么样”或者“有什么”加“怎么样”。掌握了这一表达方式，最基本的习作内容就有了。如在上文的教学案例中，学生描写鹅卵石，运用常式最简单的说法就是“鹅卵石发光”。要说得内容具体一些、丰富一些，可以加上一些修饰词，比如，什么样的鹅卵石呢？表达数量的“一层”，表达样子和性状的“圆溜溜”“亮晶晶”“铺着”等。怎么发光呢？“闪闪”的。常式加上修饰语，就能把景物写得清楚又具体。在教学中，引导学生运用常式，帮助学生掌握描写景物的常见方式，并以此为基础，把景物写清楚、写具体，不仅能帮助学生解决“不知如何写”的问题，还能帮助学生内化“常式”，并将其作为未来解决类似习作任务的策略，促进学生习作智慧的生成。

(4) 进阶评价法。

进阶评价法指通过多次要求逐步提升评价，引导学生反思自己与他人的习作，帮助学生不断提高习作质量与习作技能的方法。在上文的教学案例中，教师给了学生三次评价的机会。第一次，评构思图，要求有两项，即围绕中心句挑选景物、按照一定的顺序给景物排序。第二次，评段落，评价要求也是两项，即围绕中心句来写、用“有什么”加“怎么样”的方法。与第一次评价要求相比，第二次不仅要求学生在围绕中心句挑选景物、按照一定的顺序给景物排序的基础上把景物写出来，而且要求学生运用“有什么”加“怎么样”的方法把景物写具体。第三次，评初稿，评价要求有三项，即围绕一个意思写、用了“有什么”加“怎么样”的方法、运用了阅读中积累的词语，与第二次评价相比增加了一项要求。进阶式评价法让评价贯穿教学的全过程，引导学生不断反思学习过程，了解自己已经学会了什么，还有哪些地方需要努力改进。进阶式评价法强调多次评价，但每一次评价要求都要明确，每一次评价要求要比前一次略微提高一些，让前一次评价成为后一次评价的台阶，引领学生由易到难、由简单到复杂，一步一步踏实向前，并最终达成目标。

三、实用类习作教学设计评述

案例 6－5

《推荐一本书》

五年级上册第八单元习作教学设计①

一、教学目标

（1）知道推荐的作用以及如何向他人推荐一本书。

（2）能向他人推荐自己喜欢的一本书，书的基本信息明确，推荐理由清晰具体。

（3）能体会到与人分享好书的乐趣。

二、教学过程

（一）创设真实活动情境，激发习作动机

（1）出示“向学弟学妹们推荐一本书”的活动通知。

> 亲爱的同学们：
>
> 一本好书能启迪人的智慧，涤荡人的灵魂，在你的心中有没有这样一本好书呢？
>
> 本周开始，我们将在五年级开展“向学弟学妹们推荐一本书”的活动。想一想，你最想推荐哪本书？这本书适合推荐给几年级的弟弟妹妹阅读呢？在推荐前，请你重温这本书的内容，思考推荐这本书的理由，然后用最打动人的语言来激发他们对这本书的阅读兴趣吧！请大家认真准备，积极参与，我们将在 12 月份举办“向学弟学妹们推荐一本书”的现场展示会，并向表现突出的同学颁发“推荐好书达人”的奖章，期待你的精彩表现！
>
> 你的阅读伙伴——五年级语文老师
>
> 11 月 2 日

（2）学生交流自己想要推荐的书名，简要说说为什么要向学弟学妹们推荐这本书。

（二）例段比较，区分“推荐”与“介绍”

（1）读两个例段，思考哪段是“介绍”，哪段是“推荐”，想想推荐与介绍的区别。

例段一

《一百条裙子》由美国作家埃莉诺·埃斯特斯所著，该书荣获纽伯瑞儿童文学奖银奖。故事的主人公旺达·佩特罗斯基是一个有着奇怪名字的女孩，也正是因为她的怪名字和旧裙子，所有女生都喜欢捉弄她。直到有一天，旺达突然声称她家里有一百条各式各样的裙子，却遭到更多来自同学的嘲笑，根本没有人相信她，而且大家都会拿这件事捉弄她，旺达都默默地忍受着。有一天，旺达终于因为受不了这些嘲笑而转学了，她给大家留下了她那一百条“裙子”。捉弄过她的那些女生发现原来旺达是多么爱她们，而且旺达是一个非常可爱、非常聪明的女孩。于是她们决定写信向她道歉，并且去把她找回来。可是旺达再也不会回来了。

① 案例编者为上海市宜川中学附属学校苏治芳老师，在原文基础上进行了改动。

例段二

亲爱的小学妹，你有没有因为得不到同学或朋友的理解而不开心？你会不会因为某一方面不如别人而暗暗感到自卑？你有没有因为自己的不懂事伤害到别人而感到后悔？又或者你曾为一些不愉快、不如意的事而烦恼过吗？那么，我想向你推荐一本书——《一百条裙子》。这是一本荣获国际大奖——纽伯瑞儿童文学奖银奖的好书。作者是美国著名的儿童文学作家埃莉诺·埃斯特斯。书中一百条"裙子"的故事深深地打动了我。我想这本书或许也会打动你，让你从中学会面对委屈、面对挫折、面对烦恼，也学会与人为善、与人相处。

（2）阅读例段，交流自己的体会和感受。

预设交流要点：

1）介绍一般指对书的基本信息与主要内容加以说明，推荐是把自己觉得特别好的书好在哪里告诉大家，吸引大家也对这本书产生兴趣，因此推荐时要说清理由，清晰地表达自己的想法。

2）推荐要有对象感，可以亲切地称呼读者，与其对话，以增强推荐的吸引力。

（三）合作讨论，明确习作重点

（1）思考：推荐一本书，什么内容不得不说？

（2）学生交流。（板书：书名、作者、出版社等基本信息，推荐的理由）

（3）推荐的理由与书所具有的吸引人的特点有关，想一想自己想要推荐的书有哪些吸引人的特点，写在学习单上（见表6-6），并和小伙伴交流一下，听听他们的意见。

表6-6　学习单

方面		本书吸引人的特点
1	人物	
2	情节	
3	语言	
4	思想	
5	其他	

（4）全班交流。

（四）例文指导，学习表达方法

（1）学习例文，思考作者的推荐理由是什么？

预设：主人公旺达是个坚强、善良的女孩，从她身上我们可以学到很多优秀的品质。

一本深深感动我的书

亲爱的小学妹，你有没有因为得不到同学或朋友的理解而不开心？你会不会因为某一方面不如别人而暗暗感到自卑？你有没有因为自己的不懂事伤害到别人而感到后悔？又或者你曾因一些不愉快、不如意的事而烦恼过吗？那么，我想向你推荐一本书——《一百条裙子》。

故事的主角旺达·佩特罗斯基是一个有着奇怪名字的女孩。她每天都穿着一条洗得发白、晾得走了形的蓝裙子，正因为她的怪名字和旧裙子，几乎所有的女生都喜欢捉弄她，拿她开玩笑。有一天，旺达又遭到大家的奚落和嘲笑，她实在忍不住了，突然大声宣布自已有一百条裙子，全是丝绸的，各式各样的。同学们怎么会相信呢？结果自然是引来更多的嘲笑和捉弄。终于，旺达因为受不了这些嘲笑而转学了，但是，她却给大家留下了那一百条“裙子”，那一百条与众不同、美丽别致的裙子。这时，那些女孩才发现，原来旺达是一个多么可爱的女孩！

读完这本书，我的心情久久不能平静。掩卷沉思，从一个不起眼的小女孩旺达身上，我们可以学到多少优秀的品质啊！

旺达，真是一个无比坚强的人！她，家境贫寒，鞋上总是沾着泥，永远只穿一条洗得褪了色的蓝裙子，但是她从不沮丧，从不抱怨。她受尽同学的嘲笑和捉弄，但她总是安静地坐在教室最脏、最吵的角落，默默地忍受着这一切。她虽然身处逆境，被歧视、受冷落，但她内心始终坚持着对美的向往和追求。没有钱，买不起新裙子，她就动手自己画，把自己所有的向往都画下来，每一条“裙子”都画得那么杰出、那么美丽！你说，旺达有一颗多么坚强的心！

旺达又是一个多么善良的姑娘！面对奚落、嘲笑，虽然最后她只能默默离去、远走他乡，但是她始终没有怀恨在心，没有选择“以牙还牙”进行报复，而是把所有的委屈和不快统统埋在心底，以德报怨，把那些寄托了自己美好心愿的一百条“裙子”留在了母校，留给了同伴。尤其感人的是，旺达还特意设计了两条最漂亮的“裙子”，送给平时带头捉弄她的佩琪和玛蒂埃。她走了，把一切不愉快的记忆都带走了，而把包容、原谅、友爱和未来全留下了！她是那么宽容、大度，心胸多么开阔！没有一颗仁慈、善良的心，那是绝对做不到的。

我想，每个女孩子特别应该好好读读这本书，从旺达身上受到启迪，让自己的心变得更加清澈、透明，让自己的心里充满爱。我真诚地向你推荐这本《一百条裙子》，我想这本书或许也会打动你，让你从中学会面对委屈、面对挫折、面对烦恼，也学会与人为善、与人相处。

（2）读读文中的第 4、5 自然段，说一说为了把推荐理由写具体，作者分了几点，用了什么方法？

预设：

分为两点，先写坚强，再写善良。

用“观点＋证据”的方法把理由写具体。

先亮出自己的观点，再用证据支持观点。

证据可以是对书中情节、人物表现的转述。例如，为了说明旺达的坚强，转述了书中人物的表现：家境贫寒，从不沮丧，从不抱怨；受尽嘲笑和捉弄，默默忍受，坚持对美的向往和追求。为了说明旺达的善良，转述书中的情节：把一百条“裙子”留给了母校，留给了同伴，把最美的两条送给带头捉弄她的两个女孩。

证据也可以是对自己阅读感受的分享，如为支持自己的观点，即“旺达是个善良的姑娘”，作者分享了自己的阅读感受：她走了，把一切不愉快的记忆都带走了，而把包容、原谅、友爱和未来全留下了！她是那么宽容、大度，心胸多么开阔！没有一颗仁慈、善良的心，那是绝对做不到的。

（五）运用方法，当堂习作

（1）习作任务：

向学弟学妹们推荐一本书，写清书的基本信息。

推荐的理由要写清楚、写具体。可以只写一条理由，也可以有详有略地写几条理由。如果有几条理由，可以分段写。

（2）写完后自评，并与同桌交流互评。

自评互评小提示	
a. 推荐了一本适合学弟学妹阅读的好书。	★
b. 书的基本信息写清楚了。	★
c. 书的推荐理由写清楚了。	★
d. 书的推荐理由写具体了。	★
e. 用第二人称称呼学弟学妹，读起来有对象感。	★

（六）补充说明，布置作业

（1）补充说明：当我们把书读懂了、读深了、读透了，就能侃侃而谈了。建议大家还可以关注其他人对你所要推荐的这本书的评论，尤其是专业的学者、图书评论者，看看他们是怎么评价这本书的，如果推荐时对他们的观点加以引用，说服力会更强，会更打动人。（板书：引用）

（2）回家后根据自评时发现的问题、互评时同学提出的建议修改文章。

（3）小结：预祝大家在“向学弟学妹们推荐一本书”的活动中有优秀的表现，也希望阅读好书、推荐好书能成为你们的习惯。

【板书设计】

推荐一本书

书名、作者、出版社等基本信息

理由　分条叙述　具体说明

方法　转述　分享　引用

要求　写出对象感

【评述】

1. 教学目标设计要点

实用类习作一般指以解决问题或完成学习或生活任务为内容的习作，如推荐、建议、倡议、写调研报告、写新闻报道等等。实用类习作属于纪实作文，有比较明确的交际对象与交际目的，撰写实用类习作的过程就是用书面语言去做事的过程，对理性有一定的要求。

本案例所涉及的实用类习作功能是推荐。统编语文教材安排了两次与推荐有关的习作，第一次为四年级上册“推荐一个好地方”，第二次为五年级上册“推荐一本书”。以推荐为目的的习作，在设计教学目标时应引导学生重点关注以下几个方面：（1）认识推荐及其作用，知道推荐是影响他人、积极参与社会生活的重要方式；（2）知道要根据推荐对象的特点进行推荐，要有对象感；（3）知道推荐是主观的，要明确表达自己的想法；（4）知道推荐要有理有据，要写清理由，以“理”服人；（5）从多个方面写理由，可以把理由写清楚、写具体；（6）可以运用查找资料、拍照、转述引用他人语言等方法把理由说具体；（7）感受推荐对于他人的影响，享受推荐的过程。

在本案例中，教师兼顾知识、能力及情感、态度、价值观确定了三个目标。目标一，从知识维度，要求学生知道为何要推荐书，如何向他人推荐一本书；目标二，从能力维度，要求学生能向他人推荐一本书，做到基本信息正确，推荐理由清晰具体。目标三，从情感、态度、价值观维度，引导学生感受与人分享好书的乐趣。

2. 教学内容设计要点

推荐的习作教学在教学内容设计方面应重视以下几个方面：

第一，让学生拥有在社会交往意义上认识“推荐”内涵与作用的经验，如在本案例中引导学生区分“介绍”与“推荐”，有利于学生认识“推荐”，真正理解“什么是推荐”“推荐有什么用”。

第二，让学生拥有分析推荐任务的经验，即知道推荐的对象是谁，如何根据推荐对象确定推荐的内容、选择恰当的语言，如向学弟学妹们推荐一本书，学弟学妹是推荐的对象，要想推荐成功，一定要选择适合他们阅读的图书，也要考虑用他们读得懂的话来推荐。

第三，让学生拥有用概括简洁的语言清晰表达推荐理由的经验。推荐与写故事不一样，写故事以叙述事情的发展为主，作者的观点会潜藏在叙述之中，推荐则需要旗帜鲜明地表达观点，让读者一目了然地知道你的想法，因此让学生简洁明确地写出自己的推荐理由是必然要教的内容之一。

第四，让学生积累运用各种“证据”支持推荐理由的经验。推荐具有影响他人的社会功能，唯有提供多方面的证据支持推荐理由，使理由可信、有说服力，才能真实发挥推荐的作用。

第五，让学生拥有运用多种方法把推荐理由写清楚、写具体的经验。

第六，让学生有机会感受推荐所带来的实际影响。

3. 教学过程设计要点

实用类习作教学可以遵循写作过程理论，按照习作学习步骤设计教学过程，也可以以功能为核心设计教学过程。以功能为核心设计教学过程，主要指围绕功能的落实设计习作学习活动，着眼于习作功能的掌握开展教学指导。

在上文的教学案例中，教师围绕功能的落实设计了六个方面的学习活动。第一方面的学习活动是感知功能情境，即感知推荐的情境，知道推荐在生活中是有用的。对五年级学生来说，参与学校举办的读书节活动——“向学弟学妹们推荐一本书”，带动全校学生一起读好书，是十分有意义的。第二方面的学习活动是认识与理解功能。推荐具有重要的交际功能，与介绍不同。介绍是“告知信息”，推荐是“表达观点”。介绍是“告诉你它是什么，它怎么样”，推荐则要表达“我认为它好”和“它好在哪里”，以期打动读者的心。第三方面的活动是研讨功能对习作内容的要求。比如，推荐一本书，哪些内容是必须写的？为了让读者了解这本书，必须写出书的基本信息。为了让读者产生阅读的动力，必须写出推荐理由。第四方面的活动是探究功能对习作表达的要求，即怎么写更好，用什么方法写更好。比如，要让书的推荐更吸引人，应当用“观点＋证据”的方式把推荐理由写清楚，可以通过转述、分享、引用等方法把推荐理由写具体。第五方面的活动是亲历功能实践，自己写一写、练一练，将知识转化为行动。第六方面的活动是评估功能的实现程度，比如，自评一下，看看是否推荐了一本适合学弟学妹阅读的好书，书的基本信息是否清楚，推荐理由是否写清楚、写具体了，有没有写出对象感，等等。

4．*教学方法设计要点*

（1）真实活动法。

真实活动法指运用真实的活动创设习作情境，让习作成为真实活动的一部分，从而跨越学校习作与社会生活的鸿沟，让习作为生活所激发，也为生活所用。运用真实活动法开展习作教学，对实用类习作学习特别重要，实用类习作本身就根植于日常人际交往的土壤，如果学校的习作教学能让实用类习作还原真实生活，习作就有了源头活水，习作就不仅仅是习作，而且是个体的意义实践与社会行动。“向学弟学妹们推荐一本书”，让推荐免于沦为纸上谈兵，而是有明确的交际对象，这不仅激发了学生的习作动机，帮助学生获得与他人沟通交流的有效策略，还能让学生感受到习作对于个体与他人的价值，有利于培养学生的习作意识，让学生爱上习作、乐于习作。

（2）下水作文法。

下水作文一般指教师先于学生所撰写的同题作文。教师在教学习作时把自己的下水作文当作例子与学生讨论交流，这对于提高习作教学效率是十分有益的。上文中《一本深深感动我的书》是教师的下水作文。找到适切的例子，深化学生对习作主题、习作方法的认识，是习作教学的一个难点。例子要与学生习作的主题有关联，既要蕴含接下来要学习的习作方法，还要适宜特定年龄阶段的学生，的确有一定的难度。教师的下水作文可以在一定程度上弥补这一缺憾。教师可以把学生当作读者，基于学生的知识水平、阅读状况，以及接下来要学习的关键内容，创作下水作文，将学生要学习的内容编织进字里行间，变成潜藏的“习作秘密”。运用下水作文教学时，教师既是作者，又是读者，知其然又知其所以然，在双重身份的转换中，娴熟地引导学生去发现有意识地埋藏的“习作秘密”，引发学生的思考与认识。例如，上文中，教师“两用”下水作文。第一用，帮助学生区分介绍与推荐；第二用，帮助学生理解如何把理由写清楚、写具体。通过“两用”下水作文，学生对“推荐”的认识加深了，也能较好地理解怎么把理由写清楚、写具体。

四、习作单元教学设计评述

习作单元教学是习作与写话教学设计实践研究的关键问题。统编语文教材从三年级开始，每一册都编有习作单元。全套一共8个习作单元，这8个习作单元聚焦与习作有关的关键技能，涉及一般技能与特殊技能。一般技能主要指完成习作任务不可或缺的观察技能与想象技能。特殊技能包括把人、事、景、物写清楚、写具体的技能，把文章写得中心明确的技能（围绕中心意思写），写出真情实感的技能。习作单元由“单元导语”“课文”“交流平台”“初试身手”“习作例文”“单元习作”六个部分组成，形成一个递进结构。“单元导语”引导学生明确本单元习作的具体要求；“课文”引导学生从阅读中学习表达方法；“交流平台”归纳提炼表达方法；“初试身手”鼓励学生尝试运用表达方法；“习作例文”从表达方法运用的角度解读他人的作品，深化学生对方法的理解与运用；“单元习作”则引导学生经历习作过程，运用学到的表达方法完成习作任务，展示学习的成效。认识习作单元的性质、理解习作单元教学设计的理念是做好习作单元教学设计的基础。

按照单元聚焦的核心，可以将单元分为内容单元、素养单元、项目单元、兴趣单元。内容单元教学的主要目标是帮助学生深入理解所学的知识与方法。素养单元则将蕴含的学科素养显性化，以促进学生的发展。项目单元关注问题解决，并形成项目产品。兴趣单元围绕学生的好奇心引领学生的学习。习作单元关注学生习作素养的形成，即让学生感受习作的意义，熟悉习作的过程，掌握习作的方法与策略，并发展某个方面的习作能力，因此它属于素养单元。属于素养单元的习作单元不仅要关注习作知识与技能的学习，而且要关注习作意义的获得，以及经由习作过程的知识与技能的迁移。

习作单元教学设计的基本理念是大观念统领。大观念，即大概念，指概括学科基本结构的要素，这些要素可能是知识内容，可能是与认知过程有关的思想方法或策略，也可能是价值观。大观念指向学科本质，具有很强的包容性、迁移性，以概念、观念或论题为基本形式。统编语文教材三至六年级的习作单元在单元导语中都指明了语文要素，这些语文要素具有大观念的特点。比如三年级下册习作单元的语文要素明确指出“想象力比知识更重要”“走进想象的世界，感受想象的神奇”“发挥想象写故事，创造自己的想象世界”。对于习作教学来说，想象这个概念本身就是大观念。

大观念统领的习作单元教学设计，主要指以习作大观念为核心，以逆向设计为方法，以习作表现性评价与习作学习进程建构为特征的单元规划活动。大观念统领的习作单元教学设计，能发挥联系与结构的力量，统整知识、技能、方法、价值，帮助学生深入理解习作的知识以及知识背后所蕴含的思想方法，并将其迁移到新的习作情境中，促进学生的意义实践。

案例 6-6

想象为核，整体设计

——三年级下册习作单元设计思路①

一、解读语文要素，明确设计核心

三年级下册第五单元的主题是大胆想象，语文要素包括两方面：一是“走进想象的世

① 案例编者为上海市虹口区广灵路小学方华卿老师，在原文基础上进行了改动。

界，感受想象的神奇”；二是“发挥想象写故事，创造自己的想象世界”。人文主题和语文要素都聚焦于“想象”一词。关于“想象”这一思维形式，低年级儿童主要以再造想象为主，创造成分不多。到了中高年级，学生对具体形象的依赖性会越来越小，创造想象开始发展起来。三年级的学生正处于创造想象的起步阶段，教师的指导就显得尤为重要。

两个语文要素中都提到“想象世界”，前一个指的是课文中呈现的想象世界，单元中两篇精读课文、两篇习作例文均是从不同的角度、用不同的方式去体现“想象”的大胆，所塑造的人物形象、编写的故事情节都体现了神奇之处。这一学习经历为学生独立写想象故事埋下了伏笔。而后一个“想象世界”指的是学生根据阅读中的所得，以大胆、奇特的“想象”思维方式去创编自己的想象故事。两个语文要素之间相互承接、互相关联。因此，建立读写联系，能使习作单元的教学凸显整体性。基于以上解读，可以明确这一单元的核心学习内容——大胆想象写故事。

二、提炼习作方法，整体规划单元

为了使习作单元的所有教学资源能协同作用，以促进教学目标的达成，在对单元进行整体设计时，需要聚焦“大胆想象”，对选文在表达上的特点进行分析，从而提炼“想象类”习作的基本方法，规划单元学习目标。在明确了单元学习目标后，要对学生的习作表现做出预期，并设计表现性评价，规划学习与评价一体的过程，促使学生在习作实践中掌握想象的方法，自由、大胆地想象，编出神奇、有趣的故事，全面达成单元学习目标。

（一）分析“想象类”课文在表达上的特点

本单元编排的精读课文和习作例文都围绕“大胆想象”组织课文内容，以不同的想象方法与表达方式，多渠道、多角度展现了想象世界的神奇。

《宇宙的另一边》以一个孩子的视角对宇宙另一边的世界进行了充分而大胆的想象。现实与想象相互对比，想象的神奇以及想象带来的快乐跃然纸上。《我变成了一棵树》课文内容贴近学生的真实生活，全文以一个孩子的口吻，讲述了在树下玩耍的英英因为不想在玩的时候被叫去吃饭，通过“变形”把自己变成了一棵树，树上长满各种形状的鸟窝，小动物受邀入住，妈妈带着美食住进鸟窝与动物们分享美食……故事的发展随着想象展开，现实生活中难以实现的事情，在想象世界里都一一成真。大胆而神奇的想象把故事推向高潮。课文语言生动、有趣，让读者在阅读中产生画面感，并因为想象的神奇而忍俊不禁。

两篇习作例文继续拓宽了想象类文章的写作思路。《一支铅笔的梦想》是根据事物特点展开想象。铅笔有着细长的特点，它来到不同的地方，变成不同的东西。无论变成什么，作者都紧扣铅笔外形的特点来写。《尾巴它有一只猫》运用反向想象的思路，表达了尾巴坚持自己的想法——它有一只猫，并充分讲述了理由。

通过以上分析可知，四篇文章通过不同的思路、不同的表达方式讲述了神奇、有趣的想象故事。

（二）提炼“想象类”习作的主要价值与思想方法

习作单元中精读课文的教学有别于其他单元，需更重视阅读与写作的横向联系。教师应主动关注课文的价值取向、作者的表达特点，从中提炼思想方法，最终帮助学生掌握方法，并实现方法的迁移和运用。因此，这一单元的教学不仅是让学生完成一篇习作，更应该让学生体会到想象的价值，获得写这类文章的方法。单元教学的主要价值与思想方法是单元学习目标的重要内容。本单元关于想象的主要价值与思想方法如下：

（1）大胆想象，能写出有趣的故事，创造神奇的世界。

（2）能运用反向想象、变形想象、相似想象的方法大胆展开想象。

（3）能围绕事物的特点或事情的发生发展合理展开想象。

（三）预期学习结果，设计评价工具

通过这一单元的教学，学生能学到什么呢？如果评估学生的学习达到了教学目标，需要在确定单元学习目标后，对学生的学习结果进行预测，并且设计相关的评价工具进行判断评估。

本单元预期学习结果主要包括以下几项：

（1）知道运用大胆、合理的想象，能写出神奇有趣的故事。

（2）认识反向想象、变形想象与相似想象，能运用反向想象、变形想象与相似想象写故事。

（3）感受想象的乐趣。

预先决定学习结果后，就可以设计相关的评估工具（见表 6－7）。

比如关于反向想象，预期的学习结果为：能运用反向想象说一段话，想象晚上我去拜访宇宙另一边的那个“我”。

运用反向想象的学习任务为：作者在第 12 自然段中写道“晚上再去拜访宇宙另一边的那个‘我’”，看来神奇有趣的想象还将继续。现在，请同学们结合自己的生活，根据“宇宙的另一边，是这一边的倒影”的特点，想象宇宙的另一边是怎么样的。

表 6－7　想象评估表

评估要点	评估摘星
对晚上宇宙另一边的我展开了想象	☆
想象的内容神奇有趣	☆
能用“在宇宙的这一边……在宇宙的那一边……”表达想象的内容	☆

（四）设计学习任务，构建学习进程

要促使预期的学习结果变为现实，就要精心设计学习任务，并按照由易到难、由认识到掌握的路径设计学习进程（见图 6－1）。

（五）整合教学资源，合理规划单元教学顺序

习作单元中除了精读课文和习作例文外，还安排了“交流平台”与“初试身手”两个教学板块。前者帮助学生对如何大胆想象进行了梳理与总结。后者安排了两项学习活动：一是“手指画”，启发学生根据“手指画”的特点，画出想象的事物，激发学生想象的兴趣；二是“接龙续编故事”，让学生依据所提供的故事开头，同伴相互启发想象，拓展思路，依据提供的素材，结合事物的特点，合理地续编故事。

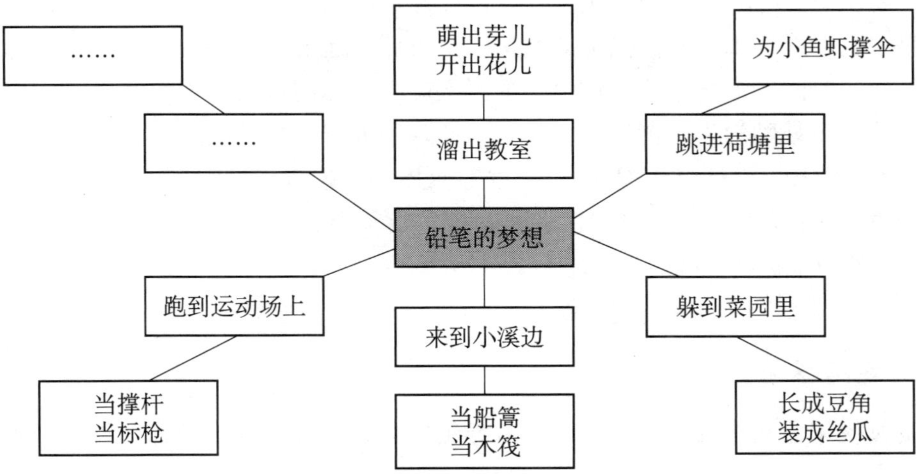

图 6－1　学习进程图

为了建立读写的联系，用好习作例文，同时考虑到将“初试身手”的学习活动合理、适时融入单元教学，以凸显习作教学单元设计的整体性，对该单元教学顺序进行如下规划：将“初试身手”中的两个活动拆分开，第一个“手指画”的体验活动作为课前预习让学生完成，以此引入单元教学；第二个“接龙续编故事”可以从反向想象入手，也可以从变形想象入手，还可以制造冲突，因此把这个活动放在《我变成了一棵树》的第二课时。单元中的两篇习作例文的重点不在“教”，而在于“用”。习作例文《尾巴它有一只猫》与精读课文《宇宙的另一边》中反向想象的思路异曲同工，可作为上完课文后的拓展阅读与延伸，以拓宽学生想象习作的选材。另一篇习作例文《一支铅笔的梦想》是根据事物特点展开想象，每一个自然段结构相似，语言浅显，便于模仿，放在“习作指导课”中更具指导意义。在完成整个单元教学后，增加了一节“习作讲评课”，教师依据“想象大胆合理”的要求，根据学生的习作情况做指导讲评，并引导学生修改自己的习作，给学生提供了欣赏他人作文的机会。

这样的单元规划能够充分整合单元内的习作教学资源，让学生从阅读中学习写作的方法，把这些方法迁移和运用到自己的习作中，从而发挥教材资源的整体优势和效能，帮助学生建立读写联系，提高其书面表达能力。

（六）建立习作评价标准，指导学生反思、评价、修改

习作方法不仅能帮助学生完成习作，也能转化为习作的评价标准。如何促使学生对照标准去评价自己作文的优劣呢？习作讲评就显得尤为重要。

依据学生的习作初稿，教师发现学生在大胆想象和合理想象上还存在一些问题，因而出示优秀习作片段，让学生复习如何做到大胆想象，又举出反例，让学生通过对比，明确反向想象和变形想象更能体现想象的大胆。此外，教师发现学生在习作中的确展开了想象，但在创作表达中不再关注事物本身的特点，因此，抓住特点体现出想象的合理性，也是进一步修改作文的依据。教师在习作讲评课上出示有问题的习作片段——学生写的是一本有魔法的书，书能满足他一切的愿望，解决他所有的问题，所想象的内容全部围绕

“魔法”展开，让学生思考这样的想象是否合理，同时播放与“魔法书”相关的视频，启发学生想到“魔法书”不能只把“魔法”写具体，还要兼顾书的特点。这节课还预留了修改作文的时间，让学生依据评价标准再次阅读自己的作文，用气泡图批注自己需要修改的部分，还鼓励学生阅读同伴的作文，欣赏别人习作中的长处。

习作单元的教学设计应从整体入手，关注文本阅读理解与习作表达之间的联系，提炼归纳这一类习作的方法，再将习作方法转化为作文的评价标准，让学生在“输入”与“输出”的学习经历中提高自己的习作能力。

【讨论与练习】

1. 通读统编语文教材三至六年级写事类纪实习作任务，说说设计此类习作教学时应重点关注哪些方面的目标。

2. 说说什么是习作单元教学设计，它与习作指导课教学设计有什么区别。

第四节　写话、习作教学设计实践

一、想象类习作指导课教学设计研读与实践

案例 6－7

奇妙的想象

——三年级上册第五单元习作指导课教学设计①

一、教学目标

（1）了解相似想象。

（2）能根据事物的特点，运用学过的想象方法，大胆、合理地展开想象，写一个故事。

（3）感受想象的乐趣。

二、教学过程

（一）单元勾连，引入主题

（1）回顾“交流平台”，提炼写作方法。

同学们，在这个单元里，我们不仅在“初试身手”中创作了“手指画”，还读了两个充满想象、特别有意思的故事——《宇宙的另一边》和《我变成了一棵树》。读了这两个充满想象的故事，你有没有受到启发呢？

学生交流，教师总结：

① 案例编者为上海市虹口区广灵路小学童也真老师，在原文基础上进行了改动。

1）想象很神奇。

2）想象要大胆、合理。

3）可以运用“反向”或“变形”展开想象。

（2）揭示习作主题。

今天这节课，我们就继续大胆、合理地想象，写一个有趣的想象故事。

（3）出示习作主题：奇妙的想象。

（二）品读例文，习得方法

（1）出示习作例文题目《一支铅笔的梦想》，学生齐读。

（2）提问：《一支铅笔的梦想》这个题目中的哪个词能引发你无穷的想象？（梦想）

（3）自由朗读例文。思考：铅笔有了哪些美好的梦想？用直线画出相关内容。

（4）学生交流，教师相机绘制思维导图，梳理想象的内容。

（5）发现方法。教师引导学生比较铅笔的梦想，思考：作者为什么会想象铅笔变成豆角、丝瓜、撑杆呢？

（6）总结写法。

例文中“铅笔的梦想”和描写梦想的表达方式都有相似之处。作者根据铅笔的特点展开想象，无论铅笔来到哪里、变成什么，都紧扣铅笔外形细长的特点，这样的想象叫相似想象。我们在写故事的时候，可以学习这种方法，抓住事物的特征展开想象，这样故事就有条理、有层次了。（板书：相似想象）

（7）想一想：一支铅笔还会有什么梦想？仿照课文说一说。

（三）选择题目，发挥想象

（1）出示书上的题目，引导学生思考：在想象的世界里，无所不能，一切都是那么奇妙。读读这些题目，哪一个最能引发你的想象？你会想象些什么呢？

1）学生交流。

2）教师指导：想象的思路，想象的合理性。

（2）以《滚来滚去的小土豆》为例，读到这个题目，最吸引你眼球的是哪一个词？（滚来滚去）看到这个词，你想到小土豆滚到了哪些地方？有哪些奇妙的经历？

（3）师生合作列思维导图（见图6-2）。

（4）学生选择一个题目或自拟一个题目，用思维导图的形式呈现奇妙的经历。

（5）简单交流，师生评价。

（四）小结

我们通过学习这一单元的课文与习作例文，知道了想象要有主题、要大胆、要合理。下节课，我们继续来大胆想象，试着把故事中奇妙的经历有条理地写下来。

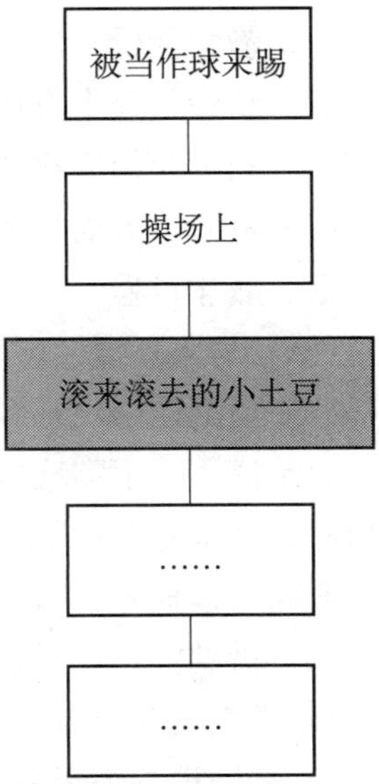

图6-2　思维导图示例

【讨论与练习】

1. 关于想象方法的指导。这位教师非常重视想象方法的指导。从"第一板块单元勾连，引出主题"中可以看出，在教学《宇宙的另一边》指导了"反向想象"的方法，教学《我变成了一棵树》指导了"变形想象"的方法。这堂课教师又通过习作例文《一支铅笔的梦想》指导学生了解"相似想象"的方法。有教师认为指导学生掌握想象的方法非常有必要，能够有效丰富学生的想象力；也有教师不支持这样的指导，比如《滚来滚去的小土豆》，教师指导的这些想象的方法似乎都用不上，学生的想象天马行空，这样指导反而会限制学生的想象。你认同哪一个看法，说说理由。

2. 这是一节习作指导课。习作指导课顾名思义应该以学生动笔习作为主。教学目标的第二条是"运用学过的想象方法，大胆、合理地展开想象，写一个故事"。但是整堂课40分钟时间，学生就是在学习想象的方法，用思维导图的形式展开想象，基本没有动笔习作。习作指导课当然应该指导想象，但更应该让学生将自己的想象用笔写出来，这才是学习语言文字运用。你同意这个说法吗?

3. 如果要强化学生的动笔实践，这个教学设计哪些板块可以调整或删去，请和小伙伴讨论一下，并设计一个合理的修改方案。

二、纪实类习作指导课教学设计研读与实践

案例 6-8

国宝大熊猫

——三年级下册习作指导课教学设计①

一、教学目标

(1) 认识从几个方面把事物写清楚的方法。

(2) 根据介绍事物的特点，初步学习整合信息资料。

(3) 从几个方面把大熊猫的特点写清楚。

二、教学过程

(一) 导入新课，激发学习兴趣

(1) 借助谜语，了解大熊猫的主要特点。

出示谜语：手掌珍贵似明珠，行动笨拙傻乎乎，样子像狗爱玩耍，下水上树有功夫。猜猜看，这是什么动物?(熊猫)

明确写作任务：写大熊猫。

(2) 借助资料，了解大熊猫的更多信息。

1) 学生先介绍自己对大熊猫的了解。

2) 老师提供关于熊猫知识的资料袋，学生朗读。

---

① 王林波，吴忠豪．用好资料，有效介绍：《国宝大熊猫》习作教学及评析．小学语文教学，2021 (6).

课件出示：

资料袋

大熊猫是国家一级保护动物，已在地球上生存了至少 800 万年，被誉为“活化石”和“中国国宝”。

大熊猫繁衍能力很差，幼崽存活率也相对较低，截至 2019 年 11 月，世界上野生大熊猫约 1 600 只，圈养大熊猫约 600 只。

大熊猫长相可爱，给人的第一印象就是“呆萌”，无论是大人还是小孩看到，都会有一种天然的亲近感。可以说，大熊猫是人见人爱的。

（学生默读资料，获取信息。）

3）获取了新的信息，可以怎样介绍熊猫？

预设 1：大熊猫是我国一级保护动物，它长相可爱，给人的第一印象就是“呆萌”，大熊猫被誉为“活化石”。

预设 2：因为大熊猫在地球上生存了至少 800 万年，所以大熊猫不仅被称为活化石，还是我们国家的国宝。

预设 3：熊猫繁衍能力差，幼崽存活率低，所以数量很少。世界上野生大熊猫约 1 600 只，圈养大熊猫约 600 只。

4）课件播放一组熊猫的图片，继续丰富学生有关大熊猫的知识。

（二）回顾课文，学习介绍方法

（1）如果要介绍大熊猫，你准备从哪些方面介绍呢？完成下面的思维导图。

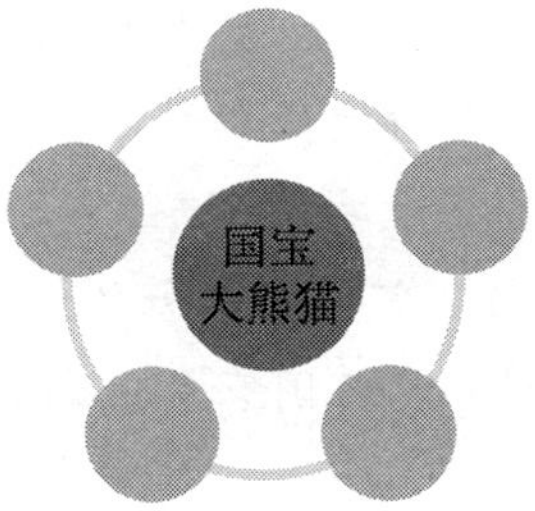

（学生思考，填写思维导图。）

学生准备介绍熊猫吃的东西、长的样子、怎么玩的、跟同伴在一起干什么等等。

（2）回顾本单元课文，《我们奇妙的世界》这一课是从几个方面来写的？

（从两个方面写的，分别为天空的珍藏和大地的珍藏。）

《海底世界》写了海底世界的美丽景色和丰富物产。

《火烧云》写了火烧云的颜色变化和形状变化。

（3）总结：在这几篇课文中作者介绍事物时都是从两个方面来写的。

（三）整合资料，写出初稿思路

（1）动笔表达，形成初稿。

提示学生从哪两三个方面来写大熊猫？想好以后，就试着动笔写一写。

（学生进行练笔，教师巡视指导。）

（2）指名分享。

生1：一身黑白的皮毛，一副永远都拿不下来的墨镜，还有一个胖乎乎的身体，就凑成了那可爱、活泼的大熊猫。

生2：大熊猫为什么成为国宝呢？因为现在共存的大熊猫只有两千多只，大熊猫生下的小熊猫很少，而且不易成活。

生3：国宝大熊猫想必大家都听说过，大熊猫看起来呆萌可爱，让人总想抱一下，你如果去抱大熊猫，那可要注意了，大熊猫和熊一样，发起火来同样可怕。

生4：大熊猫主要生活在四川、陕西、甘肃等地区，十分爱吃竹叶、野果，有时也会吃一些肉。

（学生介绍的大熊猫的几个方面都很简单，因为他们对大熊猫的了解有限。）

（四）继续补充资料

（1）播放大熊猫的视频资料，提示学生观看时记录有用的资料。

（2）我们再来看一段资料，请同学朗读，并记录有用的信息。

课件出示：

大熊猫是“中国特产”，中国特有的物种，现主要栖息地为四川、陕西和甘肃的山区。世界上其他国家没有大熊猫，其他国家动物园的大熊猫都是从中国运过去的。大熊猫生活在海拔2 600～3 500米的茂密竹林里，那里常年空气稀薄、云雾缭绕，气温低于20℃。

大熊猫每天除去一半进食的时间，剩下的一半时间多数是在睡梦中度过的。在野外，大熊猫在每两次进食的中间睡2～4个小时。大熊猫99%的食物都是竹子，可供大熊猫食用的竹类植物共有12属、60多种。野外大熊猫的寿命为18～20岁，圈养状态下可以超过30岁。

大熊猫被野生动物协会选为会标，常常担任和平大使的任务，带着中国人民的深情厚谊到各个国家去“旅游”，成为我国和其他国家交流的纽带，也成为野生动物中货真价实的“瑰宝”。

（3）继续播放有趣的大熊猫视频。学生观看。

（五）融合资料，优化习作

（1）选取刚刚记录的有效信息，或者这段视频中的有趣场景来修改自己的习作，使自己的表达更吸引人。

（学生修改自己的习作，教师巡视指导。）

（2）分享修改后的习作。

生：大熊猫有一个白色的肚皮，戴着一副墨镜，威风凛凛，四肢黑色，圆滚滚的，呆萌又可爱。大熊猫主要生活在四川、陕西、甘肃等地区。它十分爱吃竹叶、野果，但是有时也会吃一些肉。大熊猫并不是猫，而属于熊科动物。大熊猫性格温顺，但也十分危险，也许会把你吃掉。大熊猫喜欢独居，昼伏夜出，至今，它已经生活了800万年，是中国的国宝，也是活化石。大熊猫的行为举动常常能把我们逗得哈哈大笑。大熊猫四肢短小，不能挠痒痒，就只能请大树帮忙。大熊猫还有起床气呢！

师：这位同学写到了起床气，这个情景太有趣了，还有谁也写到了起床气？请同学们到前面来，读一读自己写起床气的部分，咱们相互学习一下。

（四位同学读起床气的部分，学生进行交流。）

生 1.：大熊猫有起床气，它没睡好的时候，如果你把它弄醒了，它就会非常不高兴，甚至开始发火了。

生 2：大熊猫有起床气，它没睡好你却把它弄醒了，它一定会发火的。瞧，它胡乱挥动着自己的双臂，一会儿跑到东边，一会儿跑到西边，还差点儿撞到了墙上。

生 3：大熊猫有起床气，发起火来跟我们小孩子没睡好时差不多。它躺在那里，眼睛都没睁开，但是却乱叫着，胡乱地挥动四肢，还扭动着身子。

生 4：大熊猫有起床气，谁要是把它弄醒了，它一定会大发雷霆，瞧，它一会儿胡乱叫着，一会儿胡乱挥舞着双臂，一会儿跑过来，一会儿跑过去，撞到东西了也不停下来。别说这些了，就连它最爱吃的竹子都不能幸免于难，直接被它折成了几段，随意扔到了一边。不过，大熊猫也有可爱的一面，它喜欢做头部按摩，在石头上把自己的头转来转去，好像在享受生活，瞧，它还哼着小曲呢。

师小结：借助资料完善自己的习作，进行修改、誊写。

【评述】

本单元习作要素是“初步整合信息，介绍一种事物”。这次习作明确要求写“国宝大熊猫”，教材中有一个表格，提供了一些大熊猫的信息，要求学生再查资料，补充其他内容。这是学生第一次学写动物。关于如何指导，我们从这堂课里可以获得许多启示。

第一，根据习作对象，提供大量相关信息。大熊猫是我国的国宝，学生都知道，但真的要写大熊猫的作文，三年级学生掌握的有关大熊猫的知识有限，教材中提供的一些信息材料也远远不够。根据学生的这一特点，老师在课堂里大量提供有关大熊猫的信息，为学生提供习作材料支持，解决学生写什么的困难。

这堂课老师通过两个轮次，用各种方式为学生提供了大量有关大熊猫的信息。课堂导入用了谜语，其实谜语中也包含有关大熊猫的知识；接着让学生介绍自己了解的大熊猫，不少学生介绍了大熊猫的样子、习性、生活环境等；然后老师出示大熊猫的资料，让学生观看大熊猫的图片。第一轮大概用了 12 分钟。学生确定了应该从哪几个方面写大熊猫以后，老师又安排了第二轮资料，并给学生观看相关的视频，让学生读两段文字，最后又看了视频。这些介绍极大丰富了学生对大熊猫的认识，没有这些材料支持，学生写这篇文章会有很大的难度，特别是那些对大熊猫很不了解的学生，几乎是无从写起。如果就写大熊猫的外貌，真的没几句话就写完了。所以，这个环节的安排，遵循三年级学生的认识规律，符合学生的心理特点，也紧扣了单元习作要素，化解了本次习作学生遇到的最大困难。

第二，简明扼要地指导习作方法。这堂课第二板块“回顾课文，学习介绍方法”，专门安排了习作方法的指导环节，从几个方面介绍大熊猫。方法指导这个环节用了四分钟。先画思维导图，确定从哪几个方面写大熊猫，指出可以从它的样子、习性、生活地区、食物等方面介绍，比较形象地帮助学生厘清了文章的思路。接下来结合本单元的三篇阅读课文——《我们奇妙的世界》《海底世界》《火烧云》学习，这三篇课文都是从两三个方面去写一个事物的。由此得出结论，介绍的方面不要多，写两三个方面就可以了。这里仅做回顾性的整理，点到为止，简明扼要。用多长时间？思维导图加上三篇课文结构顺序的整理只有四分钟。语文老师在习作指导课上指导习作方法时动辄用十分钟二十分钟，甚至超过三十分钟，这样学生还有多少时间写作呢？其实习作方法指导应该是阅读课承担的任务。作文课主要帮助学生迁移运用，可以用最少的时间复习回顾一下，切忌作为新知进行教学。这堂课老师对用于方法指导的时间把握控制得非常好。

第三，当场写，当场交流点评。这堂课老师安排了两次动笔写作，每次都安排当场交流。第一次学生交流用时四分钟；第二次先是同桌互改，再是全班交流，用时约八分钟。两次习作交流点评，也是一种习作指导，只不过是“作后指导”。对小学生来说，文章写完了，到底写得怎么样，通过伙伴交流，可以相互取长补短，获得新的习作体验。在交流过程中，老师也会适当加以点评，有针对性的点评指导相当于面批，这样的面批比抽象的习作指导要有效。学生经过写作实践，有了亲身体验，因而对老师的点拨就有了更深的体会，能够入耳入脑。

这堂课还有哪些值得讨论的问题？我想提出三个问题：

一是这篇文章到底可以从几方面写。这个单元的几篇课文都是从两个方面来写一个事物的，所以老师提出可以写两三个方面，不要多。但是同学交流的时候，凭自己掌握的这些非常有限的材料，只写两三个方面，很难写成一篇文章。比如，最后那位学生交流的文章，就远不止两三个方面：首先写大熊猫外形很呆萌；然后写它生活在四川地区；接下来写大熊猫吃什么；后面又写大熊猫性格看起来很温顺，但其实很狂躁；再写 800 万年之前就有大熊猫，它是一个活化石；又写它的行为非常可爱，特别写了大熊猫的起床气，还有大熊猫喜欢做头部按摩，等等。可见，老师按照几篇课文的写作思路进行的写作方法指导，对学生写这篇作文并不管用，有些想当然。

二是这堂课的时间分配。从动笔写的时间看，第一次动笔写用了 3 分钟，第二次写用了 6 分钟，加起来 9 分钟。交流、点评部分，第一次交流用时 4 分钟，第二次交流用时 8 分钟，用了 12 分钟。交流时间比动笔写的时间多，比例有点失当。从介绍资料的时间看，第一次介绍资料用了 12 分钟，第二次介绍资料用了 7 分钟，两次共用时 19 分钟。一堂习作指导课一半的时间用来提供资料，是否过于奢侈？其实介绍资料的时间可以大幅压缩，最好要求学生课外自己收集，课堂里来交流，教师可以适当补充；还有文字资料不请学生朗读，可以课前或当场发给学生，让学生自己去读；视频、画图集中放，减少讨论时间；等等。这样就可以将主要时间放在动笔写上。

当下习作课上往往是学生静下心来写作的时间太少。老师在动笔写方面应该舍得花时间，如果有一半的时间用在动笔写上，或是交流以后的修改上，可能对学生更有帮助。

三是学生写这篇文章时最困难的部分是什么。可能不是难在写几个方面，而是每个方面怎么展开，怎么写清楚、写具体。这对三年级学生来说是最难的，甚至对许多高年段学生来说也有一定的难度。教师最后抓住视频中看到的大熊猫有“起床气”的情节，让四个同学进行交流，抓到了关键。设计中特意引录四个学生写的起床气：生 1 只写了一句话；生 2 和生 3 也只写了两三句，都写不具体，不会展开。生 4 写作水平比较高，写了一大段，写得最具体。遗憾的是老师没有当场组织讨论进行比较，如果有时间让学生比较一下，谁起床气写得最好，为什么写得好，让学生思考一下，对学生是最有帮助的。增加同学的交流，把一些亮点集中起来进行整合修改，这样每个孩子就都能在原来的水平上有所提高。好文章是改出来的，如果学生交流以后，再有一次修改的机会，那么效果会更好。

【讨论与练习】

1. 这堂课教师重视大熊猫资料的介绍，帮助学生解决了写作材料的困难，只是用时过多。请思考怎样设计可以用最少的时间达到同样的目的？提出一个可行的设计方案。

2. 要求小学生把大熊猫的特点写清楚、写具体，相比从几个方面写大熊猫，前者难度更高。根据专家的意见，这堂课中教师抓住写大熊猫“起床气”这一特点，让学生进行了习作交流，抓住了关键，可惜没有取得最佳效果。认真研读设计中这一环节的指导过程和专家建议，试着自己设计出这个环节的指导方案，然后与伙伴交流，评选出最佳指导方案。

三、写话或习作教学设计实践

以小组为单位，在低中高年段语文教材中任选一个写话或习作题目，先个人完成一个写话或习作教学设计，然后在小组范围内进行交流，修改并打磨出一个比较成熟的教学设计在全班交流分享。

每个教学设计都要求有明确的教学目标和完整的指导过程。

建议在以下三个题目中选择。

（1）统编语文教材二年级下册语文园地二中的写话“写一写你的一个好朋友”。

（2）统编语文教材四年级上册第六单元习作“记一次游戏”。

（3）统编语文教材六年级上册第七单元习作“我的拿手好戏”。

第七章

单元学习任务设计

本章学习目标

1. 了解学习任务群和单元学习任务之间的关系。
2. 理解学习任务设计的整合性要求。
3. 知道如何进行为单元学习任务设计赋能的单元整体解读。
4. 知道单元学习任务设计为什么要重视学习情境的创设。
5. 知道设计单元学习任务的思路。
6. 能说出单元学习任务设计的五个基本原则，并在具体的单元学习任务设计中积极贯彻。

本章学习建议

1. 本章第一节是认识和实践单元学习任务设计的基础。建议课前阅读“2022 年版语文课程标准”有关学习任务群和学习任务设计的内容，然后以小组合作的形式，结合具体的单元学习任务设计案例，讨论为什么要以学习任务设计的方式来开展单元教学活动。

2. 本章第二节举例讨论了单元学习任务设计的一般思路，第三节先阐述了单元学习任务设计必须遵循的基本原则，然后通过具体案例讨论了在单元学习任务设计中如何贯彻落实基本原则。建议以学生自主阅读和设计实践为基础，再组织讨论如何设计出一个优质的单元学习任务。

3. 建议课前搜集更多单元学习任务设计案例，进行对比阅读分析。

课时建议：3～5 课时（含设计实践）。

“课程内容”是“2022 年版语文课程标准”中新增加的一个重要板块，这个板块不仅明确了语文课程用什么样的方式来组织和呈现课程内容，而且指明了语文课程用什么来教和学以及教什么和学什么。“2022 年版语文课程标准”第四部分“课程内容”指出：

> 义务教育语文课程内容主要以学习任务群组织与呈现。设计语文学习任务，要围绕特定学习主题，确定具有内在逻辑关联的语文实践活动。语文学习任务群由相互关联的系列学习任务组成，共同指向学生的核心素养发展，具有情境性、实践性、综合性。

这部分内容中提到了一个新的概念——学习任务群，紧接着分三个层次设置了 6 个学习任务群。第一层基础型学习任务群，设“语言文字积累与梳理”1 个；第二层发展型学习任务群，设“实用性阅读与交流”“文学阅读与创意表达”“思辨性阅读与表达”3 个；第三层拓展型学习任务群，设“整本书阅读”“跨学科学习”2 个。

为什么要以学习任务群的方式来组织和呈现课程内容呢？“2022 年版语文课程标准”在“教学建议”中指出：“教师要明确学习任务群的定位和功能，准确理解每个学习任务群的学习内容和教学提示。在此基础上，综合考虑教材内容和学生情况，设计不同类型的学习任务，依托学习任务整合学习情境、学习内容、学习方法和学习资源，安排连贯的语文实践活动。”结合“课程内容”部分以及“课程理念”部分关于学习任务群的表述，我们就可以发现，这是在引导和强调教与学方式的变革，即教师要能够通过学习任务的设计和组织实施，让学生在完成真实学习任务的过程中，参与和体验具有内在联系的、连贯的语文实践活动，从而实现语文核心素养的发展和提升。

学习任务的设计，从宏观上讲，是针对整个义务教育阶段语文课程目标的有序落实，围绕 6 个学习任务群规划相应的学习任务；从微观上看，是针对每一个年级的语文课程目标，科学地设计单元学习任务。前项工作主要应该由课程标准制定者和教材编写者承担；这一章主要讨论单元的学习任务如何设计，因为这项工作主要由语文教师承担。

第一节　单元学习任务设计的关键问题

一、如何认识学习任务设计

“2022 年版语文课程标准”指出：“教师要明确学习任务群的定位和功能，准确理解每个学习任务群的学习内容和教学提示。在此基础上，综合考虑教材内容和学生情况，设计不同类型的学习任务，依托学习任务整合学习情境、学习内容、学习方法和学习资源，安排连贯的语文实践活动。注重语文与生活的结合，注重听说读写的内在联系，追求语言、知识、技能和思想情感、文化修养等多方面、多层次发展的综合效应。”这段话蕴含了学习任务在语文课程设计和组织实施中的重要价值。

第一，学习任务是学习任务群的核心，也是语文课程内容组织和呈现方式的核心。

“学习任务群”是由一个个学习任务组成的“集合”，是由具有特定目标定位和功能的、相互关联的系列学习任务组成的课程内容组织形态，其中每个学习任务都具有情境性、实践性和综合性，它们共同指向学生语文核心素养的发展。

第二，学习任务能够将具体课程目标落实所凭依的学习情境、学习内容、学习方法和学习资源有逻辑地整合起来，让学生在完成学习任务、解决具体问题的过程中，参与和体验一系列语文实践活动，从而收获具体学习目标指向的预期学习结果。

第三，学习任务的设计将从根本上促进教与学方式的变革，真正实现多年来一直倡导的“用教材教”和“用课文学语文”。在“课程内容”的组织和呈现方式上如此强调“学习任务群”和“学习任务”的设计与落实，最根本的目的是想通过课程内容的组织和呈现方式来促进教与学方式的变革，也就是要以任务驱动的方式，让学生在有联系的语文实践中学语文、用语文，发展语文核心素养。不少教师已经意识到，以往围绕知识点和训练点，用“讲解＋训练”的方式进行教学常常是低效的、无趣的，难以提升学生的核心素养。从《实验稿》开始就已经在强调要运用自主、合作、探究的学习方式，要重视体现语文的实践性和综合性，课程实践中也一再强调要“用课文教，不能教课文”。但是，积重难返，教师总是不知不觉地在“教课文”，受惯性思维的影响，仍在单纯地进行知识和技能的训练。对此，“学习任务群”或许是一剂“解药”。如果教师在教学实践中都能成为适切的学习任务的设计者，都能成为学生完成学习任务的有力支持者、引导者，语文课程实践自然可以回归母语教育的实质——让学生在真正“为儿童全生活着想”的语文实践活动中奠定语文基础，发展核心素养。

第四，学习任务的设计和组织实施，让学生成为学习活动真正的主人。学习任务体现了“做中学”的理念，学生学习和运用具体的语文知识、技能、方法和思想来解决学习生活中的现实问题。在解决问题的过程中，学生达成深度理解，提升语言文字运用能力，发展语文核心素养。

在认识到学习任务设计重要价值的同时，我们还要明确以下两点：

第一，学习任务不是凭空诞生的。“……综合考虑教材内容和学生情况，设计不同类型的学习任务”，这提示我们，学习任务诞生于教材内容和学生的需要。当我们手头有教材时，一般可以根据教材单元主题来设计，这是学习任务设计的一个切入点或抓手。为什么要根据主题来设计呢？因为一个真实的学习任务是离不开指向具体问题解决的学习情境的。例如，四年级下册第六单元的学习任务可以根据童年成长主题设计为“规划开展十岁成长礼活动”。学习任务的设计也可以是来自学生在学习生活中需要解决的现实问题。例如，一年级的跨学科学习任务“创作春日之书”，就是为了帮助学生从不同的角度认识春天，感受自然生命；三年级属于“思辨性阅读与表达”学习任务群的学习任务“生活中的智慧”，就来自教室日常生活的管理和规划的需要。

第二，学习任务的核心不是显性的“任务”，而是任务驱动的“连贯的语文实践活动”，是语言文字运用的学习，是语文核心素养的发展。如果一个学习任务不通过“连贯的语文实践活动”就能完成，或者在完成学习任务的过程中，语文实践活动不能成为学生学习体验的聚焦点，那这个学习任务就是不合适的，就需要进行调整或重新设计。

二、学习任务设计如何体现整合性

学习任务设计的目的是以系统的思维对学习内容、学习情境、学习方法和学习资源等进行合乎目标的整合性设计，为学生带来整体性的学习体验，促进学生在解决问题的过程中有联系地构建学习的意义。学习者要在学习任务实践中将各项学习要素联系起来进行协同思考，达成对主题任务目标的深度理解，就需要教师找到一种从理念到操作都符合这一追求的学习任务设计策略和思路。大单元逆向设计就是最适切的选择。

什么是大单元逆向设计呢？大单元是一种整体性、系统性、生长性课程思维的形象化表现。它体现的是这样一种教学思想：零碎的知识只有经过结构化的组织，才能转化为系统性的认知能力；可迁移的能力只有在真实的体验性任务中才能形成；学习意义必须在元认知的参与下才能实现主体性建构；素养的形成需要经历一个由浅入深、循序渐进的相对完整的学习探索的过程。

概括来讲，大单元教学指的是以发展学生学科核心素养为追求，运用整体性和系统性思维对单元学习内容进行有逻辑联系的整合和组织，设计相应的情境任务，整合相关的学习资源，让学生在经历和完成学习任务的过程中习得知识和技能，并基于知识和技能的运用发展概念性理解，借助概念的迁移和协同思考发展解决现实问题能力的一种课程组织形式和实施方式。这也是“2022 年版语文课程标准”提出的综合运用多种学习方式设计连贯的语文实践活动的内在要求，是指向这一追求的实践——“根据学生需求提供学习支持，引导学生在完成任务、解决问题的过程中积累语文学习经验，发展未来学习和生活所需的基本素养”。而《义务教育课程方案（2022 年版）》在“课程实施”部分更是明确提出了“探索大单元教学”。

从大单元教学的定义就可以看出，大单元教学的设计实施，遵循的是逆向设计原则。正如前面提到的，单元整体教学强调学习目标统领的设计和组织，从目标入手，以始为终，正是逆向设计的基本特征。格兰特·威金斯和杰伊·麦克泰格的《追求理解的教学设计（第二版）》一书，将逆向设计分为三个设计阶段，即确定预期结果、确定合适的评估证据、设计学习体验和教学。

第一阶段要澄清的正是单元学习目标，明确单元学习的预期结果。这个阶段，教师需要充分结合单元语文要素和学习内容，厘清学生应该知道什么，理解什么，能够做什么，什么内容值得理解，什么是期望的持久理解。

第二阶段要回答的问题是“我们如何知道学生是否已经达到了预期结果？哪些证据能够证明学生的理解和掌握程度？”也就是说，教师要根据第一阶段确定的预期结果，即单元学习目标，思考能够证明目标达成的学习证据应该有哪些。这些证据是通过具体的学习过程和活动产生的，所以接下来才是设计具有驱动力、向心力、整合力和发展力的学习任务。

第三阶段“设计学习体验和教学”，指的就是基于目标和证据，精心考虑和设计最合适的学习任务。具有强大整合力的学习任务是抵达学习目标、产生学习证据的基础和保障，而线索清晰、具有整体性和系统性的学习任务，应该是一个“真实”的学习任务。这个学习任务要回答的问题包括：学生有效地开展学习并收获预期结果，需要哪些知识（事实、概念、原理）和技能（过程、步骤、策略）？哪些活动可以使学生获得所需的知识和技能？要达成目标，教师和学生应该做些什么，怎么做？在教材资源之外，还需要哪些学习资源作为支撑？能够回答这些问题的，就是大单元教学设计的学习任务和由学习任务组织起来的“连贯的语文实践活动”。

我们可以借助下面的案例来做进一步的理解。

统编一年级语文下册第七单元包括四篇课文（《文具的家》《一分钟》《动物王国开大会》《小猴子下山》），一个口语交际（“一起做游戏”），一个语文园地。对学生来说，学习这个单元的价值在于通过文本阅读和口语交际、谚语积累等，认识养成各方面好习惯的意义和价值；就语文本身的学习而言，除了低年级的识字与写字以及最基本的语言积累，重点是在阅读中学习提取重要信息，尝试对故事情节的发展做出推断，从而推动言语思维能力的培养和发展。

什么样的学习任务能够为综合素养目标服务（向心力），能够将学习内容、情境、资源、方法等有逻辑地整合（驱动力和整合力），还能够在学生心中种下“理解”的种子，指导学生今后的相关读写和生活行动（发展力）呢？

通过对单元内容的整体性解读，结合学生实际，将核心任务设计为：“写绘好习惯养成记”分享会。

这个核心任务需要学生通过写绘的方式，讲一个（也可以是几个）自己（也可以是别人）养成某种学习或生活好习惯的故事，然后跟大家分享。

这一核心学习任务是怎么诞生的呢？首先是明确了这个单元的学习，要渗透对两个大概念的理解，一个是宏观的人文大概念——良好的习惯帮助我们遇见更好的自己，一个是微观的学科大概念——合适的阅读策略（推断）有助于理解文本。

接着，教师要思考什么样的学习证据能够证明学生达成了预期学习目标。这些证据包括：(1) 能联系上下文，用动作演示等方法读懂词语的意思，并能用词语说一句话。(2) 借助“要是……就……”句式及其他方法，根据课文信息简单推断后面的情节内容。(3) 把通知中时间、地点、参加人、事情等要素准确地指出来。(4) 在生活中初步养成某个好习惯，写绘一个好习惯养成的故事。

第三步才是从主题入手设计核心学习任务。怎样完成这个核心学习任务，这就要考虑如何将单元重点学习目标（核心是学科大概念的理解目标）设计为任务完成的主要线索，将学习情境、学习内容、学习方法和学习资源进行有逻辑关联的整合，并凸显出相关的语文实践活动。为此，将核心学习任务分解为三个子任务，具体如下：

子任务一：学习表演故事，发布任务通知。

任务说明：根据学生的兴趣，从他们最感兴趣的动物话题入手，将《动物王国开大会》作为任务开启，将课文学习与戏剧表演相结合，通过表演将故事情节和动物对话更生动地表现出来。学生在学习过程中判断思考了什么样的通知才是具体、清楚、有效的通知，进而将知识技能迁移运用，借助老师提供的支架，自己尝试发布本单元的“写绘好习惯养成记”分享会的任务通知，调动学生的积极性，让学生从任务发布之日起更加关注自己的习惯问题。

子任务二：欣赏和分享与习惯有关的故事。

任务说明：用不同的方法学习和欣赏与习惯有关的几个故事，在仔细阅读文章的基础上，联结生活，运用文中插图、关键句式、做猜想等方法，梳理故事内容，学习《文具的家》、《一分钟》和《小猴子下山》，形成根据文章信息做出简单推断的能力，认识到养成整理文具等良好习惯的重要性。鼓励收集至少一个“日积月累”外的好习惯谚语。阅读关于培养好习惯的分类绘本，如讲卫生习惯养成的绘本《牙齿大街的新鲜事》，讲睡眠习惯的绘本《晚安，大猩猩》等。

子任务三：写绘自己的习惯养成故事并分享。

任务说明：全班或以小组为单位，或个人单独完成习惯养成记的写绘任务，按照要求选择某一个方面并结合自己的经历认真完成。写绘任务完成后，与全班分享，分享会可与成长课相结合，分批次完成分享。分享前可以教授学生一些分享技巧，比如设置悬念，让同学推断后续内容。分享完后，针对故事中的人物或内容进行提问等。

综上所述，学习任务设计遵循大单元逆向设计理念和原则，才能够真正体现学习任务群所追求的情境性、综合性和实践性，才能够让学生获得目标清晰、完整的学习体验，知识和技能才能够转化为可迁移的概念性理解，才能切实促进学生语文核心素养的发展。

三、单元学习任务设计需要什么样的单元解读

“2022 年版语文课程标准”在“教学建议”中指出：“教师要明确学习任务群的定位和功能，准确理解每个学习任务群的学习内容和教学提示。在此基础上，综合考虑教材内容和学生情况，设计不同类型的学习任务，依托学习任务整合学习情境、学习内容、学习方法和学习资源，安排连贯的语文实践活动。”这给单元学习任务群设计带来两点启示：一是要判断具体单元在学习内容上主要属于哪个学习任务群，二是学习任务的设计要综合考虑教材单元内容和学生情况。也就是说，进行单元学习任务群设计，需要先对单元进行整体性解读，通过解读，明确单元特性，提炼单元重点学习目标，发现单元学习内容的内在联系，酝酿并创设学习情境，让学习任务设计的思路慢慢清晰起来。

进行单元整体解读，目的是透彻地了解单元学习目标、各部分内容的特点、单元的编排逻辑等，进而厘清目标统领下各部分内容的学习价值和学习内容之间的关系，找出为学习目标落实服务有序设计学习活动的线索和路径。这样，就可以进一步基于学习任务群创设学习情境，为设计学习任务奠定基础。概括来说，单元整体解读就是要弄明白一个单元里有什么、它们之间有什么样的联系以及什么样的学习任务能够产出呼应学习目标的学习结果。

以统编小学语文教材的单元整体解读为例，首先要抓住双线组元的编写思路，找出单元的助读系统、课文系统、练习系统和知识系统等，从整体上了解单元的人文主题和语文要素，判断单元学习内容（尤其是课文内容）是什么题材，以及与学生生活和成长的联系，把握单元重点学习目标，确定单元归属的学习任务群。而在理解单元语文要素所指向的重点读写目标时，要将其放置在整个小学阶段相关要素的序列中进行对比解读，以确保目标定位的科学准确。这是初步了解单元“为什么”。其次，了解单元编排了哪些内容，并结合人文主题和语文要素梳理这些内容是在怎样的角度和层次上呼应单元学习目标的。然后，要梳理和判断各内容板块之间在目标落实上的联系，根据自己的理解重新判断和编排内容的逻辑顺序（教材单元一般按照统一的体例顺序编排各板块内容，教材页码顺序并不等同于实际教学的时间先后顺序）。再次，按照重新组织的学习顺序，进一步细致解读每个板块的学习内容和价值。最后，要进一步思考什么样的学习证据能够证明学生达成了预期学习结果。这就是指向单元学习任务设计的单元整体解读的一般思路和实施路径。

为了能帮助大家更直观地掌握指向学习任务设计的单元整体解读的方法和思路，下面提供一个单元的整体解读作为参考。

> 五年级下册第七单元，以“足下万里，移步换景，寰宇纷呈万花筒”作为单元导语页开篇，指向了人文主题——“世界美景”，旨在让学生在品读语言文字的过程中，欣赏不同地域的独特风景，体会人与自然的和谐之美。教材编排的课文紧紧围绕这一主题，分别是《威尼斯的小艇》《牧场之国》《金字塔》。课文所选取的写作对象极具代表性和影响力。课文不仅能让学生感悟本单元的人文主题，还有助于落实本单元的读写训练要素，使学生实现语文学习能力的螺旋上升发展。
>
> 本单元的阅读训练要素是“体会静态描写和动态描写的表达效果”，承接五年级上册第七单元阅读训练要素“初步体会课文中的静态描写和动态描写”。这样的关联充分体现了教材编排在遵循学生认知发展规律基础上的系统性和整体性特点。结合五年级上册第七单元的学习内容，学生已经习得了运用“有感情朗读”、抓“关键语句”和“图像化策略”等方法，来初步体会景物的静态美和动态美。要知道本单元如何让学生体会到静态描写和动态描写的表达效果，就要剖析本单元所编排内容对应的学习价值。
>
> 《威尼斯的小艇》出自美国著名作家马克·吐温，文质兼美，文中运用了大量的动态描写、静态描写，以及动静结合的写作手法，将人、城和小艇融合起来，不仅突出了水城威斯尼的特色交通工具和日常生活，更凸显了威尼斯这座小城的独特韵味。《牧场之国》的作者是捷克作家卡雷尔·恰佩克，这是一篇充满诗意的散文，文中运用以动衬静、静态描写的手法，用生动细腻的语言呈现了荷兰草原上动物的悠闲、人们生活的平和，让人们真切感受到了荷兰牧场的宁静之美、诗意之美。《金字塔》是一篇略读课文，由两篇文章组成，一篇是写景抒情散文《金字塔夕照》，作者穆青用诗意浪漫的语言生动地表达了金字塔之美；另一篇则是说明文《不可思议的金字塔》，介绍了金字塔的建筑规模、特点及古埃及文明概况。两种不同表达方式的对比，能让

学生认识到不同表达方式各自的价值，同时也为后文的“口语交际”、习作练习做了铺垫。结合文本解读、课后习题与语文园地的相关内容，学生要学会体会静态描写和动态描写的表达效果，可以在学习过程中从三个方面入手：图像化策略，边读边想象画面；抓关键语句，体会表达效果；对比阅读，深入理解表达效果。

那么，如何证明学生已领会到静态描写和动态描写的表达效果了呢？这就要借助阅读训练要素的运用了。本单元的口语交际和习作练习恰好为学生提供了运用阅读要素的平台和情境，从而将读写紧密结合联结起来。口语交际“我是小小讲解员”，要求选择一个生活中的情境——做一名讲解员。先确定好要讲解什么，再搜集相关的资料。表达训练要素是搜集资料，介绍中国的世界文化遗产。这两个学习内容都要求学生进行资料的搜集、整理和运用。资料的搜集与运用，也是贯穿中高段语文学习的能力要求。

由此可以看出，口语交际和习作练习是对阅读所得的情景化迁移运用，口头或书面介绍一个事物的任务为学生提供了运用所学的场所。这一学习内容的编排充分考虑了学生的学习实际。学生如果能在完成口语交际和习作的学习内容时，根据自己所介绍对象的特点，有选择地进行动态描写和静态描写的运用，那么目标的达成就是自然而然的事情了。

因此，本单元在进行大单元设计架构时，就要统整阅读训练要素和表达训练要素，为学生运用本单元所学的表达方法提供尽可能真实的学习情境，激发学生的学习内驱力，从而让学生学以致用。

综上所述，从课程内容来看，本单元属于“文学阅读与创意表达”学习任务群。第三学段“文学阅读与创意表达”学习任务群中要求在语文学习中提到应阅读表现人与自然的诗歌、散文等优秀文学作品，观察、感受自然与社会，表达自己独特的体验与思考，尝试创作文学作品。在尊重学生学习规律、关注学生差异性的前提下，整体梳理本单元的学习内容，结合语文课标中第三学段“阅读与鉴赏”“表达与交流”领域的目标要求，以及该学习任务群的目标要求，本单元重点学习读写目标可以表述如下。

学生将知道：

1. 景物有静态之美和动态之美。
2. 每个地方一般都有最具代表性的事物，介绍一个地方，可以聚焦此类事物。
3. 描写不同人文景观和自然景观的文章中蕴含着人与自然和谐之美。
4. 介绍清楚一个地方，需要从不同角度搜集资料，并对资料进行筛选、整理。
5. 为了介绍清楚一个地方，可以利用图片、表格、列提纲等辅助形式。

学生将理解：

1. 留心观察、积累丰富素材是写好景物之美的基础。
2. 恰当地运用静态描写和动态描写的表达方法，能够呈现景物独特的魅力。

学生将能够：

1. 分辨并欣赏文本中的动态描写和静态描写。

2. 在搜集资料、筛选整理资料后，借助图片、表格等辅助形式，能用自己的话清晰地、有条理地介绍一处景物。

通过梳理上述读写目标，本单元最根本的学习目标是引导学生留心观察生活中的景物之美，并运用恰当的表达方式将景物介绍给他人，从而实现语言运用和审美创造。因此，本单元学习内容的组织和学习任务的设计，旨在帮助学生在语文实践活动中达成这样的概念性理解（大概念）：留心观察可以帮助我们积累周围事物的丰富素材，有助于我们写好景物之美。

为了达成这一概念性的理解，结合口语交际中“我是小小讲解员”主题情境活动和习作“中国的世界文化遗产”，促成大概念理解的核心任务可以设计为：举办一场“最佳解说大赛”，由学生撰写解说词并现场解说，评选“金牌解说员”。

四、单元学习任务设计如何创设学习情境

叶圣陶先生在《小学国文教授的诸问题》一文中反复强调学习境遇的创设，指出：“担任国文教授的教师呀，你们为儿童全生活着想，固当特设一种相当的境遇，即为国文教授的奏功着想，也当特设一种相当的境遇。儿童既处于相当的境遇里，一切需要，都从内心发出。”①

叶圣陶先生所说的学习“境遇”到底是指什么呢？它包括我们常常提到的“真实”的学习情境，但又不止于此。无论是一段体现单元整体意识和大单元教学理念的课程，还是每一节“为儿童全生活着想”的课，都应该能让学生从不同维度体验到学习的意义和价值，促进学生积极主动地进行意义的建构。“不同的维度”，既指“真实”的学习情境，也指被激活的各种直接和间接的生活与学习经验，还指教师有意识地根据学习内容和目标即时创设的学习文化场。这些共同构成了叶圣陶先生所期待的“相当的境遇”，也就是“2022 年版语文课程标准”提到的“学习情境”。

“2022 年版语文课程标准”“教学建议”的第三条就是“创设真实而富有意义的学习情境，凸显语文学习的实践性”，其中有这样一段话：“语文学习情境源于生活中语言文字运用的真实需求，服务于解决现实生活的真实问题。创设情境，应建立语文学习、社会生活和学生经验之间的关联，符合学生认知水平；应整合关键的语文知识和语文能力，体现运用语文解决典型问题的过程和方法。”

单元学习任务设计一般是针对一个教材单元或者整本书阅读、跨学科学习主题展开的。

单元学习任务设计要让学生感受到任务是指向真实问题解决的，是有现实意义和价值的。学习情境就是让学习任务拥有了一个凸显其意义和价值的真实场景和需要。在这样的学习情境中，学习内容就成为任务完成必不可少的元素，学习资源的开发利用和学习方法

---

① 杨斌．什么是我们的母语：民国三大家论语文教育．上海：华东师范大学出版社，2014：9.

的选择运用就成为助力任务完成的需要。

一种理想的学习情境创设状态是任务即情境，也就是说，一个让学生感到有一定挑战性的真实任务就已经包含了学习情境。实践任务情境与单元核心任务（表现性任务）是一致的，它让学习任务更加真实，赋予学习真实的意义。例如，统编六年级下册第一单元，为了让学生深度理解“写文章时，确定的重点内容写得具体细致一些，会更好地实现表达意图，引起读者的兴趣和共鸣”，可以结合单元人文主题和学习目标设计这样的真实任务：制作一个 6 分钟左右的“纪录片”，配上合适的解说词，向观众介绍自己家乡的一种风俗或自己在一次风俗活动中的经历。这个任务本身就是一个真实的、能够充分激发学生学习兴趣和挑战激情的学习情境。

不同的教材单元，由于其与学生建立联结的因素多种多样，创设单元学习情境，就要考虑从哪个维度切入更有利于学习任务的设计和各种要素的整合。学习情境有不同的分类，比如可以分为课本情境、知识情境、文化情境和生活情境等，也可以分为个人体验情境、社会生活情境和学科认知情境。无论哪种分法，都说明单元学习情境的创设要多维度考虑不同情境的学习价值，要善于运用合适的资源将多种情境聚合成整体性的学习情境，为单元核心任务提供真实、真切的现实需要和心理需要。

例如，学习三年级上册第六单元，用一幅中国地图就可以创设多个情境，促使学生积极主动地建构单元学习的意义。结合二年级“家乡”单元，让学生从地图中找到鹳雀楼、庐山、黄山、葡萄沟、日月潭的位置，再找到《富饶的西沙群岛》所在单元写到的天门山、洞庭湖、西湖、西沙群岛、小兴安岭、海滨小城的位置，然后找到自己家乡所在的位置。这一依托地图资源的学习活动就包括了课本情境（相关单元的联结）、知识情境（地图的运用、方位的概念）、文化情境（壮美山河和风景名胜）以及生活情境（这些地方与自己位置上的关系，以及核心任务“制订假期游览攻略”）的创设和聚合，让单元学习的意义得以彰显。但是，地图运用本身并不能构成让学习任务具有驱动力和整合力的价值。“放假的时候，你希望爸爸妈妈带你去哪里游览，制定一份什么样的假期游览攻略才能实现自己的愿望呢？”这才是单元学习任务顺利落实所需要的学习情境。

五、依托统编教材设计单元学习任务

在与新课标配套的语文教材出台之前，语文教师不能消极等待，应该对标新课标的精神，总结梳理以往的教学经验和教学方法，充分利用统编语文教材，以积极的态度进行单元学习任务群教学的尝试。

统编教材和以往多个版本的教材一样，是以单元的形式编排的。12 册统编小学语文教材一共编排了 94 个教学单元，每个教学单元都属于具体的一个或两个学习任务群。总体梳理下来，与以往版本的教材单元类型设置相比较，最明显的区别是，统编教材在普通单元之外还设置了一些特殊单元。

从三年级开始，每册编排了一个习作单元，一共八个。同样，从三年级开始，每个年级上册编排了一个策略学习单元，一共四个。从四年级开始，编排了一些文体单元，如四年级上册的神话单元，四年级下册的现代诗单元，五年级上册的民间故事单元，六年级上册的小小说单元等。此外，还有一个古典名著单元（五年级下册）、一个外国名著单元（六年级下册）、一个作家作品单元（六年级上册“走近鲁迅”）。至于综合性学习单元，原人教版也有，如果以“2022 年版语文课程标准”为指导，重新认识综合性学习单元，那就要以跨学科学习的理念和方式来调整或重构教材单元。这些特殊单元的编排，体现了对语文学习目标和内容的重新认识和定位，比如习作单元的设置，为的是改变以往习作教学之于阅读教学实质上的从属地位，凸显习作表达学习的重要性，努力构建独立的习作教学体系；策略单元的编排，不仅体现了对阅读策略运用的重视，还从实际上促进了学生对阅读策略运用的元认知；文体单元以及名著单元、作家作品单元的学习，让学生认识到了文学形式的多样性、不同文学作品的文化意义和审美价值，比较集中地学习不同文体的阅读方法和策略……

无论是普通单元还是特殊单元，每一个单元都是一个具有整体性的学习组织单元，都应该“综合运用多种学习方式设计连贯的语文实践活动”，都应该精心设计具有情境性、实践性、综合性的学习任务。通常，低年级的每个单元都会包括课文和语文园地两个板块内容，每册还有四个单元会安排口语交际板块内容，有一个单元会安排“快乐读书吧”；中高年级除习作单元和综合性学习单元外，每个单元都会包括导语页、课文、习作、语文园地四个板块内容，其中每册会有一半单元编排口语交际，一个单元编排“快乐读书吧”。这些板块内容不是随意堆砌在一起的，而是依据一定的逻辑进行了组织编排——总体上是围绕单元语文要素进行内容编排的，综合考虑人文主题的一致性。那么，设计学习任务，就要将单元内的这些内容有逻辑地整合起来，相互关联、相互助力，层次递进地落实单元学习目标。

统编教材按照双线组元的方式编写，目的是实现教师更好地教、学生更好地学，以落实语文课程立德树人、发展语言、提升思维、传承文化、启蒙审美的重要价值。统编教材双线组元的编写方式，为语文教师设计单元学习任务提供了很大的方便。语文教师要树立单元整体意识，从研究单元教材开始，精心设计单元学习任务，尝试构建学习任务群，为以学习任务群为内容组织和呈现方式的新教材编写提供新的经验、新的资源、新的思路。

【讨论与练习】

1. 为学习任务设计服务的单元整体解读的一般思路是什么？

2. 学习任务设计为什么要创设“学习情境”？如何理解“2022 年版语文课程标准”中的这句话：“创设情境，应建立语文学习、社会生活和学生经验之间的关联，符合学生认知水平；应整合关键的语文知识和语文能力，体现运用语文解决典型问题的过程和方法。”请你结合自己的学习经验和具体的教材单元谈谈你的想法。

第二节 单元学习任务设计评述

一、第二学段单元学习任务设计评述

案例 7-1

四年级上册第三单元学习任务设计

一、单元整体解读

处处留心皆学问——“留心观察”是本单元的人文主题，阅读训练要素是“体会文章准确生动的表达，感受作者连续细致的观察”，表达训练要素是“进行连续观察，学写观察日记”。

从单元选文和读写训练要素来判断，这个单元的课程内容属于发展型学习任务群中的“实用性阅读与交流”学习任务群。这是一个学习内容和目标都与学生生活联系紧密的单元，是一个学生觉得亲切、感到兴趣盎然的单元。叶圣陶先生曾提出，语文教育要“为儿童全生活着想”，要创造“特设的境遇”，以促进儿童“在发生需求、努力学习的境遇里”“倾心领受，愿意学习”。当然，要让儿童“在发生需求、努力学习的境遇里”，教师需要和学生一起创造“境遇”，“境遇”不可能凭空来到学生的学习生活中。

教师要为儿童创造什么样的“特设的境遇”呢？那就要对单元的学习内容和目标有十分透彻的了解和理解。

（一）阅读训练要素解读

瞻前顾后，三年级上册第五单元阅读训练要素是“体会作者是怎样留心观察周围事物的”，第七单元的阅读训练要素是“感受课文生动的语言，积累喜欢的语句”；三年级下册第一单元的阅读训练要素是“体会优美生动的语句”；本单元是“体会文章准确生动的表达，感受作者连续细致的观察”。从“优美生动”到“准确生动”，从“留心观察”到“连续细致的观察”，这种联系性和发展性是教材有设计规划的结果。同时，“准确生动”和“细致观察”之间也是有自然联系的，观察越细致，对事物特点的把握越准确，表达也会越准确。

本单元编排的课文有《古诗三首》(《暮江吟》《题西林壁》《雪梅》)、《爬山虎的脚》和《蟋蟀的住宅》。叶圣陶先生的《爬山虎的脚》和法布尔的《蟋蟀的住宅》都可看作观察笔记，文章内容都是作者细心观察所得，特别适用于学习“体会文章准确生动的表达，感受作者连续细致的观察”。对于儿童来说，这两篇课文所涉及的对象——爬山虎和蟋蟀，都是大家比较熟悉的，或者有过直接经验，或者通过阅读等途径积累了间接经验。而从题目上看，课文重点描写的对象——爬山虎的“脚”和蟋蟀的“住宅”，对学生来说可能就有些陌生了。陌生化是学习兴趣生发的积极土壤，有助于学生以积极主动的心理状态阅读课文了解信息。这是课文本身营造的阅读“境遇”，教师还需要为落实学习目标创设“境遇”。在学生阅读课文之前，教师除了要激发学生的阅读兴趣，还要用具体的、有吸引力的目标来激发学生的探究欲望，将阅读文本与有目的的观察发现建立起积极的联系。所以，要将综合实践性活动前置——持续观察一种事物，记录其变化过程。为了让学生经历真实的观察、记录过程，对观察对象的选择要用心甄选，尽量做到：（1）方便随时观察；（2）变化周期不能太长，以两三天就能发现较明显变化为宜；（3）观察起始时间以两到三周为宜，即单元教材内容学习开始前一周开启，单元学习任务“观察日记”写好为止。

三首古诗所描绘的景象、揭示的道理、发现的巧妙等，都来自诗人的“细致观察”，既能让学生感受到诗歌的语言美、音韵美、情趣美，又能启发学生在生活中养成主动观察发现的习惯。这三首古诗的选择，是有助于单元阅读和表达训练要素落实的。

经过上面的分析，这个单元的阅读训练要素可以细化为以下的单元阅读学习目标：

（1）阅读反映作者观察发现所得的诗文，养成留心观察周围事物的习惯，从不同的角度发现事物的特点，享受观察发现的乐趣。

（2）关注课题，抓住重点观察的对象，读懂作者是从哪些方面细致观察的；找出能看出作者观察特别细致的段落、词句，从描写的顺序或遣词造句等方面体会准确生动的表达。

（3）从体现时间先后的词句和事物变化的描写中，知道作者的观察是长期的、连续的，并能将这样的观察方法迁移到自己的观察中来。

（二）表达训练要素解读

本单元的表达训练要素是“进行连续观察，学写观察日记”。显然，这是与阅读训练要素紧密关联的，这是一个比较典型的“读写结合”的单元。教学中，教师要善于引导学生将课文阅读中感受到的作者连续的细致观察，迁移到自己在生活中对某件事物的连续观察上，将观察后准确生动的表达迁移运用到自己的习作中。另外，在落实这一表达训练要素时，要利用好学生已有的学习经验和能力，因为在三年级上册第五单元有“仔细观察，把观察所得写下来”的目标任务，三年级下册第一单元有“把观察到的事物写清楚”的目标任务，第四单元还有观察实验、写清过程的目标任务。这些既为学生运用多种感官观察、感受事物变化的能力打下了一定的基础，又为学生有序表达打下了基础。

上面的要素序列让我们看到，学生的学习是这样发展进阶的：“观察”经历了要细致——要调动感官——要看到事物的变化——要学会连续观察这样一个螺旋上升的过程。“表达”经历了写下来——写清楚——写出变化——写下过程——写下发现、想法和心情这样一个递进的过程。

这个单元的习作任务很明确——写观察日记。教材第一部分就以单元课文和阅读链接为引子，激发学生的观察兴趣，鼓励学生进行连续的观察和记录。读写结合的编排意图十分明确。这样看来，似乎在学习过课文后再来完成习作任务，是比较符合编写者意图的安排。不过，笔者还是觉得，课程的规划最根本的是“儿童立场”，是为学生更好地学服务的。如果一定要先学课文，后从课文学习迁移到为了习作而观察一种事物，那就是让生活为语文学习服务了，科学的做法应该是让语文服务于生活——要让学生感受到语文是有意思、有情趣、有价值的。学生先选择自己感兴趣的观察对象，尤其是自己养的某种动植物，再进行观察，这就有了积极情感的参与，有关心、关切。有真真切切的参与，观察就会更加细心，记录也会更用心。当单元课文学习开始后，将课文中学习到的观察态度、方法，以及描写得准确生动的记录，与自己的观察经历进行对比后，学生就更愿意主动进行迁移，让自己的观察更加细致，记录更加准确生动。

这样看来，“交流平台”“词句段运用”一定要融入课文学习的过程中。在把“日积月累”用作单元结课时，可通过引导学生交流单元学习收获来运用落实。

综上所述，这个单元的表达训练要素可以细化为下面的单元习作学习目标：

(1) 知道进行连续观察并撰写观察日记可以帮助自己了解事物的特点和发展变化过程。

(2) 选定观察记录的对象（种子、秋天的树叶、月相等），用图文结合的方式连续写观察日记，包括写下观察到的变化及当时的想法、心情，并尝试整理成一篇或一个系列的观察文章。

(3) 在小组内分享观察日记，修改后合作编辑一期观察日记专刊。

（三）读写训练要素的关系

显然，这是一个读写结合的单元，读写目标紧密相关，从单元课文中习得的观察和表达方法可迁移到习作表达中，以读促写，实现读写素养的整体提升。读写的关联性让单元整体教学变得顺理成章。读写结合，单元目标的整体性表述如下：

(1) 通过抓住相关信息，读懂课文作者是如何通过长期而细致的观察来发现事物的特点，并用准确生动的语言来表达自己的观察发现的，懂得养成细致观察的习惯，享受观察发现带来的乐趣。

(2) 迁移运用从课文中学到的观察方法，细致观察一种事物，用图文结合的方式写观察日记，准确生动地写出自己观察到的情况，感受观察和表达的快乐。

二、单元学习任务设计思路

这个单元适合运用由真实的生活情境驱动的思路来进行学习任务设计。

当一个单元的学习目标和内容可以转化为一个比较聚焦的学科目标任务或生活情境任务时（从学习内容角度看，每个单元都属于具体的学习任务群），以任务的完成为目标，调动学生探究的兴趣，激发学生的内驱力，是一个不错的选择。

这个单元阅读训练要素是“体会文章准确生动的表达，感受作者连续细致的观察”，表达训练要素是“进行连续观察，学写观察日记”。其中蕴含的学科大概念是：连续观察可以积累丰富的关于周围事物的写作素材，有助于把事物的特点写清楚。

“观察”是一种方法、一种能力、一种习惯，是做学问的必需，也是生活的需要。将“观察”设置为一项目标清晰的任务，从讨论如何观察一种动植物的生长变化、习性特征入手，布置学生具体的观察记录任务，前置表达训练，就是符合学生需要的学习任务设计和实施思路。观察是一种生活情境任务，同时为语言文字运用实践的学科学习任务提供了内容和材料。

核心学习任务设计为：种植一种植物，撰写观察日记，编辑班级观察日记专刊。为了有序落实单元重点学习目标，促进对大概念的理解，核心学习任务可分解为以下四个子任务：

子任务一：种一株自己喜欢的植物。单元学习开启两周前，让学生收集或购买一种一两天、最多一周时间就能够发芽的种子，亲手种下。布置任务的同时在课堂上交流讨论买种子时和种下种子后自己最关心的是什么，可以做哪些事情。继续布置观察和日记任务，包括在种下种子的那天、种子发芽的那天认真观察，为自己的种子写下图文并茂的日记，发芽后可以接着写。

子任务二：初评自己喜欢的植物和日记。学生将已经发芽的植物和观察日记一起带到教室里。观察欣赏植物，分享日记，评出自己喜欢的植物和日记。讨论观察日记可以怎样写得更准确生动。引出这个单元的学习任务和目标，激发学习期待。

子任务三：从“大师”的观察和表达中汲取营养。阅读欣赏课文，结合语文园地，助力写好观察日记。通过学习课文，体会作者细致的观察和生动准确的描写，对比自己的观察日记，发现自己日记中的优点和不足，进行修改提升。

子任务四：整理观察日记，编辑专刊。继续观察自己的植物和撰写观察日记，两周后（时间可以根据实际灵活把握），将自己的观察日记整理成系列文章或一篇像《爬山虎的脚》《蟋蟀的住宅》一样的文章。分享习作，评价修改。编辑出版班级观察日记专刊。

这篇单元学习任务规划方案从单元语文要素入手，结合单元课文和其他板块内容，先分别细化单元阅读和习作学习目标，进而对读和写的单元目标进行关联分析，整体把握单元学习目标，充分考虑了这个单元读写结合的编排特点，根据学生年龄特征和实际需要创设学习情境，设计学习任务。

这个单元属于“实用性阅读与交流”学习任务群。“实用性阅读与交流”学习任务群在第二学段提出要学习通过日记、观察手记等来展示自己观察自然、探索科学世界的收获。观察与表达，是这个单元的两个关键词。单元学习任务的设计，紧扣这两个关键词，做到了读写一体化，将阅读中习得的方法和技能充分运用于学生自己的观察和表达中，让学生的学习目标明确，路径清晰，综合素养的提升得到了有力保障，且有迹可循。

单元学习任务设计规划明确提出运用由真实的生活情境驱动的思路，这一思路不仅体现了单元整体教学设计的任务驱动原则，而且充分考虑了单元学习内容和目标的特点，符合儿童的学习心理需要和认知发展规律。学生自己种下一颗种子，心中自然会充满期待，在撰写观察日记时会抱有积极的心态和浓厚的兴趣。当自己的经验与课文相遇，在所做的事、做事的感受等方面与课文产生共鸣，也就能将课文中作者的观察方法、态度和表达特点与自己的观察和表达建立密切联系，迁移运用，取长补短，从而提升观察日记的质量。

【讨论与练习】

1. 单元学习任务设计强调“整合”二字，单元重点教学目标是将整个单元学习情境的创设、学习内容的组织、学习活动的安排、学习方法的选择、学习资源的运用等凝聚为一个目的明确、逻辑清晰、层次分明的整体之核心因素。请你结合单元重点学习目标，分析这份单元学习任务设计中的学习情境、内容、方法和资源是如何被有逻辑地整合的。

2. 单元学习任务的整合性有赖于教师对单元各板块内容学习价值的判断，发现内容之间的联系，也就是要进行全面而深入的单元解读。这是设计一个合适的单元学习任务的基础。请你结合这份单元学习任务设计，谈谈单元学习任务设计的一般操作思路。

二、第三学段单元学习任务设计评述

案例 7－2

五年级下册第八单元解读与学习任务设计

创办幽默商店

——五年级下册第八单元教学解读与学习任务设计①

五年级下册第八单元阅读训练要素为“感受课文风趣的语言”，表达训练要素为“看漫画，写出自己的看法”。由此我们可以看出，这个单元的各个方面都聚焦于“幽默”这个主题。

在这样的主题下本单元选编了三篇课文（古文《杨氏之子》、丰子恺的《手指》和苏联作家费奥多罗夫的《童年的发现》）、口语交际“我们都来讲笑话”、习作“漫画的启示”和语文园地等几个部分。

《杨氏之子》选自南朝刘义庆的《世说新语·言语》，主要讲的是杨氏之子用聪明机智礼貌应对客人孔君平的故事。其中，两人的对话幽默又不失得体，让人发笑的同时又感受到其中的智慧。《手指》是丰子恺先生的一篇如漫画般的散文，描写了五指的姿态、性格和长短，运用了拟人、对比、夸张等手法，语言风趣幽默，立意丰富，让我们联想到生活中的人和事。《童年的发现》讲了一个孩子“童年”里一次“发现”前后的经历，语言轻松愉快，让人忍俊不禁，最后作者用一个幽默来化解尴尬，也向我们传递了幽默的力量。当然，本篇文章最可贵的地方是它能够让读者不断地发挥想象，勾连自己的童年经验，感受文中之乐的同时也感受着自己的童年之乐。本单元的文章不仅内容有趣，而且语言风趣幽默，几篇文章都向我们展示了幽默背后的智慧。“口语交际”和“习作”是在学习单元幽默语言后的一个输出。要想真正领略幽默的魅力，我们可以借助文本、漫画、笑话等多种表达形式进行体验。

本单元的阅读训练要素是“感受课文风趣的语言”，针对这一要素，我们需要思考三个问题：什么是风趣的语言？我们如何感受其风趣之处？感受到什么程度？要想回答这些问题，我们不妨认真读一读本单元的课后习题。《杨氏之子》课后题为：“借助注释了解课文的意思，说说从哪里可以看出杨氏之子的机智。”也就是说，风趣的语言在让人发笑的背后还包含着智慧。《手指》的课后题为：“课文的语言很风趣，如‘他永远不受外物冲

① 设计者为亓顺芳、李竹平。

撞，所以曲线优美，处处显示着养尊处优的幸福’。找出类似的语句体会一下，再抄写下来。”从课后题中提到的例子我们可以看出，这里的语言之所以风趣是因为运用了拟人和夸张的手法，所以我们可以引导学生关注这类有特殊写法的语句，同时注意积累。《手指》的课后小练笔和语文园地“词句段运用”中的练习也关注了风趣语言的写法，也就是说我们除了感受之外，也应该适当地学习语言的风趣表达方法。《手指》的课后第三题为：“作者笔下的大拇指和食指分别让你想到了生活中的哪些人？和同学交流。”这为我们提供了感受风趣语言的一个方法，就是“联系生活实际”。略读课文《童年的发现》的导语提道：“默读课文，找出你觉得有趣的部分，说说自己的感受，还可以和同学交流自己有过什么‘发现’?”这给我们另一个提示，即在学完本单元时，学生应该能够自己找出风趣的语言，说出其风趣之处，并能结合自己的生活，获得发现或者启示。在感受课文的语言方面学生并不陌生，他们在三年级时就已经学过“感受课文生动的语言，积累喜欢的语句”和“一边读一边想象画面”“体会优美生动的语句”，之前学到的感受语言的方法“朗读”“想象”“积累”“联系生活实际”等应该自然地迁移运用到本单元来。

本单元的习作训练意识为“看漫画，写出自己的想法”。漫画是幽默表达的一种形式，一般借助图片和文字讲一个故事，通过一个故事揭示一个道理，让人觉得风趣的同时引发思考。五年级的学生对漫画既熟悉又喜爱，所以仅写书上的两幅漫画，恐怕不容易满足学生的需要。因此，本次习作我们可以借用书上的漫画来学习方法，利用学生收集的漫画来作为写作素材。习作时我们需要抓住三点：一是观察图片，发现可笑之处；二是能够懂得故事背后的道理；三是联系生活中的人和事将自己受到的启发说清楚。其中，联系生活，写清楚从漫画中获得的启发，应该是本课需要重点学习的。

一、单元学习任务设计思路

在课程内容上，本单元从属于学习任务群“文学阅读与创意表达”，该任务群在第三学段提出：“阅读表现人与社会的优秀文学作品，走进广阔的文学艺术世界，学习品味作品语言、欣赏艺术形象，复述印象深刻的故事情节，积累多样的情感体验，学习联想与想象，尝试富有创意地表达。”结合新课标的要求及前面整个单元的解读，我们将单元学习的 KUD 目标梳理如下：

学生将知道（K）：

（1）幽默风趣是一种语言智慧。

（2）语言的幽默可以通过谐音、修辞（拟人、夸张等）、自我调侃等多种形式展现出来。

（3）漫画是一种具有强烈讽刺性或幽默性的绘画艺术形式，多采用夸张、比喻、象征、寓意等手法或形式表达作者对世事人情的看法。

学生将理解（U）：

幽默风趣是一种语言智慧，运用幽默风趣的语言使文章更有感染力。

学生将能够（D）：

（1）读懂文章和漫画中的幽默和智慧。

（2）积累和运用幽默风趣的表达方法。

（3）描述出漫画的内容、表达意图和自己的想法。

在以上三个目标中，需要学生持续理解的大概念为：

幽默风趣是一种语言智慧，运用幽默风趣的语言使文章更具感染力。

这个大概念聚焦的核心问题是——如何传递幽默？

结合教材单元内容和五年级学生的认知特点，核心任务可以设计为：创办幽默商店。

创办一个幽默商店，显而易见幽默就变成了“商品”。这些“商品”来自自己阅读中收集的幽默的文章、故事、漫画和笑话等，这些“商品”需要具备“有风趣幽默的语言，展现一定智慧”的特点。创办“商店”的目的是“经营”，这无疑是一个有趣的学习情境。

一个好的商店还需要用好的方法来推销自己的商品。所以，幽默商店开张时，需要举办“开业活动”来吸引顾客。开张后，需要开商品展销会，借助多种形式（批注卡、语言讲解朗读、漫画启示等）推荐自己的产品，展现其中的风趣幽默。每一位顾客在商店开张后要选择自己最想购买的产品，并说明理由，然后评选出“最畅销的商品”。

评选标准为：

（1）产品推销卡能够充分展现“商品”的幽默风趣之处，并说明自己的推荐理由。

（2）推销活动能够充分展示“商品”的幽默风趣，感染别人。

（3）能够写出漫画的幽默之处，并结合实际谈谈自己的收获和启示等。

为了完成这一核心任务并达成概念性的理解，就需要将核心任务分解成几个子任务：

子任务一：“笑话”开业预告。

任务说明：先发布核心任务，再通过“笑话”分享的方式进行开业预告。该子任务可与“口语交际”有效结合起来。收集笑话，开展班级“讲笑话”大会，作为笑话商店开业预告。笑话的内容要积极向上、幽默有趣。笑话大会以小组为单位进行，每组从自己收集的笑话中推选两个在全班分享，在全班分享后，推选出“笑话大王”。

评选标准：

（1）讲述流畅、清楚、完整，没有不良的口语习惯，在讲述过程中不笑场。

（2）能够表现出笑话中人物的神态、语气和动作。

（3）内容积极向上、幽默有趣。

（4）能用心倾听他人的讲述。

子任务二：幽默“商品”展销。

任务说明：收集课本中的和课外的幽默小古文、名家名作、漫画等，找出自己认为幽默风趣的地方，为自己的“商品”策划推销活动。首先，为自己的“商品”写推荐卡，卡片中写明自己认为风趣幽默的地方和理由。然后，通过自己喜欢的方式，如朗读、表演等，推广自己的商品。

通过学习课文《杨氏之子》和《手指》，了解如何感受风趣幽默的语言，为制作“推荐卡”和自主设计展销活动打好基础。习作“漫画的启示”可作为漫画“商品”的展销活动。

子任务三：最畅销的“商品”评选。

任务说明：幽默“商品”展销活动结束后，大家支付“定金”预订自己认为最幽默的作品，付“定金”时需写清自己喜欢该商品的理由。根据预订数量，评选出最畅销的“商品”以及“人气幽默商店”。

二、学习过程设计

（一）子任务一：“笑话”开业预告

（2 课时＋课下收集活动）

板块一：单元开启，发布任务。

1. 发布任务，激发兴趣

（1）谈话：你知道“幽默风趣”这个词一般用来形容什么吗？

（2）谈谈自己接触过的幽默风趣的人和幽默风趣的文本（包括笑话、有趣的文章、漫画等）。

（3）发布核心任务，明确任务达标的标准。

2. 浏览单元，自主梳理

（1）借助表格梳理单元内容，自主思考判断单元内容可以为完成核心学习任务提供哪些帮助（见表 7－1）。

表 7－1　梳理单元内容表

内容	“幽默风趣”初判断	怎么学习和运用
《杨氏之子》		
《手指》		
《童年的发现》		
我们都来讲笑话		
习作“漫画的启示”		
语文园地		

（2）自主梳理后组织交流。

板块二：畅谈幽默，收集笑话。

（1）收集笑话：笑话要求内容积极向上、幽默风趣。

（2）笑话分享，开业预告。

（3）组内分享笑话，每组推选 1 位笑话小能手进行班级分享。

（4）评选出“笑话大王”。

（5）以小组为单元准备并发布幽默商店开业预告。

要求 1：设计并发布幽默商店开业预告海报。海报内容除了时间地点，应包括店名、计划出售商品的特色等。

要求 2：进行幽默商店开业宣传。每个商店依次举行预告宣传，介绍店名和商品特色等。

(二)子任务二：幽默“商品”展销

板块一：感受幽默，学习推销。

商品1：小古文——《杨氏之子》。

1. 初读课文，把握大意

首先，出示课题，简介《世说新语》，说说对题目的理解，激发学生阅读课文的兴趣。

(1) 简介：《杨氏之子》选自《世说新语》，它是魏晋南北朝时期的笔记小说，由刘义庆等人编写，主要写的是东汉后期到东晋末年一些名士的言行与流传的小故事，据统计共写了1 500多人。书中对人物的描写有的聚焦形貌，有的聚焦才学，有的聚焦心理，但都重在表现人物的特点，通过独特的言谈举止写出了不同人物的个性，每个人物都生动形象、活灵活现、跃然纸上。

(2) 交流：从题目上看，《杨氏之子》写的人物是谁？

其次，自主读文，尝试断句，标上标点符号，读正确、读通顺，并借助注释了解课文大意。

再次，展示自读情况，相机正音，理解字词，指导断句。

(1) 指名朗读课文，提醒注意倾听读音和断句。

(2) 提问：“为、应”分别读什么音？为什么？

(3) 指名说说课文大意，相机引导关注：“诣”是什么意思？“禽”指什么？“家禽”在课文中是什么意思？“未闻孔雀是夫子家禽”该怎么断句？

(4) 练习书写“禽”字。

最后，关注人称，读熟课文。

(1) 边读边圈出文中表示人物称呼的词语，看看对同一个人的称谓在文中发生了什么变化，为什么会有这样的变化？(“孔君平”“孔”“夫子”都指孔君平，“杨氏子”“其”“儿”“君”都指杨氏之子，语境变化，称谓也随之发生改变。)

(2) 边读边想象两个人物的表现，把课文读熟。

2. 细读品味，感受智趣

(1) 自读思考并小组交流：从哪里我们能够感受到人物的风趣幽默？

(2) 组织交流分享，深入体会文中的智趣。

首先，抓主角，明结构。

对话交流：课文主要写谁？他有什么特点？第一句话与后面四句是什么关系？(课文主要表现杨氏之子“甚聪惠”，第一句总领全文，后面四句都是围绕“甚聪惠”写的。)

其次，抓关键，说“聪惠”。

自读课文，想想从哪些描写中可以感受到杨氏之子“甚聪惠”。

组织交流，明确可以从这些描写中感受到杨氏之子“甚聪惠”：“乃呼儿出”，说明孔君平耳闻过杨氏之子“甚聪惠”；“为设果”，可以看出杨氏之子虽只有9岁，却能周到得体地待客，可见“甚聪惠”；机智应答孔君平的玩笑话，足见“甚聪惠”。

最后，抓对话，悟智慧。

想一想、议一议：故事中哪些地方最能表现杨氏之子“甚聪惠”，并说明原因。

指名说一说：杨氏之子的应答妙在哪里？（听得明白——知道孔君平在拿“杨梅”和“杨姓”的联系开玩笑；答得妙——不仅“以其人之道还治其人之身”，而且用上“未闻”一词，显得委婉有礼。）

合作读一读：师生合作，表演读对话。

引导试一试：如果来访的客人姓李，杨氏之子会怎么应答？如果姓赵呢？

比赛背一背：看谁能快速背熟课文。

3. 学习推销

任务1：制作推荐卡。

示例：

幽默商品——《杨氏之子》推荐卡

趣味点：“儿应声答曰：‘未闻孔雀是夫子家禽。’”

推荐理由：“没听说孔雀是你们孔家的家禽呀。”杨氏之子用机智幽默的方式回敬了孔君平说杨梅就是他家的水果的幽默打趣的话，而且同用了谐音梗，这样既有礼貌，又回击了他的打趣，让人莞尔一笑的同时不得不佩服杨氏之子的智慧。

任务2：创意活动推销。

例如：通过二人演绎、朗读、口头解说等方式，将此商品推销出去，让别人也感受到它的风趣幽默。

商品2：现代文——《手指》。

1. 初步感知，梳理“长短”

（1）了解作者丰子恺。

（2）提炼关键词，概括五指的姿态、作用和性格，完成表格梳理（见表7-2）。

表7-2　梳理“五指”表

特点＼名称	大拇指	食指	中指	无名指、小指
姿态				
作用				
性格				

2. 感知幽默，链接生活

（1）再读课文，想一想你觉得哪根手指写得最有意思？简单交流。

（2）聚焦第2自然段“拇指”，一起感受语言的幽默。

趣味分析示例：

运用拟人：例如，“但在五指中，却是最肯吃苦的。”赋予了拇指人的性格，读起来富有趣味。

运用排比：“水要喷出来，叫他死力抵住；血要流出来，叫他拼命按住；重东西要翻倒去，叫他用劲顶住。”用排比的手法写拇指的作用，很有感染力，读来趣味盎然。

运用对比：与其他四指做对比，更体现了他肯吃苦又不出风头的性格。眼前仿佛浮现出拇指憨厚的形象。

（3）借用“拇指”分析的方法，批注分析自己觉得最有意思的手指，并说一说他们让自己联想到了生活中的哪些人（见表 7－3）。

表 7－3　批注表示例

最有趣的手指	幽默风趣的语言	语言感知（风趣的原因）	联想到的人

3. 拓展迁移，仿写五官

问题提示：模仿课文的表达特点，从人的五官中选一个写一段话。你的创意将启发到别的同学，你们还可能组合成一篇有趣的五官故事（你还可以像“大师”那样配上插画）。

提示：自己写的作品也可以作为原创幽默商品进行售卖。

4. 制作推荐卡，设计推销活动

5. 推荐阅读丰子恺的《缘缘堂随笔》和《丰子恺漫画全集》

6. 根据前面所学方法，自主制作《童年的发现》的推荐卡，并在班级内推荐分享

商品 3：漫画——《漫画的启示》。

1. 交流漫画

（1）交流自己对漫画的了解（最喜欢的漫画等）。

（2）认识漫画：漫画是一种艺术形式，常用简单而夸张的图画来描绘生活或时事。一般运用变形、比喻、象征、暗示、影射等方法，构成幽默诙谐的画面或画面组，以取得讽刺或歌颂的效果。

2. 探究写法

（1）读习作提示，交流写《漫画的启示》等的方法。

（2）小组合作，借用课本上的两幅漫画，用自己总结的方法，讨论写作思路与习作提纲。(可小组合作完成)

（3）探究后，小组分享，总结方法。

预设：观察——漫画内容（重点写可笑之处）。

思考——为什么可笑（说清楚漫画的含义及带给我们的启示）。

联想——身边与之相关的人或事（运用事例来深入讲解自己的启示）。

3. 完成创作

（1）自主选择要推荐给大家的漫画作品。

（2）借用总结的方法，创作《漫画的启示》。

4. 交流修改

（1）明确优秀习作的标准。

（2）同伴互评。

（3）修改习作。

5. 漫画上架：漫画作为商品，习作作为推荐卡

板块二：自主收集，设计推销。

（1）自主收集幽默商品：可以是小古文、现代文、漫画，也可以用课本中的文章。

（2）制作推销卡：根据前面所学，为自己要“售卖”的商品制作推荐卡，写清楚“商品”幽默的地方及幽默的原因。

（3）策划推销活动：为自己的“商品”策划推销活动。活动可以为朗读、演绎、讲解等多种形式，志在展示其中的幽默之处。

板块三：“商品上架”，组内展销。

将自己所选的商品及制作的推销卡在组内展出，每个人展示自己的活动，组内推选出两个最佳商品参与班级巡回展销。

（三）子任务三：最畅销的“商品”评选

（1）班级展出每组推选的最佳商品，采用漫游画廊的形式分享交流。

（2）大家支付“定金”，预订自己认为最幽默的作品，预订时在预定卡上写清自己喜欢该商品的理由。根据预订数量，评选出最畅销的“商品”。

预定卡示例：

（3）评选最畅销的“商品”和“人气商店”。

三、学习评价设计

（一）单元学习成功标准

（1）能够正确书写和运用“梁”“诣”等19个字和“拇指”等21个词语，正确认读

“窈”等14个字。

（2）能够通过联系生活实际、想象、朗读等方式，感受语言中的风趣幽默，体会其中的智慧，并愿意积累下来，借用推销卡、创意活动等形式与他人分享。

（3）能够学习名家名作中表达幽默的方法（如拟人、夸张、比喻等），并尝试运用到自己的创作之中。

（4）能够读懂漫画等幽默形式背后的智慧，并能联系生活实际，将自己获得的启发表达清楚。

（二）“笑话大王”评价标准及量规

（1）成功标准：

1）讲述流畅、清楚、完整，没有不良的口语习惯，讲述过程中不笑场。

2）能够生动有趣地表现出笑话中人物的神态、语气和动作。

3）能够收集内容积极、幽默有趣的笑话。

4）能够用心倾听他人讲述。

（2）量规见表7－4。

表7－4　“笑话大王”评价量规

评价方式 评价标准	小组互评 （每项☆☆☆）	班级互评 （每项☆☆☆）
内容积极、幽默有趣		
讲述清楚、完整、流畅		
不笑场		
生动有趣、活灵活现		
用心倾听		

（三）最畅销“商品”的成功标准及量规

（1）推销表现成功标准（略）。

（2）推荐卡评价量规（见表7－5）。

表7－5　推荐卡评价量规

评价方式 评价标准	小组评价	全班评价
展现了幽默风趣的语言		
推荐理由充分		
结合生活实际谈收获		

（3）推销活动评价量规（见表7-6）。

表7-6　推销活动评价量规

评价方式 评价标准	小组评价	全班评价
表现出商品的幽默风趣之处		
选择的形式适切		
有感染力		

【评述】

这是一篇充分体现了大单元教学设计理念的单元整体解读和学习任务设计。针对单元学习内容和目标，考虑到与学生学习生活的密切联系，教师匠心地创设了“创办幽默商店”这一学习情境和任务，以真实的学习任务为驱动和载体，系统规划和设计单元学习的语文实践活动，为学生创造了有趣、丰富、真切的学习体验。

在课程内容上，这个单元属于“文学阅读与创意表达”学习任务群。幽默风趣是文学作品中常见的、具有表现力和吸引力的一种语言风格，同时是一种富有智慧的语言表达思维。甚至，幽默风趣成为有些作家的语言风格，比如丰子恺的散文小品一如他的漫画。如何通过学习任务的设计和实践，让学生不仅能够领会和欣赏到单元课文中语言表达的幽默风趣，体会和判断其表达效果，而且能够积极地尝试和实践这种有特色的语言表达，就需要教师吃透教材单元的编排意图，充分了解学生的实际情况，找准学习内容、目标与学生语言体验和发展的联结点、共鸣点。

五年级的学生已经接触过多种风格的语言表达，对幽默风趣的语言具有一定的鉴赏能力，但如何在平时的口语和书面表达中尝试运用，就需要有策略的学习。以“创办幽默商店”作为核心学习任务，设计多维度、多层次的语文实践活动，让学生能够通过各种丰富的学习体验，感受幽默的价值，发现幽默中的智慧，积极尝试幽默风趣的表达。正如“2022年版语文课程标准”“教学建议”中的要求：“注重语文与生活的结合，注重听说读写的内在联系，追求语言、知识、技能和思想情感、文化修养等多方面、多层次发展的综合效应。”

子任务的分解非常清晰地呈现了教师如何从学生需要出发，设计层次递进的学习体验，为学生自主建构学习的意义和价值厘清了线索、提供了“舞台”。子任务一整合了单元口语交际内容，从“笑话”入手进行商店开业预告，既激发了学生的学习兴趣，又体现了由简单到复杂的设计思路。在幽默风趣的表达方式中，与散文类的文学作品相比，讲笑话从构思到内容，都要简单一些。子任务二从笑话扩展开，收集多种幽默形式的作品，重点阅读、欣赏单元幽默文本，发现并梳理清楚不同幽默作品中的幽默智慧，并尝试运用多种语言实践活动来“推销”幽默商品。这自然丰富了学生对“幽默风趣”的多维度体验。子任务三的评选活动是一个具有一定思辨性的语言实践活动，既提升了学生的语言感受能力、鉴赏判断能力，又增强了学生的学习成就感。

可以肯定，学生在完成“创办幽默商店”学习任务的过程中，不仅从感性上，也从理性上理解了大概念：幽默风趣是一种语言智慧，运用幽默风趣的语言能使文章更具有感染力。

【讨论与练习】

1. 这份单元学习任务设计运用 KUD 模式对单元学习目标进行了梳理。请结合这份设计中 KUD 目标的表述，谈谈 KUD 目标提炼在学习任务设计中的积极意义。

2. 单元学习任务设计要体现学教评的一致性，这也是“2022 年版语文课程标准”提出的要求。一般学习任务设计都会根据具体的目标任务和学生产出的学习证据提供成功标准，设计评价量规。在这份单元学习任务设计中，“推销表现成功标准”没有呈现出来。请你认真研读这份设计，想一想学生需要有怎样的推销表现才算达到了目标要求，制订一份适切的成功标准。

第三节　单元学习任务设计实践

一、单元学习任务设计评析与修改

认真研读下面的单元学习任务设计，对照后面的评析，思考并进行修改。

五年级下册第一单元学习任务设计

一、单元整体解读

1. 明确教材单元学习目标

“每个人都有他自己的童年往事，快乐也好，心酸也好，对于他都是心动神移的最深刻的记忆。”冰心先生的这句话，是对童年往事之于一个成长中的人的意义最精辟的概括。童年所经历的，都会成为一个人一生最厚重的底色。这个单元所选编的诗文，用一个个具体的场景、故事诠释了童年经历的成长价值，唤醒了读者的童年记忆。除了诗文，单元每一个板块的学习内容和活动都紧紧围绕童年往事这一主题设计编排——口语交际的话题是“走进他们的童年岁月”，习作内容是“那一刻，我长大了”。

童年往事既是单元学习需要理解的一个概念，又是单元学习活动展开的一个生活经验情境。毫无疑问，这是一个与学生的心理距离最贴近的主题单元。从选文文体和表达方式来看，这个单元属于典型的“文学阅读与创意表达”学习任务群。

除了根据一个个童年往事的“事实”，从感性到理性有层次地理解“童年往事”，这个单元的语文学习目标是什么呢？单元导语页有两个语文要素，聚焦阅读学习的是“体会课文表达的思想感情”，聚焦习作训练的是“把一件事的重点部分写具体”。这两个语文要素分别指向哪些学习目标（预期学习结果）？学生应该知道什么，理解什么，能够做什么？

什么内容值得理解？什么是期望的持久理解（概念性理解）？要回答这些问题，就要对单元各板块内容和学习价值进行细致的解读。

“体会课文表达的思想感情。”为什么要体会？怎样体会？对学生来说，其学习的价值和意义是什么？教材为落实这一语文要素所指向的学习目标编排了哪些学习内容和活动？阅读是一个读者经由文本与作者进行对话的过程，阅读表达具体思想感情的文本，只有真正体会到作者倾注在字里行间的思想感情，才算读懂了文本，才能联结并丰富情感体验，才能进一步理解文本的构思和表达。怎样体会课文表达的思想感情，这是首先要从方法和技能层面回答的问题。教材精读课文后面的思考题就揭示了两种具体的方法——

读下面的诗句，说说你眼前浮现出怎样的画面，体会其中的乐趣。

◇ 童孙未解供耕织，也傍桑阴学种瓜。

◇ 稚子金盆脱晓冰，彩丝穿取当银钲。

◇ 牧童归去横牛背，短笛无腔信口吹。

这是《古诗三首》课后的第 2 题，引导学生运用图像化策略，将诗句转化为具体可感的画面情景，体会其中蕴含的思想感情。

读读下面的句子，体会“我”的内心感受，再从课文中找出类似的句子，和同学交流。

凡是在太阳下的，都是健康的、漂亮的。拍一拍手，仿佛大树都会发出声响；叫一两声，好像对面的土墙都会回答似的。

黄瓜愿意开一朵花，就开一朵花，愿意结一个瓜，就结一个瓜。若都不愿意，就是一个瓜也不结，一朵花也不开，也没有人问它。

以上是《祖父的园子》课后的第 2 题，引导学生抓住具体语句体会思想感情。具体语句又是如何表达思想感情的呢？词句的感情色彩是其一，比如“健康的、漂亮的”，再加上“凡是……都……”这样的句式和“我”的想象，将“我”在园子里的快乐表现得淋漓尽致。词句的节奏是其二，比如第二句，运用明快的节奏，明写园子里的事物，实际上将“我”的自由自在鲜明地表现了出来。

读读下面的“阅读链接”，说说你对课文有什么新的体会，再有感情地朗读课文。

阅读链接

呼兰河这小城里边，以前住着我的祖父，现在埋着我的祖父……

这是《祖父的园子》课后的第 3 题，引导学生联系上下文来体会思想感情。

单元语文园地的“交流平台”总结了四种方法：

（1）读到《月是故乡明》中的“我的小月亮，我永远忘不掉你”这句话时，我能直接感受到作者对故乡深深的怀念之情。

（2）读《祖父的园子》时，我从描写园子里的花草、虫子、鸟儿等事物的语句中，体会到了蕴含在字里行间的“我”对祖父和园子深沉的爱与怀念。

（3）我在读《月是故乡明》时，把自己想象成文中的“我”，体会到了作者的怀乡之情。

(4) 我通过有感情地朗读，把自己体会到的感情表达出来了，也加深了对课文思想感情的体会。

其中第二种方法与《祖父的园子》课后第 2 题的内在逻辑是一致的，另外三种分别是抓住直接抒发感情的关键语句、角色自居和朗读。需要指出的是，朗读不是直接的方法或手段，而是在运用其他方法有所体会的基础上，通过“有感情地”朗读，加深体会。

放眼整个统编教材有关体会文章思想感情的要素编排，就会发现，这些方法和技能不是这个单元才学习的，学生已经有相关的学习经验和方法、技能的积累。相关梳理见表 7-7。

表 7-7 相关学习经验和方法、技能梳理

册序	单元	阅读训练要素
二年级上册	第七单元	展开想象，获得初步的情感体验
二年级下册	第二单元	读句子，想象画面。试着有感情地朗读
四年级上册	第一单元	边读边想象画面，感受自然之美
四年级上册	第六单元	通过人物的动作、语言、神态体会人物的心情
四年级下册	第一单元	抓住关键语句，初步体会课文表达的思想感情
四年级下册	第三单元	初步了解现代诗的一些特点，体会诗歌表达的情感
五年级上册	第一单元	初步了解课文借助具体事物抒发感情的方法
五年级上册	第四单元	结合资料，体会课文表达的思想感情
五年级上册	第六单元	体会作者描写的场景、细节中蕴含的感情
五年级下册	第一单元	体会课文表达的思想感情

这样梳理下来，单元阅读训练要素所指向的学习目标，实际上是对学生已经习得的体会课文表达的思想感情的方法和能力的一个“检阅”，进而指向综合运用能力的提升。因此，我们可以梳理出这个单元的阅读学习，需要学生：

知道 (K)：文学作品字里行间蕴含着作者要表达的思想感情。

理解 (U)：体会文章思想感情的方法不止一种；运用合适的方法能够帮助我们更好地体会文章表达的思想感情。

能够 (D)：综合运用不同的方法体会文章的思想感情。

再来看看习作训练要素“把一件事的重点部分写具体”。

为了落实这一习作训练要素所指向的学习目标，教材设计的习作内容是写能够表现自己“长大了”的某一个时刻或某一件事情，提出的要求是：“……要把事情的经过写清楚，还要把感到自己长大了的‘那一刻’的情形写具体，记录当时的真实感受。”

这次习作的内容紧扣的是“童年往事”主题，与课文和口语交际的主题是一致的。习作训练要素是“把一件事的重点部分写具体”，什么样的部分是重点部分呢？是“感到自己长大了的‘那一刻’的情形”。而“那一刻”，也应该是感受最丰富、最深刻的，所以，重点部分要写具体，是理所当然的。需要教师想清楚的问题是，怎样算写具体，有哪些策略方法能帮助学生写具体。

写具体，首先要写清楚，再就是写细致。学生已经具有写清楚的经验，写细致，那就要看“那一刻”有哪些情景留下了深刻的印象，包括场景、细节等。所以，这一习作训练要素的落实，关键是学生能够准确判断内容的重点部分，然后运用学过的知识和方法，把重点部分写具体。习作表达的过程中，读者意识可以帮助学生做出更加准确的判断和选择，这也是“写完后和同学交流”的价值所在。那么，这个单元的习作需要学生：

知道（K）：一篇文章有重点部分，也有次要部分。

理解（U）：将重点部分写具体，可以更充分地表达思想感情。

能够（D）：准确判断习作内容中的重点部分，并运用细节描写等方法把重点部分写具体，表达出自己的真实感受。

2. 梳理读写目标之间的关系

一个教材单元在进行大单元教学设计时，只有明确学生需要持久理解的概念，即大概念这一点，才能帮助教师从更高站位来理解单元学习价值，从而更科学地设计核心任务和过程性学习体验。大概念是统领大单元学习目标的，到底是用一个（或同一的）大概念，还是用两个或者三个大概念来分别统领一个大单元的学习目标，这就要认真分析这些目标之间的关系，尤其是单元读写训练要素所指向的阅读与表达目标之间的关系。

通常，一个单元内课文阅读与习作表达之间要么是读写结合的关系，要么是读写分编即各自独立的关系。如果是读写结合的关系，相应的学科大概念就可以融为一体进行提炼，也就是用同一的大概念来统领读写目标和任务设计；如果是读写分编的关系，相应的学科大概念就要分开提炼，核心任务往往也需要分开设计。

那么，这个教材单元中的课文阅读与习作表达之间是什么关系呢？

首先，正如前面已经多次提到，本单元选编的文本内容主题、习作内容主题和口语交际的话题都属于“童年往事”。因此，可以说课文阅读与习作表达在主题上具有读写结合的关系。

再来看看文本阅读与习作表达的目标定位。从表面上看，两个语文要素似乎没有什么关联，一个指向思想感情的体会，一个指向重点部分的写法。但对比细致解读单元编写内容和意图后确定的 KUD 目标，我们会发现，它们至少还在两个方面联系紧密：其一，在构思时准确判断作文中的重点部分，并将其写具体，目的就是更好地实现表达意图，更加鲜明地表达特定的思想感情。从这一点看，阅读时通过具体策略方法体会思想感情，与习作时通过确定重点和写具体等方法来表达思想感情，是一体两面、可以相互迁移的——从什么样的内容和表达中可以体会出作者的思想感情，就可以迁移指引自己在习作时的内容选择和写法运用。其二，从事实层面考量，谁在回忆童年往事时不是饱含着独特思想感情的呢？从习作要求上看，“记录当时的真实感受”，也就是要真实地表达出自己当时的思想感情，这是与阅读训练要素紧密关联的。

所以，本单元是一个读写结合单元，而且是一个读写说结合的单元，学科大概念的提炼就可以进行一体化考虑，大情境的创设和核心任务的设计都是一致的。

二、单元学习任务设计思路

从上面的分析可以看出，以宏观的人文角度来理解单元的学习价值，涉及的概念有“童年”“往事”“记忆”等，需要学生持久理解的大概念是：“童年是纯真、难忘的岁月，童年的记忆是宝贵的。”

以微观的学科视角来理解单元的学习目标，涉及的概念有“文章的思想感情”“重点部分”“内容安排”等，需要学生持久理解的大概念可以提炼为：情以物迁，辞以情发——文章的思想感情通过具体内容和写法来表达，掌握和熟练运用合乎文本表达特点的具体方法，可以帮助我们准确深入地体会文章的思想感情，同时可以指导我们自己的写作。

两个维度的大概念分别指向的核心问题是：

(1) 童年为什么总是令人难忘?

(2) 人们如何用文字回忆和记录自己的童年故事?

根据本单元的学习资源，促成大概念理解的核心任务就可以设计为：童年故事分享会。

方式可以是：诗朗诵、读书分享会、戏剧展演、歌唱等。

要完成这一核心任务并达成概念性理解，就需要进行子任务的设计：

子任务一：诗歌忆童年

召开童年诗词大会，学生搜集关于童年、故乡的古诗文、现代诗歌等，进行分享交流。

课本资源《古诗三首》：《四时田园杂兴》《稚子弄冰》《村晚》，日积月累《游子吟》。

课外：《小儿垂钓》《牧童》《池上》《清平乐·村居》《金色花》《童年的水墨画》等。

子任务二：名著品童年

聚焦课本精读课文《祖父的园子》，略读课文《月是故乡明》《梅花魂》。

相关名著阅读：萧红《呼兰河传》、季羡林《留德十年》、林海音《城南旧事》。

整本书阅读：交流人物形象、让人印象最深的情景，可以使用思维导图、读书分享会、戏剧展演等多种形式。

子任务三：电影乐童年

电影：《小鞋子》《小鬼当家》《城南旧事》《天堂电影院》。

交流人物形象、让人印象最深的情景，可以使用思维导图、读书分享会、戏剧展演等多种形式。

子任务四：采访思童年

聚焦口语交际《走进他们的童年岁月》。

子任务五：创作记童年

聚焦习作《那一刻，我长大了》，进行习作交流和展出。

三、学习过程设计

学习过程设计如表 7－8 所示。

表 7－8　学习过程设计

子任务	子任务目标	课时分配
诗歌忆童年	1. 正确、流利、有感情地朗读课文。背诵三首古诗。默写古诗《四时田园杂兴》（其三十一）。积累记背古诗《游子吟》 2. 能想象并说出诗句中描绘的场景，体会其中的童真童趣 3. 能够搜集并诵读关于童年、故乡的古诗、现代诗歌，和同学们分享交流	2
名著品童年	1. 能够掌握《祖父的园子》《月是故乡明》《梅花魂》三篇课文，认读生字，会写生字词、多音字；能够正确、流利、有感情地朗读课文 2. 能梳理出课文内容，运用学过的方法体会课文表达的思想感情 3. 能够借助资料查找课文出处，阅读相关名著，了解创作背景，进一步体会作者想要表达的思想感情	4～5
电影乐童年	观看关于童年、故乡的电影，用自己喜欢的方式表达感受	1
采访思童年	1. 确定采访对象，根据采访对象列出问题清单。可以从不同的角度提问，也可以围绕一个话题提出多个问题 2. 认真、耐心地听别人讲话，一边听一边做简单的记录，不随意打断别人，不明白的地方或感兴趣的地方可以适当追问 3. 采访之后整理记录，根据整理的记录有条理地表达	1
创作记童年	1. 回顾成长历程，回忆起自己成长过程中重要的事件，并愿意用文字的方式记录 2. 在写作时，能写清这件事情（起因、经过、结果），并通过细节描写，把自己受到触动、感到自己长大了的瞬间写具体，要记录自己当时真实的感受 3. 积极主动与同学互相欣赏习作，欣赏同学描写具体的片段，学习修改	2

（一）子任务一：诗歌忆童年

活动一 ：自学《古诗三首》、日积月累《游子吟》。

（1）自学生字词，把四首古诗词读熟，读出节奏和韵律。

（2）查阅背景资料并结合注释想一想每一句的意思，看看每首诗里的儿童在干什么，你的眼前出现了什么样的画面，你有什么样的感受，在旁边做批注。

（3）说出自己从四首诗中体会到的情趣、情意。

（4）熟读成诵，默写《四时田园杂兴》（其三十一）、《游子吟》。

活动二：师生分享交流学习体会。

（1）说说自己最喜欢哪首诗中的儿童形象，为什么？

（2）在三首古诗中选择一首诗展开想象改写成短文，也可以几个人一组把它表演出来。

活动三：召开“忆童年，思故乡”诗词大会。

（1）学生搜集关于童年、故乡的古诗文、现代诗歌等，召开童年诗词大会，可以本班召开，也可以和临近班级进行飞花令比赛。（如《小儿垂钓》《牧童》《池上》《舟过安仁》《所见》《清平乐·村居》《金色花》《童年的水墨画》等。）

（2）收集自己最喜欢的诗歌，为参加分享会做准备。

（二）子任务二：名著品童年

活动一：学习《祖父的园子》。

（1）自学课文。

1）回忆一下从课文中读到了“祖父的园子”里有些什么，“我”做了些什么，一一写下。

2）想象自己在园子中嬉戏玩耍，边读边批注感受。

3）画出自己觉得有特色的句子（参考课后第 2 题），多读一读，批注自己的体会。

（2）依据“祖父的园子有些什么”“‘我’和祖父在园子里做了什么？”“‘我’有哪些感受”将文章划分为三部分：

第一部分，1～3 自然段，主要写园中的景物。

第二部分，4～14 自然段，主要写“我”和祖父在园子里的活动。

第三部分，15～19 自然段，主要写太阳下园中的景物。

（3）体会写景部分表达的思想感情，学习方法。

> 凡是在太阳下的，都是健康的、漂亮的。拍一拍手，仿佛大树都会发出声响；叫一两声，好像对面的土墙都会回答似的。

“仿佛”“好像”后面的内容写的是“我”的感受。大树和土墙不会自己发出声响，不会回应，但“我”认为它们会，说明在“我”眼中这些都是自己的好朋友。从中能体会到“我”爱园子中的一切。

> 黄瓜愿意开一朵花，就开一朵花，愿意结一个瓜，就结一个瓜。若都不愿意，就是一个瓜也不结，一朵花也不开，也没有人问它。

从“……愿意……就……”体会到了一种自由自在、无拘无束的感觉。因为“我”在园子中感觉十分自由，所以觉得黄瓜也是自由的。“我”将自由的感受寄托在了黄瓜上。

小结：在这两个例子中，课文都将思想感情寄托在园中的景物上。阅读时，要注意从独特的表达方式中体会课文的思想感情。根据上面学过的方法，自主体会文章景物描写中表达的思想感情，分享自己的批注。

（4）借助“阅读链接”，深入体会文章的思想感情。推荐阅读萧红的《呼兰河传》。

思考交流：为什么我们看来满是快乐、自由的故事，小说的结尾却说“并没有什么优美的故事”？

活动二：学习《月是故乡明》《梅花魂》。

（1）自学课文《月是故乡明》《梅花魂》，查阅相关资料，搜集以“月”“梅”“思乡”为主题的诗歌。

（2）出示杜甫的《月夜忆舍弟》一诗，体会中华传统文化基因的代代相续。

(3) 同桌借助学习单互测生字词，理解不懂的词（风光旖旎、玷污、秉性、折节、眷恋等）。

(4) 找出表达思想感情的关键语句和场景、细节描写。

1)《月是故乡明》。

> 每个人都有个故乡，每个人的故乡都有个月亮。人人都爱自己故乡的月亮。
>
> 月是故乡明，我什么时候能够再看到故乡的月亮啊！

上面两句直抒胸臆，点明主题，借月亮抒发思乡情。

> 在风光旖旎的瑞士莱芒湖上，在无边无垠的非洲大沙漠中，在碧波万顷的大海中，在巍峨雄奇的高山上，我都看到过月亮。这些月亮应该说都是美妙绝伦的，我都非常喜欢。但是，看到它们，我立刻就会想到故乡苇坑上面和水中的那个小月亮。对比之下，我感到这些广阔世界的大月亮，无论如何比不上我那心爱的小月亮。
>
> 此地有茂林修竹，绿水环流，还有几座土山点缀其间，风光无疑是绝妙的。每逢望夜，一轮当空，月光闪耀于碧波之上，上下空蒙，一碧数顷，荷香远溢，宿鸟幽鸣，真不能不说是赏月胜地。荷塘月色的奇景，就在我的窗外。然而，每逢这样的良辰美景，我想到的却仍然是故乡苇坑里的那个平凡的小月亮。

上面两段通过对比异国的“大月亮”和“我”那心爱的“小月亮”，表达了作者对童年生活的怀念，以及对故乡永远的思念与牵挂。

2)《梅花魂》。

> 故乡的梅花又开了。一年一度，那朵朵冷艳、缕缕幽芳的梅花，总让我想起漂泊他乡、葬身异国的外祖父。
>
> 当年的我，还过于稚嫩，并不懂得，我带走的，岂止是我慈爱的外祖父珍藏的一幅丹青、几朵血梅？我带走的，是身在异国的华侨老人一颗眷恋祖国的赤子心啊！
>
> 这梅花，是我们中国最有名的花。旁的花，大抵是春暖才开花。她却不一样，愈是寒冷，愈是风欺雪压，花开得愈精神，愈秀气。她是最有品格、最有灵魂、最有骨气的！几千年来，我们中华民族出了许多有气节的人物，他们不管历经多少磨难，不管受到怎样的欺凌，从来都是顶天立地，不肯低头折节。他们就像这梅花一样。一个中国人，无论在怎样的境遇里，总要有梅花的秉性才好！

本文中，作者直抒胸臆，表达了外祖父思念家乡、眷恋祖国的深情。赞扬梅花不畏冰雪、凌寒怒放的精神，这是外祖父漂泊海外、坚守爱国之心的写照，更是中国人坚毅不屈的民族精神的象征。

(5) 品读题目，拓展阅读。

1) 结合“月”“梅”“思乡”主题的诗歌或其他相关文本，交流自己的感悟。

2) 出示《海棠花》片段，推荐阅读《海棠花》和《留德十年》。

活动三：阅读名著，分享感受。

(1) 推荐阅读本单元相关名著萧红的《呼兰河传》、季羡林的《留德十年》、林海音的

《城南旧事》，和同学分享自己的体会。可以交流人物形象或者让人印象最深的情景，可以使用思维导图、读书分享会、戏剧展演等多种形式。

(2) 选择自己最喜欢的故事，准备参与分享会分享。

(三) 子任务三：电影乐童年

(1) 观看电影：《小鞋子》《小鬼当家》《城南旧事》《天堂电影院》。

(2) 选择一部电影，写一篇观后感。

(3) 选择一部电影，准备在分享会上分享。

(四) 子任务四：采访思童年

(1) 布置采访任务——了解大人们小时候的生活。

(2) 确定采访对象，可以是祖父母、外祖父母、爸爸、妈妈等。

(3) 模拟采访。

先把老师作为模拟采访对象，学习提问方式、采访礼仪和记录方式。可以从不同方面提问，也可以围绕一个话题提出多个问题。提问要尽量做到全面、有序、层层深入。注意采访时要有良好的习惯，记录要点（时间、地点、人物、事件）和亮点。

(4) 针对不同采访对象列出问题清单。

(5) 采访并记录。

(6) 整理和分享。先整理自己的记录，再和同学们交流。交流时可以进行分类，如“他们的校园生活”“他们的课余生活”“他们的家庭生活”“他们爱玩的玩具”“他们爱吃的零食”等，以便让话题集中。鼓励同学们进行自评和互评。

(7) 收集自己感兴趣的故事，在分享会上分享。

(五) 子任务五：创作记童年

活动一：回忆交流，打开思路。

(1) 拿出相册、翻翻日记，自己回忆一下哪一个瞬间让你觉得自己长大了？在课堂上和大家分享交流。

(2) 充分利用教材中的三个事例，讨论自己对“长大”的理解。

活动二：厘清思路，把“那一刻”写具体。

(1) 写什么？

把“瞬间”“一刻”写具体，办法就是写出细节，写出自己那一刻的所见所闻所想——把看到的、听到的与当时内心的想法都写出来。

(2) 列提纲。

1) 找出事情经过中自己感触最深的“那一刻”。

2) 一边回顾画面情景一边描述；可以先像特写镜头一样，将那一刻最刻骨铭心的画面描绘出来，再慢慢从头讲故事。不管哪种构思，“那一刻”“那一瞬间”都是重头戏，都要写具体、写细腻。

活动三：撰写故事。

活动四：分享交流，点评修改。

完成习作后组织学生进行交流，根据以下评价标准选出“印象最深刻”奖，并根据同学和老师提出的建议进行修改（见表7-9）。

表7-9 “印象最深刻”奖评价标准

评价标准	自评	互评	师评
字数不少于400字			
语言流畅，文字生动			
能把一件事写清楚			
可以找到事件中明显的感动点			
“那一刻”可以具体描写出来			
记录了自己的真情实感			

四、评价量规设计

评价量规设计见表7-10。

表7-10 评价量规示例

子任务	成功标准
诗歌忆童年	搜集并诵读更多关于童年和故乡的古诗、现代诗歌，自信、流畅地和同学们分享交流
名著品童年	1. 阅读教材课文和相关名著，用恰当的方式表达自己的阅读感受 2. 表达方式新颖 3. 表达流畅、自信 4. 能够表达出自己的真情实感
电影乐童年	1. 能够用自己喜欢的方式表达观影感受 2. 表达具体、生动、深刻
采访思童年	1. 走近提问对象，了解他们小时候的故事，针对不同的对象列出不同的问题清单 2. 善于倾听，在交流时边听边记录。记录有重点、有亮点 3. 能够根据整理的记录有条理地表达，表达自信、大方、流利、生动
创作记童年	1. 字数不少于400字 2. 语言流畅，文字生动 3. 能把一件事写清楚 4. 可以找到事件中明显的感动点 5. “那一刻”描写得很具体 6. 记录了自己的真情实感

附大单元学习资源：

书籍：《城南旧事》《呼兰河传》《留德十年》。

电影：《小鞋子》《小鬼当家》《城南旧事》《天堂电影院》。

【评述】

这篇充分体现了整体意识的大单元教学设计，为单元学习任务设计提供了以下几点积极参考：

第一，这是一篇目标导向、以始为终的单元学习任务设计，遵循了大单元的逆向设计思路。这份设计用很大的篇幅呈现了教师对单元的整体解读和把握，不仅结合单元自身的语文要素来分析各板块内容的学习价值，而且将语文要素放在整个小学语文统编教材的框架里，瞻前顾后，科学把握要素的内涵。科学定位了单元的读写训练目标，进而梳理单元阅读训练要素和表达训练要素之间的联系，从内容和表达方法、策略等角度分析读与写的关系，明确读写结合的具体形态，为提炼单元大概念提供了必要的支撑。从 KUD 目标到大概念的提炼，进一步厘清了单元学习需要“持久理解”的是什么，也就是让单元学习目标最终聚焦的概念性理解——“情以物迁，辞以情发”。目标明确了，核心问题清晰了，再基于目标落实的需要设计核心任务，这就说明教师已经想清楚了需要哪些证据才能证明学生学习目标已达成。将核心任务分解成子任务，精心设计学习过程和活动，整个设计充分体现了大单元逆向设计的思路。

第二，这是一份注重学习内容和活动间关联性和层次性的单元学习任务设计。整个单元学习过程围绕由核心任务分解出来的五个子任务展开，将教材单元课文、口语交际、习作等板块的学习内容和活动用“童年”这一主题联系起来，同时补充相关的整本书阅读和电影，以丰富学生对“童年”的体验，也从更宽广的视角理解大概念“情以物迁，辞以情发”。相互联系且有层次的学习内容和活动安排，让学生能够一步步自主建构学习体验和意义，将自己对学习目标的理解通过语文实践活动表现出来，逐渐深入。

第三，这是一份任务驱动、精心设计学习体验的单元学习任务设计。任务驱动是单元学习任务设计必须遵循的基本原则之一。一个能够激发学生内驱力，同时承载了单元重点学习目标的“真实”任务，是促进学生协同思考、实现概念性理解的保障。从这份设计可以看出，教师希望学生在“童年”这一主题的情境下，以“童年故事分享会”这个核心任务来驱动学生的学习。为了让学生能够目标清晰地参与和完成学习任务，教师在将核心任务分解成子任务时，在每个子任务中都明确了相应的学习目标。这些目标都突出了学习任务的学科特点是围绕语言文字运用来设计的，兼顾了人文大概念和学科大概念。

第四，这是一份体现了教学评一致性的单元学习任务设计。单元学习任务设计，评价是整体中重要的要素之一。没有一致性的评价，无论是教还是学，都不能确保学习的质量。这份设计的第四部分专门设计了针对不同子任务的评价量规，为学生提供了评价任务完成情况的标准，让学生可以在学习过程中进行自我评价和监控，促使学生自觉追求更好的学习效果。对于教师来说，与学习任务一致的评价标准也为得到更加真切的学习反馈提供了参考依据，可以即时帮助教师调整教学内容和教学进程，为单元学习目标的落实加了一重保障。

细致解读和分析我们也会发现，这份设计还有需要改进的地方。

其一，子任务的分解和设计还不能呼应核心任务的课程目标追求。从根本上来说，五个子任务虽然角度不同，但它们之间不是层次递进的关系，而是并列的关系——除了第五个子任务，一般需要从前面四个子任务中汲取情感力量，习得表达策略。“童年故事分享会”可以分享古诗中的童年故事、现代文中作家的童年故事、电影中的童年故事、长辈的童年故事，还可以分享自己的故事，分享的方式也多种多样。为什么分享，怎么分享，都要围绕对大概念的理解进行规划设计。五个子任务除了为分享提供素材，还要从目标角度聚焦大概念，也就是始终围绕单元重点学习目标的落实来设计具体的任务活动。如果从核心任务的落实层次来考虑，这五个子任务都承担了“提供素材”的职责，那意味着这五个子任务可以合并成一个子任务。如此一来，子任务就需要重新规划设计了。

其二，只有当子任务聚焦的学习目标是有联系有层次地呼应单元大概念的理解时，学生才能一步步深入理解“情以物迁，辞以情发”，才能在读写实践中理解“文章的思想感情通过具体内容和写法来表达，掌握和熟练运用合乎文本表达特点的具体方法，可以帮助我们准确深入地体会文章的思想感情，同时可以指导我们自己的写作”。从每个子任务的目标设计来看，在对大概念的呼应以及对层次性的表现上还需要更清晰一些。同时，子任务下的活动设计的着力点也要做出些微调整，以凸显读写目标的重要性。

其三，虽然这份单元学习任务设计努力通过评价量规的设计来体现教学评一致性原则，但量规的设计还是显得粗线条了些，需要进一步具体化才能让学生更好地理解评价标准，从而更好地做到自我监控和评价，提升学习质量。

【讨论与练习】

1. 根据“专家点评”中指出的核心任务和子任务分解中存在的问题，重新对核心任务做出说明，并有层次地设计子任务。

2. 根据“专家点评”中指出的子任务目标定位和活动设计中存在的问题，结合对核心任务的重新理解和子任务的重新设计，科学定位每个子任务的学习目标，调整子任务的学习内容和活动。

3. 根据“专家点评”中指出的评价量规设计中存在的问题，参考“教学评一致性原则”中的案例，重新设计每个表现性任务的评价量规或成功标准。

4. 先个人修改，再小组交流。看哪些同学修改得比较合理，推荐到全班交流。

二、单元整体学习任务设计实践

以小组为单位，从如下两个单元中选择一个，参考单元整体教学设计的形式，进行单元整体解读和学习任务设计。写完后由小组代表进行全班分享，师生共同点评。

单元一：统编小学语文一年级下册第六单元。

单元二：统编小学语文四年级上册第四单元。

资料链接

一、单元学习任务设计的基本原则①

科学的教学设计才能够积极服务于课堂学习，为实现预期的教学目标奠定坚实的基

① 李竹平．单元整体教学设计需要遵循的基本原则．语文教学通讯，2022（12）：4－7. 在原文基础上进行了改动。

础。单元学习任务设计将一个单元的学习内容和学习活动作为一个整体进行系统规划设计，相对于单篇课文或单一学习内容的教学设计而言，在目标的提炼把握、内容的组织整合、任务的线索规划、活动的层次安排等方面都更加复杂。如果缺乏基本的逻辑考量和原则意识，单元学习就有可能变成内容和活动的随意堆砌叠加，给学习者带来庞杂无序的学习体验，单元学习目标也就不能够真正得到落实。

一般而言，可以被称为课程的，都应该符合三大课程逻辑，即理念逻辑、目标和内容逻辑、儿童成长逻辑。理念逻辑指的是课程要有明确的指导思想和育人目标，也就是当下所强调的，要为发展学生的学科核心素养服务。目标和内容逻辑对应的是学科课程标准所规定的学科目标定位和内容建构的逻辑，它要服务于学生核心素养的发展，服务于育人目标的落实。而要想让理念逻辑和目标内容逻辑得到课程实践的积极回应，就要在课程实施时充分遵循学习者，即儿童的成长逻辑。适合儿童的，符合儿童年龄特征、学习能力水平和成长需要的课程，才是学习真正发生的保障，这也是同一本教材在不同的教室里需要教师根据班级学生实际进行创造性使用的要义。

学习任务群是一种具体的课程内容呈现与组织形式，它要求教师以发展学生学科核心素养为导向，以教材单元的编写意图为基础，对单元学习目标、内容和活动进行系统规划、整体设计，确保学生在整体性的学习体验中有层次地内化相关知识，习得具体技能，抵达深度理解，提升语文综合素养。在遵循一般课程逻辑的同时，单元学习任务设计还需要遵循这些基本原则：目标统领原则、系统设计原则、任务驱动原则、教学评一致性原则、创造性原则。

1．目标统领原则

以科学适切的学习目标为统领，是任何课程设计都需要遵循的基本原则，单元学习任务设计尤其要强调这一原则。为什么更要着重强调呢？因为一个教材单元，有相对统一的人文主题，有明确的听说读写等方面的学习“要素”安排，整个单元的学习内容和活动都是围绕着主题和要素来编排的，都是为统一的单元学习目标服务的。但是，在教学实践中，教师很容易出现实践偏差，在进行单元内单篇课文或各板块内容教学时，各课文间缺乏关联性，各自为政，与单元学习目标的呼应没有层次性，一直在同一个层次上重复。这样，带给学生的学习体验是零散的、混乱的，很难进行知识的结构化，更难以达成深度理解，迁移运用能力也无法形成，学科核心素养的发展就无从谈起了。

“2022 年版语文课程标准”在“教学建议”中指出：“教师应充分认识语文课程工具性与人文性是统一的，从培养核心素养出发，把握四个方面整体交融的特点，设定教学目标时既有所侧重，又融为一体。注意在识字与写字、阅读与鉴赏、表达与交流、梳理与探究的过程中，整体提升学生的核心素养。注意教学目标之间的关联，避免将核心素养四个方面简单罗列。”这就明确强调了教学中遵循目标统领原则的重要性。

目标统领原则要求教师在进行单元学习任务设计时，首先要心中有明确的、能够统领单元学习内容和活动的总体性学习目标，然后始终以目标视角来观照每一项单元学习内容和活动，明确它们之于目标的具体学习价值。例如，三年级上册第六单元的阅读训练要素和表达训练要素如下——

借助关键语句理解一段话的意思。

习作的时候，试着围绕一个意思写。

第一条指向“读”，第二条指向“写”。显然，“读”和“写”的目标联系得很紧密：习作时要求围绕着“一个意思”写，而“一个意思”在片段或文章中已经用一句话写出来了，这句话就是“关键语句”。例如，《富饶的西沙群岛》中“西沙群岛也是鸟的天下”这句，就是这一段的中心句，即关键语句；同时，这段话也是围绕这“一个意思”写的。那么，体会一段话中关键语句的作用并迁移运用于自己的表达，就是这个单元要聚焦的学习目标。单元内三篇现代文的学习，都要在同一目标统领下设计语言实践活动，引导学生发现关键语句，用好关键语句，体会关键语句的读写价值。

2. 系统设计原则

系统设计原则要求教师在进行单元学习任务设计时，板块与板块之间、活动与活动之间要有清晰的关联性和层次性，它们形成一个具有内在联系的整体，让学生能够循序渐进地建构整体性的学习体验，从而真正实现对知识和技能的理解与内化，为迁移和创造赋能，为素养发展赋能。

在系统设计原则下，就单元课文学习而言，不再是对“几篇”课文的学习，而是对整体内几个有关联的有机组成部分的学习。以统编五年级下册第六单元为例，不仅仅是要学习《自相矛盾》《田忌赛马》《跳水》这三篇课文的内容，而且要借由这三篇课文学习借助信息推断人物的思维过程，理解不同的思维方式和过程会带来不同的结果，进而认识到良好思维品质的重要性。这三篇课文要在目标意识的统领下，系统设计整体性的学习活动。在三篇课文中，具体的思维方式和过程不一样，《自相矛盾》中的楚人是缺乏联系意识的缺陷思维，《田忌赛马》中的孙膑是在观察情形和理解规则基础上的策略思维，《跳水》中的船长是基于常识经验的直觉思维。如果分开阅读了解，学生很难对思维建立起系统认知。设计成对比阅读，在对比中进行思考和评价，学生就会建构整体性的学习体验，更深刻地理解“思维过程”。表 7-11 的支架很直观地体现了系统设计对比阅读的思路。

表 7-11　对比阅读思路

课文/故事	人物	思维过程（用思维导图表示，或用自己的语言概述）	对人物思维的评价	受到的启发
《自相矛盾》	楚人			
《田忌赛马》	孙膑			
（自己搜集的谋略故事）				
《跳水》	船长			

系统，不仅限于一个单元内部，还存在于相关教材单元之间。尤其是在学习任务群概念下，属于同一个学习任务群，并且学习目标具有明显关联性的单元与单元之间，也要系统考虑，瞻前顾后，精准定位，为学生语文素养的有序发展进行整体性设计。

3. 任务驱动原则

任务驱动原则要求教师在进行单元学习任务设计时，一定要创设真实的学习境遇（大情境），设计基于问题解决的真实任务，用任务来驱动学生积极主动地用好学习资源，进行协同思考，实现深度理解，进而抵达概念性理解。从核心任务的设计和子任务的分解，到具体学习过程的设计，都要凸显以学生为中心，让学生成为有问题解决意识和目标意识的行动者。

任务驱动原则是“2022年版语文课程标准”特别强调的原则。首先，课程内容以“学习任务群”的方式组织和呈现；其次，在“教学建议”中明确指出：“根据学生需求提供学习支持，引导学生在完成任务、解决问题的过程中积累语文学习经验，发展未来学习和生活所需的基本素养。”

这里的任务，指的是“语文学习任务”，而不是外在于语文的任务。任务不等于问题，不等于活动，更不等于“项目”，而是承载着发展学生语文核心素养职责的、目标明确的语言文字运用实践的任务。任务的外显形式可能是生活化的，但对任务完成的预期成果的描述和定位一定是围绕语言实践的。

四年级上册第三单元属于“实用性阅读与交流”学习任务群，阅读训练要素是“体会文章准确生动的表达，感受作者连续细致的观察”，表达训练要素是“进行连续观察，学写观察日记”。“观察”是一种方法、一种能力、一种习惯，是做学问的必需，也是生活的需要。将“观察”设置为一项目标清晰的任务，从讨论如何观察一种动植物的生长变化、习性特征入手，给学生布置具体的观察记录任务，前置表达训练，就是一种任务驱动式的单元整体教学规划和实践思路。观察是一种生活情境任务，同时也是学科学习任务，因为这里的“观察”成果最终是要用“日记”，也就是要以语言文字来呈现的。

4. 教学评一致性原则

教学评一致性原则要求教师在进行单元学习任务设计时，努力将每一项学习活动都设计成表现性任务，并向学生提供或展示与学习目标相对应的成功标准，让学生能够有意识地在学习过程中进行自我管理和监测，教师能够及时从学生的表现中得到学习反馈，给学生提供切实的支持和帮助。教学评一致性原则还有助于学生进行反思性和批判性学习，提升学习体验的积极性和成就感。

教学评一致性原则要求教师要始终心系目标和评估证据，随时监测和诊断学习任务组织、学习活动实施有没有有层次地呼应学习目标的落实，是不是有利于学习证据、学习成果的产出；学生要心系成功标准，在教师的提示下、引导下，于相应的学习节点结合成功标准，进行自我评价，并根据评价结果反思学习行为，调整学习策略，提升学习品质。

“2022年版语文课程标准”指出：“课堂教学评价是过程性评价的主渠道。教师应树立‘教—学—评’一体化的意识，科学选择评价方式，合理使用评价工具，妥善运用评价语言，注重鼓励学生，激发学习积极性。”评价工具主要根据具体的学习形式和内容来选用。

成功标准可以用作评价工具。三年级上册第六单元《富饶的西沙群岛》教学，为了体现教学评一致性，基于单元学习任务群设计思路，可以制定这样两条成功标准：(1) 知道什么是关键语句，能准确找出段落中的关键语句；(2) 能围绕一个意思（关键语句）说一段意思连贯的话。相应的学习任务和活动结束时，教师要和学生一起结合具体的成功标准进行课堂学习的评价。

评价量规的设计和运用是教学评一致性原则得以落实的一个重要保障。下面是评价量规表示例（见表 7－12）。

表 7－12　评价量规表

表现性任务	评价标准		
	优秀	良好	合格
选择自己感兴趣的与汉字有关的研究主题，自由组成四人小组，制定研究活动计划	1. 能根据自己的兴趣，自主确定研究的内容 2. 研究内容具体且可操作性强 3. 有独立研究主题的能力，在小组合作中表现出决策能力 4. 能协调小组分工，独立撰写活动计划	1. 能根据自己的兴趣，自主确定研究内容 2. 研究内容具体且具有较强的可操作性 3. 研究能力较强，在小组合作中能积极主动地完成自己承担的任务 4. 能配合决策者完成小组成员分工，参与撰写活动计划	1. 能根据自己的兴趣，在他人的帮助下确定研究内容 2. 研究内容范围过大，需要在教师的帮助下缩小范围 3. 在小组合作中需要在他人的帮助下完成任务 4. 能服从小组分工安排

5. 创造性原则

创造性原则要求教师在进行单元学习任务设计时，为了促成概念性理解，落实素养目标，不依赖和拘泥于教材单元编排的内容资源，积极发挥教师和学生的创造性，多维度丰富和选择学习资源，突破教室空间，打破学科壁垒，创新学习方式。单元学习任务应该是“为儿童全生活着想”的教室课程生活的创造，而不是囿于教材单元既有内容资源的理念套用。

例如，统编教材五年级上册第八单元是围绕“读书”主题编排的，为了与学生在高年级的读书生活建立密切联系，教师可以创造性地将这个单元调整到开学初组织教学活动，同时与学生的假期阅读、高年级的教室与课外阅读生活的创造等充分结合。

单元学习任务设计也体现了创造性原则，例如，将同属于“文学阅读与创意表达”学习任务群的五年级下册第四、五单元进行整合，以有层次地丰富学生对“描写人物基本方法”的学习体验。低年级将绘本阅读与相关主题单元整合，同样是常见的创造性选择。

参考文献

1. 中华人民共和国教育部．义务教育语文课程标准（2022年版）．北京：北京师范大学出版社，2022.

2. 皮连生．小学语文教学设计与实施．上海：华东师范大学出版社，2018.

3. 吴亮奎．小学语文教学设计：问题与方法．福州：福建教育出版社，2018.

4. 徐英俊，曲艺．教学设计：原理与技术．北京：教育科学出版社，2011.

5. 吴立岗．小学作文教学论．南宁：广西教育出版社，2017.

6. 于永正．于永正课堂教学实录Ⅰ：阅读教学卷. 北京：教育科学出版社，2014.

7. 王尚文．走进语文教学之门．上海：上海教育出版社，2007.

8. 董兆杰．基础教育识字教学研究．广州：广东教育出版社，2016.

9. 吴忠豪．小学语文课程与教学．3版．北京：中国人民大学出版社，2020.

10. 吴忠豪．小学语文教学内容指要：写话·习作．北京：高等教育出版社，2015.

11. 薛法根．另类课堂·语文卷．南宁：广西教育出版社，2006.

12. 丁炜．袁瑢语文教学艺术研究．福州：福建教育出版社，2017.

13. 施茂枝．支玉恒语文教学艺术研究．福州：福建教育出版社，2016.

14. 李竹平．语文寻意：从文本解读到课程设计．武汉：长江文艺出版社，2021.

15. 李丽，熊德雅，段慧明．口语交际学习论．北京：语文出版社，2013.

16. 威金斯，麦克泰格．追求理解的教学设计．闫寒冰，宋雪莲，赖平，译．上海：华东师范大学出版社，2017.

17. 塞拉瓦洛．美国学生阅读技能训练．刘静，高婧娴，译．北京：北京科学技术出版社，2018.

18. 埃里克森，兰宁．以概念为本的课程与教学：培养核心素养的绝佳实践. 鲁效孔，译．上海：华东师范大学出版社，2018.

19. 郭元祥，刘艳．我国教学设计发展20年：演进、逻辑与趋势．全球教育展望，2021（8）.

20. 徐铁．一年级拼音教学实施建议．小学语文，2020（9）.

21. 徐冰鸥，朱晓民．口语交际能力的构成及特征．语文建设，2006（9）.

22. 余琴．统编小学语文教材口语交际编排特点与教学建议．语文建设，2019（8）.

23. 赵年秀．全视角深度学习视域下小学口语交际课的教学策略．语文建设，2020（11）．

24. 张丹，于国文．“观念统领”下的单元教学：促进学生的理解与迁移．课程·教材·教法，2020（5）．

25. 李竹平．单元整体教学设计需要遵循的基本原则．语文教学通讯，2022（12）．

26. 董蓓菲．社会需求，写作心理，表达规范：统编小学语文教科书习作部分编制评述．小学语文，2020（7）．

27. 汪潮．统编教材习作编写特点及教学建议．语文建设，2019（20）．

后 记

这是我在中国人民大学出版社出版的第三本小学教育专业教材。2010 年，上海师范大学惠中教授牵头编写“21 世纪小学教师教育系列教材”，邀我编写《小学语文课程与教学》教材。在大学执教几年，带了几届小学教育专业的学生之后，深感这门专业课程过于偏重课程与教学理论知识学习，而忽视了对未来教师教学实践能力的培养。因此，在编写《小学语文课程与教学》这部教材时特别关注如何提高未来教师的实际教学能力，强调理论性、实践性和操作性的结合，因而受到高等院校师生的欢迎。全国有 100 多所高等院校将这本《小学语文课程与教学》作为专业教材，到 2020 年已经出了第三版，发行量将近 10 万册。2020 年，中国人民大学出版社又出版了我主编的《小学语文课程标准与教材研究》，并在《义务教育语文课程标准（2022 年版）》出台后立刻请我着手进行修订，于 2023 年 1 月出版了第二版。而这部《小学语文教学设计》教材原本并不在我的编写计划之中。出版社编辑王雪颖几次三番鼓励我编写这部教材，说我在中国人民大学出版社出版的前两部教材很受欢迎，如果这部教材编写完成，可以使小学教育专业语文学科教学类教材成为一个系列，产生更加广泛的社会影响。我个人最在乎的倒不是社会影响，而是因为当下小学教育专业师生使用的《小学语文教学设计》教材，大多与语文课堂中实际使用的语文课本和课程标准脱节，这不仅会影响学生在校期间的见实习工作，对学生将来入职以后适应小学教学工作也会产生不利影响。因此，我于 2021 年底组织了编写队伍，并于 2022 年初开始了这部教材的编写工作。这项工作得到了上海师范大学小学语文教学研究中心主任丁炜副教授、杭州师范大学小学语文教学研究中心主任吕映教授、天津师范大学教育学部丰向日教授、著名特级教师北京亦庄实验小学李竹平老师、上海市黄浦区小学资深语文教研员魏玉梅老师的鼎力支持。他们放弃寒假春节和平时休息的时间，在近半年的时间里笔耕不辍，在繁忙的工作之余按时完成了书稿的编写工作。

这部教材编写分工如下：第一章吴忠豪，第二章吕映，第三章魏玉梅，第四章、第七章李竹平，第五章丰向日，第六章丁炜。吴忠豪承担了全书的策划和统稿工作。

上海师范大学硕士研究生戴静宜协助主编做了大量编务工作，中国人民大学出版社编辑王雪颖、贺志红等人为本书的出版付出了辛勤的劳动，在此一并表示衷心的感谢！

吴忠豪

图书在版编目（CIP）数据

小学语文教学设计 / 吴忠豪，丁炜主编. --北京：中国人民大学出版社，2023.4
21 世纪小学教师教育系列教材 / 惠中总主编
ISBN 978-7-300-31278-1

Ⅰ.①小… Ⅱ.①吴… ②丁… Ⅲ.①小学语文课-教学设计 Ⅳ.①G623.202

中国版本图书馆 CIP 数据核字（2022）第 228132 号

21 世纪小学教师教育系列教材
总主编 惠中
小学语文教学设计
吴忠豪 丁 炜 主编
Xiaoxue Yuwen Jiaoxue Sheji

出版发行 中国人民大学出版社
社 址 北京中关村大街 31 号
邮政编码 100080
电 话 010－62511242（总编室） 010－62511770（质管部）
010－82501766（邮购部） 010－62514148（门市部）
010－62515195（发行公司） 010－62515275（盗版举报）
网 址 http://www.crup.com.cn
经 销 新华书店
印 刷 北京昌联印刷有限公司
开 本 787 mm×1092 mm 1/16
印 张 19
字 数 414 000
版 次 2023 年 4 月第 1 版
印 次 2025 年 6 月第 4 次印刷
定 价 49.00 元

教学支持说明

（教学课件）

中国人民大学出版社教育学科秉承“出教材学术精品，育人文社科英才”的出版宗旨，多年来，出版了大批高质量的教育学、小学教育、学前教育专业教材和学术著作。

我们为本教材制作了相应的 PPT 教学课件，任何一位采用本书作为授课教材的教师均可免费获得该课件。为了确保该课件仅为授课教师获得，烦请您填写如下材料，并将相关信息通过 E-mail 发送给我们，我们将在收到相关信息后通过 E-mail 给您发送该课件。欢迎您加入我们的 QQ 群（教育新视野交流群，群号为 159813080），或登录我社官方网站（www. crup. com. cn），注册并认证成为教师会员，以获得更好的服务。

我们的联系方式：

地址：（100872）北京市中关村大街甲 59 号文化大厦 1202 室

中国人民大学出版社

电话：（010） 62515955 62515383

E-mail：ggglcbfs@vip. 163. com

QQ 群：159813080

兹证明＿＿＿＿＿＿大学/学院＿＿＿＿＿院/系＿＿＿＿＿＿专业＿＿＿＿＿＿学年第＿＿＿＿＿学期开设的＿＿＿＿＿＿＿＿课程，采用中国人民大学出版社出版的＿＿＿＿＿＿＿＿＿＿＿＿＿＿＿＿＿＿＿（书名、作者）作为本课程教材。授课教师为＿＿＿＿＿＿，授课班级共＿＿＿＿个、学生＿＿＿＿人。授课教师需要与本书配套的教学课件。

联 系 人：＿＿＿＿＿＿＿＿＿＿＿＿＿＿＿＿

通信地址：＿＿＿＿＿＿＿＿＿＿＿＿＿＿＿＿

邮　　编：＿＿＿＿＿＿＿＿＿＿＿＿＿＿＿＿

电　　话：＿＿＿＿＿＿＿＿＿＿＿＿＿＿＿＿

E-mail：＿＿＿＿＿＿＿＿＿＿＿＿＿＿＿＿＿

系/院主任：＿＿＿＿＿＿（签字）

（系/院办公室章）

＿＿＿＿年＿＿＿月＿＿＿日